UTB 2957

W0281228

Eine Arbeitsgemeinschaft der Verlage

Beltz Verlag Weinheim · Basel
Böhlau Verlag Köln · Weimar · Wien
Verlag Barbara Budrich Opladen · Farmington Hills
facultas.wuv Wien
Wilhelm Fink München
A. Francke Verlag Tübingen und Basel
Haupt Verlag Bern · Stuttgart · Wien
Julius Klinkhardt Verlagsbuchhandlung Bad Heilbrunn
Lucius & Lucius Verlagsgesellschaft Stuttgart
Mohr Siebeck Tübingen
C. F. Müller Verlag Heidelberg
Orell Füssli Verlag Zürich
Verlag Recht und Wirtschaft Frankfurt am Main
Ernst Reinhardt Verlag München · Basel
Ferdinand Schöningh Paderborn · München · Wien · Zürich
Eugen Ulmer Verlag Stuttgart
UVK Verlagsgesellschaft Konstanz
Vandenhoeck & Ruprecht Göttingen
vdf Hochschulverlag AG an der ETH Zürich

STUDIENBÜCHER ERZIEHUNGSWISSENSCHAFT BAND I

In dieser Reihe sind lieferbar:

Franzjörg Baumgart (Hrsg.): Erziehungs- und Bildungstheorien. Erläuterungen – Texte – Arbeitsaufgaben. Bad Heilbrunn, 3., durchgesehene Auflage 2007 (= Studienbücher Erziehungswissenschaft, Band I).

Franzjörg Baumgart (Hrsg.): Entwicklungs- und Lerntheorien. Erläuterungen – Texte – Arbeitsaufgaben. Bad Heilbrunn, Nachdruck der 2., durchgesehenen Auflage 2007 (= Studienbücher Erziehungswissenschaft, Band II).

Franzjörg Baumgart (Hrsg.): Theorien der Sozialisation. Erläuterungen – Texte – Arbeitsaufgaben. Bad Heilbrunn, 3., durchgesehene Auflage 2004 (= Studienbücher Erziehungswissenschaft, Band III).

Franzjörg Baumgart und Ute Lange (Hrsg.): Theorien der Schule. Erläuterungen – Texte – Arbeitsaufgaben. Bad Heilbrunn, 2., durchgesehene Auflage 2006 (= Studienbücher Erziehungswissenschaft, Band IV).

Franzjörg Baumgart, Ute Lange und Lothar Wigger (Hrsg.): Theorien des Unterrichts. Erläuterungen – Texte – Arbeitsaufgaben. Bad Heilbrunn 2005 (= Studienbücher Erziehungswissenschaft, Band V).

ERZIEHUNGS- UND BILDUNGSTHEORIEN
Erläuterungen – Texte – Arbeitsaufgaben

herausgegeben von
Franzjörg Baumgart

3., durchgesehene Auflage

VERLAG
JULIUS KLINKHARDT
BAD HEILBRUNN • 2007

Franzjörg Baumgart, geboren 1943, lehrt als Studiendirektor am Institut für Pädagogik der Ruhr-Universität Bochum.

Die Deutsche Bibliothek – CIP-Einheitsaufnahme
Die Deutsche Nationalbibliothek verzeichnet diese Publikation in der Deutschen Nationalbibliografie; detaillierte bibliografische Daten sind im Internet über http://dnb.d-nb.de abrufbar.
ISBN 978-3-7815-1539-0 (Klinkhardt)
ISBN 978-3-8252-2957-3 (UTB)

Abbildung auf Umschlagseite 1: Dirk Hupe, Essen
Einbandgestaltung: Atelier Reichert, Stuttgart
Druck und Bindung: Friedrich Pustet, Regensburg.

Printed in Germany 2007.
Gedruckt auf chlorfrei gebleichtem alterungsbeständigem Papier.

UTB-Bestellnummer: 978-3-8252-2957-3

Inhalt

Vorwort

Dieses Studienbuch ist am Institut für Pädagogik der Ruhr-Universität Bochum entstanden. Es ist das Ergebnis eines Versuchs, in der Studieneingangsphase neue hochschuldidaktische Wege zu gehen, um so Studierenden den Übergang von der Schule zur Hochschule, von den Formen schulischen zu denen universitären Lernens zu erleichtern. Adressaten dieses neuartigen Lehrangebots sind Studierende im Lehramtsstudium, aber auch Studierende der anderen erziehungswissenschaftlichen Ausbildungsgänge. Mit insgesamt fünf Studienbüchern zu zentralen Themenbereichen soll ihnen ein systematischer Zugang zu Grundproblemen der Erziehungswissenschaft eröffnet werden. Das vorliegende Arbeitsbuch gehört zu diesen fünf Einführungen und erschließt die für die Entwicklung der Erziehungswissenschaft relevanten Erziehungs- und Bildungstheorien.

Das Konzept dieser Einführungen ist durch zwei zentrale Annahmen geprägt: Für ein wissenschaftliches Studium ist die Grundlagenreflexion, die Kenntnis und Auseinandersetzung mit grundlegenden Theorien der Disziplin und die »Anstrengung des Begriffs« unverzichtbar. Dies ist die erste Prämisse, die für das Studium der Erziehungswissenschaft genauso wie für jedes andere Fach gilt. Damit wird zugleich ein verkürztes Verständnis von Praxisorientierung als Leitperspektive universitärer Lehre zurückgewiesen. Die zweite Annahme betrifft die Form, in der dieses Grundlagenwissen vermittelt werden soll: Im Gegensatz zu den noch immer vorherrschenden Formen universitärer Lehre geht das vorliegende Studienbuch davon aus, daß Studienanfängerinnen und -anfänger explizite methodische Erläuterungen und Hilfestellungen brauchen, um sich erfolgreich und mit Gewinn für ihr weiteres Studium in einen anspruchsvollen grundlagentheoretischen Diskurs einarbeiten zu können. Insofern weisen das Bochumer Studienreformmodell und die daraus entstandenen Einführungen deutliche Momente einer »Verschulung« der universitären Lehre auf, einer Verschulung, die allerdings nicht im Widerspruch zu Formen eines selbstverantwortlichen wissenschaftlichen Studiums steht, sondern dessen Voraussetzungen verbessern soll.

Das vorliegende Studienbuch zum Thema »Erziehungs- und Bildungstheorien« kann wie die ergänzenden Einführungen »Theorien der Sozialisation«, »Entwicklungs- und Lerntheorien«, »Theorien des Unterrichts« sowie »Theorien der Schule« auf doppelte Weise genutzt werden. Es kann zum einen, wie dies bereits an der Ruhr-Universität Bochum der Fall ist, als gemeinsame Arbeitsgrundlage in entsprechenden erziehungswissenschaftlichen Seminarveranstaltungen des Grundstudiums eingesetzt werden. Die Studienbücher sind aber zum anderen so konzipiert, daß sie auch ohne ergänzende Lehrveranstaltung zur selbständigen Erarbeitung des jeweiligen Themenbereichs etwa im Blick auf eine Zwischenprüfung in Erziehungswissenschaft dienen können.

Ohne die Zusammenarbeit mit den Kolleginnen und Kollegen des Instituts für Pädagogik, ihre Bereitschaft, an der Entwicklung und Erprobung dieser Studienbücher mitzuwirken, wären sie in der vorliegenden Form nicht entstanden. Besonders wichtig waren mir dabei die Anregungen und die Unterstützung meiner Kolleginnen Käte Meyer-Drawe und Ute Lange. Kirsten Bubenzer und Marnie Schlüter waren als langjährige studentische Hilfskräfte bei der Auswahl und Zusammenstellung der Materialien eine unverzichtbare Hilfe. Ebenfalls ausdrücklich sei Heidrun Stachowski für ihre umsichtige Mitarbeit gedankt. Renate Hilleringmann hat bei der Eingabe der Quellen geholfen.

Zu danken habe ich schließlich dem Rektorat der Ruhr-Universität Bochum, der Fakultät für Philosophie, Pädagogik und Publizistik sowie dem Ministerium für Wissenschaft und Forschung NRW, die die Arbeit an diesem Studienreformprojekt finanziell unterstützt haben.

Bochum, im Sommer 1997 Franzjörg Baumgart

Kapitel I

Ziele, Aufbau und Inhalt des Studienbuchs

Einführung

Vorbemerkungen

1. Erziehungs- bzw. Bildungstheorien und pädagogische Ausbildung

Erziehungs- und Bildungstheorien gehören zum Kernbereich pädagogischer Reflexion. Diese Theorien versuchen, die Zielperspektiven und Voraussetzungen gelingender Erziehungs- und Bildungsprozesse systematisch zu entwickeln. Diejenige Teildisziplin der Pädagogik, die sich mit diesen Fragen beschäftigt, wird gemeinhin Allgemeine Pädagogik genannt. Von einer Einführung in diese Grundlagenreflexion der Pädagogik könnte man vielleicht erwarten, daß sie die unterschiedlichen Positionen im bildungstheoretischen Diskurs der Gegenwart vorstellt (Vgl. Hansmann, O.; Marotzki, W. (Hrsg.): Diskurs Bildungstheorie. 2 Bde. Weinheim 1988/89.). Eine solche Beschränkung auf den aktuellen Diskussionsstand innerhalb der Allgemeinen Pädagogik wäre allerdings problematisch. Die gegenwärtige Debatte wird im Horizont einer langen Theorietradition, in Anknüpfung an ältere, traditionsbildende Entwürfe von Erziehung und Bildung und im Widerspruch zu ihnen geführt. Ohne Kenntnis dieser Tradition sind die aktuellen Kontroversen kaum zu verstehen. Da die historische Reflexion im Sinne einer kritischen Auseinandersetzung mit älteren Theorieentwürfen ein konstitutives Merkmal der Grundlagenreflexion über Erziehung und Bildung ist, ist es legitim, eine Einführung in die Allgemeine Pädagogik unter einer historischen Perspektive, als Rekonstruktion der historischen Entwicklung pädagogischen Denkens, zu konzipieren.

Man könnte diesen historischen Zugang zur Allgemeinen Pädagogik als »historisch-systematisch« bezeichnen, wenn dieser Begriff nicht wiederum durch eine spezifische Theorietradition geprägt wäre. Historisch-systematische Untersuchungen pädagogischen Denkens dieses traditionellen Typs sind durch konzeptionelle Vorentscheidungen bestimmt: Es sind in der Regel Geschichten des pädagogischen Denkens, die die bildungstheoretischen Entwürfe berühmter Pädagogen von der Antike bis zur Gegenwart mit mehr oder weniger starken Bezügen zum jeweiligen zeitgenössischen Denken, vor allem zur Philosophiegeschichte darstellen (Vgl. Ballauff, Th.; Plamböck, G.; Schaller, K. (Hrsg.): Pädagogik. 3 Bde. München 1969/1970/1973.). Die Pädagogen der Vergangenheit dienen gewissermaßen als Gesprächspartner bei der Suche nach einer für die jeweilige Gegenwart angemessenen Konzeption von Erziehung und Bildung. Die historischen Erziehungs- und Bildungstheorien werden in den älteren historisch-systematischen Darstellungen der Pädagogik primär unter der Fragestellung untersucht, ob und wie weit sie noch Antworten auf die Frage, was Bildung sei, geben können. Eine solche ideengeschichtliche Erschließung der pädagogischen Tradition hätte für eine Einführung in die Erziehungs- und Bildungstheorien bestimmte Konsequenzen. Es wäre sinnvoll und ausreichend, die markanten Erziehungs- und Bildungstheorien der Vergangenheit darzustellen, deren Gemeinsamkeiten und Unterschiede herauszuarbeiten und nach ihrer aktuellen Relevanz zu fragen.

Der nachfolgenden Einführung in Erziehungs- und Bildungstheorien liegt eine im Vergleich zu älteren Darstellungen der Bildungsgeschichte andere wissenschaftstheoretische Auffassung und eine daraus abgeleitete andere methodisch-konzeptionelle Entscheidung zugrunde. Erziehungs- und Bildungstheorien, so läßt sich diese andersartige wissenschaftliche Position in aller Kürze charakterisieren, sind immer zeit- und interessengebunden, sind stets parteiliche Antworten auf die jeweiligen historisch-gesellschaftlichen Problemlagen der Zeit, in der sie entstehen. Diese Auffassung macht eine nicht nur ideen-, sondern sozialgeschichtliche Rekonstruktion pädagogischen Denkens erforderlich und verändert die Fragestellungen gegenüber den herkömmlichen, oben skizzierten Formen der Bildungsgeschichte. Es geht dann um eine sozialgeschichtliche Analyse des Zusammenhangs von gesellschaftlichen Entwicklungstrends und daraus resultierenden Problemlagen auf der einen und der damit korrespondierenden pädagogischen Theoriebildung und ihren praktischen Implikationen auf der anderen Seite.

Aus dieser grundlegenden Auffassung über die Genese und Funktion pädagogischer Theorien ergeben sich methodische Konsequenzen für die nachfolgende Einführung in den Diskurs über Erziehung und Bildung. Sie orientiert sich nicht primär an der Abfolge bedeutender Theorieentwürfe prominenter Pädagogen und verzichtet darauf, die einzelnen Theorieentwürfe systematisch in ihrer Komplexität zu entfalten. Statt dessen versucht diese Einführung in die Bildungstheorie die Vielstimmigkeit des pädagogischen Diskurses zu typischen Antworten auf die Problemlagen ihrer jeweiligen Zeit zu bündeln, aus den Reflexionen bekannter und weniger bekannter Pädagogen die übereinstimmenden und zeittypischen Denkfiguren und Argumentationsmuster in unterschiedlichen Epochen zu erschließen.

Die Konzentration der Darstellung auf einzelne historische Epochen und die charakteristischen pädagogischen Antworten auf die jeweiligen Herausforderungen hat, wie nicht verschwiegen werden soll, ihren Preis. Eine so zugeschnittene Einführung in den historischen Diskurs über Erziehung und Bildung ist in einer Hinsicht »unterkomplex«. Die Intention, zeittypische pädagogische »Denkfiguren« im Kontext ihrer Zeit zu entschlüsseln, führt dazu, daß abweichende Stimmen des historischen Diskurses, prominente Theoretiker wie etwa Pestalozzi oder Herbart, um nur zwei unter vielen anderen zu nennen, nicht oder nur am Rande zur Sprache kommen. Wenn die nachfolgende Einführung in dieser Hinsicht unter dem Anspruch einer umfassenden Rekonstruktion pädagogischer Theoriebildung »unterkomplex« ist, so steht sie in anderer Hinsicht mit dem Anspruch, pädagogische Theorie und Gesellschaftsgeschichte miteinander zu verknüpfen, vor dem Problem einer »überkomplexen« Aufgabenstellung. Anders als eine bloß ideengeschichtliche Aneignung maßgeblicher pädagogischer Traditionen muß sie den historisch-gesellschaftlichen Kontext, aus dem diese maßgeblichen Theorien entstanden sind und auf den sie reagiert haben, in seinen Grundzügen darstellen, ist sie also in gewisser Weise auch eine Einführung in die Gesellschaftsgeschichte.

Angesichts dieser gravierenden inhaltlichen und methodischen »Folgekosten« einer sozialgeschichtlichen Rekonstruktion der pädagogischen Theoriegeschichte stellt sich die Frage nach den möglichen Vorteilen dieses methodischen Zugriffs. Worin könnte der Erkenntnisgewinn einer solchen Zugangsweise gegenüber einer traditionellen Geschichte pädagogischer Theorien bestehen? In einem ersten Schritt könnte er negativ beschrieben werden. Die Rekonstruktion von Erziehungstheorien als Ausdruck ihrer jeweiligen Zeit und als Antwort auf deren spezifische Problemlage verhindert gleichermaßen eine naive Übernahme wie eine vorschnelle Ablehnung pädagogischer Theorietraditionen. Diese Perspektive kann damit zugleich die Einsicht fördern, daß es keine zeitlos »wahren« Bildungstheorien gibt, sondern immer nur vorläufige Analysen, Modelle und Programme, mit denen zu unterschiedlichen Zeiten in unterschiedlichen gesellschaftlichen Konstellationen und mit unterschiedlichen sozialen Interessen die Frage nach der »richtigen« Erziehung kontrovers beantwortet wurde.

Man könnte aus dieser Einsicht vielleicht folgern, daß die Beschäftigung mit der Bildungsgeschichte, wenn sie uns keine verbindlichen Antworten auf der Suche nach einer heute noch überzeugenden Bildungstheorie geben kann, eine überflüssige Beschäftigung sei, daß die Bildungsgeschichte höchstens noch ein archivarisches Interesse befriedigen könne. Eine solche Schlußfolgerung wäre allerdings voreilig. Die aktuellen Auseinandersetzungen um die Aufgaben von Erziehung und Bildung werden immer wieder im Rückgriff auf die pädagogische Tradition, auf die »klassischen« Bildungstheorien geführt. Dies geschieht häufig unreflektiert, ohne den historischen Ort und die zeittypischen »Blindflecken« der jeweiligen Theorietraditionen mitzubedenken. Wenn etwa in der aktuellen Diskussion um die Zukunft der Schule von den einen die Humboldtsche Bildungstheorie zur Rechtfertigung einer gymnasialen Allgemeinbildung mobilisiert und von den anderen umstandslos auf die Reformpädagogik des beginnenden 20. Jahrhunderts als Legitimation einer neuen, schülerorientierten Schule zurückgegriffen wird, dann handelt es sich in der Regel um einen solchen unreflektierten Umgang mit der Geschichte pädagogischer Theorien. Eine reflektierte Aneignung dieser Tradition bedeutet demgegenüber, sich die jeweiligen historischen Voraussetzungen genauso wie die gesellschaftlichen Implikationen und Folgen dieser konkurrierenden pädagogischen Theoriebestände bewußt zu machen, um dann zu fragen, welche Annahmen und Aussagen der Tradition unter gewandelten historisch-gesellschaftlichen Bedingungen, im Blick auf unsere gegenwärtige Situation und unser zukünftiges pädagogisches Handeln noch zustimmungsfähig sein könnten.

Noch einmal und zugespitzt könnte man sagen, daß es der nachfolgenden Einführung nicht um die »richtige« Erziehungs- oder Bildungstheorie geht, um eine Entscheidung, welche der historischen Theorien gegenüber den anderen »im Recht« war, sondern vielmehr um eine bestimmte *Form* der Auseinandersetzung mit Erziehungs- und Bildungstheorien, um die Einübung einer bestimmten *Methodik des Fragens*, die für eine kritische Einschätzung auch des gegenwärtigen bildungstheoretischen Diskurses unverzichtbar ist. Die methodische Aneignung der pädagogischen Theorietradition im oben skizzierten Sinne soll dazu anleiten, auch die aktuellen pädagogischen Kontroversen um die Zukunft von Erziehung und Bildung als zeittypische und zugleich interessengebundene Antworten auf die gegenwärtigen gesellschaftlichen Entwicklungen und sozialen Auseinandersetzungen zu begreifen.

Für eine solche sozialgeschichtlich orientierte Einführung in Erziehungs- und Bildungstheorien ist die Frage nach der Auswahl exemplarischer Epochen der Bildungsgeschichte von zentraler Bedeutung. Bei der Entscheidung über die inhaltlichen Konturen der nachfolgenden Einführung waren schmerzhafte Einschränkungen unvermeidlich. So mußte sie sich auf den deutschen Sprachraum bzw. die preußisch-deutsche Geschichte beschränken. Damit wurden einflußreiche pädagogische Theorien sowohl der Antike wie der frühen Neuzeit, etwa die Pädagogik des J. A. Comenius oder J. Lockes genauso wie die pädagogischen Reflexionen J. J. Rousseaus aus der Darstellung pädagogischen Denkens ausgeklammert, obwohl sie den nachfolgenden modernen Diskurs über Erziehung und Bildung immer wieder inspiriert haben. Statt dessen konzentriert sich diese Einführung auf fünf »Epochen« der Bildungsgeschichte, bei deren Auswahl folgende Überlegungen leitend waren.

Die Darstellung beginnt – erstens – mit der Konstitutionsphase neuzeitlichen pädagogischen Denkens im 18. Jahrhundert. Die zweite Hälfte dieses Jahrhunderts, die Blütezeit der Aufklärung in Preußen/Deutschland, läßt sich als eine historische Umbruchphase interpretieren, in der die Strukturen und Mentalitäten der traditionalen Gesellschaft in einen beschleunigten Erosionsprozeß gerieten und sich Konturen der zukünftigen bürgerlichen Gesellschaft abzuzeichnen begannen. Zumindest in Teilen des Bürgertums verbreitete sich ein neues Verständnis von Individuum und Gesellschaft, Schule und Erziehung. Insofern ist das 18. Jahrhundert mit Recht als das »pädagogische Jahrhundert« bezeichnet worden. Erziehung als Aufklärung, als notwendige Bedingung individuellen und gesellschaftlichen Glücks, wurde zu einer die »gebildeten Stände« beherrschenden Vorstellung, die bis heute bildungstheoretisch nachwirkt.

Dem folgt – zweitens – die Darstellung der Bildungstheorien unter dem gesellschaftlichen Vorzeichen der preußischen Reformära: Die ersten Jahrzehnte des 19. Jahrhunderts, die Zeit der tiefgreifenden gesellschaftlichen Reformen in Preußen und anderen deutschen Staaten, die Geburtsstunde des preußisch-deutschen Gymnasiums und der neuhumanistischen Bildungstheorie, sind in ihrer bildungsgeschichtlichen Bedeutung ebenfalls kaum zu überschätzen. In Anknüpfung an die utilitaristische Aufklärungspädagogik und zugleich in Abgrenzung von ihr wurde in diesen Jahren der Begriff der Bildung ausformuliert, zeichneten sich die Konturen einer modernen staatlichen Schule ab, in der auf der Grundlage individueller Leistungen der Zugang zu unterschiedlichen Berufen und sozialen Positionen in der bürgerlichen Gesellschaft geregelt werden sollte. Die Spuren dieser neuhumanistischen Bildungstheorie lassen sich in den aktuellen Kontroversen um Allgemeinbildung, Wissenschaftsorientierung und Berufsbildung unschwer erkennen.

In einem weiteren – dritten – Schritt wird die reformpädagogische Bewegung am Beginn des 20. Jahrhunderts vorgestellt. Die ersten Jahrzehnte des 20. Jahrhunderts, die Blütezeit der Reformpädagogik, wurde bereits von den Zeitgenossen als »Krisenepoche« empfunden und interpretiert. Die verbreitete Kulturkritik der Zeit kann als Antwort auf die Probleme forcierter gesellschaftlicher Modernisierung, die Reformpädagogik mit ihrer Wendung zum Kinde als Reaktion auf die vorausgegangene »Verschulung« der Kindheit verstanden werden. Die reformpädagogischen Alternativen zur traditionellen Schule und Erziehung sind bis heute für den pädagogischen Diskurs attraktiv geblieben und erleben in jüngster Zeit eine bemerkenswerte Renaissance.

Um die pädagogische Reflexion im Dienste des NS-Regimes geht es im nachfolgenden – vierten – Kapitel dieser Einführung, obwohl es zahlreiche Kritiker gibt, die dieser Instrumentalisierung der Erziehung durch das Regime den Rang einer Erziehungstheorie absprechen. Gesellschaft, Schule und offiziöse Erziehungsideologie des »Dritten Reiches« waren – auf programmatischer Ebene – der radikale Versuch, den Prozeß der Liberalisierung von Schule und Erziehung zu stoppen und umzukehren, die schulische und außerschulische Erziehung im Dienste von totalitärem Staat und rassisch definierter Volksgemeinschaft zu funktionalisieren. Insofern kann diese Epoche der Bildungsgeschichte als Kontrapunkt zur liberalen Tradition der Aufklärung, als historisches Beispiel eines totalitären Erziehungsanspruches verstanden werden, wenngleich bei einer genaueren Analyse auch einige bemerkenswerte Kontinuitätslinien zu den vorangegangenen Epochen pädagogischer Theoriebildung erkennbar werden.

In einem letzten – fünften – Schritt wendet sich diese Einführung dem erziehungs- und bildungstheoretischen Diskurs der Bundesrepublik zu. Dabei markieren in der jüngsten Bildungsgeschichte die 60er Jahre eine entscheidende Umbruchphase. Der ökonomische, sozialstrukturelle und politische Modernisierungsschub am Ende dieses Jahrzehnts induzierte nicht nur einen bemerkenswerten Wandel gesellschaftlicher Wertvorstellungen und einen beträchtlichen Reformschub im Bildungssystem, sondern führte zugleich zu einer Neuorientierung des bildungstheoretischen und erziehungswissenschaftlichen Diskurses, zu einer zumindest partiellen gesellschaftskritischen Wende der Pädagogik als Wissenschaft. Und noch im (partiellen) Scheitern dieser Reformanstrengungen wird der unauflösbare Zusammenhang zwischen gesellschaftlicher Entwicklung, Schulentwicklung und pädagogischer Reflexion deutlich – als »Lehrstück« für pädagogische Theorie und Praxis in Gegenwart und Zukunft.

Die Breite und die internen Differenzen des bildungstheoretischen Diskurses konnten bei der Auswahl der nachfolgenden Texte in keinem der fünf Kapitel auch nur annähernd dargestellt werden; besonders deutlich wird dies mit Blick auf die Texte zur Bundesrepublik. Aber es geht bei dieser Einführung – wie bereits angemerkt wurde – eben nicht um eine umfassende, auf Vollständigkeit bedachte Darstellung dieses Diskurses und seiner internen Varianten, sondern um die exemplarische Vorstellung zeittypischer Problemdefinitionen und Lösungsangebote im Umgang mit dem gesellschaftlichen Phänomen der Erziehung und Bildung. Die Textauswahl und Abfolge orientiert sich dabei in jedem Kapitel an den gleichen Leitfragen: Welche Grundannahmen prägen den Erziehungs- und den Bildungsbegriff in der jeweiligen Epoche, das pädagogische Nachdenken über die Aufgaben und Voraussetzungen der Erziehung respektive Bildung? Welche Konsequenzen werden aus diesen Grundannahmen hinsichtlich der Organisation von Erziehungs- und Bildungsprozessen abgeleitet? Welche Funktionen werden dabei der institutionalisierten, insbesondere der schulischen Erziehung und Bildung zugeschrieben, und welche Aufgabenzuschreibungen ergeben sich aus dem jeweiligen Verständnis von Erziehung und Bildung für die Pädagogik als Wissenschaft?

Ein letzter Hinweis betrifft die Frage der praktischen Relevanz des bildungstheoretischen Diskurses. Man wird kaum bezweifeln können, daß pädagogische Theorien als Leitbilder in die pädagogische Praxis »einsickern« und sich auf pädagogisches Handeln auswirken – so wie umgekehrt sich die wissenschaftliche Reflexion auf pädagogische Erfahrung stützt, sich aus diesen praktischen Erfahrungen speist und sie zu bearbeiten versucht. Aber es wäre ein fataler Irrtum, wenn man die Differenz zwischen pädagogischer Theorie und Praxis übersähe, wenn man umstandslos von den dominierenden pädagogischen Denkformen einer Zeit auf entsprechende Formen der pädagogischen Praxis schließen wollte. Dies gilt für die Aufklärungspädagogik nicht anders als für die Erziehungsideologie der NS-Zeit oder die Kritische Erziehungswissenschaft in den 70er Jahren der Bundesrepublik. Erziehungs- und Bildungstheorien, um die es in dieser Einführung allein geht, verweisen zwar auf zeittypische pädagogische Praxis und ihre Probleme, aber sie sind mit dieser Praxis nicht identisch. Aus zeittypischen pädagogischen Denkformen kann also keineswegs auf ihre unmittelbare Umsetzung in der Praxis geschlossen werden. Diese pädagogische Praxis hat eine eigene, widerständige Logik, die von der wissenschaftlichen Reflexion nicht unberührt bleibt, aber den theoretischen Ambitionen in der Regel eine bemerkenswerte Beharrungskraft entgegensetzt. Die Einsicht in die begrenzte Wirksamkeit von Erziehungs- und Bildungstheorien sollte deren Studium begleiten.

2. Hinweise zur Nutzung des Studienbuchs

Wie man der Vorbemerkung entnehmen kann, ist dieses Studienbuch aus einem Reformprojekt für Studienanfängerinnen und -anfänger an der Ruhr-Universität Bochum entstanden. Es sollte und soll einem doppelten Zweck dienen. Zum einen soll es in Einführungsseminaren zum Thema »Theorien der Erziehung und Bildung« als gemeinsame Arbeitsgrundlage für die Seminararbeit fungieren, zum anderen war und ist es als Lehrangebot konzipiert, mit dessen Hilfe sich Studierende in erziehungswissenschaftlichen Ausbildungsgängen in neuer Form das für ein erfolgreiches Studium notwendige Grundwissen und ein angemessenes Problembewußtsein zu Grundfragen der Erziehungswissenschaft selbständig erarbeiten können. Aus der Verwendung des Studienbuchs als Arbeitsgrundlage in Seminaren ist die Unterscheidung der nachfolgenden Texte in solche ohne bzw. mit Sternchen (*) zu erklären. Angesichts der begrenzten Zeit, die für eine gemeinsame Seminararbeit zur Verfügung steht, wurde zwischen den für das Verständnis der jeweiligen Erziehungs- und Bildungstheorien einer bestimmten Epoche unverzichtbaren Texten und denjenigen unterschieden, die dieses Verständnis zwar erweitern und ergänzen, aber in der Regel in einem Seminar nicht behandelt werden können und deshalb selbständig erarbeitet werden sollten. Aber auch für die Nutzer dieses Studienbuchs, die keine begleitende Seminarveranstaltung gleichen Themas besuchen, ist diese aus pragmatischen Überlegungen resultierende Unterscheidung zwischen »Fundamentum« und »Additum«, d. h. zwischen besonders wichtigen und ergänzenden Texten nicht irrelevant, weil sie unterschiedliche »Nutzungsvarianten« des Studienbuchs ermöglicht.

Gleiches gilt für die Arbeitsaufgaben zu den einzelnen Texten. In dieser Hinsicht unterscheidet sich das vorliegende Studienbuch am deutlichsten von anderen Textsammlungen zu Problemen der Erziehungswissenschaft. Wird das Studienbuch – wie an der Ruhr-Universität Bochum – als Arbeitsgrundlage für ein entsprechendes Seminar benutzt, dienen diese Arbeitsaufgaben der Vorbereitung auf die gemeinsame Analyse und Diskussion der Texte bzw. Theorien im Rahmen des Seminars. Aber auch ohne diesen Zusammenhang mit einem begleitenden Seminar behalten die Arbeitsaufgaben ihren hohen methodischen Stellenwert. Mit ihrer Hilfe soll die Leserin oder der Leser zu einem besseren Textverständnis geführt werden. Die Fragen orientieren sich an den zentralen Argumentationsfiguren und sollen auf die Besonderheiten der jeweiligen Argumentation im Vergleich zu anderen Positionen, die zuvor erarbeitet worden sind, aufmerksam machen. Auch wenn es aus guten Gründen keinen Anhang zu diesem Studienbuch mit den »richtigen« Antworten gibt und für viele Leserinnen und Leser auch die Kontrollinstanz einer gemeinsamen Seminardiskussion fehlen wird, kann die Bearbeitung der Aufgaben im Anschluß an die Lektüre der Texte als »Prüfstein« für das erarbeitete Wissen und ein angemessenes Problembewußtsein fungieren. Da die Fragen in zahlreichen Seminaren auf ihre Verständlichkeit und ihre problemerschließende Tauglichkeit hin erprobt worden sind, müßten sich nach einer genauen Textlektüre der Sinn der Fragen erschließen und angemessene Antworten finden lassen. Eine solche Bearbeitung der nachfolgenden Materialien geht über eine bloße Lektüre hinaus und verlangt deshalb ein gewisses Maß an Selbstdisziplin, aber dieses »Persönlichkeitsmerkmal« gehört bekanntlich zu den Voraussetzungen eines erfolgreichen Studiums.

Zu den charakteristischen Merkmalen dieses Studienbuchs gehören schließlich auch die einleitenden Erläuterungen zu den ausgewählten erziehungs- und bildungstheoretischen Positionen in ihrem jeweiligen historisch-gesellschaftlichen Kontext. Diese knappen Skizzen der jeweiligen Zeit und ihrer gesellschaftlichen Problemlagen, auf die die Erziehungs- und Bildungstheorien bewußt oder unbewußt reagieren, sind aus der Sicht von Fachhistorikern gewiß unbefriedigend, weil sie der Komplexität der jeweiligen historischen Verhältnisse nur unzureichend Rechnung tragen können. Sie resultieren aus der Erfahrung, daß bei Studienanfängerinnen und -anfängern in der Regel kein differenziertes, inhaltliches historisches Wissen vorausgesetzt werden kann. Wenn man dennoch an dem Postulat einer Verknüpfung beider Analyseebenen, der Bildungstheorien mit der Gesellschaftsgeschichte, festhält, sind diese Erläuterungen unter propädeutischen Gesichtspunkten zu rechtfertigen und ist ihre Lektüre für ein angemessenes Verständnis der behandelten Erziehungs- und Bildungstheorien unverzichtbar.

Der letzte methodische Hinweis betrifft die Literaturempfehlungen am Schluß des Studienbuchs. Die Auswahl der Titel orientiert sich weder am Prinzip der Vollständigkeit noch dem der Neuigkeit. Es sind nur wenige, und zwar solche Veröffentlichungen aufgenommen worden, die für ein weiterführendes Studium des Themenbereichs insbesondere für Studienanfängerinnen und -anfänger als besonders geeignet erscheinen.

3. Merkmale und Implikationen von Erziehungs- und Bildungstheorien

Was im ersten Teil dieser Vorbemerkungen noch relativ abstrakt als Programm skizziert worden ist, soll am Beispiel eines einführenden Textes konkretisiert werden. Seine Auswahl für den Anfang eines Studienbuchs zur Geschichte der Erziehungs- und Bildungstheorien erfordert eine kurze Begründung: Er stammt nämlich nicht etwa von einem der Bildungstheoretiker, von denen hier die Rede ist, sondern von einem Klassiker der Soziologie. Es ist ein Auszug aus der 1902 gehaltenen Antrittsvorlesung des französischen Soziologen Émile Durkheim vor damaligen Lehramtsstudenten. In diesem Text werden Sie vergeblich den Begriff der Bildung suchen und auch keine explizite Bildungstheorie finden. Trotzdem ist er für die hier interessierende Thematik von großer Bedeutung. Durkheim versucht in dieser Antrittsvorlesung, das Verhältnis von Erziehung und Gesellschaft, seine These von der Abhängigkeit einer jeden Erziehung von der Gesellschaft ihrer jeweiligen Zeit, zu explizieren. Und er wendet sich dabei gegen die »modernen Pädagogen«, die diesen Zusammenhang aus ihren Theorien ausblenden und ihre Ziele und Methoden der Erziehung mit Hilfe der Psychologie aus der »Natur« des Menschen ableiten wollen. Der historisch-soziologische Blick Durkheims hat die Konzeption dieses Studienbuchs in starkem Maße beeinflußt. Mit der Lektüre dieses Textes und der Rekonstruktion und Diskussion seiner Argumentation sollen gleichermaßen ein verbreitetes Alltagsverständnis von Erziehung und Bildung problematisiert und die leitenden Fragestellungen der Thematik dieses Arbeitsbuchs erschlossen werden.

Durkheim: Erziehung und Gesellschaft

Durkheim, É.: Erziehung und Soziologie. Düsseldorf 1972. S. 74–93.

Ich muß Ihre Aufmerksamkeit sofort auf ein grundlegendes Axiom lenken, weil es nicht sehr bekannt ist. Bis vor kurzem – und die Ausnahmen kann man zählen – waren die modernen Pädagogen fast einstimmig der Meinung, daß Erziehung vor allem eine individuelle Angelegenheit sei und daß infolgedessen die Pädagogik ein unmittelbares und direktes Anhängsel der Psychologie allein sei. [...]

Es galt als eine Binsenwahrheit, daß es nur eine Erziehung und nur eine allein gebe, welche unter Ausschluß jeglicher anderen für alle Menschen ohne Unterschied geeignet sei, was immer ihre historischen und sozialen Bedingungen sein mochten, von denen sie abhingen. Und dieses abstrakte und einzigartige Ideal nahmen sich die Erziehungstheoretiker vor zu bestimmen. Sie nahmen an, daß es *eine* menschliche Natur gebe, deren Formen und Eigenschaften ein für allemal bestimmbar seien. Und das pädagogische Problem bestand darin, zu untersuchen, wie das erzieherische Handeln auf die so bestimmte menschliche Natur ausgeübt werden solle. Zweifelsohne hat niemand jemals gemeint, daß der Mensch von Anfang an, sobald er ins Leben tritt, all das sei, was er sein kann und sein sollte. Es ist ganz deutlich, daß das menschliche Sein sich nur fortschreitend, im Laufe eines langsamen Wachstums bildet, welches bei der Geburt beginnt und sich erst im reifen Alter vollendet. Man setzt dabei aber voraus, daß dieses Wachstum lediglich eine Realisierung von Anlagen sei, lediglich die verborgenen Energien ans Licht bringe, die voll ausgeformt im physischen und geistigen Organismus des Kindes existierten. Der Erzieher würde demnach nichts Wesentliches zum Werk der Natur hinzuzufügen haben. Er würde nichts Neues schaffen. Seine Rolle würde sich darauf beschränken zu verhindern, daß diese existierenden Anlagen durch Nichtbetätigung erstickt werden, von ihrer normalen Richtung abweichen oder sich zu langsam entwickeln.

So gesehen, verlieren Raum-Zeit-Bedingungen, wie der Zustand des sozialen Milieus, für die Pädagogik jegliches Interesse. Da der Mensch in sich alle Keime seiner Entwicklung trägt, ist er es und er allein, der beachtet werden muß, wenn man zu bestimmen versucht, in welche Richtung und in welcher Weise diese Entwicklung gelenkt werden soll. Wichtig ist die Kenntnis seiner angeborenen Anlagen und welcher Natur sie sind. Wohlan, die Wissenschaft, die die Beschreibung und Erklärung des individuellen Menschen zum Gegenstand hat, ist die Psychologie. Demnach scheint es, daß sie für alle Bedürfnisse des Pädagogen genügen würde.

Unglücklicherweise steht diese Auffassung von Erziehung im absoluten Gegensatz zu all dem, was die Geschichte uns lehrt: es gibt in der Tat kein Volk, bei dem sie jemals in die Praxis umgesetzt wurde. Zunächst einmal, abgesehen davon, daß es keine für die gesamte menschliche Spezies universal gültige Erziehung gibt, findet sich sozusagen keine Gesellschaft, in der nicht verschiedene pädagogische Systeme koexistieren und nebeneinander funktionieren.

Besteht die Gesellschaft z. B. aus Kasten, so ist Erziehung unterschiedlich von einer Kaste zur anderen: die der Patrizier war nicht die der Plebejer, die des Brahmanismus war nicht die der Sudra. Ähnlich im Mittelalter: welch ein Unterschied zwischen der Bildung, die ein junger Page erhielt, der in allen Künsten des Rittertums unterrichtet wurde, und der des Leibeigenen, der in seiner Pfarrschule ein wenig Arithmetik, Gesang und Grammatik lernte! Sehen wir nicht selbst heute, daß die Erziehung mit der sozialen Klasse oder selbst mit der Gegend sich ändert? Diejenige der Stadt ist nicht die des Landes, die der Bourgeoisie ist nicht die des Arbeiters. [...]

In Zusammenfassung: Erziehung ist weit davon entfernt, das Individuum und seine Interessen zum einzigen oder hauptsächlichen Gegenstand zu haben. Sie ist vor allem das Mittel, mit dem die Gesellschaft ständig neu die Bedingungen ihrer Existenz schafft. Die Gesellschaft kann nur überleben, wenn unter ihren Mitgliedern eine ausreichende Homogenität existiert. Die Erziehung pflanzt diese Homogenität fort und verstärkt sie, indem sie von vornherein die wesentlichen Ähnlichkeiten, die ein kollektives Leben verlangt, im Geist des Kindes fixiert. Aber auf der anderen Seite ist ohne eine gewisse Verschiedenheit jegliche Kooperation unmöglich. Die Erziehung sichert den Stand dieser notwendigen Verschiedenheit, indem sie sich selbst differenziert und spezialisiert. Sie besteht demnach sowohl unter dem einen als auch unter dem anderen Aspekt in einer systematischen Sozialisation der jungen Generation. [...]

Unter welchem Aspekt auch immer man die Erziehung betrachtet, sie erscheint uns überall mit dem gleichen Charakter. Ob es sich nun um die Frage der Ziele, die sie verfolgt, oder um die Frage der Mittel, die sie anwendet, handelt, es geht um die Befriedigung sozialer Bedürfnisse; es sind kollektive Ideen und Gefühle, die sie zum Ausdruck bringt. Zweifelsohne findet das Individuum irgendeinen Nutzen darin. Haben wir nicht ausdrücklich anerkannt, daß wir der Erziehung das Beste in uns verdanken? Dies kommt aber daher, weil das Beste in uns sozialen Ursprungs ist. Wir müssen demnach immer zum Studium der Gesellschaft zurückkehren; nur dort kann der Pädagoge die Prinzipien seiner Theorie finden. Die Psychologie wird ihm wohl zeigen, auf welchem Wege man am besten bei der

Anwendung dieser Prinzipien auf das Kind vorankommt, sobald man sie erkannt hat, aber sie wird uns kaum helfen, sie zu entdecken. [...]

Es geht nicht länger darum, erworbene Ideen in die Praxis umzusetzen, sondern darum, Leitideen zu finden. Wie entdeckten wir sie, gingen wir nicht auf die eigentliche Quelle des Erziehungswesens, d. h. auf die Gesellschaft, zurück? Die Gesellschaft muß untersucht werde(n); ihre Bedürfnisse muß man kennen, denn die Bedürfnisse der Gesellschaft müssen befriedigt werden. Sich mit dem Blick in unser Inneres zufriedengeben hieße, unsere Aufmerksamkeit ablenken von der eigentlichen Wirklichkeit, die wir erreichen müssen; dies würde es uns unmöglich machen, irgend etwas von denjenigen Kräften zu verstehen, die die Welt um uns herum und uns selbst mit ihr fortreißen.

Arbeitsaufgaben

1. *Durkheim grenzt sich mit seinem »Grundaxiom« von den »modernen Pädagogen« seiner Zeit ab. Skizzieren Sie das von ihm kritisierte und auch heute noch weitverbreitete Verständnis von Erziehung und die aus diesem Verständnis abgeleiteten Aufgaben einer Erziehungstheorie.*
2. *Erläutern Sie Durkheims »Grundaxiom« zum Verhältnis von Erziehung und Gesellschaft, und suchen Sie nach weiteren historischen oder aktuellen Belegen für seine Grundannahme.*
3. *Welche Aufgaben hätte eine Theorie der Erziehung im Sinne Durkheims zu erfüllen, und welche Einwände könnte man gegen dieses Theorieprogramm formulieren?*
4. *Welche Fragestellungen lassen sich aus der Sicht Durkheims für die Analyse und Interpretation der Erziehungs- und Bildungstheorien, die in den nachfolgenden Kapiteln dieser Einführung vorgestellt werden, ableiten?*

Kapitel II

»Wie kultiviere ich die Freiheit bei dem Zwange?«

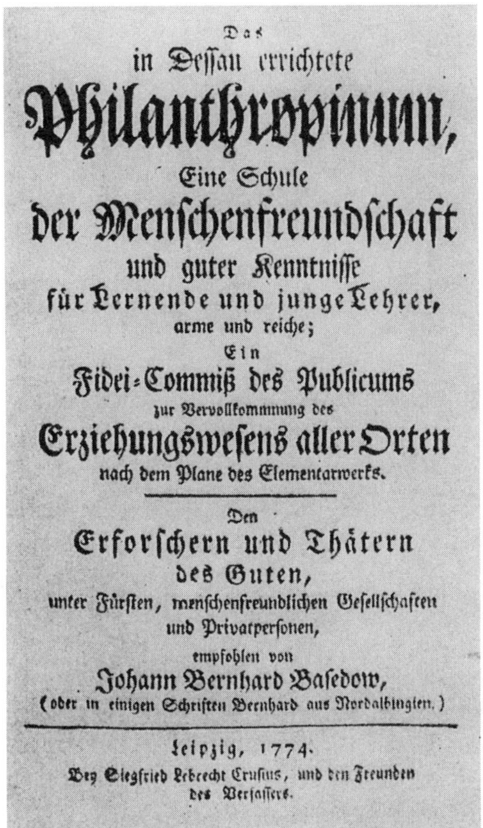
Das
in Dessau errichtete
Philanthropinum,
Eine Schule
der Menschenfreundschaft
und guter Kenntnisse
für Lernende und junge Lehrer,
arme und reiche;
Ein
Fidei-Commiß des Publicums
zur Vervollkommung des
Erziehungswesens aller Orten
nach dem Plane des Elementarwerks.

Den
Erforschern und Thätern
des Guten,
unter Fürsten, menschenfreundlichen Gesellschaften
und Privatpersonen,
empfohlen von
Johann Bernhard Basedow,
(oder in einigen Schriften Bernhard aus Nordalbingien.)

Leipzig, 1774.
Bey Siegfried Lebrecht Crusius, und den Freunden
des Verfassers.

Die Pädagogik der Aufklärung

Abbildung Vorderseite:

Titelblatt einer Werbeschrift Basedows aus dem Jahr 1774 zur Gründung des Philanthropins in Dessau, einer der bekanntesten »Modell-Schulen« der Aufklärungspädagogik.

Erläuterungen zu den Materialien und ihrem historischen Kontext

Die nachfolgenden Texte spiegeln einen kulturellen und gesellschaftlichen Wandlungsprozeß wider, der als Epoche der Aufklärung oder auch als »Geburt der Moderne« bezeichnet wird. Die Aufklärung war eine europäische Bewegung, die im 17. Jahrhundert in England und den Niederlanden ihren Ursprung hatte, danach Frankreich und schließlich, vor allem in der zweiten Hälfte des 18. Jahrhunderts, auch den deutschen Sprachraum erfaßte. Die interne Entwicklung und der theoretische Facettenreichtum dieser »kulturellen Revolution« können im Rahmen dieser Einführung nicht einmal annähernd dargestellt werden.

Es ist das Vertrauen in die Kraft der menschlichen Vernunft, das allen Aufklärern gemeinsam war. Vor dem Richterstuhl dieser Vernunft wurden die traditionellen religiösen und metaphysischen Weltbilder, die überkommenen Interpretationen der Welt und der Stellung des Menschen im Kosmos einer kritischen Überprüfung unterworfen. Nicht unreflektierte Tradition und Sitte, sondern begründete Einsichten sollten das Handeln des einzelnen und die gesellschaftliche Ordnung in Zukunft bestimmen. Damit eröffnete sich eine neue historische Perspektive: Die Vernunft sollte zum Motor des historischen Fortschritts werden, die Menschengattung schien am Beginn eines neuen, glücklicheren Zeitalters zu stehen.

Das 18. Jahrhundert, das Jahrhundert der Aufklärung, wird zuweilen auch als das »pädagogische Jahrhundert« bezeichnet. Dafür gibt es gute Gründe. Wenn, mit Kant formuliert, der »Ausgang aus der selbstverschuldeten Unmündigkeit« die Leitperspektive aufklärerischen Denkens war und die Aufhellung des Unverstandenen, die Beseitigung von Vorurteilen und Aberglauben, die Schaffung klarer Begriffe und Einsichten als zentrale Voraussetzungen individueller und gesellschaftlicher Emanzipation betrachtet wurden, so war dies in gewisser Hinsicht ein pädagogisches Programm. Es unterstellte die Lernfähigkeit des einzelnen Menschen wie der Gesellschaft, verband also die Idee des historischen Fortschritts mit der des Lernens.

Heute, am Ende des 20. Jahrhunderts, ist von diesen Hoffnungen wenig übriggeblieben. Die Geschichte selbst scheint die damalige Hoffnung auf die Kraft der menschlichen Vernunft widerlegt zu haben. Mehr noch: Kritiker der Aufklärung und der Moderne vertreten heute die Auffassung, daß die Hoffnung auf die menschliche Vernunft sich nicht nur erschöpft, sondern daß auch der Rationalitätsbegriff, der mit der Aufklärung seinen Siegeszug begann, vor allem in der Form der modernen Naturwissenschaften zu einer selbstdestruktiven Unterwerfung der äußeren, aber auch der inneren Natur des Menschen geführt habe.

In der Tat ist es heute nicht schwer, die »Blindflecken« aufklärerischen Denkens, die gefährlichen Implikationen, Widersprüchlichkeiten und Halbherzigkeiten dieses auf den ersten Blick so menschenfreundlichen Programms zu entdecken. Man kann aber der Aufklärung insgesamt und der Aufklärungspädagogik insbesondere nur gerecht werden, wenn man den historischen Kontext ihrer Entstehung in das Urteil einbezieht, wenn man berücksichtigt, daß das Programm der Aufklärung Ausdruck und zugleich Reaktion auf eine im Vergleich zur Gegenwart ganz andersartige gesellschaftliche Krisenerfahrung war. Das Denken der Aufklärung entwickelte sich auf dem Boden einer traditionalen Gesellschaft, die durch schwere Krisen und erste Auflösungserscheinungen geprägt war.

Selbstverständlich ist es im Rahmen dieser Erläuterungen nicht möglich, ein angemessenes Bild der damaligen Gesellschaft und ihrer Probleme zu zeichnen. Einige wenige Hinweise sollen deshalb genügen: Man muß sich bei der Beurteilung der Aufklärung erstens darüber klar sein, daß die damalige Gesellschaft noch keine moderne Industriegesellschaft, sondern eine von Armut und Not geprägte Agrargesellschaft war. Die überwältigende Mehrheit der Bevölkerung, mehr als 80 %, lebte im ausgehenden 18. Jahrhundert in Preußen auf dem Land und vom Lande. Angesichts jahrhundertealter, rückständiger Produktionsmethoden war die Landwirtschaft nicht mehr in der Lage, die wachsende Bevölkerung hinreichend zu ernähren. Schwere Hungerkrisen und Seuchen durchzogen deshalb das 18. Jahrhundert und verlangten nach ökonomischen Innovationen. Gewerbe und Industrie in den wenigen Städten waren vorerst noch nicht in der Lage, die Krise der Agrargesellschaft aufzufangen. Dafür war vor allem die traditionelle, verkrustete Zunftverfassung in den Städten verantwortlich, die den Zugang zu Handwerk und Gewerbe rigoros beschränkte und die Produktionsformen streng regulierte, um ihren Mitgliedern durch den Schutz vor Konkurrenz eine »sichere Nahrung« zu garantieren. Die zumeist staatlich geförderten »Verlage« und »Manufakturen« unterlagen zwar nicht diesen Beschränkungen. Aber ihre Zahl und ökonomische Bedeutung waren vorerst zu klein, um die ökonomische Krise der Agrargesellschaft zu lösen. Insofern waren sie nur die Vorboten einer industriellen Entwicklung, die erst im 19. Jahrhundert die Gesellschaft nachhaltig verändern sollte. – Die Spuren dieser ökonomischen Krise und die Suche nach zukunftsträchtigen Auswegen sind in einigen der nachfolgenden Texte unschwer zu erkennen. Im Programm einer Erziehung zur »Brauchbarkeit« und »Industriosität« versuchte die Aufklärungspädagogik, einen Beitrag zur Lösung dieser Krise zu geben.

Der zweite Hinweis, der für das Verständnis des zeitgenössischen pädagogischen Diskurses von großer Bedeutung ist, bezieht sich auf die soziale Ordnung der damaligen Gesellschaft. Die Gesellschaft, für die die Kinder erzogen wurden, war eine geburtsständische Gesellschaft, die nicht über individuelle Fähigkeiten und Leistungen, sondern – aufs Ganze gesehen – durch die Geburt in einen Stand die soziale Plazierung ihrer Mitglieder festlegte. Dem quantitativ kleinen Stand des privilegierten Adels stand in dieser Sozialordnung das handel- und gewerbetreibende Bürgertum der Städte gegenüber, während die große Mehrheit der Bevölkerung zum Stand der Bauern gehörte, als freie Bauern oder als Leibeigene der adeligen Großgrundbesitzer. Mit der Zugehörigkeit zu einem dieser Stände waren Rechte und Pflichten verbunden. Sie definierte politische Rechte, den unterschiedlichen rechtlichen Status vor Gericht, die Möglichkeiten der Berufswahl, Heiratschancen genauso wie Kleidervorschriften. Diese festgefügte, jahrhundertealte soziale Ordnung war in der zweiten Hälfte des 18. Jahrhunderts nicht nur in Preußen in eine tiefe Krise geraten. Ein zunehmend größerer Anteil der Bevölkerung, man schätzt ihn für Preußen auf fast 50 %, fiel aus dieser alten Ordnung heraus, weil weder die Landwirtschaft noch das städtische Gewerbe diesen Menschen eine, in der Terminologie der Zeit, »feste Nahrung« bieten konnte. Wegen des oben erwähnten Bevölkerungswachstums konnten viele Kinder bäuerlicher Familien ihre Lebensgrundlage nicht mehr auf dem väterlichen Hof finden, mußten die nachgeborenen Söhne traditioneller Handwerkerfamilien nach anderen Existenzmöglichkeiten suchen. So entstand in den Städten, aber vor allem auf dem Land, eine breite unterständische Schicht, die als Tagelöhner, Bettler und Landstreicher um ihr Überleben kämpfte. Die Gegensätze zwischen den wenigen Reichen und den vielen Armen, den Rechtlosen und den Privilegierten verschärften sich zunehmend, und die alte, angeblich gottgewollte soziale Ordnung geriet in eine Legitimationskrise. Artikuliert wurde diese Krise allerdings nicht von den Betroffenen, den unterständischen Schichten, die in der Regel nicht einmal des Lesens und Schreibens fähig waren, sondern von einer anderen sozialen Gruppe, die gleichfalls keinen festen Platz in der überkommenen geburtsständischen Ordnung hatte. Es waren die »gebildeten Stände«, das aufsteigende neue Bürgertum: Pfarrer, Professoren, Ärzte, Lehrer der höheren Schulen und das gewerbetreibende Bürgertum der Städte, die neuen Kaufleute und Fabrikanten, die weder zum traditionellen, in verkrusteten Zünften organisierten Bürgertum der Städte noch zum Stand des Adels gehörten und zum sozialen »Motor« der Aufklärung wurden. Die sozialen Ansprüche dieses neuen bürgerlichen »Standes«, der sich nicht mehr über die Geburt, sondern durch individuelle Leistung definierte, prägten in starkem Maße auch den pädagogischen Diskurs der Aufklärung. Auch in der Aufklärungspädagogik wurden diese Erosionserscheinungen der geburtsständischen Gesellschaft zum Thema pädagogischer Reflexion.

Der dritte Hinweis bezieht sich auf die nicht nur für Preußen charakteristischen Formen politischer Herrschaft, auf das System des »aufgeklärten Absolutismus«, wie es sich beispielhaft in der Regierung Friedrich des Großen darstellte. Seine Herrschaft war im Prinzip unbegrenzt. Traditionelle Mitspracherechte der Stände, d. h. des Adels und der Städte, bei seinen Entscheidungen über Krieg und Frieden, bei der Erhebung und Verwendung von Steuermitteln waren bereits durch seine Vorgänger weitgehend aufgehoben worden. Und doch war auch die Macht Friedrich des Großen faktisch in doppelter Hinsicht begrenzt, zum einen durch den grundbesitzenden Adel, der gegenüber der ländlichen Bevölkerung Polizei-, Gerichts- und Herrschaftsrechte ausübte, zum anderen durch das Fehlen eines effizienten Verwaltungsapparats, der die Entscheidungen des Monarchen hätte durchsetzen und kontrollieren können. Der Aufbau einer vor allem auf bürgerliche Beamte gestützten leistungsfähigen Staatsverwaltung, die dem Anspruch nach alle Untertanen »regieren« und die Lebensverhältnisse noch im entlegendsten Dorf des weiten Landes regulieren sollte, gehörte zu den Zielperspektiven des absolutistischen Systems. Es war der historisch neue Versuch, »bürokratische Rationalität« gegenüber lokalen Sonderrechten und partikularen Interessen durchzusetzen. – Auf längere Sicht mußte diese Entwicklung zum modernen bürokratischen Verwaltungsstaat eine neue politische Frage aufwerfen: ob und in welcher Weise den verwalteten Untertanen politische Mitbestimmungsrechte einzuräumen seien, eine Frage, die dann mit der Französischen Revolution auf die politische Tagesordnung Europas gesetzt wurde.

Der vierte und letzte Hinweis soll die Resonanz des Aufklärungsdenkens im Horizont der Zeit in gewisser Weise relativieren. Diese »Revolutionierung der Denkungsart« (Kant) betraf vorerst nur eine kleine soziale Gruppe der Bevölkerung, die bürgerlichen, aber auch eine nicht zu unterschätzende Zahl von adeligen »Gebildeten«. Für Preußen liegen Schätzungen vor, daß deren Zahl noch um 1800 wenig über 10 000 Menschen gelegen hat. Kaum die Hälfte der preußischen Bevölkerung verfügte zu diesem Zeitpunkt über elementare Lese- und Schreibfähigkeiten. Kultur war für die große Mehrheit der Bevölkerung deshalb eine mündliche, illiterate Kultur, geprägt von Tradition und Sitte. Das Weltbild dieser Menschen war nicht anders als in den Jahrhunderten zuvor religiös, ihr Leben durch eine schlichte, modernitätsfeindliche Volksfrömmigkeit, aber auch durch einen tiefverwurzelten »Aberglauben« geprägt. Für die Modernisierung von Staat und Gesellschaft bedeutete diese Mentalität der »ungebildeten Stände« eines der zentralen Hindernisse, ein Hindernis, das durch eine aufgeklärte Pädagogik abgebaut werden sollte. Unter dieser Perspektive gewann die Pädagogik eine bis dahin unbekannte Bedeutung. Die Erziehung der Kinder wurde zur Voraussetzung des historischen Fortschritts erklärt; zugleich sollten sie damit einer historisch neuartigen Disziplinierung und Kontrolle unterworfen werden. Diese Ambivalenz prägt alle nachfolgenden Texte.

Der erste dieser Texte stammt von Immanuel Kant (1724–1804), der Zeit seines Lebens in Königsberg Philosophie lehrte und mit seinen Werken, vor allem mit seiner »Kritik der reinen Vernunft« (1781) zum bedeutendsten und einflußreichsten Denker der Aufklärung im deutschen Sprachraum wurde. Der nachfolgende Text wurde 1783 in dem publizistischen Sprachrohr der preußischen Aufklärung, der »Berlinischen Monatsschrift«, veröffentlicht und enthält die berühmte, immer wieder zitierte Antwort Kants auf die Frage: Was ist Aufklärung? Seine Ausführungen dokumentieren die Grundüberzeugung aller Aufklärer, am Beginn eines neuen Zeitalters zu stehen, in dem die einzelnen wie die Gesellschaft insgesamt zu neuen Formen einer aufgeklärten, rationalen Lebensführung finden sollten. Für diesen Prozeß der Aufklärung, des Mündigwerdens, ist nach Kant nur eine Voraussetzung erforderlich, die Freiheit als die Freiheit, »von seiner Vernunft in allen Stücken öffentlichen Gebrauch zu machen«. Kant bringt damit eine grundlegende Hoffnung der Aufklärung und zugleich des frühbürgerlichen Liberalismus zur Sprache: Ein von allen Bevormundungen befreiter öffentlicher Diskurs könne zum Motor der individuellen und gesellschaftlichen Emanzipation werden. Auf die Frage, wer denn an diesem Prozeß öffentlicher Aufklärung beteiligt sei, gibt der Text bzw. Kant nur eine vage Antwort, vielleicht, weil sie im Horizont seiner Zeit selbstverständlich war. Prinzipiell mag der öffentliche Diskurs für alle Interessierten offen gewesen sein; faktisch aber war es der Diskurs der »Gelehrten«, die ihre Ansichten, ihren Streit »vor dem ganzen Publikum der Leserwelt« ausfochten und um Anerkennung ihrer besseren Argumente kämpften. In einer Gesellschaft, deren große Mehrheit – wie bereits angedeutet – nicht in der Lage war, auch nur den eigenen Namen zu schreiben, war dies ein soziales Privileg der »gebildeten Stände«, des aufsteigenden Bürgertums und der »aufgeklärten« Vertreter des Adels.

Ein weiteres Merkmal der preußisch-deutschen Aufklärung läßt sich ebenfalls bereits aus diesem Text von Kant, aus seiner Wertschätzung Friedrichs II. erschließen. Im Denken Kants und der anderen Aufklärer, die vielfach in staatsnahen Berufen, als Professoren, Pfarrer und Lehrer ihr Auskommen fanden, fungierte der aufgeklärt-absolutistische Staat Friedrichs II. als potentieller Gesprächs- und Bündnispartner für die Realisierung ihrer Forderungen. Angesichts der relativen Freiheit der öffentlichen Diskussion in Preußen und des schon früh bekundeten

Interesses seiner Regenten an der Durchsetzung der allgemeinen Schulpflicht war dies eine politisch verständliche Hoffnung.

Der zweite Text Kants enthält Auszüge aus Mitschriften der Vorlesungen, die Kant im Rahmen seiner Lehrtätigkeit als Philosophieprofessor in Königsberg über Pädagogik gehalten hat. In diesen Textauszügen geht es um die allgemeinen Voraussetzungen und Grundlinien des aufklärerischen Erziehungsprogramms, einer neuen »judiziösen«, d. h. auf begründeten Urteilen beruhenden Pädagogik. Hinter der »Edukation«, so die Überzeugung Kants, stecke das »große Geheimnis der Vervollkommnung der menschlichen Natur«. Der Mensch werde erst durch die Erziehung zum Menschen, und die richtige, aufgeklärte Erziehung öffne den Weg »zu einem künftigen glücklichen Menschengeschlecht«. Wenn die Menschen unmoralisch und unvernünftig handeln, so liegt der Grund nach Kant nicht in der Menschennatur, so ist dies nicht das Ergebnis etwa der Erbsünde oder einer natürlichen Anlage zum Bösen. Es ist vielmehr – hier folgt Kant dem Aufklärer Rousseau – der Einfluß der gesellschaftlichen Umstände, insbesondere einer fehlerhaften Erziehung, die dafür verantwortlich ist. Die »Natur« des Menschen läßt sich also nicht aus seinem immer wieder zu beobachtenden, unvernünftigen und unmoralischen Handeln ableiten. Sie ist ein »Potential«, das durch eine vernünftige Erziehung historisch erst noch entfaltet werden muß. Die »Erziehungskunst« erfährt damit als Theorie und Praxis bei Kant und den anderen Aufklärern eine anthropologische und geschichtsphilosophische Aufwertung. Zugleich aber wird ihr damit eine Bürde aufgelastet, an der sie scheitern mußte.

Analysiert man Kants konkrete Vorstellungen über die erforderliche Erziehung etwas genauer, dann werden theorieinterne Spannungen, vielleicht auch Widersprüche sichtbar, die typisch für die gesamte Aufklärungspädagogik sind. Erziehung ist im Horizont dieses Denkens kein mildes, kinderfreundliches Geschäft. Trotz der optimistischen Anthropologie und des Vertrauens in die Vernunft des Menschen enthält die Aufklärungspädagogik aus heutiger Sicht befremdende Momente der Kontrolle und des Zwangs gegenüber Kindern und Jugendlichen. »Disziplinierung«, »Kultivierung« und »Zivilisierung« sind nach Kant die ersten Aufgaben der Erziehung, um die Triebhaftigkeit, die »Tierheit« des Menschen, die ebenfalls zu seiner »Natur« gehört, unter Kontrolle zu bringen. Damit soll Raum für das Endziel der Erziehung geschaffen werden, nämlich für die »Moralisierung«, in der erst Selbstbestimmung und Vernunft des Menschen zum Ausdruck kommen. Ohne Autorität, ohne Zwang, ohne Erziehung zum Gehorsam ist nach Meinung Kants und seiner Mitstreiter das oberste Ziel der Erziehung, die vernunftbestimmte und deshalb freie Persönlichkeit, nicht zu erreichen. Daß in diesem Programm eine gewisse Widersprüchlichkeit angelegt ist, hat Kant – im Gegensatz zu vielen Pädagogen seiner Zeit – sehr deutlich gesehen. »Wie kultiviere ich die Freiheit bei dem Zwange?«, so faßte er in prägnanter Kürze das Problem der Aufklärungspädagogik zusammen. Er glaubte, auf diese Frage eine befriedigende Antwort geben zu können. Ob sie dies war, ist bis heute umstritten.

Die nachfolgenden Texte wurden von Pädagogen im engeren Sinne verfaßt, von Erziehungstheoretikern und -praktikern des letzten Drittels des 18. Jahrhunderts. Sie wurden und werden als »Philanthropen«, als Menschenfreunde bezeichnet, eine Bezeichnung, die auf eine ihrer vielen »Modellschulen«, das 1774 eröffnete Philanthropin in Dessau zurückzuführen ist. Gründer des Philanthropins und einer der bekanntesten Aufklärungspädagogen war ohne Zweifel Johann Bernhard Basedow (1724–1790). Die bekannteste seiner zahlreichen Veröffentlichungen war das vierbändige »Elementarwerk« (1794), eine reich bebilderte Enzyklopädie für Kinder, die ihnen das notwendige und nützliche Wissen der Zeit kindgemäß und anschaulich vermitteln sollte. Der in die Materialsammlung aufgenommene Textauszug stammt aus dem Jahre 1773 und enthält Überlegungen Basedows zu einer vom Geist der Aufklärung geprägten Familienerziehung. Wenn man diesen Text nur unter einem aktuellen, praktisch-pädagogischen Interesse liest, unter der Fragestellung also, ob wir auch heute noch etwas von Basedow über die »richtige« Erziehung der Kinder lernen können, wird der Ertrag gering sein. Die »Modernität« dieses Textes erschließt sich nur dann, wenn man sich bewußt ist, daß in der traditionalen Gesellschaft des 18. Jahrhunderts eine bewußte, systematische Erziehung der Kinder für die überwältigende Mehrheit der Bevölkerung noch außerhalb ihres Lebenshorizontes lag. Das gilt für die Kinder bäuerlicher Familien, die nicht – im modernen Sinne – erzogen, sondern durch den Umgang mit Erwachsenen und frühzeitige Integration in die Arbeits- und Lebenswelt der Erwachsenen »sozialisiert« wurden. Dies gilt in gewisser Weise auch für die Kinder des Adels. Zwar wurden sie auf ihren späteren Stand, auf seine Rechte und Pflichten hin erzogen; aber dies war eher die Aufgabe der Privatlehrer, der »Hofmeister«, als der Eltern. Die Intimität des Familienlebens und zugleich die Planmäßigkeit des Umgangs mit Kindern, die im Text von Basedow als Leitbild einer neuen Erziehung aufscheinen, waren also historisch neu. Er spiegelt deshalb die »Entdeckung der Kindheit« als einer eigenständigen, systematischen Regelungen zu unterwerfenden Lebensphase und zugleich die Entstehung einer neuen Familienform, der bürgerlichen Familie, wider.

Die Zweckrationalität, Konsequenz und Strenge, die die Aufklärungspädagogik im Umgang mit Kindern für notwendig hielt, mag schon in den Texten von

Kant und Basedow irritierend sein. Die nachfolgenden Ratschläge zur »Verhütung der Selbstschwächung«, d. h. zur Verhütung der Masturbation werden einen heutigen Leser wohl bestenfalls belustigen, ihm wahrscheinlich aber eher abstoßend erscheinen. Die Verfasser sind Joachim Heinrich Campe (1746–1818) und Johann Friedrich Oest (1755–1815). Campe war einer der berühmtesten Pädagogen und Jugendschriftsteller seiner Zeit, Hauslehrer der Familie von Humboldt, Lehrer am Philanthropin in Dessau und von 1785–1793 Herausgeber eines großen enzyklopädischen Sammelwerkes zeitgenössischer Pädagogik, der vielbändigen »Allgemeinen Revision des gesamten Schul- und Erziehungswesens«. Oest war Direktor eines Lehrerseminars in Schleswig-Holstein und hatte 1787 eine Abhandlung mit dem Titel »Wie kann man Kinder und junge Leute vor den Lastern der Unzucht überhaupt und der Selbstschändung insonderheit verwahren«, das in einer von Campe überarbeiteten Form in die Enzyklopädie aufgenommen wurde. Der Text im vorliegenden Studienbuch ist Teil dieser umfangreichen Abhandlung. Er dokumentiert die »Nachtseite« der Aufklärungspädagogik, ihre kontrollierenden, Körperlichkeit und Triebstruktur des Menschen unterwerfenden Ambitionen, weshalb diese Pädagogik von ihren modernen Kritikern auch als »Schwarze Pädagogik« charakterisiert wurde. Das menschenfreundliche Programm einer Erziehung zur Vernunft, zur Vervollkommnung des einzelnen wie zur »Veredelung des Menschengeschlechts« offenbart durch Texte wie den von Oest und Campe eine – wie ihre Kritiker meinen – unvermeidliche Dialektik: Die neuzeitliche Rationalität, die sich bei ihrem Siegeszug erfolgreich die Natur unterworfen hat, macht auch die Natur des Menschen selbst zum Objekt ihres Herrschaftsanspruchs. Indem sie den Körper und die Sexualität kontrolliert, diszipliniert und tabuisiert, richtet sich die Rationalität gegen den Menschen selbst und setzt damit – als Protest der unterdrückten Natur – neue Destruktionskräfte frei.

Auch wenn man dieser rationalitätskritischen These nicht zustimmt, bleibt festzustellen, daß die »Sexualerziehung« im Sinne Oests und Campes zu den zentralen Themen der Aufklärungspädagogik zählte, daß die Sexualität als potentielle Bedrohung einer vernunftbestimmten, zweckrationalen Lebensführung empfunden wurde. Mit dem Ideal einer bürgerlichen Lebensführung als Teil einer »innerweltlichen Askese« war eine libertäre Einstellung zur Sexualität unvereinbar. »Tugendhaftigkeit« wurde damit zugleich zum Kriterium sozialer Abgrenzung gegenüber einem »sittenlosen« Adel und einem »verrohten« Pöbel.

Der nachfolgende Text über Ziele und Formen einer neuen Mädchenerziehung stammt ebenfalls von Campe, aus seinem 1790 erschienenen Buch »Väterlicher Rath für meine Tochter. Ein Gegenstück zum Theophron«, das sehr erfolgreich war und in mehrere Sprachen übersetzt wurde. Wenn in den Erläuterungen zu den Basedowschen Überlegungen zur Familienerziehung gesagt wurde, daß sie auf die Entstehung eines neuen Typs von Familie, der bürgerlichen »Kleinfamilie« im Gegensatz zur bäuerlichen und adeligen »Großfamilie«, reagierten, so wird im Text von Campe sichtbar, daß mit der Entwicklung der bürgerlichen Familie zugleich das Verhältnis der Geschlechter, die Rollen von Mann und Frau, die Erziehung von Jungen und Mädchen, neu definiert wurden. Man würde es sich zu einfach machen, wenn man Campes »Ratschläge« nur als Dokument patriarchalischer Unterdrückung lesen würde. Man muß gerechterweise feststellen, daß sich Campe gleich den anderen Aufklärungspädagogen vehement für eine gründliche Erziehung und Schulbildung der Mädchen einsetzte. Vom Menschenrecht auf Bildung sollte also auch der weibliche Teil der Menschheit nicht ausgeschlossen werden. Die Erziehung der Mädchen zur tugendhaften und klugen Gattin, Mutter und Hausvorsteherin wurde von Campe als gleichwertige, aber andersartige Erziehung zur »Menschheit« begriffen. Die »Vervollkommnung« durch Erziehung wurde im pädagogischen Diskurs der Aufklärung nicht nur standesspezifisch, sondern auch geschlechtsspezifisch variiert. Daß damit die Frauen auf die Privatsphäre des Hauses eingeschränkt, aus der Sphäre der Öffentlichkeit ausgeschlossen wurden und ihre rechtliche, soziale und ökonomische Abhängigkeit vom Mann idealistisch überhöht wurde, lag bei Campe und den anderen Aufklärungspädagogen, aber sicher auch bei den meisten Frauen der damaligen Zeit noch außerhalb ihres Denkhorizonts.

Für das Verständnis der Aufklärungspädagogik, genauer, für die Analyse ihrer politisch-gesellschaftlichen Optionen, spielen die »Anmerkungen« Peter Villaumes, zur Frage, »ob der Staat sich in die Erziehung mischen« solle, eine zentrale Rolle. Villaume (1746–1806) war Lehrer am Joachimsthalischen Gymnasium in Berlin und Mitarbeiter Campes am »Revisionswerk«, für das er acht umfangreiche Abhandlungen verfaßte. 1793 mußte er aus politischen Gründen nach Dänemark emigrieren. Der Textauszug des Studienbuchs stammt aus einem Aufsatz Villaumes aus dem Jahre 1788. Seine Überlegungen, ob der Staat das Recht oder sogar die Pflicht habe, für die Erziehung seiner Untertanen in öffentlichen Schulen zu sorgen, diskutieren die allgemeinen Zielperspektiven der Aufklärungspädagogik angesichts der realen politischen und gesellschaftlichen Verhältnisse im letzten Drittel des 18. Jahrhunderts. Sie lassen deshalb die Problemlagen und Krisen der traditionalen Gesellschaft genauso erkennen wie die Schwierigkeiten der Aufklärungspädagogik, auf diese Krisen eine überzeugende Antwort zu finden. Bei seiner Ausgangsfrage: »Wem erzieht man den Menschen?« hält sich Villaume nicht lange auf. Er beantwortet sie so, wie sie wohl von allen Aufklärungspädagogen beantwortet worden wäre: Erziehung muß der Vervollkommnung des einzelnen dienen und ihn zugleich zum nützlichen und zufriedenen Mitglied der Gesellschaft machen. Dem liegt die Überzeugung zugrunde, daß das Glück des Menschen nicht jenseits der Gesellschaft, sondern, sozialwissenschaftlich formuliert, in einer optimalen Anpassung an gesellschaftliche Rollenerwartungen zu finden sei. Aber mit dieser Zweckbestimmung handelt sich Villaume ein Problem ein, das er sehr deutlich sieht und – vergeblich – zu lösen versucht. »Reichtum und Armut, Vorrechte und Bedrückung stehen nebeneinander in widrigem Kontrast«, klagt er. »Die Gewalt ist in den Händen der Begünstigten; der Bedrückte wird sorgfältig in der Bedrückung gehalten.« Aber seine politischen Konsequenzen aus diesen Befunden sind resignativ, klingen sogar zynisch: »Was soll man tun? Was man kann; nichts: denn wer etwas tun möchte, kann es nicht.«

Aber als Pädagoge kann er sich nicht von der praktischen Frage dispensieren, wie denn nun die Kinder dieser Gesellschaft des ausgehenden 18. Jahrhunderts erzogen, wie Erziehung trotz der pessimistisch stimmenden gesellschaftlichen Verhältnisse einen Beitrag zur Vervollkommnung des einzelnen Menschen und zur Verbesserung der Gesellschaft leisten könne. Prinzipiell hält er an der sozialen Zielvorstellung einer »gerechten Gleichheit« fest, bei der jeder die Chance hätte, über Konkurrenz und individuelle Leistung soziale Anerkennung, »Ehre«, zu erringen. Aber dieser revolutionäre Gedanke wird sofort zurückgenommen und dem Status quo Tribut gezollt. Die individuelle Vervollkommnung durch Bildung hat sich an diesem Status quo zu orientieren. Das heißt: Jeder Mensch hat zwar ein Recht auf Bildung, aber es muß sich in Umfang und Inhalt an den Bedürfnissen des jeweiligen Standes orientieren. Andernfalls würden die Kinder zu Feinden der Gesellschaft erzogen und durch die Diskrepanz zwischen individuellem Anspruch und gesellschaftlichen Möglichkeiten unglücklich werden. Das Kind des Bauern soll deshalb nicht anders als das des Bürgers oder des Adeligen im Rahmen seines jeweiligen Standes »vervollkommnet« werden, seine Kenntnisse und Fähigkeiten sollen zum eigenen und zum Nutzen der gesamten Gesellschaft entwickelt werden.

Die gleiche Zweideutigkeit läßt sich in der Einstellung Villaumes zum absolutistischen Staat seiner Zeit erkennen. Die Staatsverwaltung wird weder für die beklagten gesellschaftlichen Mißstände der »bürgerlichen Gesellschaft« verantwortlich gemacht, noch wird ihr die Aufgabe zugeschrieben, die beklagten sozialen Ungerechtigkeiten im Sinne einer »Revolution von oben« zu beseitigen. Villaumes Hoffnungen sind bescheidener. Der Staat soll das pragmatische Reformprogramm einer an den bestehenden Ständen orientierten »Bildung für alle« nach Kräften fördern und gegen die bornierten Interessen der Privilegierten wie gegen die »Roheit« der ungebildeten Stände durchsetzen. Er soll Schulen einrichten, Lehrer ausbilden und die Schulpflicht notfalls auch gegen den Willen der Eltern verwirklichen, eine Forderung, die uns heute selbstverständlich erscheint, damals aber angesichts des geringen Alphabetisierungsgrades der Bevölkerung weit über den Status quo hinauswies. Der »aufgeklärte Staat« bzw. seine Verwaltung werden also, wie dies auch schon bei Kant sichtbar wurde, zum potentiellen Bündnispartner der bürgerlichen Aufklärungspädagogik erklärt.

Daß diese Hoffnung im Horizont der Zeit nicht irreal war, läßt sich aus dem nachfolgenden Text erschließen. Sein Verfasser, Karl Abraham Freiherr von Zedlitz (1731–1793), war unter Friedrich II. Justizminister in Preußen, also einer der einflußreichsten Vertreter des absolutistischen Staates. Es ist bemerkenswert, daß er seine »Vorschläge zur Verbesserung der preußischen Schulen 1787« in der »Berlinischen Monatsschrift«, dem wichtigsten Sprachrohr der preußischen Aufklärung, zur öffentlichen Diskussion stellte. In diesen Vorschlägen werden das Interesse des aufgeklärten Staates an einer verbesserten Volksbildung, die Affinität zwischen bürgerlicher Aufklärungspädagogik und »aufgeklärtem Staatsinteresse« sehr deutlich. Mit dem ersten Satz schon schließt sich von Zedlitz dem Grundkonsens der Aufklärungspädagogik an, daß die Erziehung und damit auch der Schulunterricht den »Endzweck« haben solle, »die Menschen besser und für ihr bürgerliches Leben brauchbarer zu machen«. Dieser Gesichtspunkt der »Brauchbarkeit« oder Nützlichkeit der Schule für Staat und Gesellschaft beherrscht die nachfolgenden Vorschläge zum Aufbau eines einheitlichen Schulsystems für alle preußischen Kinder. Nützlich wäre ein solches Schulsystem für den Staat aus der Perspektive dieses aufgeklärten Staatsbeamten in doppelter Hinsicht. Vor allem im Blick auf die bäuerliche Bevölkerung schien die Vermittlung der elementaren Kulturtechniken des Lesens, Schreibens und Rechnens eine Möglichkeit zu eröffnen, traditionsgeleitete Verhaltensweisen, das tiefe Mißtrauen gegen alle Neuerungen abzubauen und damit wichtige Voraussetzungen für eine effektive Verwaltung der Untertanen zu schaffen. Staatliche Schulen sollten also – erstens – die »Regierbarkeit« der Untertanen, die Integration der Bevölkerung in den entstehenden modernen Staat fördern. Von einer allgemeinen Steigerung der Volksbildung durften sich der Staat und die Gesellschaft nach Ansicht von von Zedlitz – zweitens – auch erhebliche ökonomische Vorteile versprechen. Der Abbau traditioneller Verhaltensweisen, die Vermittlung praktischer Kenntnisse und die Verbreitung einer »industriösen« Gesinnung erschienen ihnen als wichtige Voraussetzungen für die Einführung neuer Techniken und Produktionsmethoden in der Landwirtschaft wie im städtischen Gewerbe. Die Hebung des Volkswohlstandes und die Steigerung staatlicher Steuereinnahmen sollten die zwangsläufige Folge eines erfolgreichen Schulausbaus sein. Im Denken führender Aufklärungspädagogen und leitender Staatsbeamten galt Bildungspolitik deshalb als Bestandteil einer staatlich-merkantilistischen Wirtschaftsförderung.

Der letzte Text stammt von Ernst Christian Trapp (1745–1818), seit 1777 Mitarbeiter am Dessauer Philanthropin und seit 1779 in Halle der erste Inhaber eines Lehrstuhls für Pädadogik in Deutschland. Der Textauszug stammt aus seinem 1780 erschienenen Hauptwerk »Versuch einer Pädagogik«. Trapp beschreibt darin Ziele, Fragestellungen, mögliche Themen und Forschungsstrategien einer Pädagogik als empirischer Wissenschaft. Unschwer ist in diesem Wissenschaftsprogramm das Vorbild der so erfolgreichen neuzeitlichen Naturwissenschaften zu erkennen. Deutlich ist auch die Übereinstimmung dieses Programms mit den zentralen Intentionen der Aufklärungspädagogik: Es geht um die »Glückseligkeit« des einzelnen Menschen und die »allgemeine Glückseligkeit des ganzen Erdbodens«, die durch eine professionelle Erziehung gefördert werden sollen. Dazu sei wissenschaftlich fundiertes, sicheres Wissen erforderlich, das nur durch kontrollierte Erfahrung und planmäßige Experimente zu gewinnen sei. Kinder, Schüler und Jugendliche werden in dieser Konzeption aber auch zu Forschungsobjekten einer berechnenden Rationalität.

Wenn man abschließend nach dem historischen Erfolg, der gesellschaftlichen Wirksamkeit der in diesen Texten vorgestellten Aufklärungspädagogik fragt, fällt die Bilanz ernüchternd aus. Das »pädagogische Jahrhundert« war eher das Jahrhundert der pädagogisch-programmatischen Diskussionen als das der tiefgreifenden Veränderungen der pädagogischen Praxis. Und selbst in theoriegeschichtlicher Hinsicht, für die nachfolgende Geschichte pädagogischen Denkens, waren die Nachwirkungen der Aufklärungspädagogik begrenzt. Schon zu Beginn des 19. Jahrhunderts wurde ihr theoretischer Gehalt von den neuhumanistischen Bildungstheoretikern als eine »Erziehung zur Bestialität« denunziert. Das Ressentiment gegen den Rationalismus der Aufklärung und der Aufklärungspädagogik gehörte von da an zu den meist verbreiteten Stereotypen pädagogischen Denkens. Dabei richtete sich die nachfolgende Kritik nicht gegen die große Ambition der Aufklärung, mit einer neuen Erziehung die Welt grundlegend verändern zu wollen, sondern gegen ihre zweckrationalen Denk- und Handlungsformen, mit denen die Aufklärungspädagogik versuchte, die nachwachsende Generation einer systematischen Steuerung und Kontrolle zu unterwerfen.

*Kant: Was ist Aufklärung?

Kant, I.: Beantwortung der Frage: Was ist Aufklärung? In: Ders.: Werke in zehn Bänden. Bd. 9: Schriften zur Anthropologie, Geschichtsphilosophie, Politik und Pädagogik (1784). Erster Teil. Hrsg. v. W. Weischedel. Darmstadt 1983. S. 53–59.

[...]

Aufklärung ist der Ausgang des Menschen aus seiner selbst verschuldeten Unmündigkeit. Unmündigkeit ist das Unvermögen, sich seines Verstandes ohne Leitung eines anderen zu bedienen. *Selbstverschuldet* ist diese Unmündigkeit, wenn die Ursache derselben nicht am Mangel des Verstandes, sondern der Entschließung und des Mutes liegt, sich seiner ohne Leitung eines andern zu bedienen. Sapere aude! Habe Mut, dich deines *eigenen* Verstandes zu bedienen! ist also der Wahlspruch der Aufklärung.

Faulheit und Feigheit sind die Ursachen, warum ein so großer Teil der Menschen, nachdem sie die Natur längst von fremder Leitung frei gesprochen (naturaliter maiorennes), dennoch gerne zeitlebens unmündig bleiben; und warum es anderen so leicht wird, sich zu deren Vormündern aufzuwerfen. Es ist so bequem, unmündig zu sein. Habe ich ein Buch, das für mich Verstand hat, einen Seelsorger, der für mich Gewissen hat, einen Arzt, der für mich die Diät beurteilt, u. s. w.: so brauche ich mich ja nicht selbst zu bemühen. Ich habe nicht nötig zu denken, wenn ich nur bezahlen kann; andere werden das verdrießliche Geschäft schon für mich übernehmen. Daß der bei weitem größte Teil der Menschen (darunter das ganze schöne Geschlecht) den Schritt zur Mündigkeit, außer dem daß er beschwerlich ist, auch für sehr gefährlich halte: dafür sorgen schon jene Vormünder, die die Oberaufsicht über sie gütigst auf sich genommen haben. Nachdem sie ihr Hausvieh zuerst dumm gemacht haben, und sorgfältig verhüteten, daß diese ruhigen Geschöpfe ja keinen Schritt außer dem Gängelwagen, darin sie sie einsperreten, wagen durften: so zeigen sie ihnen nachher die Gefahr, die ihnen drohet, wenn sie es versuchen, allein zu gehen. Nun ist diese Gefahr zwar eben so groß nicht, denn sie würden durch einigemal Fallen wohl endlich gehen lernen; allein ein Beispiel von der Art macht doch schüchtern, und schreckt gemeiniglich von allen ferneren Versuchen ab.

Es ist also für jeden einzelnen Menschen schwer, sich aus der ihm beinahe zur Natur gewordenen Unmündigkeit herauszuarbeiten. Er hat sie sogar lieb gewonnen, und ist vor der Hand wirklich unfähig, sich seines eigenen Verstandes zu bedienen, weil man ihn niemals den Versuch davon machen ließ. Satzungen und Formeln, diese mechanischen Werkzeuge eines vernünftigen Gebrauchs oder vielmehr Mißbrauchs seiner Naturgaben, sind die Fußschellen einer immerwährenden Unmündigkeit. Wer sie auch abwürfe, würde dennoch auch über den schmalesten Graben einen nur unsicheren Sprung tun, weil er zu dergleichen freier Bewegung nicht gewöhnt ist. Daher gibt es nur wenige, denen es gelungen ist, durch eigene Bearbeitung ihres Geistes sich aus der Unmündigkeit heraus zu wickeln, und dennoch einen sicheren Gang zu tun.

Daß aber ein Publikum sich selbst aufkläre, ist eher möglich; ja es ist, wenn man ihm nur Freiheit läßt, beinahe unausbleiblich. [...]

Zu dieser Aufklärung aber wird nichts erfordert als *Freiheit;* und zwar die unschädlichste unter allem, was nur Freiheit heißen mag, nämlich die: von seiner Vernunft in allen Stücken *öffentlichen Gebrauch* zu machen. Nun höre ich aber von allen Seiten rufen: *räsonniert nicht*! Der Offizier sagt: räsonniert nicht, sondern exerziert! Der Finanzrat: räsonniert nicht, sondern bezahlt! Der Geistliche: räsonniert nicht, sondern glaubt! (Nur ein einziger Herr in der Welt sagt: räsonniert, so viel ihr wollt, und worüber ihr wollt; *aber gehorcht*!) Hier ist überall Einschränkung der Freiheit. Welche Einschränkung aber ist der Aufklärung hinderlich? welche nicht, sondern ihr wohl gar beförderlich? – Ich antworte: der *öffentliche* Gebrauch seiner Vernunft muß jederzeit frei sein, und der allein kann Aufklärung unter Menschen zu Stande bringen; der *Privatgebrauch* derselben aber darf öfters sehr enge eingeschränkt sein, ohne doch darum den Fortschritt der Aufklärung sonderlich zu hindern. Ich verstehe aber unter dem öffentlichen Gebrauche seiner eigenen Vernunft denjenigen, den jemand *als Gelehrter* von ihr vor dem ganzen Publikum der *Leserwelt* macht. Den Privatgebrauch nenne ich denjenigen, den er in einem gewissen ihm anvertrauten *bürgerlichen Posten*, oder Amte, von seiner Vernunft machen darf. [...]

Wenn denn nun gefragt wird: Leben wir jetzt in einem *aufgeklärten* Zeitalter? so ist die Antwort: Nein, aber wohl in einem Zeitalter der *Aufklärung.* Daß die Menschen, wie die Sachen jetzt stehen, im ganzen genommen, schon im Stande wären, oder darin auch nur gesetzt werden könnten, in Religionsdingen sich ihres eigenen Verstandes ohne Leitung eines andern sicher und gut zu bedienen, daran fehlt noch sehr viel. Allein, daß jetzt ihnen doch das Feld geöffnet wird, sich dahin frei zu bearbeiten, und die Hindernisse der allgemeinen Aufklärung, oder des Ausganges aus ihrer selbst verschuldeten Unmündigkeit, allmählich weniger werden, davon haben wir doch deutliche Anzeigen. In diesem Betracht ist dieses Zeitalter das Zeitalter der Aufklärung, oder das Jahrhundert *Friederichs.*

*Arbeitsaufgaben

1. *Geben Sie mit eigenen Worten wieder, was Kant unter »Aufklärung« versteht. Welche Vorstellung von der Natur des Menschen liegt diesem Programm zugrunde? Inwiefern mußte es zur damaligen Zeit geradezu revolutionär erscheinen?*
2. *Wo liegen nach Kant die individuellen, wo die gesellschaftlichen Ursachen dafür, daß sich die Menschen im Stand der Unmündigkeit befinden?*
3. *Wodurch kann und muß nach Kant der Prozeß der Aufklärung vorangetrieben werden? Warum spielt für den Autor das »Publikum« die entscheidende Rolle?*
4. *Erläutern Sie Kants Unterscheidung von privatem und öffentlichem Gebrauch der Vernunft. Suchen Sie nach Beispielen, an denen sich diese Unterscheidung und ihre Implikationen veranschaulichen lassen.*
5. *Welche Rechte muß nach Kant der Staat seinen Bürgern einräumen, damit »Aufklärung« wirksam werden kann? Welches Bild entwirft der Verfasser in dieser Hinsicht vom preußischen Staat seiner Zeit?*
6. *Auch wenn in diesem Text von Erziehung keine Rede ist, lassen sich aus ihm allgemeine Zielsetzungen für eine Erziehung im Sinne der Aufklärung ableiten. Formulieren Sie diese Konsequenzen.*

Kant: Über Erziehung

Kant, I.: Über Pädagogik. In: Ders.: Werke in zehn Bänden. Bd. 10: Schriften zur Anthropologie, Geschichtsphilosophie, Politik und Pädagogik (1803). Zweiter Teil. Hrsg. v. W. Weischedel. Darmstadt 1983. S. 699–741.

[...] Der Mensch kann nur Mensch werden durch Erziehung. Er ist nichts, als was die Erziehung aus ihm macht. Es ist zu bemerken, daß der Mensch nur durch Menschen erzogen wird, durch Menschen, die ebenfalls erzogen sind. Daher macht auch Mangel an Disziplin und Unterweisung bei einigen Menschen sie wieder zu schlechten Erziehern ihrer Zöglinge. Wenn einmal ein Wesen höherer Art sich unserer Erziehung annähme, so würde man doch sehen, was aus dem Menschen werden könne. Da die Erziehung aber teils den Menschen einiges lehrt, teils einiges auch nur bei ihm entwickelt: so kann man nicht wissen, wie weit bei ihm die Naturanlagen gehen. Würde hier wenigstens ein Experiment durch Unterstützung der Großen, und durch die vereinigten Kräfte vieler gemacht: so würde auch das schon uns Aufschlüsse darüber geben, wie weit es der Mensch etwa zu bringen vermöge. Aber es ist für den spekulativen Kopf eine eben so wichtige, als für den Menschenfreund eine traurige Bemerkung, zu sehen, wie die Großen meistens nur immer für sich sorgen, und nicht an dem wichtigen Experimente der Erziehung in der Art Teil nehmen, daß die Natur einen Schritt näher zur Vollkommenheit tue. [...]

Vielleicht, daß die Erziehung immer besser werden, und daß jede folgende Generation einen Schritt näher tun wird zur Vervollkommnung der Menschheit; denn hinter der Edukation steckt das große Geheimnis der Vollkommenheit der menschlichen Natur. Von jetzt an kann dieses geschehen. Denn nun erst fängt man an, richtig zu urteilen, und deutlich einzusehen, was eigentlich zu einer guten Erziehung gehöre. Es ist entzückend, sich vorzustellen, daß die menschliche Natur immer besser durch Erziehung werde entwickelt werden, und daß man diese in eine Form bringen kann, die der Menschheit angemessen ist. Dies eröffnet uns den Prospekt zu einem künftigen glücklichern Menschengeschlechte. –

Ein Entwurf zu einer Theorie der Erziehung ist ein herrliches Ideal, und es schadet nichts, wenn wir auch nicht gleich im Stande sind, es zu realisieren. Man muß nur nicht gleich die Idee für schimärisch halten, und sie als einen schönen Traum verrufen, wenn auch Hindernisse bei ihrer Ausführung eintreten.

Eine Idee ist nichts anderes, als der Begriff von einer Vollkommenheit, die sich in der Erfahrung noch nicht vorfindet. Z. E. die Idee einer vollkommnen, nach Regeln der Gerechtigkeit regierten Republik! Ist sie deswegen unmöglich?

Erst muß unsere Idee nur richtig sein, und dann ist sie bei allen Hindernissen, die ihrer Ausführung noch im Wege stehen, gar nicht unmöglich. Wenn z. E. ein jeder löge, wäre deshalb das Wahrreden eine bloße Grille? Und die Idee einer Erziehung, die alle Naturanlagen im Menschen entwickelt, ist allerdings wahrhaft. [...]

Es liegen viele Keime in der Menschheit, und nun ist es unsere Sache, die Naturanlagen proportionierlich zu entwickeln, und die Menschheit aus ihren Keimen zu entfalten, und zu machen, daß der Mensch seine Bestimmung erreiche. Die Tiere erfüllen diese von selbst, und ohne daß sie sie kennen. Der Mensch muß erst suchen, sie zu erreichen, dieses kann aber nicht geschehen, wenn er nicht einmal einen Begriff von seiner Bestimmung hat. [...]

Weil die Entwicklung der Naturanlagen bei dem Menschen nicht von selbst geschieht, so ist alle Erziehung – eine Kunst. – Die Natur hat dazu keinen Instinkt in ihn gelegt. – Der Ursprung sowohl, als der Fortgang dieser Kunst ist entweder *mechanisch*, ohne Plan, nach gegebenen Umständen geordnet, oder *judiziös*. Mechanisch entspringt die Erziehungskunst bloß bei vorkommenden Gelegenheiten, wo wir erfahren, ob etwas dem Menschen schädlich, oder nützlich sei. Alle Erziehungskunst, die bloß mechanisch entspringt, muß sehr viele Fehler und Mängel an sich tragen, weil sie keinen Plan zum Grunde hat. Die Erziehungskunst oder Pädagogik muß also judiziös werden, wenn sie die menschliche Natur so entwickeln soll, daß sie ihre Bestimmung erreiche. Schon erzogene Eltern sind Beispiele, nach denen sich die Kinder bilden, zur Nachachtung. Aber wenn diese besser werden sollen: so muß die Pädagogik ein Studium werden, sonst ist nichts von ihr zu hoffen, und ein in der Erziehung Verdorbener erzieht sonst den andern. Der Mechanismus in der Erziehungskunst muß in Wissenschaft verwandelt werden, sonst wird sie nie ein zusammenhängendes Bestreben werden, und eine Generation möchte niederreißen, was die andere schon aufgebaut hätte.

Ein Prinzip der Erziehungskunst, das besonders solche Männer, die Pläne zur Erziehung machen, vor Augen haben sollten, ist: Kinder sollen nicht dem gegenwärtigen sondern dem zukünftig möglich bessern Zustande des menschlichen Geschlechts, das ist: der Idee der Menschheit, und deren ganzer Bestimmung angemessen, erzogen werden. Dieses Prinzip ist von großer Wichtigkeit. Eltern erziehen gemeiniglich ihre Kinder nur so, daß sie in die gegenwärtige Welt, sei sie auch verderbt, passen. Sie sollten sie aber besser erziehen, damit ein zukünftiger besserer Zustand dadurch hervorgebracht werde. [...]

Bei der Erziehung muß der Mensch also 1) *diszipliniert* werden. Disziplinieren heißt suchen zu verhüten, daß die Tierheit nicht der Menschheit, in dem einzelnen sowohl, als gesellschaftlichen Menschen, zum Schaden gereiche. Disziplin ist also bloß Bezähmung der Wildheit.

2) Muß der Mensch *kultiviert* werden. Kultur begreift unter sich die Belehrung und die Unterweisung. Sie ist die Verschaffung der Geschicklichkeit. Diese ist der Besitz eines Vermögens, welches zu allen beliebigen Zwecken zureichend ist. Sie bestimmt also gar keine Zwecke, sondern überläßt das nachher den Umständen.

Einige Geschicklichkeiten sind in allen Fällen gut, z. E. das Lesen und Schreiben; andere nur zu einigen Zwecken, z. E. die Musik, um uns beliebt zu machen. Wegen der Menge der Zwecke wird die Geschicklichkeit gewissermaßen unendlich.

3) Muß man darauf sehen, daß der Mensch auch klug werde, in die menschliche Gesellschaft passe, daß er beliebt sei, und Einfluß habe. Hierzu gehört eine gewisse Art von Kultur, die man *Zivilisierung* nennet. Zu derselben sind Manieren, Artigkeit und eine gewisse Klugheit erforderlich, der zufolge man alle Menschen zu seinen Endzwecken gebrauchen kann. Sie richtet sich nach dem wandelbaren Geschmacke jedes Zeitalters. So liebte man noch vor wenigen Jahrzehenden Zeremonien im Umgange.

4) Muß man auf die *Moralisierung* sehen. Der Mensch soll nicht bloß zu allerlei Zwecken geschickt sein, sondern auch die Gesinnung bekommen, daß er nur lauter gute Zwecke erwähle. Gute Zwecke sind diejenigen, die notwendigerweise von jedermann gebilligt werden; und die auch zu gleicher Zeit jedermanns Zwecke sein können.

Der Mensch kann entweder bloß dressiert, abgerichtet, mechanisch unterwiesen, oder würklich aufgeklärt werden. Man dressiert Hunde, Pferde, und man kann auch Menschen dressieren. (Dieses Wort kommt aus dem Englischen her, von to dress, *kleiden*. Daher auch Dreßkammer, der Ort, wo die Prediger sich umkleiden, und nicht Trostkammer.)

Mit dem Dressieren aber ist es noch nicht ausgerichtet, sondern es kommt vorzüglich darauf an, daß Kinder *denken* lernen. Das geht auf die Prinzipien hinaus, aus denen alle Handlungen entspringen. Man sieht also, daß bei einer echten Erziehung sehr vieles zu tun ist. Gewöhnlich wird aber bei der Privaterziehung das vierte wichtigste Stück noch wenig in Ausübung gebracht, denn man erzieht die Kinder im wesentlichen so, daß man die Moralisierung dem Prediger überlässet. Wie unendlich wichtig ist es aber nicht, die Kinder von Jugend auf das Laster verabscheuen zu lehren, nicht gerade allein aus dem Grunde, weil Gott es verboten hat, sondern weil es in sich selbst verabscheuungswürdig ist. Sonst nämlich kommen sie leicht auf die Gedanken, daß es übrigens wohl würde erlaubt sein, wenn Gott es nur nicht verboten hätte, und daß Gott daher wohl einmal eine Ausnahme machen könne. Gott ist das heiligste Wesen, und will nur das, was gut ist, und verlangt, daß wir die Tugend, ihres innern Wertes wegen, ausüben sollen, und nicht deswegen, weil er es verlangt.

Wir leben im Zeitpunkt der Disziplinierung, Kultur und Zivilisierung, aber noch lange nicht in dem Zeitpunkte der Moralisierung. Bei dem jetzigen Zustande der Menschen kann man sagen, daß das Glück der Staaten zugleich mit dem Elende der Menschen wachse. Und es ist noch die Frage, ob wir im rohen Zustande, da alle diese Kultur bei uns nicht Statt fände, nicht glücklicher, als in unserm jetzigen Zustande sein würden? Denn wie kann man Menschen glücklich machen, wenn man sie nicht sittlich und weise macht? Die Quantität des Bösen wird dann nicht vermindert. [...]

Die Unterwürfigkeit des Zöglinges ist entweder *positiv*, da er tun muß, was ihm vorgeschrieben wird, weil er nicht selbst urteilen kann, und die bloße Fähigkeit der Nachahmung noch in ihm fortdauert, oder *negativ*, da er tun muß, was andere wollen, wenn er will, daß andere ihm wieder etwas zu Gefallen tun sollen. Bei der ersten tritt Strafe ein, bei der andern dies, daß man nicht tut, was er will; er ist hier, obwohl er bereits denken kann, dennoch in seinem Vergnügen abhängig.

Eines der größten Probleme der Erziehung ist, wie man die Unterwerfung unter den gesetzlichen Zwang mit der Fähigkeit, sich seiner Freiheit zu bedienen, vereinigen könne. Denn Zwang ist nötig! Wie kultiviere ich die Freiheit bei dem Zwange? Ich soll meinen Zögling gewöhnen, einen Zwang seiner Freiheit zu dulden, und soll ihn selbst zugleich anführen, seine Freiheit gut zu gebrauchen. Ohne dies ist alles bloßer Mechanism, und der der Erziehung Entlassene weiß sich seiner Freiheit nicht zu bedienen. Er muß früh den unvermeidlichen Widerstand der Gesellschaft fühlen, um die Schwierigkeit, sich selbst zu erhalten, zu entbehren, und zu erwerben, um unabhängig zu sein, kennen zu lernen.

Hier muß man folgendes beobachten: 1) daß man das Kind, von der ersten Kindheit an, in allen Stücken frei sein lasse (ausgenommen in den Dingen, wo es sich selbst schadet, z. E. wenn es nach einem blanken Messer greift), wenn es nur nicht auf die Art geschieht, daß es anderer Freiheit im Wege ist, z. E. wenn es schreiet, oder auf eine allzulaute Art lustig ist, so beschwert es andere schon. 2) Muß man ihm zeigen, daß es seine Zwecke nicht anders erreichen könne, als nur dadurch, daß es andere ihre Zwecke auch erreichen lasse, z. E. daß man ihm kein Vergnügen mache, wenn es nicht tut, was man will, daß es lernen soll etc. 3) Muß man ihm beweisen, daß man ihm einen Zwang auflegt, der es zum Gebrauche seiner eigenen Freiheit führt, daß man es kultiviere, damit es einst frei sein könne,

d. h. nicht von der Vorsorge anderer abhängen dürfe. Dieses letzte ist das späteste. [...]

Die moralische Kultur muß sich gründen auf Maximen, nicht auf Disziplin. Diese verhindert die Unarten, jene bildet die Denkungsart. Man muß dahin sehen, daß das Kind sich gewöhne, nach Maximen, und nicht nach gewissen Triebfedern zu handeln. Durch Disziplin bleibt nur eine Angewohnheit übrig, die doch auch mit den Jahren verlöscht. Nach Maximen soll das Kind handeln lernen, deren Billigkeit es selbst einsieht. Daß dies bei jungen Kindern schwer zu bewürken, und die moralische Bildung daher auch die meisten Einsichten von seiten der Eltern und der Lehrer erfordern, sieht man leicht ein.

Wenn das Kind z. E. lügt, muß man es nicht bestrafen, sonden ihm mit Verachtung begegnen, ihm sagen, daß man ihm in Zukunft nicht glauben werde, und dergl. Bestraft man das Kind aber, wenn es Böses tut, und belohnt es, wenn es Gutes tut, so tut es Gutes, um es gut zu haben. Kommt es nachher in die Welt, wo es nicht so zugeht, wo es Gutes tun kann, ohne eine Belohnung, und Böses, ohne Strafe zu empfangen: so wird aus ihm ein Mensch, der nur sieht, wie er gut in der Welt fortkommen kann, und gut oder böse ist, je nachdem er es am zuträglichsten findet. –

Die Maximen müssen aus dem Menschen selbst entstehen. Bei der moralischen Kultur soll man schon frühe den Kindern Begriffe beizubringen suchen von dem, was gut oder böse ist. Wenn man Moralität gründen will: so muß man nicht strafen. Moralität ist etwas so Heiliges und Erhabenes, daß man sie nicht so wegwerfen und mit Disziplin in einen Rang setzen darf. Die erste Bemühung bei der moralischen Erziehung ist, einen Charakter zu gründen. Der Charakter besteht in der Fertigkeit, nach Maximen zu handeln. Im Anfange sind es Schulmaximen, und nachher Maximen der Menschheit. Im Anfange gehorcht das Kind Gesetzen. Maximen sind auch Gesetze, aber subjektive; sie entspringen aus dem eigenen Verstande des Menschen. Keine Übertretung des Schulgesetzes aber muß ungestraft hingehen, obwohl die Strafe immer der Übertretung angemessen sein muß. [...]

Arbeitsaufgaben

1. *Kant spricht in diesem Text von den »Naturanlagen« des Menschen, die es durch die Erziehung zu entwickeln gelte. Wie ist dieser Begriff zu verstehen? Auf welche Weise unterscheidet er sich von einem biologistischen Verständnis individueller Anlagen?*

2. *Welche grundsätzliche, historische Bedeutung erhält eine gelingende Erziehung in den Augen Kants?*
3. *Wie grenzt Kant eine judiziöse Pädagogik von einer nur mechanischen ab?*
4. *Kant unterscheidet im Hinblick auf das Individuum vier Aufgaben der Erziehung. Erläutern und charakterisieren Sie diese Aufgaben.*
5. *Wie bestimmt Kant das Verhältnis von Freiheit und Zwang in der Erziehung? Mit welchen Argumenten lehnt Kant eine allein auf Disziplin gründende Erziehung ab?*
6. *Inwieweit enthält dieses Erziehungsprogramm Elemente der Anpassung des Individuums an den gesellschaftlichen Status quo, und inwieweit weist es über diesen hinaus?*
7. *Kant schreibt der »judiziösen«, fortschrittlichen Pädagogik eine zentrale Bedeutung für die »Entwicklung der Menschheit« zu, eine Einschätzung, die von vielen Pädagogen bis heute immer wieder beschworen wird. Welche »Blindflecken« weist eine solche Auffassung auf?*

Basedow: Vom richtigen Umgang mit Kindern

Basedow, J. B.: Ausgewählte Pädagogische Schriften (1773). Besorgt von A. Reble. Paderborn 1965. S. 81–85.

[…]

1. Der Hauptzweck der Erziehung soll sein, die Kinder zu einem gemeinnützigen, patriotischen und glückseligen Leben vorzubereiten. Ein ansehnlicher Stand hingegen, ein reichliches Auskommen, Gelehrsamkeit, Kunstfertigkeit und ein angenehmes äußerliches Wesen sind Vorteile, welche man seinen Kindern nur auf solche Art verschaffen darf, daß dem Hauptzwecke nicht geschadet werde.

Ferner, weil die Eltern als die Hauptpersonen des Hauses zu einem gemeinnützigen und patriotischen Leben verpflichtet sind, so dürfen sie nicht den größten Teil ihrer Zeit und Kräfte bloß an die Ihrigen verwenden und sind nicht verbunden, selbst große Beschwerlichkeiten zu ertragen, um einige entbehrliche Grade zu der Wohlfahrt der Ihrigen hinzuzusetzen. Wir müssen aber ordentlicherweise für ein jedes unsrer Kinder in gleichem Grade sorgen, außer in solchen seltenen Fällen, in welchen wir dem menschlichen Geschlechte und dem Vaterlande mehr dienen, wenn wir die innerlichen und äußerlichen Vorzüge einiger Kinder mehr zu befördern suchen, als der andern.

2. Herr Doktor *Zückert* in Berlin hat mit großer Einsicht und Menschenliebe, nach *Locke* und andern Schriftstellern, diätische Regeln für Schwangere, Säuglinge und erwachsenere Kinder geschrieben. Ich darf mich in diese Materie zwar nicht tief einlassen; doch die Aufmerksamkeit zu reizen, will ich einige meiner Erfahrungen und Meinungen anführen. Die Wiege ist überflüssig. Ein nach und nach kälteres Bad habe ich an sehr jungen Kindern mit Nutzen und ohne Gefahr gebraucht. Sehr jung, doch nach und nach habe ich sie zur rauhen Luft, zu nassem Wetter und zur leichten Kleidung gewöhnt. Ich finde es wahr, daß sie vieles Schlafens bedürfen, aber sobald als möglich im anwachsendem Alter zum frühen Aufstehen gewöhnt werden müssen. Einige Übung im Schwimmen halte ich für heilsam, aber ich habe einiger Hindernisse wegen weder diesen noch einen andern Lockischen Rat ausgeübt, vermöge welches die Jugend mit gehöriger Gleichförmigkeit zu undichten Schuhen gewöhnt werden soll, um sie gegen die unvermeidliche Nässe und Kälte der Füße unempfindlich zu machen. Ob die Mutter dem Säuglinge ungeachtet seines öfteren Verlangens nur zu gesetzten Zeiten die Brust reichen dürfe, habe ich nicht versuchen lassen. Sollte es der Gesundheit unschädlich sein, so müßte man des Gemütes wegen allerdings diesem Lockischen Rate folgen. Ein hartes Lager, dessen Beschaffenheit oft verändert wird, ist den Kindern

heilsamer als weiche, zu warme und bequeme Federbetten. Traurigkeit, Furcht und Schrecken junger Kinder müssen sehr sorgfältig verhütet werden. Die einfachsten Nahrungsmittel sind die besten. Viel Salz hingegen, Gewürz, Wein und warmes Getränk sind schädlich. Nicht Fleisch vor dem dritten Jahre! Brot, Gemüse und Früchte müssen ihre gewöhnlichste Kost, dünnes Bier aber und Wasser ihr gewöhnlichstes Getränk sein. In der Nacht muß man ihnen weder zu essen noch zu trinken geben, wenigstens in ordentlichen Umständen, und wenn sie nicht mehr Säuglinge sind. *Locke* will sogar, daß man sie zuweilen, ohne Zwang, zu einigem Fasten gewöhne. Nach seinem Rate müssen die Kinder nicht enge Kleider tragen, vornehmlich nicht auf dem Unterleibe und der Brust. Sie müssen so früh als möglich gewöhnt werden, alle ihre Glieder auf eine Art, welche hernach notwendig sein wird, zu bewegen. Wenn sie in Finsternis, in Einsamkeit, bei dem Anblicke gewisser unschädlicher Gegenstände und Tiere oder durch gewisse Arten des Schalles in Furcht und Schrecken geraten, welches anfangs durch Klugheit der Aufseher hätte verhütet werden können, so kann man sie ohne Gefahr der Gesundheit nicht plötzlich und nicht mit Zwang bei solchen Umständen wieder zur Gleichgültigkeit gewöhnen. Es muß vielmehr nach und nach und vornehmlich durch dieses Mittel geschehen, daß man angenehme Umstände mit denen verknüpfe, welche die verzogenen Kinder in Furcht und Schrecken setzen. Wenn sie nach einem Falle auf der Erde liegen, so ist keine neue Gefahr mehr; man hebe sie langsam und ruhig auf, wofern sie sich selbst nicht helfen, damit sie nicht ohne Not erschrecken. Eine gesunde Luft in der Kinderstube ist ein wichtiges und dennoch oft vernachlässigtes Mittel der Gesundheit. Die Kinder lieben Bewegung und Geräusch; sie verabscheuen ein langes Stillsitzen und eine fortgesetzte Anstrengung der Aufmerksamkeit und des Gedächtnisses im Auswendiglernen; daher kann man sie nur durch Zwang oder Kunst in früher Jugend zu diesen verdrießlichen Beschäftigungen gewöhnen. Dieses ist ein warnender Wink der Natur, welchem die Eltern und Aufseher selten folgen; aber durch diesen Ungehorsam zerstören sie nicht nur die Gesundheit, sondern schwächen auch die Verstandeskräfte der Ihrigen und verhindern ihre natürliche Begierde nach Kenntnis und Einsicht, welche sonst zu rechter Zeit wirksam geworden wäre. 3. Ich eile, um mich bei Heilung der Seelenkrankheiten desto länger aufzuhalten. Die erste kräftige Arznei ist der Gehorsam oder die Neigung, dem Willen eines andern ordentlicherweise als einem überwiegenden Beweggrunde zu folgen. Diese Neigung kann bloß aus Liebe und Vertrauen, sie kann auch anfangs aus Furcht vor den besondern Folgen des Unwillens nach und nach entstehen. Aber solange jemand, welcher Gehorsam lernen soll, vor Ausübung der Folgsamkeit in jedem Falle erst überlegen muß, welche Gründe der Wille des Oberen habe; ob sie wahr oder falsch, ob der Nutzen des Befehlenden oder anderer der Zweck sei, ob in diesem und jenem Falle der Ungehorsam verborgen bleibe, und ob der Wille des Oberen denselben bestrafen werde: solange ist nur ein solcher Anfang des Gehorsams da, welcher den Namen desselben noch nicht führen kann. Ein gehorsamer Untergebener bedarf ordentlicherweise, sobald er den Willen seines Oberen vernimmt, keiner andern Gründe zu seiner Entschließung. Nur ein solcher beständiger und bereitwilliger Gehorsam (welcher, wenn er gleich nicht blind ist, doch blindlings zu folgen geneigt wäre) ist dasjenige große Hilfsmittel der Erziehung, welches ich gerühmt habe.

An der *Wichtigkeit dieser kindlichen Tugend darf niemand zweifeln.* Sie bewahrt zuweilen vor Lebensgefahren; sie verhindert vielen Schaden, welchen die Kinder sich selbst, den Eltern und andern Menschen zufügen können; sie erleichtert den Unterricht; sie wirkt das angenehmste Verhältnis der Kinder zu den Eltern und Lehrern; sie erspart beiden den Verdruß, welchen die sonst notwendige Ausübung der Strafe nach sich zieht, und ist die beste Vorbereitung des Gemüts zur Zufriedenheit bei der unvermeidlichen Abhängigkeit eines erwachsenen Untertanen. Wir wollen also die Mittel erforschen, durch welche diese schätzbare Eigenschaft bei den Kindern befördert werden kann.

Schon der Säugling versteht in manchen Fällen euren Willen von seinem Tun und Lassen. Hütet euch so viel als möglich, diesen Willen zu zeigen, wenn ihr wißt oder sehr wahrscheinlich vermuten könnt, daß ihr in diesem und jenem Falle nicht zum Zwecke kommen werdet. Junge Kinder schreien. Ihr wollt, sie sollen aufhören. Stellet euch, als wenn ihr Schreien nicht bemerkt werde, und tut nichts andres, als was ihr sonst tun würdet. Zerstreut sie zwar durch die Umstände, aber vermeidet bittende und schmeichelnde Gebärden und Töne. Haben sie eine Stellung, welche euch mißfällt, wollen sie etwas ungeachtet eures Winkes nicht loslassen, so nehmt diejenige ernsthafte gebietende Miene an, die während der ganzen Erziehung gebietend bleiben soll. Braucht allezeit einerlei Redensart, z. B.: *Tu das, laß das.* Geschieht es nicht, so gebraucht eure Stärke mit einiger Beschwerlichkeit des Kindes, um zu eurem Zwecke zu gelangen, und bemerkt weder sein Schreien noch seine störrige Miene.

Wenn aber das Kind umständliche Befehle verstehen lernt, so unterscheidet allemal den Rat und den Befehl durch gewisse Worte. *Das ist gut, oder das ist nicht gut:* dies ist der Ausdruck des Rates. *Das sollst du tun, das sollst du lassen:* das ist der Ausdruck des Befehls. Macht euren Rat wirksam dadurch, daß den Kindern durch die Natur der Dinge oder durch eure geheime Veranstaltung fast allemal, wenn sie nicht folgsam sind, eine sinnliche Beschwerlichkeit entstehe, und daß auf gleiche Art die Folgsamkeit angenehme Wirkungen habe. Aber anfangs muß niemals eigentliche Strafe folgen, wenn nur dem Rate, nicht aber dem Befehle zuwider gehandelt wird. Anstatt der Strafe erzählt in der Gegenwart der Kinder, was ihr ihnen geraten habt, und was auf ihren lächerlichen Eigensinn gefolgt sei. Erzählet auch zuweilen die angenehmen Schicksale kluger und folgsamer Kinder. Merkt überhaupt, daß Kinder fast alles, was sie angeht, hören, wenn man auch nicht zu ihnen, sondern nur in ihrer Gegenwart spricht, und daß dieses bessere Wirkungen habe als lange Ermahnungen und Verweise.

Eigentliche Befehle müssen selten sein, aber der Ungehorsam muß allemal eine empfindliche Strafe nach sich ziehen und sich weder durch Bitten noch durch Versprechungen der Besserung retten können. Alsdann trifft euch weit seltener, als gewöhnlich ist, die traurige Notwendigkeit, eure Kinder zu züchtigen. Es muß ihnen aber von selbst bekannt sein, daß Strafe auf Ungehorsam folgt, und ihr dürft diese Versicherung niemals euren Befehlen hinzufügen; vielweniger die Art und den Grad der Strafe durch eine besondere Drohung bestimmen, außer in den wenigen Fällen, in welchen eine einzelne Übertretung, vermöge der Natur der Dinge, großen Schaden verursachen könnte. Nur in diesen Fällen ist es nützlich und nötig, daß die lebhafte Vorstellung einer scharfen Züchtigung eine größere Sicherheit des Gehorsams verschaffe. Sonst muß es in eurer Willkür bleiben, nach Umständen zu strafen. Hättet ihr aber eine bestimmte Art der Strafe gedroht, so muß sie, der Drohung gemäß, ganz ausgeübt werden, wenn auch wider Vermutung einige entschuldigende Umstände hinzukämen. Wären sie jedoch sehr entschuldigend und die gedrohte Strafe von Wichtigkeit, so würde ich raten, die Worte eures Befehls so zu erklären, daß in diesem Falle kein eigentlicher Ungehorsam, sondern nur eine solche Unvorsichtigkeit vorausgesetzt werde, in Ansehung welcher ihr nur diese und jene Belehrung, auch auf künftige Zeiten diese und jene Befehle geben wolltet.

Ich bin zwar der Meinung gewesen, daß man so bald als möglich mit Kindern über die Ursachen der Befehle *vernünfteln* müsse, aber ich habe durch Nachdenken und Erfahrung gefunden, daß die Sicherheit des Gehorsams dadurch verzögert werde. Die meisten väterlichen Befehle gründen sich ja auf solche entfernte Wirkungen des Tuns und Lassens, von deren Gewißheit oder Wahrscheinlichkeit die Kinder keine unmittelbare Überzeugung haben können; sie gründen sich auf diejenigen Verhältnisse der Erwachsenen, die den Kindern unbekannt sind oder sehr entbehrlich scheinen. Umständlich kann man ihnen solche Ursachen nicht erklären, allgemeine Vorstellungen aber haben nur einen sehr geringen Eindruck in die Seelen der Kinder. Oftmals geben sie auf solches Vernünfteln nicht acht, alsdann ist es nicht nur vergeblich, sondern auch schädlich, weil sie dieser Unachtsamkeit bei Worten, die bloß an sie gerichtet sind, gewohnt werden. Zuweilen bemühen sie sich vergeblich, die von euch angeführten Gründe mehr und gut zu finden; alsdann ist ein Mißtrauen gegen die Einsicht der Oberen erregt. Ein Befehl ist eine Erklärung des Willens und weiter nichts. Gründe anzuführen ist nur nötig bei dem Rate und Unterrichte. Nicht selten werden die Kinder durch Vorstellung vieler Gründe so zerstreut, daß sie den Inhalt der Befehle nicht recht verstehen oder nicht behalten. Ferner sind diejenigen Eltern und Lehrer, welche sich bei ihren Befehlen zum Vernünfteln gewöhnen, oft in Gefahr, ganz ungültige oder sehr unzureichende Gründe zu sagen, alsdann verhindern sie bei den Kindern den Wachstum der Einsicht, wenn auch in einigen Fällen der Gehorsam nicht dadurch verhindert werden sollte. Aber Rat und Anschläge zu geben, wie die unerfahrene und verwöhnte Jugend den Anlaß und die Versuchung zum Ungehorsam vermeiden, oder in welcher Ordnung und durch welche Hilfsmittel sie das Befohlene glücklich ausüben könne, dieses versäumte Räsonnieren ist von der äußersten Wichtigkeit.

Überhäuft eure Kinder weder mit Rat noch mit Befehlen. Sie behalten sie nicht alle, sie denken nicht zugleich an alle und werden der Verweise und Strafen gewohnt. Befehlen und Verbieten ist leicht, aber besser als beides ist es oftmals, daß ihr die Versuchung zum Bösen von den Eurigen abwendet. Verbietet also keine solche Untugenden, die sie wahrscheinlicherweise nicht begehen werden; denn Befehle reizen zuweilen. Verfallen sie unvermutet in neue Laster, so nehmt den Schein einer großen Verwunderung an, und alsdann erst gebt euren Rat und eure Befehle auf künftige Zeiten. Mißbraucht aber die Worte und Mienen, womit ihr ernsthaft befehlt, niemals zum Scherze: dieses verwirrt und gibt Entschuldigung. Sorgt dafür, daß niemand vor den Kindern eure Befehle tadle oder auch im Strafen einer Härte beschuldige, sonst verliert ihr Ansehen und Liebe. Befehlt kurz, deutlich und ohne den Schein irgendeines Widerspruchs.

Arbeitsaufgaben

1. *Erläutern Sie, was Basedow als oberstes Ziel der Erziehung betrachtet. Vergleichen Sie diese allgemeine Zielbestimmung mit derjenigen Kants.*
2. *Basedows Erziehungsratschläge sind im Kontext der ständischen Gesellschaft entstanden. Welche Gruppe von Eltern hatte Basedow bei seinen Empfehlungen vermutlich vor Augen?*

3. *Fassen Sie Basedows Empfehlungen zur frühkindlichen Erziehung zusammen. Wie wirken sie auf heutige Leserinnen und Leser?*
4. *Charakterisieren Sie Basedows Vorstellungen von Erziehung und die daraus abgeleiteten Erziehungsmethoden, die die gesamten Empfehlungen prägen.*
5. *Vergleichen Sie Basedows Auffassung der Notwendigkeit einer Erziehung zum Gehorsam mit den entsprechenden Überlegungen bei Kant.*
6. *Basedows Empfehlungen zum Umgang mit Kindern zielen auf einen bestimmten »Persönlichkeitstypus« als Ergebnis der Erziehung. Wie läßt sich dieser angestrebte Persönlichkeitstyp beschreiben, und auf welche soziale Gruppierung der damaligen Gesellschaft verweist dieses Ideal?*
7. *In der gegenwärtigen pädagogischen Diskussion spielt die sogenannte »Antipädagogik« eine nicht unbedeutende Rolle. Aus deren Sicht, die in dem nachfolgenden Zitat von Braunmühls angedeutet wird, gehört die Aufklärungspädagogik zum Typus einer »schwarzen Pädagogik«, die wegen ihrer individuellen und gesellschaftlichen Folgen abgelehnt wird. Setzen Sie sich mit dieser Beurteilung auseinander: Inwieweit trifft sie auf die Aufklärungspädagogik im Kontext ihrer Zeit und inwieweit aus heutiger Sicht zu?*

> Erziehung als Mißachtung des Selbstbestimmungsrechts des Kindes ist aber nicht nur eine Gefahr für Demokratie und Rechtsstaat. Erziehung ist auch schlicht kinderfeindlich, weil sie Kinder nicht *unbedingt* gelten läßt, wie sie jeweils sind. Damit müßte die Abschaffung der Erziehung zum Anliegen *aller* Beteiligten werden, auch derjenigen, denen die demokratischen Ideen nicht sonderlich am Herzen liegen, oder die sich um gesellschaftliche Entwicklungen und gar Staatsformen nicht scheren. Zumal im familiären Raum, während der ersten Lebensjahre der Kinder, gibt es für den Erwachsenen keinen vernünftigen Grund, den Erziehungskrieg gegen seinen Nachwuchs zu eröffnen, selbst wenn er um des Sieges willen bereit wäre, auf dessen Liebe zu verzichten: Im Gegensatz zu früheren Zeiten ist die Chance des Sieges außerordentlich gering. Die Analysen der pädagogischen Entfremdung, des pädagogischen Gegenteileffekts und der gesellschaftlichen Selbstbestrafung haben wir an anderen Stellen vorgelegt. Hier ist wichtig festzuhalten, daß Fremdbestimmung über Schwächere oder Abhängige dem Unterdrücker keine reine Befriedigung mehr verschafft, sondern zunehmend ein schlechtes Gewissen, seit die Selbstverständlichkeit und Naivität, mit der Kinder terrorisiert (erzogen) wurden, durch die Verbreitung wissenschaftlicher Erkenntnisse und der Aufdeckung tiefenpsychologischer Zusammenhänge verlorenzugehen begann. [Aus: Braunmühl, E. u. a.: Die Gleichberechtigung des Kindes. Frankfurt/Main 1977. S. 24.]

*Oest; Campe: System zur Verhütung der Selbstschwächung

Oest J.; Campe, J. H.: Vollständiges System zur Verhütung der Selbstschwächung (1787). In: Rutschky, K. (Hrsg.): Schwarze Pädagogik. Quellen zur Naturgeschichte der bürgerlichen Erziehung. Frankfurt/Main 1977. S. 304–314.

[...] Man wende alle Sorgfalt auf eine gute körperliche Erziehung, besonders auf körperliche Abhärtung der Kinder.

Mögen doch alle Eltern (denn auf sie kommt es doch wirklich dabei an) die Wichtigkeit dieser Regel recht beherzigen! Mögen sie es doch einsehen, daß sie die Grundlage der ganzen künftigen Glückseligkeit ihrer Kinder ist! Mögen sie es doch begreifen, daß aus einem elenden, zerknickten, gelähmten und verzärtelten Kind kein tätiger, froher und glücklicher Mensch werden kann! [...]

Man bewahre die Jugend vor Einsamkeit und Müßiggang. [...]

Man lasse nicht die Kinder so frühzeitig zu Bett gehn oder so spät aufstehen, daß sie vorher eine Zeitlang wachend im Bett liegen.

Manche Eltern jagen ihre Kinder früh ins Bett, um sie nur auf die Seite zu schaffen. Einige haben auch das Vorurteil, Kinder könnten nicht zu viel schlafen. Wann der Schlaf sich einfindet, dann ist es zeitig genug, sich niederzulegen. Hat man den Tag über die Kräfte seines Körpers gebraucht und mäßig gelebt, so schläft man auch bald ein. Man sorge also soviel wie möglich dafür, daß sich die Jugend durch körperliche Arbeit ermüdet habe, ehe sie sich schlafen legt, und auch des Abends leichte Speisen, wie etwas Milch und Brot, genieße. Dann wird sie, sobald sie sich niederlegt, der Schlaf in seine beschützenden Arme nehmen. Nur muß man dann auch dahin sehen, und sie angewöhnen, gleich aufzustehen, sobald sie erwachen. Bei Knaben wünschte ich, daß alle Eltern die Vorsicht gebrauchen, sie in dünnen leinenen Unterhosen schlafen zu lassen, und überhaupt es Kindern früh abzugewöhnen, die Hände unter der Decke zu haben. Sind sie es nur einmal gewohnt, die Arme über der Decke zu halten, so ist es ihnen nachher selbst unbequem und widerlich, sich bis an den Hals zuzudecken.

Man verwerfe, als ganz unnütz und schädlich, die warmen Federdecken.

Es ist ja offenbar widersinnig, sich so einzuhüllen, daß es doch in einem dichten Zimmer für einen gesunden, besonders jungen Menschen sehr mäßiger Bedeckung bedarf, um sich gegen die Kälte zu schützen. Ich kenne einen Mann, der sechs robuste gesunde Knaben hat, die alle, selbst im Winter, in kalten Zimmern unter einer leichten kattunenen Decke schlafen und nie über Kälte klagen.

Man verhindere von früh an bei Knaben, daß sie sich nicht angewöhnen, die Hände in den Hosen zu halten.

Man tadle es als einen jeden andern Übelstand im äußeren Betragen. Da es Gewohnheit ist, so braucht man nur anfangs gleich dahin zu sehen, daß es nicht Gewohnheit werde.

Man leide nicht, daß Mädchen im Sitzen die Schenkel übereinander schlagen.

Es ist in der Tat eine Lage, in der kein Frauenzimmer anständig erscheint. Beim Nähen ist die Stellung auch gar nicht notwendig, sondern man bedient sich, um den Schoß zu erhöhen, eines Schemels.

Man lasse nicht zwei Kinder, sowenig von einerlei, als von verschiedenem Geschlecht, beisammenschlafen.

Kann man überall nicht zu zwei Betten raten, so gebe man ihnen wenigstens Nachthosen. Dies verhindert beim An- und Auskleiden manche Neckerei und ist auch der Schamhaftigkeit gegen sich selbst förderlich.

Man suche überhaupt, ihnen alles zu untersagen und sie von allem zu entfernen, wobei eine Reibung der Geschlechtsteile möglich ist.

In dieser Absicht müssen auch bei Knaben die Beinkleider nicht zu eng sein. An Mädchen leide man es nicht, daß sie über scharfe Ecken hinhangen oder auf Händen und Füßen über alles hinwegkriechen oder, auf Schemeln reitend, herumhüpfen. Aufmerksamkeit auf alle ihre Unternehmungen ist hier ganz vorzüglich nötig, um von den vielen unnennbaren Fällen jedem vorzubeugen, der schädlich werden kann.

Man lasse nie Kinder von einerlei oder verschiedenem Geschlecht miteinander allein.

Dies gilt vorzüglich, wenn sie keine interessante Beschäftigung haben. Es erfordert viel Aufmerksamkeit, aber die Sache ist auch wichtig. Der bloße Gedanke einer nahen Möglichkeit, daß sie allzu vertraut werden und durch einen kleinen Zufall den Grund zu einem *großen* Übel legen könnten, macht jede Nachlässigkeit und Gleichgültigkeit zu einem Verbrechen.

Man präge der Jugend früh die Regeln der Schamhaftigkeit ein. Dies geschieht durch Lehren und Beispiele. Kleine Kinder entblößen sich ohne Scheu und reden von heimlichen Teilen ihres Körpers. Man verbiete ihnen das; aber nicht mit einem Lächeln, nicht mit schalkhaftem Drohen, wie gewöhnlich geschieht, sondern mit Ernst und, wenn der Fehler wieder begangen wird, mit Unwillen. Man muß wahren Abscheu dagegen blicken lassen. Ebenso muß man denn auch in Gegenwart der Kinder in Reden, Mienen und Gebärden alles meiden, was wider den Wohlstand ist. Die Schamhaftigkeit gegen sich selbst scheint indes ein von der Schamhaftigkeit gegen andere verschiedenes Gefühl zu sein. Letztere verhindert, daß wir nicht leicht durch andere verführt werden und auch andere nicht leicht verführen. Sie läßt sich der Jugend leicht einflößen. Erstere verhindert, daß man sich nicht selbst verführt, und ist schwerer einzuflößen. Man gebe acht auf Kinder, wenn sie unbemerkt zu sein glauben. Man zeige, daß man sie bemerkt habe und verbiete kurz und nachdrücklich. Auch Strafe kann angedroht und bei der Wiederholung vollzogen werden. Hat doch der Eigensinn der Eltern oft den Kindern Abneigung gegen ganz unschuldige Dinge eingeflößt; warum sollte es hier nicht möglich sein, besonders wenn man bei seinen Kindern Ansehen und Zutrauen hat? Man lehre sie beim An- und Auskleiden die sittsamste Verfahrungsart. Sind sie hierin einmal mit einer guten Gewohnheit bekannt, so werden sie nicht davon abgehen.

Man entferne auch von der Jugend alle Anblicke, die auf die Imagination nachteilig wirken.

Kupfer, Gemälde, Statuen, die Nacktheit darstellen, besonders wenn der Ausdruck verführerischer Reize die Absicht des Künstlers dabei war. Auch sei man vorsichtig in der Behandlung kleiner Kinder, wenn mehrere Geschwister oder Gespielen dabei sind. Man heiße sie aber nicht weggehen, weil nun dies und jenes vorgenommen werden solle; denn dadurch würde man ihnen nur etwas aufzulösen geben. Je mehr man hier tun kann ohne zu zeigen, warum man es tut, desto besser ist es. [...]

Man sorge für die Reinlichkeit der Kinder, und lasse sie daher im Sommer täglich baden, im Winter aber sich täglich durch Hilfe eines Schwammes die geheimen Teile mit kaltem Wasser waschen.

Hierdurch wird man sowohl die der Jugend so nötige Abhärtung fördern, als auch einer von den oben angezeigten Veranlassungen zur Selbstschändung, dem durch gehäufte Unreinigkeiten an geheimen Orten entstehenden Kitzel, vorbeugen. Auch hierüber muß ich aus einer andern mir zugeschickten Abhandlung eine Stelle mitteilen, die mir einen sehr wichtigen Rat zu enthalten scheint. Sie ist folgende:

Man bade die Kinder, Knaben und Mädchen, von der Geburt an und solange sie an der Brust sind (warum nicht auch nachher, wenn man Anstalten dazu treffen kann?) alle Tage über den ganzen Leib. Insonderheit aber wasche man ihnen alle *Morgen* und *Abend* die Geburtsteile, nämlich von der Schamgegend an bis zum Mastdarm, mit kaltem Wasser und trockne sie sofort mit einem Tuch rein ab. Dies Waschen der Geburtsteile mit kaltem Wasser muß auch nachher, wenn die Kinder größer werden, beständig fortgesetzt und ihnen als ein Hauptstück der Reinlichkeit und der Gesundheitsregel dergestalt eingeprägt werden, daß sie es weder zu Hause noch in der Fremde künftig jemals unterlassen, sondern es für so nötig halten, als das tägliche Abwaschen des Gesichts und der Hände. Man kann größeren Kindern, den Söhnen sowohl als auch den Töchtern, zudem ein Geschirr mit frischem kaltem Wasser und mit einem Schwamm unter das Bett neben dem Nachtgeschirr hinstellen, und ein solches zinnernes Gefäß ihnen auch in die Fremde mitgeben, um dieses nötige Waschen beständig regelmäßig fortzusetzen, so oft sie sich niederlegen oder aufstehen. Hierdurch werden nicht nur die Geburtsglieder gestärkt, sondern auch die Jünglinge vor unzüchtigen Träumen und unwillkürlichen nächtlichen Befleckungen, die Mädchen hingegen vor juckender Kitzelung, welche so oft eine Veranlassung zur Selbstschändung wird, bewahrt werden. Um die Wirkung dieses Waschens zu verstärken, vermische man, besonders bei jungen Leuten beiderlei Geschlechts, die schon das zwölfte Jahr zurückgelegt haben, das gemeine kalte Wasser mit nachstehendem kampferierten Bleiwasser: *1 Lot Bleiextrakt, 2 Lot guten Kampferspiritus und eine Bouteille reines Regenwasser, wohl vermischt und durcheinandergeschüttelt.* [...]

Man wähle mit äußerster Sorgfalt die wenigen Bücher, welche Kindern in die Hände gegeben werden dürfen, und verbanne nicht bloß diejenigen, welche schlüpfrige und verführerische Stellen enthalten, sondern auch diejenigen, welche die Phantasie der Kinder anregen und ihre Empfindungen überspannen können. [...]

Alle die höchstschädlichen und unbesonnenen Tändeleien mit Kindern beiderlei Geschlechts, wodurch man ihnen Anleitung gibt, Braut und Bräutigam oder Mann und Frau zu spielen, müssen durchaus vermieden werden.

Sooft vom Ehestand in Gegenwart der Kinder die Rede ist, spreche man davon, der Wahrheit gemäß, als von einer sehr ernsthaften und wichtigen Sache, als von einer Würde im Staat, womit Mann und Weib bekleidet werden, um die Sorge und Regierung eines Hausstandes zu übernehmen, welches Fleiß, Kenntnisse, Verstand und Rechtschaffenheit erfordert, dafür aber auch mit Achtung, Liebe und Gehorsam von seiten der zum Hausstand gehörigen Personen belohnt wird. Die Gründe dieser Regel sind schon oben erörtert worden. [...]

*Arbeitsaufgaben

1. *Welche Einstellung zu Körper und Sexualität liegt diesen Erziehungsratschlägen von Oest und Campe zugrunde? Wie wirken diese Vorschläge zur Unterdrückung kindlicher Sexualität aus heutiger Sicht?*
2. *Ein interessantes Phänomen dieser Erziehungskonzeption stellen die Vorschläge zur Hygiene als Teil einer umfassenden Gesundheitserziehung dar, die im Zeitalter der*

Aufklärung in der öffentlichen Diskussion insgesamt besonders bedeutsam waren. Welche Beziehung zwischen Gesundheit und Sexualität wird auch im vorliegenden Text unterstellt?

3. *Welche Gründe könnten darüber hinaus dafür verantwortlich sein, daß die Sexualerziehung, d. h. vor allem die Bekämpfung der Masturbation nicht nur bei Oest/Campe, sondern in der gesamten Aufklärungspädagogik zu einem zentralen Thema wird? Denken Sie in diesem Zusammenhang an das bürgerliche Persönlichkeitsideal, auf das die Erziehung der Aufklärung gerichtet war.*

4. *In den Arbeitsaufgaben zum vorangegangenen Text ist die Kritik der Antipädagogik an der Erziehungskonzeption der Aufklärungspädagogik vorgestellt worden. Beziehen Sie diese Kritik auf die vorliegenden Ausführungen von Oest und Campe.*

Campe: Väterlicher Rat an meine Tochter

Campe, J. H.: Väterlicher Rath für meine Tochter. Ein Gegenstück zum Theophron. Wien 1790. S. 8–17.

Alle Menschen, vom Koenige bis auf den geringsten seiner Landsassen, haben zwar das unlaeugbare Recht und den natuerlichen Beruf, alle ihre menschlichen Kraefte und Faehigkeiten, ohne Ausnahme, auszubilden und zu veredeln; aber da nicht Alle diese ihre Kraefte in einerlei Kreise, an einerlei Gegenstaenden und auf einerlei Weise koennen wirken lassen: so muessen sie an verschiedenen Gegenstaenden, auf verschiedene Weise und zu verschiedenen besondern Zwecken geuebt, verstaerkt und ausgebildet werden. Jeder Mensch bedarf z. B. einer wohlgeuebten Koerperkraft; aber einer andern bedarf das Weib in ihrem haeuslichen Wirkungskreise, einer andern der Mann zu seinem maennlichen Beruf. Jeder muß also auch die seinige in Hinsicht auf seinen Beruf und auf diejenigen Gegenstaende und Geschaefte ueben, die dieser fuer ihn mit sich bringt. Jedem Menschen, wer er auch seyn mag, ist ein recht großes und volles Maaß von Verstand, Vernunft, Gedaechtniß und Einbildungskraft zu wuenschen: aber einer andern Richtung auf andere Gegenstaende beduerfen diese edlen Seelenkraefte bei dem Bauer, einer andern bei seinem Fuersten. Jeder muß sie also auch an solchen Gegenstaenden und durch solche Geschaefte bilden und schaerfen, welche innerhalb seiner bestimmten Wirkungssphaere liegen. Also nicht gerade ein verschiedenes Maaß von menschlichen Kraeften, also auch nicht ein verschiedener Grad ihrer inneren Staerke und Ausbildung, sondern lediglich eine verschiedene Richtung derselben auf verschiedene Gegenstaende, und eine daraus entstehende verschiedene Modification uebrigens gleicher Kraefte, sollen – wenn wir auf unsere allgemeine natuerliche Bestimmung, und nicht auf die bisherige fehlerhafte Ausbildung der Meisten sehen – den ganzen Unterschied zwischen den einzelnen Gliedern der nach Klassen, Staenden und Geschlechtern eingetheilten großen Menschenfamilie ausmachen.

Also, worin bestaende denn nun diese allgemeine menschliche Bestimmung fuer dich, mein Kind? Ohnstreitig darin: alle deine menschlichen Anlagen und Kraefte, die koerperlichen wie die geistigen, die sittlichen wie die intellektuellen, aber wohl verstanden! immer in Beziehung auf deinen bestimmteren Beruf als Weib, und nur an Gegenstaenden und nur durch Wirkungsarten, welche innerhalb der Grenzen dieses deines weiblichen Berufes liegen, auf jede dir moegliche Weise, auf das sorgfaeltigste und emsigste zu entwickeln, zu ueben, zu staerken und zu veredeln. Thust du dies, so erfuellst du deinen ersten großen Beruf, als

Mensch, so entsprichst du der Absicht deines guetigen Schoepfers, und erreichst den lautern Quell der Glueckseligkeit, welcher nie fuer dich versiegen wird. [...]

Du siehst hieraus, daß es ganz unmoeglich fuer dich seyn wuerde, die allgemeine Bestimmung, die du mit jedem Erdensohne und mit jeder Erdentochter gemein hast, zu erreichen, wofern du nicht auch deine besondere Bestimmung, die als Weib, zu erfuellen eben so eifrig dich bestreben wolltest. Alles koemmt also nun darauf an, daß du auch von dieser richtige und vollstaendige Begriffe zu erlangen suchest. Laß mich deinem Nachdenken darueber zu Huelfe kommen.

Was soll denn also das Weib, oder wozu ist sie denn nun eigentlich? – Wolltest du umherschauen und sehen, was manche deiner Schwestern jung und alt, besonders in den hoehern und gebildeten Staenden, wirklich thun, und wolltest du nach dem, was du auf diesem Wege beobachtetest, deine Begriffe von der weiblichen Bestimmung bilden: so wuerde, fuerchte ich, das Ideal, welches du aus diesen Beobachtungen zusammensetztest, zu einem garstigen Karikaturgemaehlde werden, von dem ich um alles in der Welt nicht wuenschen moegte, daß du es dir zum Muster der Nachbildung aufstelltest. Denn was wuerde es seyn, das viele der besagten Schwestern dich durch ihr Beispiel lehren wuerden? Die Eine: du seyst nur dazu da, dich zu putzen, um dich begaffen zu lassen; zu taendeln und von Andern mit dir taendeln zu lassen; den schwindel-erregenden Weihrauch junger und alter Gecken einzuathmen, oder, wie man es nennt, dir etwas Schoenes vorsagen und dich dadurch zu einer sueßen Vergessenheit deiner selbst, deiner Maengel, deiner Fehler und deiner Pflichten einwiegen zu lassen, mit einem Worte, ein Leben ohne Zweck, ohne That und ohne Frucht zu fuehren. Die Zweite: du seyst geschaffen, dir schimmernde Talente ohne Absicht, unnuetze Fertigkeiten und zwecklose litterarische Kenntnisse zu erwerben, die du, ohne auf alles, was weibliche Bescheidenheit heißt, Verzicht zu thun, und ohne dich in hohem Grade mißfaellig zu machen, niemals oder doch nur selten und jedesmal nur mit einer Art von Beschaemung aeußern duerftest. Die Dritte: du seyst dazu gemacht, die Fehler und Schwachheiten deiner Nebenmenschen auszuspaehen, ueber jedes unbedachtsame Wort, ueber jede arglose Handlung unbarmherzig herzufallen, sie mit boshafter Schadenfreude zu zergliedern, sie unter das Vergroeßerungsglas der Schmaehsucht zu bringen, um irgend etwas darin zu bemerken und bemerken zu lassen, wodurch ein guter Nahme mit einigem Schein von Recht und Billigkeit gemordet werden kann. Eine Vierte: du seyst recht eigentlich dazu bestimmt, der Plagegeist eines ungluecklichen Mannes zu werden, der die gutmuethige Thorheit hatte, dir auf Kosten seiner Ruhe, das, was ein unverheirathetes Frauenzimmer gemeiniglich nur bittweise besitzt, Stand, Achtung, Wuerde, Schutz, Unterhalt und Bequemlichkeiten des Lebens zu verschaffen. Und das waere die Bestimmung des Weibes? Dazu haette Gott die ganze zweyte Haelfte eines Geschlechts hervorgebracht, welches das Meisterstueck seiner Schoepfung genannt wird?

Ich traue dir zu, mein Kind, daß, wenn auch alle deine Schwestern, welches doch Gottlob! noch lange nicht der Fall ist, mit einer so aermlichen und schmaehlichen Bestimmung sich begnuegen wollten, dein Herz und dein Verstand sich doch stark dagegen empoeren wuerden. Ein inneres Gefuehl deiner unverdorbenen Menschheit laeßt dich gewiß etwas Besseres, Groeßeres und Wuerdigeres von den Absichten ahnden, welche die Weisheit unsers Allvaters mit dir und deinem Daseyn haben kann. Und diese Ahndung taeuscht dich nicht. Ihr seyd wahrlich nicht dazu bestimmt, nur große Kinder, taendelnde Puppen, Naerrinnen oder gar Furien zu seyn; ihr seyd vielmehr geschaffen – o vernimm deinen ehrwuerdigen Beruf mit dankbarer Freude ueber die große Wuerde desselben! um begglueckende Gattinnen, bildende Muetter und weise Vorsteherinnen des innern Hauswesens zu werden; Gattinen, die der ganzen zweyten Haelfte des menschlichen Geschlechts, der maennlichen, welche die groeßern Beschwerden, Sorgen und Muehseligkeiten zu tragen hat, durch zaertliche Theilnehmung, Liebe, Pflege und Fuersorge das Leben versueßen sollen; Muetter, welche nicht bloß Kinder gebaehren, sondern auch die ersten Keime jeder schoenen menschlichen Tugend in ihnen pflegen, die ersten Knospen ihrer Seelenfaehigkeiten weislich zur Entwickelung foerdern sollen; Vorsteherinnen des Hauswesens, welche durch Aufmerksamkeit, Ordnung, Reinlichkeit, Fleiß, Sparsamkeit, wirthschaftliche Kenntnisse und Geschicklichkeiten, den Wohlstand, die Ehre, die haeusliche Ruhe und Glueckseligkeit des erwerbenden Gatten sicher stellen, ihm die Sorgen der Nahrung erleichtern, und sein Haus zu einer Wohnung des Friedens, der Freude und der Glueckseligkeit machen sollen. Fasse diese hohe und wuerdige Bestimmung deines Geschlechts doch ja recht fest ins Auge, mein Kind; und siehe, wie das Wohl der ganzen menschlichen Gesellschaft am Ende lediglich davon abhaengt, wie gut oder wie schlecht ihr dazu vorbereitet werdet. Denn nicht bloß das haeusliche Familienglueck, sondern auch – was dem ersten Gehoer nach unglaublich klingt – das oeffentliche des Staats, steht großentheils in eurer Hand, haengt großentheils, um nicht zu sagen ganz, von der Art und Weise ab, wie das weibliche Geschlecht seine natuerliche und buergerliche Bestimmung erfuellt. Wie die Quelle, so der Bach; also auch wie das Weib, so der Buerger, der vom Weibe gebohren wird, der die ersten, durch keine nachherige Erziehung jemals ganz wieder auszutilgenden Eindruecke zum Guten und zum Boesen von ihr erhaelt. Wie die Quelle, so der Bach; also auch wie das haeusliche Leben der

Menschen, so ihr oeffentliches; wie das haeusliche Familienglueck, so das oeffentliche Staatswohlergehn. Nun ist aber das erstere groeßtentheils, um nicht zu sagen ganz, das Werk des Weibes; mithin auch das letztere. Denn was vermag selbst der beste, der einsichtsvollste, der thaetigste Mann zur Bildung seiner Kinder, was zur Erhaltung und Vermehrung der Ordnung, der Sittlichkeit und des Wohlstandes seines Hauses, wenn seine Gattin ihm nicht in die Haende arbeitet, nicht die Anordnungen und Plaene befolgt, die er zwar im Großen entwerfen, aber im Kleinen selbst unmoeglich ausfuehren kann? Selbst der Mann, der schon gebildete, schon gereifte Mann, was ist er, sobald er durch eheliche Bande mit dem Weibe seines Herzens verbunden ist? Das, was das Weib seines Herzens aus ihm zu machen Verstand oder Unverstand genug besitzt. Seine herrschende Gemuethsstimmung, seine Launen, die ganze fortschreitende Veredelung oder Verschlimmerung seines Charakters, sind ihr Werk! Seine groeßere oder geringere Thaetigkeit, die groeßere oder geringere Ordnung in seinen Geschaeften, der groeßere oder geringere Muth und Eifer zu patriotischen und menschenfreundlichen Thaten, womit er sich beseelt fuehlt, ist ihr Werk! Die oeffentliche Achtung, deren er genießt, seine Verbindungen, die angenehmen oder unangenehmen Verhaeltnisse, worin er mit andern Familien steht, sind, wo nicht ganz, doch groeßtentheils ihr Werk! Allgewaltiges, obleich schwaches Geschlecht, was vermag nicht alles dein, zwar unmerkllicher, aber sicherer Einfluß auf den Mann und durch den Mann, auf jede oeffentliche Angelegenheit, auf den gesammten Flor und das Wohlergehn der buergerlichen Gesellschaft! [. . .]

Erwaerme dich, mein Kind, durch das Anschauen dieser deiner hohen Bestimmung, um deine junge Seele mit jenem edlen weiblichen Muth und dem erleuchteten Enthusiasmus zu beleben, welche erfordert werden, wenn du sie ganz erreichen willst. Denn hoch auf steilem Gipfel steht das herrliche Ziel, wornach du klimmen sollst; beschwerlich, rauh und ungebahnt ist der schmale Pfad dahin, wie zu allem, was groß und edel ist, und – ich darf es dir ja nicht verheelen – groß und mannigfaeltig sind die Schwierigkeiten und Hindernisse, die du dabei zu ueberwinden haben wirst! Bewaffne dich denn, mein theures Kind, den Vorhang aufzuziehen, und dir die Unannehmlichkeiten zu zeigen, die du auf dem Wege zu jenem ehrenvollen Ziele schwerlich alle wirst vermeiden koennen.

Arbeitsaufgaben

1. *Mit welchen Argumenten begründet Campe das Recht der Mädchen auf Erziehung und Bildung? Inwiefern ist diese Argumentation typisch für die Intentionen der Aufklärungspädagogik?*
2. *Aus welchen Gründen und auf welche Weise soll sich die Erziehung und Bildung der Mädchen von derjenigen der Jungen unterscheiden? Welches Rollenverständnis von Mann und Frau liegt dieser Auffassung zugrunde?*
3. *Von welchen »Fehlformen« geschlechtsspezifischer »weiblicher« Erziehung bzw. geschlechtsspezifischen »weiblichen« Verhaltens grenzt sich Campe mit seiner Konzeption der Mädchenbildung ab?*
4. *Campe entwickelt zwar eine »allgemeine« Theorie der Mädchenbildung, hat aber eine »besondere« gesellschaftliche Gruppierung vor Augen. Inwiefern verweisen seine Vorstellungen auf das Bildungs- und Besitzbürgertum als den sozialen Träger und Adressaten dieses Ideals der propagierten Mädchenbildung?*
5. *Für die Aufklärer spielte der Begriff der Öffentlichkeit als Voraussetzung individueller und gesellschaftlicher Emanzipation eine zentrale Rolle. Interpretieren Sie das Programm der Mädchenbildung bei Campe unter dieser Perspektive.*
6. *Diskutieren Sie abschließend aus damaliger und heutiger Sicht sowohl die progressiven als auch die konservativen Aspekte der Campeschen Position.*

Villaume: Individuelle Vervollkommnung und gesellschaftliche Brauchbarkeit

Villaume, P.: Anmerkungen über die Frage: Ob der Staat sich in Erziehung mischen soll? (1788) In: Berg, C. (Hrsg.): Staat und Schule oder Staatsschule? Stellungnahmen von Pädagogen und Schulpolitikern zu einem unerledigten Problem (1787–1889). Königsstein/Taunus 1980. S. 10–16.

[...] Also die erste Frage; nämlich: »Wem erzieht man den Menschen?« Diese ist meines Ermessens leicht zu entscheiden. Nicht für ihn allein, denn er ist Bürger; nicht für den Staat allein, denn er ist auch Mensch: sondern für ihn und für den Staat muß der Mensch gebildet werden. Beide, der Mensch und der Staat, haben ihre Rechte, welche einander nicht verdrängen, einander nicht widersprechen dürfen, sondern miteinander kombiniert, durcheinander modifiziert und, weil es nicht anders möglich ist, eingeschränkt werden müssen. In vielen Stücken, in vielen Geschicklichkeiten in den meisten praktischen Wissenschaften, in allen bürgerlichen Geschäften ist diese Bildung Eins; der Mensch wird für den Staat gebildet, indem er zum Menschen gebildet wird und eben deswegen, daß er gebildet wird. In den Gesinnungen aber gehen beide Bildungen in etwas voneinander ab und besonders darin, daß der Staat einiges Vorrecht vor der Menschheit fordert. Hauptsächlich geraten diese beiden Gesetze in gewissen Ständen, nämlich bei den Soldaten und bei denen, welche Staatsangelegenheiten besorgen, in starke Kollision.

Doch müssen wir hier die Bildung zur Nützlichkeit und für das Vaterland überhaupt nicht mit einer besonderen Bestimmung verwechseln. Der Mensch muß für den Staat gebildet werden; das ist dem strengsten und unwidersprechlichsten Rechte gemäß. Gibt es denn aber eine Verpflichtung, zu den bedrückten Ständen der Gesellschaft gebildet zu werden? Muß man sich zum Sklaven, zum Lastträger des Gemeinwesens stempeln lassen?

Was bedeutet diese Frage? Will man damit sagen, daß es gut sei, den armen Bedrückten, der unfehlbar ein Sklave sein wird, zu seinem künftigen Elend zu bilden, so daß er alle die Kräfte und die Eingeschränktheit habe, welche zu Ertragung und Linderung seines Elends nötig sind? Oder will man sagen, es sei billig, jemanden zum Opfer für das Wohl der Gesellschaft oder ihrer Repräsentanten zu bestimmen und dieser Bestimmung zufolge, ohne Rücksicht auf Menschenrechte, ihn so zu bilden oder zu verstümmeln, wie es sein künftiger Stand erfordert? Diese Fragen sind sehr verschieden.

Alle Menschen können nicht gleich erzogen werden; es ist nicht möglich, sie alle zu den besseren, bequemeren, glücklicheren Bestimmungen zu bilden. Ihre

Fähigkeiten lassen dieses ebensowenig als die Bedürfnisse der Menschheit zu. Wir brauchen wenige Gelehrte, Künstler; viele Handwerker, Tagelöhner. Es kommt aber dem Staate nicht zu, diesen zum hohen Amte, zur Ehrenstelle, und jenen zum Lastträger zu bestimmen. Allenfalls könnte er wohl zu dem einen sagen: *Komm, genieße der Vorrechte*. Doch auch dieses wäre nicht zulässig, und zwar aus dem Grunde, weil dadurch ein andrer davon ausgeschlossen würde. Unter keiner Bedingung aber kann er zu irgend jemandem sagen: Du, du sollst im Elende bleiben, ein Opfer des gemeinen Wohls werden.

Muß es aber nicht solche Lastträger des Gemeinwesens geben? Es sollten keine sein, denn nach Recht und Gerechtigkeit sollten die Lasten auf alle fallen; dann würden sie durch die Verteilung leicht werden und niemand drücken. Alle Vorrechte sind gehässig; denn es kann niemand von den allgemeinen Lasten ausgenommen werden, ohne daß sein Teil auf einen anderen zurückfalle, die Last mag beschaffen sein, wie sie will. Sobald Vorrechte eingestanden werden, öffnet sich eine ergiebige Quelle von sittlichem und bürgerlichem Verderben. Es lernt ein jeder, sich von dem Gemeinwesen abgesondert denken; man trachtet nach Vorrechten, man sucht sich derselben teilhaftig zu machen, man beneidet und hasset die Genießenden, man wendet alles an, auch Schmeichelei, Laster, eigene Verstümmelung, man macht sich unbrauchbar, um verschont zu bleiben.

Wir sind in diesem Zustande der Billigkeit und Gerechtigkeit nicht, unsere Lage ist erzwungen. Reichtum und Armut, Vorrechte und Bedrückung stehen nebeneinander in widrigem Kontrast. Die Sachen sind einmal so; die Gewalt ist in den Händen der Begünstigten; der Bedrückte wird sorgfältig in der Bedrückung erhalten; der Genießende wird sich wohl hüten, seine Vorteile aufzugeben. Was soll man tun? Was man kann; nichts: denn wer etwas tun möchte, kann es nicht. In diesem Zustande aber, wo das Übermaß weniger die Unterdrückung vieler fordert, sollte der Staat seine Macht dadurch nicht entweihen, daß er die Opfer des Gemeinwohls selbst bestimmt. Er handelt wider seine Würde, weil er wider die Gerechtigkeit und folglich ohne Befugnis handelt, wenn er Bedrückung bestimmt. Er lasse doch zum Teil die Notwendigkeit der Umstände solche gehässigen Bestimmungen festsetzen. Wenn noch ein Trost für den Bedrückten ist, wenn dem Staate noch ein Mittel übrigbleibt, sich vor dem Vorwurf der Ungerechtigkeit und dem Haß der Bedrückten zu bewahren, so ist es dieses, daß er einem jeden alle Wege frei lasse. Derjenige, der von Natur wenig Fähigkeiten hat, wird von selbst in den unteren Klassen bleiben, und der Mangel an Mitteln, sich zu erheben, wird noch mehrere in der Niedrigkeit erhalten. Warum sind gewisse Stände, gewisse Orte von einigen Verpflichtungen gegen den Staat frei? Alle Bürger sind Kinder des Staats; gegen alle muß er gerecht sein: alle sind ihm gewisse Pflichten schuldig. Behandelt er sie ungleich, so macht er sich aus den Begünstigten und dem Beeinträchtigten Sklaven – Kinder hat er nicht mehr, weil keine Liebe mehr stattfindet. Und aus Sklaven macht man leicht – Feinde.

Man gibt vor, Begünstigungen, Vorrechte seien nötig, um den Glanz des Staates zu heben, um seine Konstitution zu befestigen. Das kann sein; ich gestehe aber meine Kurzsichtigkeit und kann nicht begreifen, wie die Konkurrenz unter wenigen, mithin die geringe Aemulation, sich gewisser Vorteile würdig zu machen, die ohne Verdienst dennoch gewiß genug erreicht werden, weil es wenig Kompetenten gibt, besser ist als die Konkurrenz von allen und der angestrengte Eifer, es einander zuvorzutun, um einer Ehre zu genießen, die wegen der Menge leicht verfehlt werden kann. Nach der jetzigen Einrichtung mag der Staat einige treue Diener haben; nach einer gerechten Gleichheit aber wären – deucht mich – alle seine Bürger zu seinem Dienste eifrig. [...]

Da es nun aber nicht anders ist, da ein Stand vor dem andern so große Vorrechte hat, da – was wirklich traurig ist – Staat und Gesetze eine große Menge der Bürger zur Niedrigkeit und zum Drucke bestimmen, so wäre es eine zweifache Grausamkeit, wenn die Obrigkeit nicht dahinsähe, daß der Bedrückte so erzogen würde, daß er, wenns möglich ist, die Last, die ihn bedrückt, nicht fühlte. Wenn man ihn nicht zu seinem Stande bildet, wird er die Pflichten desselben nicht erfüllen können, und es warten auf ihn Strafe, Elend und Not. Hat er die gehörigen Kräfte, aber ein feineres Gefühl, so wird er zwar dieses Elend nicht erleiden, seine Pflichten wird er erfüllen, sein äußerer Zustand wird nicht so unglücklich sein als der Zustand des ersteren; innerlich aber werden Mißmut, Gram, Bitterkeit sein Herz verzehren, und neben der Ungerechtigkeit seines äußeren Zustandes würde er noch sein Gefühl zu ertragen haben. – Man hat gefragt, ob Täuschung gut wäre? – Sie ist notwendig, sobald die Gerechtigkeit verletzt werden soll. Nur diese kann Licht um sich her verbreiten. Die Ungerechtigkeit und die Bedrückung müssen im Finstern schleichen, nicht sowohl um sich zu verbergen, als um ihrer Opfer zu schonen. Wäre es nicht von dem amerikanischen Zuckerpflanzer die ärgste Grausamkeit, wenn er zu seinen Sklaven spräche: »Ihr seid Menschen sowohl als ich, aber ich will Euch wie das Vieh behandeln?« – Die Täuschung, die Erziehung zur Sklaverei sind das Gesetz des Despotismus; allein, wo dieser herrscht, sind doch jene Notwendigkeit und Pflicht.

Dem sei aber wie ihm wolle, denn man sieht ja wohl, daß alles Philosophieren hier vollkommen unnütz ist. So ist nur die Frage, ob der Staat sich um die

Erziehung der Bürger bekümmern und Gesetze darin vorschreiben darf, ohne auf jene besonderen Bestimmungen Rücksicht zu nehmen?

Der Mensch kann nicht allein für ihn selbst gebildet werden, man muß ihn auch dem Staate vorerst unschädlich und dann auch brauchbar machen. Unschädlich allerdings. Welch eine Forderung wäre es von dem Menschen, wenn er verlangte, nach Gefallen zu schaden! Nützlich; denn da der Mensch ohne die bürgerliche Gesellschaft das nicht sein kann, was er ist, und das genießen könnte, was er genießt, so ist es der strengsten Billigkeit gemäß, daß er so viel Vorteil verschaffe, als er erlangt. Diese Bildung ist ebenso schwer und künstlich, als sie wichtig ist.

Hat aber der Staat das Recht, sich darin zu mischen? In der Tat hat mich diese Frage befremdet. Mich deucht, sie gilt ebensoviel als die, ob der Staat befugt ist, sich um die Einhebung der Auflagen zu bekümmern. Sind denn die Auflagen und alle Dienste, die der Staat mit Recht von seinen Bürgern fordern kann, wichtiger als die Gesinnungen und die Moralität seiner Bürger, wodurch ihm und allen die Ruhe und Sicherheit verschafft wird? Wird der Bürger nicht mit Recht von ihm fordern, daß er ihm Gelegenheiten verschaffe, sich selbst und seine Kinder zu moralischen und glücklichen Menschen zu bilden, daß er ihn vor den pädagogischen und moralischen Marktschreiern sowohl als vor den medizinischen schütze, damit er, der Bürger, der zur Beurteilung des echten Erziehers ebensowenig als des wahren Arztes weder Muße noch Kenntnisse hat, ohne Scheu und Sorgen jemanden seine Söhne anvertrauen könne?

Habe ich Bürger nicht das Recht, von dem Staate für mich und die Meinigen Ruhe und Sicherheit zu fordern? Kann aber nicht meine oder dereinst meiner Kinder Ruhe von den Kindern meines Nachbars abhängen? Bin ich denn also nicht befugt, von der Polizei zu verlangen, daß sie für die Erziehung derselben sorge? Wenn meine Sicherheit die erste Pflicht der Obrigkeit ist, so muß die Erziehung meiner Nachbarn ihre erste Sorge sein. Ich glaube also behaupten zu dürfen: nicht, daß es dem Staate erlaubt sei, sich in die Erziehung zu mischen, sondern daß es seine erste unverletzliche Pflicht ist, daß er sich gegen alle seine Bürger verantwortlich macht, wenn er sie versäumt, weil hier von alles Wohlsein gemeinen Wesens abhängt. [...]

Aber könnte der Staat sich nicht auf diejenigen verlassen, welche das Geschäft des Unterrichts treiben.

Diese Frage ist vielfältig. Ich will sie zergliedern.

Vorerst. – *Soll der Staat Lehrer bestellen*? oder soll er's darauf ankommen lassen, ob sich von selbst Leute dazu finden werden oder nicht? Soll er einem jeden die

Erlaubnis geben, sich zum Lehrer und Erzieher der Jugend aufzuwerfen oder nur solche Erlaubnis unter gewissen Bedingungen erteilen?

Das wird man doch wohl ohne Anstand zulassen, daß der Staat solchen Männern, die lehren und erziehen wollen, Konzessionen und Bestätigungen erteile. Muß man doch Bestätigungen haben, um Schuhe zu machen und Butter zu verkaufen. Noch lieber wäre es mir, daß er nicht allein denen, die sich dazu melden, Erlaubnis gäbe, sondern auch selbst dafür sorgte, daß es daran nicht fehle, Männer dazu beriefe und sie anstellte.

Soll er darauf sehen, daß nur tüchtige Männer dazu berufen werden? Müssen die Kandidaten examiniert oder auf ihr Wort angenommen, die Unberufenen zugelassen oder abgehalten werden?

Wenn die Obrigkeit Männer beruft, so macht sie sich für dieselben bei dem Volke verantwortlich. Wählt sie nicht gut, so kann man ihr den Vorwurf machen, daß sie an dem Verderben des Gemeinwesens arbeitet. Sie muß prüfen und nur nach gehöriger Untersuchung bestellen. Das liegt am Tage. Deswegen müssen ja alle, auch die schlechtesten Handwerker, eine Prüfung ausstehen. Nur hat sich alles mit der Zeit auf die unrechte Seite hingedreht. Die Gesetze der Innungen und Meisterschaften hatten gewiß, als sie gegeben wurden, zur Absicht, das Volk mit guten Waren zu versehen und vor Beeinträchtigung durch Pfuscherei zu schützen. Nun aber hat sich dieses nützliche Volksgesetz zu einem elenden Innungsprivilegium oder einer noch elenderen Finanzoperation herabgewürdiget. Man schränke den Mißbrauch des Lehrens und Schulhaltens ein; man erlaube keine Winkelschulen; nicht, um den bestellten Lehrern ein ausschließendes Privilegium zu geben, sondern damit kein Unwissender die Seelen der Kinder verderbe, und daß ich mein Kind ohne Scheu der ersten besten Schule anvertrauen könne. Ich schließe damit niemanden aus. Ein jeder, der Lust und Fähigkeit hat, kann Lehrer werden. Nur muß ers beweisen, daß er es ohne Schaden der Kinder sein kann. Er lasse sich examinieren, und dann erteile man ihm die Erlaubnis. Warum wollte er der Prüfung ausweichen? Die muß keinen Fähigen schrecken. Und der Ungeschickte – der muß nicht lehren – nicht, damit er den Geschickteren das Brot nicht nehme, sondern damit er keine jungen Bürger verhunze.

Ich erlaube also keine Winkelschule, und ich nenne Winkelschulen alle diejenigen, welche ohne Bestätigung der Obrigkeit gehalten werden. Selbst dem Gelehrten, wenn er nicht sonst schon Beweise seiner Einsicht und seiner Talente gegeben hat, würde ich es ohne vorhergegangene Prüfung untersagen. Ja es dürfte nicht einmal ein Sprach-, Zeichen-, Schreib-, Tanz- und Fechtmeister oder ein Musikus ohne Prüfung und Erlaubnis in den Häusern Privatunterricht geben. Nicht um des lächerlichen Titels, Kaiserl. Königl. etc. etc. etc. Meister willen; nicht, um den Innungsgenossen ein sicheres Brot durch Einschränkung der Mitwerber zu verschaffen, aber darum, daß das Publikum nicht betrogen werde.

Meine Absicht ist es also nicht, das Lehrgeschäft zum Monopol zu erniedrigen. Monopole verunehren die Obrigkeit, welche in einem solchen Falle einen einzelnen wider Recht und Billigkeit allen Bürgern vorzieht. Monopol ist es aber nicht, daß der Arzt, und wenn er auch zum Doktor promoviert ist, erst examiniert werden und eine obrigkeitliche Erlaubnis haben muß, wenn er seine Kunst ausüben will. Ebenso mag es mit dem Lehrer sein. Die Bildung der Seele ist ja doch wohl so wichtig als die Gesundheit des Leibes. [...]

Arbeitsaufgaben

1. *In welchem Verhältnis steht nach Villaume das Recht des Individuums auf umfassende Bildung zu dem Recht des Staates bzw. der Gesellschaft auf nützliche Bürger?*
2. *Wie beschreibt der Autor die soziale Ungleichheit in der Gesellschaft seiner Zeit? Warum hält es Villaume für unmöglich, die Standesunterschiede restlos zu beseitigen? Welches Ideal gesellschaftlicher Ordnung liegt als Fernziel seinen Überlegungen zugrunde?*
3. *Warum muß nach Villaume die zeitgenössische Erziehung auf die bestehende Ständegesellschaft zugeschnitten sein? In welcher Weise ergibt sich daraus ein unauflösbares Dilemma?*
4. *Mit welchen Argumenten mißt Villaume dem Staat die Aufgabe zu, für die zukünftige Organisation einer schulischen Erziehung und Bildung für alle Untertanen zu sorgen? In welcher Weise soll er in die bestehenden Schulverhältnisse, die Organisation der Schulen und bezüglich der Anstellung von Lehrern eingreifen?*
5. *Diskutieren Sie zusammenfassend die Widersprüchlichkeit, d. h. die fortschrittlichen Momente und die dem Status quo verhafteten Elemente der Überlegungen Villaumes.*
6. *Diskutieren Sie, ob das von Villaume aufgeworfene Problem von sozialer Ungleichheit und staatlichem Bildungsauftrag mit Blick auf das gegenwärtige Bildungssystem noch relevant ist.*

Von Zedlitz: Vorschläge zur Verbesserung der preußischen Schulen

Von Zedlitz, K. A.: Vorschläge zur Verbesserung der preußischen Schulen (1787). In: Berg, C. (Hrsg.): Staat und Schule oder Staatsschule? Stellungnahmen von Pädagogen und Schulpolitikern zu einem unerledigten Problem (1787 – 1889). Königsstein/Taunus 1980. S. 3–9.

[...]

Wenn der Schulunterricht den Endzweck haben soll, die Menschen besser und für ihr bürgerliches Leben brauchbar zu machen, so ist es ungerecht, den Bauer wie ein Tier aufwachsen, ihn einige Redensarten, die ihm nie erklärt werden, auswendig lernen zu lassen; und es ist eine Torheit, den künftigen Schneider, Tischler, Krämer wie einen künftigen Konsistorialrat oder Schulrektor zu erziehen, sie alle Lateinisch, Griechisch, Hebräisch zu lehren und den Unterricht in Kenntnissen, die jene nötig haben, ganz zu übergehen oder diese Kenntnisse für sie unverständlich und unanwendbar vorzutragen. Daraus folgt also, daß der Bauer anders als der künftige Gewerbe oder mechanische Handwerke treibende Bürger und dieser wiederum anders als der künftige Gelehrte oder zu höhern Ämtern des Staates bestimmte Jüngling unterrichtet werden muß. Folglich ergeben sich drei Abteilungen aller Schulen des Staates, nämlich: 1) Bauern-, 2) Bürger- und 3) Gelehrte Schulen. Und also

Erstlich: die Land- oder Bauern-Schulen.

Gelehrt muß der Bauer durchaus nicht sein; denn ein solcher Unterricht würde dem oben angegebenen Grundsatz aller Erziehung widersprechen. Der Bauer soll ein guter und in seinem Stande verständiger, brauchbarer und tätiger Mann werden. Hierzu gehört:

a) Religion im eigentlichen Verstande; folglich außer den Glaubenslehren lautre christliche Moral des Evangeliums; das ist innige tiefe Verehrung Gottes und seiner Regierung, Liebe des Nächsten zu den Pflichten des uns angewiesenen Standes ohne Herabwürdigung oder Verachtung anderer Stände; und dieses alles auch in Rücksicht auf göttliche Befehle und auf die durch die Lehre Christi darauf verheißene Folgen noch jenseits des Grabes.

b) Lesen; etwas Übung im Schreiben und Rechnen, das letzte vornehmlich aus dem Kopf.

c) Einige Erfahrungssätze aus der Mechanik, vom Hebel, von der Winde, vom Keil usw.; die leichteste Art, Flächen ohne Instrumente abzumessen und gegeneinander zu vergleichen; Kenntnis der gangbaren Maße und Münzen des Landes.

d) Etwas Naturgeschichte und Naturkenntnis, um ihm anzugewöhnen, bei ihm mißlungenen Ernten oder Pflanzungen, beim Sterben seines Viehes, beim Versei-

gen seiner Kühe usw. die Ursachen anderswo als in der vermeintlichen Hexerei zu suchen und zweckmäßige Mittel, dergleichen Unfälle inskünftige zu vermeiden, aufzufinden.
e) Wenige diätisch-medizinische Regeln, damit er den ihm oft tödlich werdenden Branntwein nicht für Universalmedizin ansehe und damit er mit Vorbeigehung der Quacksalber die Fälle kennenlerne, wo er die Hilfe eines Arztes suchen muß oder durch geänderte Lebensordnung sich und den seinigen selbst helfen könne.
f) Einige Kenntnis der Landesverfassung, insoweit er deren bedarf, folglich der auf ihn Bezug habenden Gesetze und der Landesdikasterien, bei denen er in vorkommenden Fällen Belehrung, Schutz und Hilfe suchen muß.

In allen diesen Schulen muß aber auch

g) Industrie getrieben werden, sie bestehe nun im Spinnen, im Flechten von Strohhüten oder Körben usw. – kurz: Beschäftigung außer den eigentlichen Schul- und Unterrichtsstunden. Die bewahrt vor manchem Laster, gewöhnt die Jugend, sich nützlich zu beschäftigen, und macht den Körper zu Handarbeiten geschickt. Daß solcher Unterricht zweckmäßig für den Bauernstand sei, scheint schon theoretisch richtig; und daß er es auch in der Tat ist, beweiset die Praxis. [...]

Ich komme nun zur zweiten Klasse von Schulen, nämlich:

den Bürgerschulen in den kleinen Städten und überhaupt Schulen für den eigentlichen gemeinen Bürgerstand.

Könnte man sich nicht durch traurige tägliche Erfahrung überzeugen, so würde man solche Verirrungen des menschlichen Verstandes, als bei Einrichtung der meisten dieser Art Schulen sich äußern, für unmöglich halten.

Wenn der Bürger einer kleinen Stadt seinen Sohn in die Schule schickt, um den Katechismus und Lesen und Schreiben zu lernen, so kann er das nicht auf dem kürzesten Wege, sondern der Knabe kommt in die unter Rektor und Kollegen stehende und von Mönchen in den finstern Jahrhunderten eingerichtete Stadtschule, worin die lateinische Sprache noch immer der Leitfaden ist, wonach sich alles übrige richtet. Der Knabe wird also in eine der Klassen dieser Schule eingepaßt und lernt: lateinische Grammatik, Historie von der Erschaffung der Welt bis vielleicht zu Karl dem Großen, weiter gewiß nicht. Hört er etwas von Geographie, so ist der Globus der Gegenstand und die superfizielle Beschreibung von etwa vier Weltteilen, vom Vaterlande nichts. Kommt er weiter, so lernt er Griechisch, und zwar Lesen und Exponieren im Neuen Testament, das er nie wieder aufschlagen wird und woraus er nicht einmal die Kunstnamen lernen kann, die etwa der Apotheker noch brauchen würde. Und soviel er Theologie hört, so sind es Teile der schulgerechten Theologie, als Dogmatik, Polemik, die ihm Haß und Verachtung gegen andere Religionen einflößt. Von eigentlicher Religion, christlicher Moral kein Wort! Folglich lernt er lauter Dinge, die er nie braucht, und von dem, was ihm nötig ist, nicht einen Buchstaben; und die traurige Folge ist dann, daß ein so unterrichteter junger Mensch aus seinem Stande gerissen wird und durch das Prahlen des Rektors von den Vorzügen der Gelehrten Neigung zu Lebensarten bekommt, die ihm bequemer und ehrenvoller scheinen und die ihn nicht zum Ziele bringen.

[...]

Dieses Bild ist, wie gesagt, nach dem Leben und doch noch nicht so schrecklich, als wenn man die Erziehung des weiblichen Geschlechts betrachtet. Das Mädchen soll lesen lernen; sie geht also in die Schule des Orts und lernt die gedruckten Worte aussprechen, ohne Sinn und Verstand; lernt nach einem Zeitlauf von mehreren Jahren statt Schreiben ein bißchen Kritzeln, das nicht einmal zureicht, die Bedürfnisse der geringsten Haushaltung aufzuzeichnen, wird nicht einmal angewiesen, es dazu zu nutzen. Der gelehrte Rektor denkt, daß so was sich von selbst versteht oder so ein Unterricht unter seiner Würde ist. Ein solches ohne Grundsätze, ohne Kenntnis und ohne inneren Sinn für nützliche Beschäftigung erzogenes Mädchen ist unglücklicher als eine ohne allen Schulunterricht aufgewachsene und bloß zur Handarbeit angehaltene Person. Denn jene lernte den eigentlichen Müßiggang durch die Schule, in der sie täglich ihre vier Stunden still sitzen mußte und nicht denken durfte. Sie vermeidet daher auch aus Angewohnheit alle Beschäftigung mit Kopf und Händen. [...]

So traurig sieht es in den Bürgerschulen der meisten kleinen Städte aus; aber wohl dem Lande, dessen Regent erlaubt, daß ihm darüber ein Vortrag geschieht! Und ich bin überzeugt, daß alle diese traurigen Folgen wegfallen müssen, wenn der Hauptgrundsatz aller Erziehung auch hier beobachtet und des gemeinen Bürgers Kinder für ihren Stand brauchbar erzogen und unterrichtet werden.

Und dazu gehört ungekünstelter populärer, mit Vermeidung aller scholastischen Theologien hauptsächlich auf das Praktische gehender Unterricht in der Religion und christlichen Moral, wie er oben bei den Landschulen angegeben ist; Lesen, Rechnen, Schreiben und Anfertigung eigener Aufsätze, von Rechnungen, Quittungen usw.; hauptsächlich Übung im Denken durch Vorlesung und Beurteilung der Stücke aus dem dazu eingerichteten Lesebuch; Begriffe von Naturgeschichte zur Anwendung auf die Produkte, die in unserem gemeinen Leben vorkommen; etwas praktische Meßkunst; wenige, aber ganz praktische Mechanik; etwas Physik, insoweit solche zur Einsicht der Naturbegebenheiten, von Witterung, Gewittern usw. erforderlich ist; geographische Beschreibung des Vaterlandes und der mit ihm in Verbindung stehenden Länder; eine Kenntnis von den mit diesem Stande relativen Gesetzen und von der Landesverfassung, welches ohne alle andere Rücksicht schon den Vorteil haben würde, Vaterlandsliebe zu erwecken und diese Klasse von Menschen, welche so gerne die Landeseinrichtungen tadelt, zufriedener und zu deren Befolgung geneigter zu machen; Historie, hauptsächlich des Vaterlandes, und zwar nicht weiter zurück als vom Westfälischen Frieden an; Kenntnis der Handwerke, der dazu erforderlichen Werkzeuge und der Produkte, die verarbeitet werden; Zeichnen, soweit der künftige gemeine Sattler, Maurer, Tischler, Töpfer usw. dessen als Anleitung bedarf. – Auch bei diesen Schulen muß für Arbeit der Kinder außer den Unterrichtsstunden gesorgt werden, sie bestehe in Kultur der Seide oder Wollspinnen usw.

Und solche Schulen müßten in allen Städten eingerichtet werden und würden in kleinen Städten weit nützlicher sein, als lateinische Schulen sein können. [...]

Drittens endlich: die höheren Schulen, als: lateinische Schulen, Gymnasien, Pädagogien, Ritterakademien, wozu endlich noch die Universitäten kommen.

Diese Schulen sind für den Edelmann, den künftigen Offizier, den Geschäftsmann, den Gelehrten, den Prediger, den Arzt usw. So gern ich zugebe, daß manche der zuerstgenannten Schulen noch in sehr schlechter Verfassung ist, da es sogar eine angesehene Schule gibt, die durch Urkunden beweisen will, daß sie nie verbessert werden darf, so können wir uns doch gewiß auch in Ansehung vieler dieser Schulen mit allen unsern Nachbarn messen. Nur sollten der in dieser Rubrik aufgeführten Schulen in unseren Landen weit weniger an Zahl sein, weil sie den gemeinnützigen Bürgerschulen Fonds und Schüler entziehen, und weil die etwa auf dem Lande oder in kleinen Städten sich ganz besonders hervortuenden Genies gar füglich das Gymnasium der Provinz besuchen können. Die dem Staat lästige Zahl der Halbgelehrten wird gewiß sehr vermindert werden, wenn in den Bürgerschulen die Leute ihrem Stande gemäß erzogen werden und dort Erwerbungswege kennenlernen, die ihnen bei zweckmäßiger Anwendung ihres besser kultivierten Verstandes Aussichten eröffnen, für die mancher jetzt gar keinen Sinn hat.

Arbeitsaufgaben

1. *Worin könnten die Motive dafür bestehen, daß sich der preußische Justizminister für eine durchgreifende Schulreform engagierte? Welchem Endzweck soll nach von Zedlitz der Unterricht in allen Schulen dienen? Warum plädiert von Zedlitz für die Einrichtung eines dreigliedrigen Schulsystems?*
2. *Welche Aufgaben sollen die neuen Land- oder Bauern-Schulen erfüllen? Wo sind in diesem Programm Momente der Aufklärung und wo ihre Grenzen zu erkennen? Berücksichtigen Sie in diesem Zusammenhang, daß zu der damaligen Zeit nicht einmal die Hälfte der Kinder lesen und schreiben konnte.*
3. *Was kritisiert der Minister am Zustand des städtischen Schulwesens seiner Zeit? Welche Zielperspektive entwirft er für die zukünftigen Bürgerschulen? Welche Kinder sollen diese Schulen besuchen, und was sollen sie lernen? Welchen Vorteil erhofft sich von Zedlitz von diesen neuen Bürgerschulen für den absolutistischen Staat?*
4. *Eher beiläufig spricht von Zedlitz im Blick auf die Bürgerschulen auch das Problem der Mädchenbildung an. Wie ist seine Position in dieser Frage zu charakterisieren?*
5. *Im letzten Teil seiner Vorschläge spricht von Zedlitz über die Organisation der höheren Schulen. Warum will er deren Zahl vermindern? Welchen sozialen Gruppen soll dieser »Schultyp« vorbehalten sein? Lassen sich diese Schulen wie die Bauern- und die Bürgerschulen auch als »Standes-Schulen« bezeichnen?*
6. *Vergleichen Sie abschließend die Vorschläge des preußischen Justizministers von Zedlitz mit den Überlegungen des bürgerlichen Pädagogen Villaume.*

*Trapp: Pädagogik als Wissenschaft

Trapp, E. C.: Versuch einer Pädagogik. Unveränderter Nachdruck der 1. Ausgabe Berlin 1780. Besorgt von U. Herrmann. Paderborn 1977. S. 20–22, 66–75.

Die Nothwendigkeit der Erziehung fuehrt zu der Nothwendigkeit der Erziehungskunst, wenn man bedenkt, wie *wichtig* dis Geschaeft ist. Und wichtiger kann doch keins seyn, als das, welches, wenn es *recht* getrieben wird, die Glueckseligkeit des Menschen schafft, und wenn es *allgemein* getrieben und allgemein recht getrieben wuerde und werden koennte, die Quelle der allgemeinen Glueckseligkeit des ganzen Erdenbodens werden, alle Noth wegraeumen mueßte, die durch Schuld der Menschen entsteht, und nur die uebrig lassen, die die Natur ohne Zuthun des Menschen verhaengt? Wichtiger kann doch wol kein Geschaeft sein, als das, welches, allgemein und recht besorgt, den Grund zu einem *ewigen und allgemeinen Frieden* legen wuerde, woran bisher nur umsonst gearbeitet wird; allen Menschen zu einem *ungestoerten Besitz ihres Eigenthums und ihrer Meinungen* helfen, und alle anweisen wuerde, sich zu *schaffen, was sie nicht haben*, was aber zu ihrer Glueckseligkeit noethig ist; zu *brauchen, was sie haben*, ohne daß es ihrer Glueckseligkeit nachtheilig werde. Kurz, kein Geschaefte kann wichtiger seyn, als das, was die Erde zum Paradiese machen mueßte, wenn es ueberall, und ueberall auf die rechte Art getrieben wuerde, und werden koennte.

Was wichtig ist, muß mit Sorgfalt getrieben werden, damit man es nicht unrecht mache.

Was man mit Sorgfalt treiben muß, dazu muß man sich gehoerig vorbereitet haben; man muß der Grundsaetze desselben kundig seyn und ihre Anwendung sowol theoretisch als praktisch erlernt haben. Das heißt mit andern Worten: Die Erziehung muß als eine eigne Kunst von ihren eignen Leuten getrieben werden. Geschieht das nicht, so erfolgt was wir bisher sehen, und worueber so viel laute Klagen gefuehrt werden, man erzieht so, daß der Hauptzweck der Erziehung ganz verfehlt wird.

Denn man muß die *menschliche Natur erst kennen*, ehe man Menschen erziehen kann. Kennt man sie nicht, so ist man in Gefahr, bei der Erziehung Alles verkehrt zu machen, wider den Strom zu schwimmen, und so, nach vieler unnoethigen Arbeit und mit marterndem Verdruß auf Seiten des Lehrenden und Lernenden, Nichts, oder was noch schlimmer ist, als Nichts, auszurichten, naemlich statt der oben genannten Vollkommenheiten gerade die entgegen gesetzten Unvollkommenheiten in den Zoegling zu bringen.

Das Studium der menschlichen Natur ist zur Zeit noch das Schwerste unter allen, theils wegen der Beschaffenheit derselben; theils weil noch so wenig darin vorgearbeitet ist; und theils weil aus Mangel einer Experimentalpsychologie so wenig darin gethan werden kann.

Indessen mueßten sich doch zum Behuf der Erziehung ueber den Menschen mancherlei Beobachtungen anstellen und viele Erfahrungen sammeln lassen, wenn man nur erst Hand ans Werk legte. Vielleicht aber hab ich mich noch nicht deutlich genug erklaert, was fuer Beobachtungen und Erfahrungen ich meine. Ich will einige davon hersetzen.

Man gebe mehrern Kindern von einerlei Alter verschiedene Gegenstaende, Spielzeug, Buecher, Modelle, Gemaelde etc. und lasse sie damit nach Belieben schalten und walten. Nun gebe man Acht auf die Verschiedenheit ihrer Aeusserungen, Empfindungen, Handlungen, Erfindungen u. s. w. Man sehe, welche Gegenstaende sich dieser, und welche sich der waehlt, wie bald er ermuedet, wie lange er bei einem Gegenstand aushalten kann. Man zaehle, wie viele und welche Ideen, Empfindungen und dadurch veranlaßte Aeusserungen und Handlungen in einer gewissen Anzahl von Minuten und Sekunden in den Kindern entstehen und zum Vorschein kommen.

Man mache dis Experiment mit Kindern von zwei bis sechszehn Jahren oder noch weiter. Man gebe auf die Verschiedenheit der Wirkungen Acht, wenn, bei den nehmlichen Gegenstaenden die Zahl der Kinder von zwei bis zwanzig, oder wie weit man will, verschieden ist; oder, wenn bei den nehmlichen Gegenstaenden das Alter der Kinder verschieden ist; oder wenn beides Zahl und Alter verschieden sind; kurz, man fuehre das Experiment durch alle moegliche *Combinationen von Alter der Kinder, von Zahl, Beschaffenheit, Verschiedenheit der Kinder und der Gegenstaende* durch. Die verschiedene Beschaffenheit der Kinder entsteht, wie man leicht denken kann, aus Krankheit oder Gesundheit, Schwachheit oder Staerke, aus Temperament und Erziehung. Die Gegenstaende koennen auch lebendige Personen sein, die man unter die obengenannten Objekte mischt; ja ein Kind ist Gegenstand fuer das andere. Wenn ich sage alle mögliche Combinationen, so wird man mich wohl verstehen, daß ich sie in Absicht des Alters und der Zahl der Kinder nicht bis ins Unendliche vervielfaeltigt wissen will, welches bei dem Alter ohnehin der Natur der Sache nach unmoeglich ist; denn Menschen von einem gewissen Alter sind nicht mehr Kinder, werden wenigstens nicht mehr erzogen. Mit zweijaehrigen Kindern koennte man anfangen, weil die gemeiniglich schon gehen und sprechen und also in der Experimentalgesellschaft mit wirken koennen. Mit zwanzigjaehrigen kann man aufhoeren. Auch wird man sie in

Schul- und Pensionsanstalten in unsern Zeiten nicht aelter haben. Die hoechste Zahl der zu untersuchenden Kinder kann zwanzig sein, vielleicht noch weniger. Denn zwanzig trennen sich gewoehnlich schon in mehrere Haufen von sechs bis acht, oder noch weniger. Wenn man also nicht beobachten will, wie bald die Haufen auseinander laufen, und wie und warum sie sich trennen und entweder unter sich wieder, oder mit andern vereinigen; (welches freilich auch noethige Beobachtungen sind) sondern wenn man nur bloß wissen will, wie ein Haufen Kinder im Gegensatz von Einem Kinde sich, unter gewissen Umstaenden betraegt: so braucht man nur etwar sechs bis acht in einem Haufen zu haben. Ueber Ein Kind muß man denn auch noch besondere Beobachtungen anstellen. Diese mit den andern zusammengehalten, wuerden denn die Data geben, nach welchen der Unterschied zwischen der Erziehung eines und mehrerer Kinder festzusetzen waere, und aus welchen man gegruendete Regeln fuer beide, und ueberhaupt fuer die gemeinschaftliche, die man die oeffentliche nennt, und fuer die Privaterziehung abstrahiren koennte.

Aber diese Beobachtungen wuerden uns die Kinder und die in ihnen wirkenden Kraefte nur noch sehr unvollkommen kennen lehren: Man mueßte sie ausserdem noch auf allen ihren Schritten und Tritten belauschen, und zusehen was sie wollen und was sie thun, und warum sie es wollen und thun. Man mueßte dabei die Kunst verstehn, sie auszufragen, wie ihnen dieser Einfall oder Gedanke, diese oder jene Begierde gekommen sei. Zu dem Ende mueßte man ihr voelliges Vertrauen gewonnen haben, und sie mueßten uns alle, auch ihre tollsten Grillen, ohne Scheu sagen duerfen. Daß wir die Kinder so wenig kennen, koemmt, ausser der Ursache, daß wir uns keine Muehe darum geben, auch daher, daß sie sich und ihre Handlungen und ihre Bewegursachen aus Furcht vor uns verbergen.

In allen Arten der Schulen lassen sich unzaehlige und sehr wichtige Beobachtungen machen. Aber man denke ja nicht, daß ich dem Lehrer zumuthe, sie alle zu machen. Eben so gut koennte ich verlangen, daß der Tonkuenstler, waehrend daß er mit ganzer Seele ein Stueck spielt auf die Wirkungen seiner Musik in den Seelen, Gemuetern und Bewegungen der Zuschauer Acht geben sollte. Der Lehrer kann ordentlicherweise von Allem, was um ihn vorgeht, eher nichts merken, als bis es so arg wird, daß es ihn stoert. Das geschieht nun freilich oft genug, und ein Lehrer, der bedenkt, daß alles erst klein ist, eh es groß wird, daß eine jede grosse laermende Bewegung mit einer kleinen unmerklichen anfaengt, und daß da, wo alle Augenblick grosse Unruhe ist, in den vorhergehenden Augenblicken schon kleine Unruhen sein muessen, die nach und nach wachsen, bis sie sein Ohr erreichen; der ferner die haeufigen Klagen sowol der Eltern ueber die Schulen, als der Kinder ueber sich unter einander erwaegt, und Klagen ueber solche Dinge, wovon er gar nicht gemerkt hat, daß sie vorgiengen, wovon er gar nicht gedacht, daß sie vorgehen koennten: der wird freilich wol vermuthen, daß unter und auf Tischen und Baenken vieles vorfalle, wovon sich unsere Philosophie gewoehnlich nichts traeumen laesst. Er wird endlich auf den Gedanken kommen, daß die liebe Jugend wol gar in bestaendiger Bewegung sein muesse, und wenn er sie endlich durch ein taugliches Mikroskop betrachtet oder betrachten laeßt, so wird er auch finden, daß es so ist. Weil aber dergleichen Mikroskope selten zu sein scheinen, so waere es gut, daß man einige derselben nach den gehoerigen Grundsaetzen und Regeln verfertigen liesse, und sie genauen Beobachtern mit einer gehoerigen Instruction gaebe, wovon ein Punkt dieser waere, sich so zu stellen, daß sie weder von Lehrern noch Schuelern gesehen werden koennten. Diese Beobachter mueßte nun auf jede auch die allerkleinste Bewegung der Kinder, auf ihre Ursachen und Folgen Acht geben, und sie alle gezaehlt in ihr Protokoll tragen. Ein solches Protokoll wuerde zwar Vielen eine laecherliche Sache scheinen, und sie wuerden es eben so wenig lesen moegen, als eine Reihe Wetterbeobachtungen. Aber ich glaube, daß jenes fuer die Erziehung wenigstens eben so nuetzlich sein wuerde, als diese fuer den Landmann und den Reisenden.

In dieses Protokoll wuerde nun eingetragen, welche und wie Viele onanistische Ausschweifungen begehen und Andere diese Kunst lehren; welche und wie Viele ihre Haende, Fuesse, Zunge, Augen, Ohren, auf andere Weise beschaeftigen, und auf welche Art und wie oft sie es thun; welche gaehnen, welche schlafen, welche in den Tisch schneiden, und was sie hineinschneiden, welche malen, und was sie malen u. s. w. Ferner, wie oft ueber den Lehrer gelacht und gespottet wird, und von wem, und auf welche Veranlassung. Ferner, wie des Lehrers Unterricht verstanden wird, und von wem, und von wem nicht, und wie oft er nicht verstanden wird, und warum er nicht verstanden wird, wie viel der Lehrer oder der Schueler, oder beide Schuld daran sind. Einen aufmerksamen Knaben mueßten die Beobachter besonders ins Auge fassen, und die Grade und Dauer seiner Aufmerksamkeit und die Ursachen ihres Aufhoerens bemerken. Dabei mueßten sie aber den Schein von der Sache selbst wohl zu unterscheiden wissen. Ferner mueßten sie bemerken, wie verschieden die Aufmerksamkeit und das ganze Betragen der Kinder ist nach Verschiedenheit der Person, die lehret, der Materien, die gelehret werden und der Methode des Unterrichts.

Andere Erfahrungen zur kuenftigen Verbesserung des Unterrichts mueßte man so sammeln, daß man die Zeit und die Kraefte berechnete, die die Jugend und ihre Lehrer auf Lesen, Schreiben, Rechnen, Zeichnen, Orthographie, Latein,

Franzoesisch, Geographie, Historie u. s. w. verwandt haben, und diese Zeit und Kraefte nun mit dem Erfolg zusammenhielte, berechnete, wie wenig oder wie viel sie gelernt haben, wie viel schlechte oder gute Sitten sie zugleich angenommen haben, und endlich zusaehe, ob der Gewinn der angewandten Zeit und Kraft, und des aus obigem Protokoll erhellenden tausendfaeltigen Verdrusses werth sei, den die Lehrer den Schuelern, und diese wieder jenen machen, und nach der bisherigen Einrichtung machen muessen; und ob es der verlohrnen Gesundheit, Heiterkeit und des gesunden Menschenverstandes des Lehrers, und der verlohrnen Liebe zum Lehrer, zum Arbeiten und zum Gehorsam bei der Jugend werth sei. Dis wuerde zu Ueberlegungen und Versuchen fuehren, (wenn nemlich der Verlust weit groesser als der Gewinn befunden werden sollte) ob sich nicht dasselbe und noch weit mehr, oder nebenher etwas anders und vielleicht gar bessers, auf kuerzern und leichtern Wegen erhalten liesse. Wenn solche Protokolle und solche Tabellen, als dergleichen Beobachtungen geben mueßten gedruckt wuerden: so koennte es nicht fehlen, daß nicht vielen Leuten die Augen ueber den Zustand der Schulen, der Kinder und der Lehrer aufgiengen, die itzt, weise oder unweise, gelehrt oder ungelehrt, glaenzend oder dunkel, ueber Schulsachen urtheilen oder lachen, Schulverbesserungen unternehmen oder bestreiten, und doch den rechten Punkt nie treffen.

Ferner mueßte man Beobachtungen anstellen in solchen grossen Schulanstalten und Gymnasien, wo viele heranwachsende junge Leute beisammen wohnen, und zaehlen, wie viel Zeit und Kraft fuer diese jungen Leute und fuer den Staat, der sie kuenftig braucht, und wie viel Geld fuer ihre Eltern hier verlohren geht durch Onanie, Hurerei, Spielen, Saufen, Lesen wohlluestiger Buecher, Unfug von allerlei Art.

Ferner mueßte man die Universitaeten beobachten, in der naemlichen Ruecksicht. Ich glaube, man wuerde ungeheure Summen von verlohrnen Stunden, Kraeften, Geldern herausbringen, verlohren fuer die individuelle Glueckseligkeit der Verlierenden, verlohren fuer das Wohl des Landes, zu dem sie gehoeren, und ausserdem noch fuer die leidenden Eltern; ungeheure Summen, sag ich, wenn man die saemmtlichen Schulen, Privathaeuser und Akademien in dieser Ruecksicht zusammen naehme; wenn man dazu addirte die Summe von den Stunden und Kraeften, die verlohren gehen durch Vokabellernen, Orthographie, Compendien der Universalhistorie, Exercitien; durch verkehrtes zweckloses Studieren in allen Fakultaeten u. s. w. Bei der Berechnung der Kraefte mueßte, nebst vielen andern Dingen, besonders der Widerwille in Anschlag kommen, den die Jugend, durch die gewoehnliche Behandlung, gegen Fleiß, Ordnung und Tugend faßt.

Wenn man nun dieser Berechnung von verlohrner Zeit und Kraft gegenueber stellte die Summe von moeglich zu gewinnender Zeit und Kraft, und dadurch zu bewirkender gemeiner und besonderer Glueckseligkeit: so mueßte die Nothwendigkeit der Erziehungsverbesserung einem jeden und besonders denen, die am Ruder der Regierung sitzen, so hell einleuchten, daß sie mit beiden Haenden das gute Werk angreifen und foerdern wuerden.

***Arbeitsaufgaben**

1. *Inwiefern entspricht das Trappsche Wissenschaftsprogramm der Forderung Kants nach einer judiziösen Pädagogik?*
2. *Wie beurteilt Trapp den Stand des pädagogischen Wissens zur damaligen Zeit? Welchen Nutzen erhofft sich der Autor von der Verwissenschaftlichung der Pädagogik?*
3. *Welcher Methoden soll sich die Erziehungswissenschaft der Zukunft nach Meinung Trapps bedienen? Vergleichen Sie dieses Wissenschaftsverständnis mit dem der modernen Naturwissenschaften.*
4. *Das gegenwärtige, empirisch abgesicherte Wissen etwa über Bedingungen erfolgreichen Lernens im schulischen Unterricht entspricht noch immer nicht den Hoffnungen, die Trapp in die Fortschritte der Pädagogik als Wissenschaft gesetzt hatte. Welche Gründe mögen dafür maßgeblich sein?*
5. *Unter einer politischen Perspektive könnte man am Wissenschaftsprogramm Trapps auch Kritik üben. Welche Einwände ließen sich erheben?*

Kapitel III

Erziehung als »allgemeine Bildung des Menschen«

Der Neuhumanismus

Abbildung Vorderseite:

Ansicht des »Königlich Joachimsthalschen Gymnasiums« in Berlin, Wirkungsstätte prominenter Schulmänner und Bildungstheoretiker an der Wende zum 19. Jh., die zum Vorbild der neuhumanistischen Bildungsreform in Preußen wurde.

Erläuterungen zu den Materialien und ihrem historischen Kontext

Das Programm der Aufklärungspädagogik, wie es in den Jahrzehnten vor der Französischen Revolution formuliert worden war, stieß bereits eine Generation später, zu Beginn des 19. Jahrhunderts, auf heftige Ablehnung. In scharfer Abgrenzung von der angeblich »utilitaristischen« Aufklärungspädagogik gewann eine neue Form pädagogischer Reflexion, die in die Geschichte pädagogischen Denkens als »Neuhumanismus« eingegangen ist, ihr theoretisches Profil. Dieser »neuen« Pädagogik galt die Erziehungstheorie der Aufklärung, ihre starke Orientierung an den Erfordernissen von Stand, Beruf und Gesellschaft, als »Erziehung zur Bestialität«, wie es Evers, einer der süddeutschen Neuhumanisten polemisch formulierte. Im neuhumanistischen Denken fungierten »Bildung« und »Individualität« als neue theoretische Leitbegriffe, mit denen der in der Aufklärungspädagogik dominierende Begriff der Erziehung als systematische Vermittlung gesellschaftlich nützlichen Wissens und konformer sozialer Verhaltensweisen relativiert, wenn nicht abgewertet wurde. Jenseits aller vordergründigen Nützlichkeitserwägungen ging es in der neuhumanistischen Bildungstheorie um die umfassende kognitive, moralische und ästhetische Bildung des Individuums, um die Bildung aller seiner individuellen »Kräfte«, die durch keine anderen Zwecksetzungen begrenzt werden durfte. Mehr noch: Diese emphatisch verstandene Bildung war – streng genommen – nicht das Produkt einer planmäßigen Beeinflussung durch Erziehung, sondern das Ergebnis individueller Anstrengungen, einer schöpferischen Aneignung der Welt durch das Individuum selbst.

Auf den ersten Blick könnte diese neuhumanistische Bildungstheorie als eine radikal individualistische Variante des Nachdenkens über Erziehung erscheinen, in der die gesellschaftlichen Voraussetzungen und Folgen gelingender bzw. mißlingender Bildungsprozesse systematisch ausgeblendet werden. Jedoch war dies keineswegs der Fall. Die Bildung individueller Kräfte durch die selbsttätige Aneignung und Gestaltung der natürlichen wie der sozialen und kulturellen Welt war in dieser Perspektive auf »entgegenkommende« gesellschaftliche Verhältnisse angewiesen, die solche Prozesse der »Selbst-Bildung« ermöglichen sollten. Damit aber erhielt der bildungstheoretische Diskurs des Neuhumanismus im historischen Kontext der damaligen Zeit eine gesellschaftskritische Stoßrichtung. Seine Polemik gegen die »utilitaristische« Pädagogik der Aufklärung und das Plädoyer für eine vorbehaltlose Bildung des Individuums war zugleich als Kritik an den gesellschaftlichen Verhältnissen im Übergang zum 19. Jahrhundert konzipiert. Die Krisensemantik des Neuhumanismus, die verbreitete Klage über das durch Egoismus, sittliche Verrohung und Geistlosigkeit geprägte »Zeitalter« enthält – genauso wie der emphatische Bildungsbegriff – das Programm einer neuen, bürgerlich-liberalen Gesellschaft, auch wenn sich diese Vision des Rückgriffs auf eine idealisierte Antike bediente. In der klassischen Antike, vor allem in der Polis Athens, gewann die zeitgenössische Krisendiagnose nämlich ein normatives Gegenbild zur »Verderbnis« ihrer Gegenwart. Die Rückbesinnung auf die Blütezeit attischer Demokratie und auf das republikanische Rom war deshalb mehr als eine ästhetisierende Flucht in die Vergangenheit. Die intensive Beschäftigung mit den klassischen Sprachen, mit der Kultur und den Lebensformen der Antike sollte – im weitesten Sinne – der politischen Bildung dienen, weil die Begegnung mit den antiken Lebensformen angesichts einer als defizitär empfundenen Gegenwart Realisierungsformen individueller und gesellschaftlicher Freiheit, Möglichkeiten dessen vor Augen führte, was Bildung aus der Sicht der Neuhumanisten sein sollte.

Die Abwertung der Aufklärungspädagogik zugunsten dieses neuen Bildungsbegriffs trägt also bei genauerer Hinsicht die Signaturen der historischen Umbruchsituation am Beginn des 19. Jahrhunderts. Sie verweist auf die Enttäuschungen früherer politischer Hoffnungen und die Erwartung eines gesellschaftlichen und zugleich pädagogischen Neubeginns. Die Hoffnung gerade der preußischen Aufklärer, im Bündnis mit dem absolutistischen Staat werde es gelingen, die Krisen der ständischen Gesellschaft nicht zuletzt mittels einer aufgeklärten Erziehung erfolgreich zu bearbeiten, hatten sich nämlich als Illusion erwiesen: Die Krise der Landwirtschaft hatte sich eher noch verschärft, weite Teile der Bevölkerung, die unterständischen Schichten, vegetierten unterhalb des Existenzminimums. Von einem Aufblühen des Gewerbes und des Handels konnte keine Rede sein, und die Hoffnungen des liberalen Bürgertums auf politische Reformen und Mitsprache waren von den Nachfolgern Friedrichs II. durch eine verschärfte Zensurpolitik im Keime erstickt worden. Dennoch verbreitete sich unter den »gebildeten Ständen« im Übergang zum 19. Jahrhundert die Überzeugung, an der Schwelle eines neuen »Zeitalters« zu stehen. Es war der Ausbruch der Französischen Revolution von 1789, der auf die zeitgenössischen Beobachter wie ein welthistorisches Fanal wirkte. Auch wenn sie den Verlauf der Revolution, die Schreckensherrschaft Robespierres mit Abscheu registrierten, interpretierten Kant nicht anders als Hegel, Schiller oder Humboldt die Revolution im Nachbarland als Beginn einer neuen Zeit, als zukunftsweisenden Versuch, die Gesellschaft auf neue vernünftige Grundlagen zu stellen, individuelle und gesellschaftliche Freiheit historische Wirklichkeit werden zu lassen. Mit der Revolution und der nachfolgenden Herrschaft Napoleons verschärften sich deshalb unter den deutschen Gebildeten das Krisenbewußtsein und die Überzeugung, daß nur eine radikale »Reform an Haupt und Gliedern«, d. h. eine durchgreifende Liberalisierung von Staat und Gesellschaft den deutschen Ländern einen revolutionären Umsturz nach französsischem Muster ersparen würde. Zwischen diesem vorerst noch diffusen liberalen Programm einer »defensiven Modernisierung« (Wehler) der preußisch-deutschen Gesellschaft und der Bildungstheorie der Neuhumanisten bestand eine interne Beziehung. Pointiert formuliert, lassen sich die neuhumanistische Bildungstheorie und ihre bildungspolitischen Implikationen als Teil des liberalen Reformprogramms, als spezifisch deutsche Antwort auf die Herausforderung der Französischen Revolution interpretieren.

Erst im Jahre 1806, nach der vernichtenden Niederlage Österreichs und Preußens im Kampf gegen die französischen Revolutionsarmeen, erhielten die liberalen Reformkräfte in Preußen und den anderen deutschen Staaten die historische Chance, ihre Vorstellungen einer liberalen »Revolution von oben« in die Tat umzusetzen. Als »preußische Reformära« bzw. als »Stein-Hardenbergsche Reformen« ist diese Phase einer forcierten gesellschaftlichen Modernisierung in die preußisch-deutsche Geschichte eingegangen. Eine durchgreifende Bildungsreform gehörte nicht nur in Preußen zu diesem Reformprogramm. Führende Neuhumanisten – Humboldt in Preußen und Niethammer in Bayern – übernahmen zumindest für kurze Zeit die Verantwortung für den Aufbau eines neuen Schulwesens unter den Vorzeichen einer liberalen Gesellschaftsreform. Der Blick auf die Grundzüge dieser liberalen Gesellschaftsreform erleichtert den Zugang, d. h. ein historisch angemessenes Verständnis der neuhumanistischen Bildungstheorie als eines neuen »Paradigmas« pädagogischen Denkens.

Vorrangiges Ziel der liberalen Reformer in Preußen war eine Reorganisation der staatlichen Verwaltung, d. h. der Aufbau einer leistungsfähigen Bürokratie als Voraussetzung für die Modernisierung der Gesellschaft. Zweckrationalität und Sachverstand sollten an die Stelle von Willkür und Ineffizienz treten. Dieses Ziel war zwar nicht neu, doch waren entsprechende Reformen in den vorangegangenen Jahrzehnten am Widerstand lokaler, zumeist adeliger Interessen gescheitert. Erst der Zusammenbruch des alten absolutistischen Systems bot die Möglichkeit zu einer umfassenden Verwaltungsreform, einer Reform, die im Zeichen der »Revolution von oben« eine deutlich antiabsolutistische Zuspitzung erhielt: Auch der politische Wille des Monarchen sollte Recht und Gesetz unterworfen, seine Entscheidungen an geregelte Verfahren und die Zustimmung seiner zuständigen Minister gebunden werden. Eine solche neue rationale Verwaltung erforderte zugleich einen neuen Typ von modernen »Staatsdienern«. Die Vergabe eines Staatsamts sollte nicht mehr von der Gunst des Fürsten oder dem Privileg adliger Geburt abhängen, sondern nach den Kriterien individueller Befähigung und nachvollziehbarer Leistungen erfolgen. Wenn aber die individuelle Leistung und nicht mehr das Vorrecht der Geburt den Zugang zum Staatsdienst regeln sollte, dann mußten Schule und schulische Abschlüsse an sozialer Bedeutung gewinnen. Insofern war es konsequent, daß die Reorganisation der Schulen, insbesondere der »Gelehrten Schulen« zu einem wichtigen Feld der nachfolgenden Reformpolitik wurde.

Mit der Reorganisation der Verwaltung schufen sich die Reformer das Instrumentarium für die Umsetzung ihres ökonomischen, sozialen und politischen Programms. Mit den Edikten zur Aufhebung der Leibeigenschaft (1810) und zur Herstellung der Rechtsgleichheit wurde die liberale Stoßrichtung der Reform deutlich. Vor dem Gesetz sollten alle Preußen unabhängig von ihrer Geburt gleich sein. Keine ständischen Sonderrechte, keine Abhängigkeiten von den adeligen Patronen sollten diesen Status schmälern dürfen. Jeder Preuße konnte von nun an auch ohne Zustimmung des adeligen Großgrundbesitzers heiraten, seinen Wohnort wechseln oder einen neuen Arbeitsplatz suchen.

Diese Freisetzung der Individuen aus den alten feudalen Abhängigkeiten wurde durch ein Bündel ökonomischer Reformen flankiert, die unter dem – mißverständlichen – Etikett der »Bauernbefreiung« in die Geschichte eingegangen sind. Die ehemals leibeigenen Bauern erhielten einen Teil des bewirtschafteten Landes zu freiem Eigentum, sofern sie dem Großgrundbesitzer eine Entschädigung für die nun aufgehobenen Dienste und Abgaben zahlen konnten. In eine ähnliche Richtung wiesen die Edikte, mit denen Handel und Gewerbe belebt werden sollten. Die überkommenen Rechte der Zünfte, die sich als Fesseln für die Entwicklung neuer Produktionsformen erwiesen hatten, wurden weitgehend beseitigt. Individuelle Initiative, Leistung und Konkurrenz sollten zum Motor ökonomischen Fortschritts und wachsenden Wohlstands für alle werden.

Auch unter dieser Perspektive ist das Interesse der Reformer am Aufbau eines modernen Bildungssystems leicht nachzuvollziehen: Die aus den Fesseln der ständischen Gesellschaft freigesetzten Individuen mußten auf diese liberale Wettbewerbsgesellschaft vorbereitet werden. Eine moderne Schule sollte ihnen das Rüstzeug für diese zukünftige Gesellschaft, elementare Kenntnisse, Fertigkeiten, Arbeitstugenden und normative Verhaltensmuster für ihre Rolle in einer freien Marktgesellschaft vermitteln. Eine Bildungstheorie, die ihre Hoffnung ganz auf die umfassende Bildung aller individuellen Kräfte setzte, schien dafür ein geeignetes theoretisches Instrumentarium zu liefern.

Verwaltungs- und Rechtsreform, soziale und ökonomische Liberalisierung mußten nach Vorstellung der preußischen Reformer um Stein und Hardenberg durch eine politische Reform, durch die Einführung eines liberalen Verfassungssystems abgesichert und weiterentwickelt werden. Aus den ehemaligen »Untertanen« sollten freie Staatsbürger werden, die sich – wie die Reformer hofften – auf der Grundlage freier Institutionen und Mitbestimmungsmöglichkeiten auf neue Weise mit dem Gemeinwohl und dem allgemeinen Staatsinteresse identifizieren würden. Die Einführung städtischer Selbstverwaltungen, die berühmten Steinschen Städteordnungen, waren als erster Schritt auf dem Weg einer solchen politischen Demokratisierung angelegt; die Einberufung eines gesamtstaatlichen Parlaments scheiterte schließlich am wiedererstarkenden konservativen Widerstand und verschwand bis zur bürgerlichen Revolution von 1848/49 von der politischen Tagesordnung.

Die Hoffnungen der Reformer auf eine politische Liberalisierung fanden auch im pädagogischen Denken der Zeit unter dem Begriff der »Nationalerziehung« ihre Entsprechung und Begründung. Erziehung und Bildung sollten zwischen den Individuen und dem Staat eine neue, durch wechselseitige Anerkennung und Verantwortung gekennzeichnete Verbindung stiften. Die Schule sollte so zur Schule der Nation werden, partikulare, regionale Mentalitäten und soziale Interessen überwinden, und zu einer Institution politischer Erziehung werden. Daß dabei erste illiberale, nationalistische Töne, wie etwa bei Fichte oder »Turnvater« Jahn deutlich hörbar wurden, sei zumindest am Rande vermerkt.

Der Zusammenhang zwischen Pädagogik und Politik, zwischen neuhumanistischer Bildungstheorie und liberaler Gesellschaftsreform, wie er auf den vorangegangenen Seiten angedeutet worden ist, läßt sich bei den nachfolgenden Texten häufig erst bei einer genaueren Lektüre erkennen. Der erste dieser Texte stammt von Wilhelm von Humboldt (1767–1835), dem bedeutendsten Vertreter des Neuhumanismus. Im wissenschaftlichen Werk dieses liberalen Aristokraten nehmen seine pädagogischen Reflexionen zwar einen wichtigen, aber im Vergleich zu seinen sprachwissenschaftlichen und philosophischen Arbeiten eher untergeordneten Rang ein. Von Bedeutung für seine Bildungstheorie ist vor allem die frühe, bereits 1792 erschienene Abhandlung »Ideen zu einem Versuch, die Gränzen der Wirksamkeit des Staats zu bestimmen«. Der nachfolgende Textauszug ist dieser Abhandlung entnommen und entwirft die Grundlinien des neuen Bildungsverständnisses. Auch wenn von den politisch-gesellschaftlichen Verhältnissen des ausgehenden 18. Jahrhunderts in den Überlegungen Humboldts explizit keine Rede ist, so sind sie doch eine fulminante Kritik an den Grenzen der Aufklärungspädagogik und den gesellschaftlichen Bedingungen, die »ächte Bildung« verhindern. Im »Mittelpunkt« aller bildungstheoretischen Überlegungen hätten nicht untergeordnete Erwägungen, die Orientierung am gesellschaftlichen Nutzen, an der späteren Berufstätigkeit oder »irgend etwas Einzelnes« zu stehen. Es geht Humboldt allein um »den Menschen«, »die Kräfte seiner Natur«, die es zu »stärken« und »erhöhen« gelte. »Bildung« werde zur höchsten »Aufgabe unseres Daseyns«. Sie sei selbstbestimmte Aneignung und zugleich Formung der Welt, »allein durch die Verknüpfung unseres Ichs mit der Welt zu der allgemeinsten, regesten und freiesten Wechselwirkung« möglich. Es ist das Pathos einer selbstbestimmten, traditionelle Grenzen sprengenden individuellen Aktivität, das an den Geniebegriff der zeitgenössischen Romantik erinnert und diese Bildungstheorie vom Diskurs der Aufklärungspädagogik deutlich unterscheidet.

Der nächste Text stammt von Johann Wilhelm Süvern (1775–1829) und dokumentiert das neue Verständnis von Pädagogik und Politik, das die Reformen der nachfolgenden Jahre prägen sollte. Süvern entwickelte seine programmatischen Überlegungen im Rahmen einer Vorlesung, die er als Professor für alte Literatur und Geschichte im Winter 1806/07 unmittelbar nach dem militärischen und politischen Zusammenbruch Preußens an der Königsberger Universität gehalten hat. Nach der Reorganisation der preußischen Verwaltung wurde Süvern als Staatsrat im neuen Innenministerium mit der Zuständigkeit für Schul- und Unterrichtsfragen betraut. Bis zu seiner Entmachtung im Jahre 1822 war er der einflußreichste Repräsentant der liberalen Reformfraktion innerhalb der preußischen Bildungsverwaltung und entschiedener Verfechter einer umfassenden Bildungsreform. Die Aufbruchstimmung jener Zeit und die Zielperspektiven der liberalen Reformer kommen in seiner Königsberger Vorlesung unmißverständlich zur Sprache. Zur Erneuerung Preußens sei eine »totale Reformation zweyer Künste« erforderlich, »der Politik und der Pädagogik, der Staats- und Erziehungskunst«. Der neue Staat, den es zu errichten gelte, müsse als »Bildungsanstalt der Menschheit« konzipiert, als Träger des historischen Fortschritts verstanden werden. Politik und Pädagogik hätten »beide denselben erhabenen Gegenstand«, den Menschen. Durch eine neue Politik müßten die vernünftigen gesellschaftlichen Rahmenbedingungen geschaffen werden, um eine freie und tätige Bildung des einzelnen und seine Mitwirkung am »großen Kunstwerk der Staatsorganisation« zu ermöglichen. Eine neue Pädagogik solle auf der Seite der Individuen die subjektiven Voraussetzungen dieser Teilhabe am gesellschaftlichen Ganzen schaffen, indem sie »kräftigere Menschen« bilde, die bereit seien, ihre eigensüchtigen Motive zugunsten sittlichen Handelns zu überwinden.

Die gleiche große Hoffnung auf einen radikalen Neubeginn prägt auch den nächsten Text, das Programm einer »Nationalerziehung« von Reinhold Bernhard Jachmann (1767–1843) aus dem Jahre 1812. Jachmann war ein Schüler Kants und leitete in der Nähe von Danzig das »Conradinum«, ein Internat für bürgerliche und adelige Kinder. Man könnte ihn als »Jakobiner« unter den Neuhumanisten bezeichnen, weil er im Spektrum der Reformer – neben Fichte – die radikalste Reformperspektive vertrat. Seine Überlegungen zur »Nationalerziehung« entwickelte er in vier umfangreichen Abhandlungen für das »Archiv deutscher Nationalbildung«, dessen Herausgeber er zusammen mit Friedrich Passow war.

Nicht der Stand oder spätere Beruf der Heranwachsenden, sondern allein die von solchen Rücksichten freie Förderung aller ihrer geistigen Kräfte ist – genauso wie bei Humboldt – die Maxime seiner Bildungstheorie. Bildung wird in den Überlegungen Jachmanns zu einem naturrechtlich und zugleich theologisch abgeleiteten Menschenrecht, das nicht durch bornierte soziale Interessen geschmälert werden darf. Mit dem Status quo einer ständischen Gesellschaft, in der Bildung das Privileg weniger war und die Mehrheit der Kinder nicht einmal regelmäßig zur Schule ging, war dieses Programm nicht zu vereinbaren. Das von Jachmann in aller Konsequenz vertretene individuelle Recht auf gleiche Bildungschancen setzte eine neue Gesellschaft voraus, in der Freiheit, Gleichheit und Brüderlichkeit herrschen sollten.

Wie viele andere Zeitgenossen täuschte sich Jachmann über die historischen Chancen, eine solche liberale Gesellschaft in Preußen und den anderen deutschen Staaten gegen den Widerstand der traditionellen sozialen Kräfte durchzusetzen. Noch weniger erahnte er die selbstdestruktiven Kräfte, die Entstehung neuer Ungleichheiten und sozialer Ungerechtigkeiten, die die bürgerliche Gesellschaft später freisetzen würde. Trotz dieser theoretischen Unzulänglichkeiten und »Blindflecken« gehört sein Programm der Nationalerziehung zu den bedeutenden Dokumenten eines in der deutschen Tradition eher seltenen pädagogisch-liberalen Denkens.

Zu den »Blindflecken« der Jachmannschschen Bildungstheorie gehört gewiß auch die Tatsache, daß die neue »Nationalbildung« für die deutschen »Knaben und Jünglinge« konzipiert war und in keiner seiner Abhandlungen von Mädchen und Mädchenerziehung die Rede war. Aber er teilt dieses Desinteresse mit den meisten anderen neuhumanistischen Theoretikern. Daß auch Mädchen »gebildet« werden müssen, war ihnen selbstverständlich, aber in den Überlegungen zur höheren Bildung, die über Schulabschlüsse zugleich soziale Berechtigungen und Berufschancen eröffnen sollten, spielten sie keine Rolle. Dies wird auch in dem Textauszug von Friedrich Ernst Schleiermacher (1768 – 1834), dem großen liberalen Theologen und Hochschullehrer an der neu gegründeten Berliner Universität, deutlich. Als Direktor der »Wissenschaftlichen Deputation«, die die Entscheidungen der Bildungsadministration als Expertenkommission vorbereitete, hatte er maßgeblichen Einfluß auf den Verlauf der Bildungsreform. Seine pädagogische Theorie entfaltete er in regelmäßigen Vorlesungen an der Berliner Universität. Der in dieses Studienbuch aufgenommene Textauszug über die unterschiedliche Funktion schulischer Erziehung für Jungen und Mädchen stammt aus der Vorlesung von 1826. Schleiermacher schreibt der Schule eine doppelte Funktion zu: Sie muß einerseits der nachwachsenden Generation Kenntnisse und Fertigkeiten für ihr späteres Leben vermitteln. Andererseits muß sie die Heranwachsenden auf ihre zukünftige Teilhabe an den »Lebensformen« der Gesellschaft vorbereiten, soll sie ihnen eine, »gemeinschaftliche Gesinnung« für ihre Aufgaben im Staat, in der Öffentlichkeit, in der Wirtschaft, in der Kirche oder Wissenschaft vermitteln. Da sich der Anteil der Geschlechter an diesen Lebensformen der Gesellschaft aber in der gesellschaftlichen Realität unterscheidet, Frauen im Gegensatz zu Männern in der Regel ihr Lebenszentrum in der Familie finden, ist nach Schleiermacher nicht die Schule, sondern die Familie für die Mädchen wichtigste Erziehungsinstanz. Unter dem Gesichtspunkt der Vermittlung von Kenntnissen und Fertigkeiten reicht hingegen die Familienerziehung nicht aus. Deshalb sollen und müssen auch Mädchen zur Schule gehen, wenngleich sich die Dauer vom Schulbesuch der Jungen unterscheiden soll, um die erzieherische Wirkung der Familie nicht zu gefährden.

Schleiermachers Überlegungen folgt ein Text von Friedrich Immanuel Niethammer (1766–1848), in dem der »Endzweck«, die Methoden und Inhalte eines gymnasialen »Erziehungsunterrichts« im Sinne des Neuhumanismus in Abgrenzung von den Vorstellungen der älteren Aufklärungpädagogik beschrieben wird. Niethammer war Professor für Philosophie und Theologie in Jena und Würzburg und gehörte zur Gruppe der süddeutschen Neuhumanisten. Als »Zentralschulrat« in München war er maßgeblich für die Reform der bayrischen Gymnasien verantwortlich. In doppelter Hinsicht ist dieser Text für den Neuhumanismus typisch. Niethammer verkürzt bei seiner scharfen Gegenüberstellung von alter und neuer Pädagogik, vom »Philanthropinismus« auf der einen und »Humanismus« auf der anderen Seite auf charakteristische Weise das Erziehungsprogramm der Aufklärung. Er unterschlägt dabei nämlich, daß es den Aufklärungspädagogen bei aller Rücksicht auf die damaligen gesellschaftlichen Verhältnisse auch um die »Vervollkommnung« des Individuums, um seine »Moralisierung« und damit zugleich um einen Beitrag zum gesellschaftlichen Fortschritt ging. Um die neue »humanistische« Pädagogik von der älteren »philanthropischen« abzuheben, werden die Gegensätze betont und die deutlichen Gemeinsamkeiten ausgeblendet.

Auch unter einer schultheoretischen Perspektive ist der Text Niethammers für die neuhumanistische Position aufschlußreich. Prinzipiell gilt sein Programm einer formalen »Geistesbildung« für jeden »Erziehungsunterricht« und wäre damit tendenziell – ähnlich wie bei Jachmann – die Zielperspektive für alle Schulen. Wenn man allerdings die in diesem Text nicht angesprochene Konzeption Niethammers für die Reorganisation der »Volksschulen« hinzuzieht, dann wird – im Gegensatz zur Position Jachmanns – erkennbar, daß der auf die alten Sprachen und die »classischen Nationen des Altertums« konzentrierte »Erziehungsunterricht« bei Niethammer nur für eine Minderheit der Heranwachsenden gedacht war. Insofern enthalten seine Überlegungen zum Erziehungsunterricht eine Theorie höherer Bildung und lassen die Umrisse eines humanistischen Gymnasiums als einer zukünftigen Eliteschule für die gebildeten Stände erkennen.

Die Spannung zwischen den egalitären und elitären Zügen des Neuhumanismus kommen auch im letzten Text dieses Kapitels zum Ausdruck. Er stammt von Humboldt, dessen Bildungstheorie bereits im ersten Text vorgestellt wurde. Als verantwortlicher Leiter der »Sektion für Kultus und Unterricht« im preußischen Innenministerium bestimmte er während des Jahres 1809 die Grundlinien der nachfolgenden Bildungsreform in Preußen. Die Textauszüge sind kein Beitrag zum bildungstheoretischen Diskurs der Zeit, sondern entstammen behördeninternen Denkschriften zur Reorganisation des Schulwesens in Königsberg und Litauen. Sie dokumentieren deshalb auch die Spannung zwischen Theorie und Praxis, zwischen bildungstheoretischen Reflexionen und bildungspolitischen Zwängen und Möglichkeiten.

Die staatlichen Schulen der Zukunft – so die bildungstheoretische Prämisse Humboldts – sollten »nur allgemeine Menschenbildung bezwecken«, eine Bildung, durch die die »Kräfte, d. h. der Mensch selbst gestärkt, gehärtet und geregelt werden.« Mit dieser obersten Maxime sind zugleich negative Festlegungen getroffen: Die Organisation der Schule dürfe sich weder an den Interessen sozialer Stände oder Gruppen noch an den Bedürfnissen späterer Berufstätigkeit orientieren. Letzteres heißt für Humboldt aber nicht, daß allgemeine Bildung im Widerspruch zu einer qualifizierten Berufsvorbereitung stünde. Im Gegenteil: Allgemeine Bildung sei eine unverzichtbare Voraussetzung einer erfolgreichen Berufsausbildung und -tätigkeit. Sie sei das Fundament der »speziellen« Bildung; nachfolgende Spezial-, d. h. Berufsschulen sollten die Heranwachsenden auf ihre Tätigkeit als Wirtschaftssubjekte vorbereiten.

Hinsichtlich der zukünftigen Organisation der allgemeinbildenden Schulen will Humboldt in Entsprechung zu den drei »natürlichen Stadien« von Bildungsprozessen prinzipiell nur drei aufeinander aufbauende Bildungsinstitutionen zulassen, nämlich erstens »Elementarschulen«, zweitens »Schulen«, d. h. Gymnasien sowie drittens die Universitäten. Nur als Notbehelf sollten in kleineren Städten, deren Einzugsgebiet für ein ausgebautes Gymnasium noch nicht ausreichte, »Bürgerschulen« errichtet werden, die die Bedürfnisse nach einer über die Elementarerziehung hinausgehenden Bildung befriedigen, aber sich in ihrem Lehrplan an den Zielen der Gymnasien zu orientieren hatten, also keine auf die spätere Berufstätigkeit ihrer Schüler ausgerichteten »Realschulen« werden sollten.

In mehrfacher Hinsicht stellte dieser – modern gesprochen – »Bildungsgesamtplan« den Status quo des damaligen Schulwesens radikal in Frage. Denn dieser Bildungsgesamtplan verlangte vom preußischen Staat eine gewaltige organisatorische und finanzielle Anstrengung, den Aufbau eines Elementarschulwesens für alle preußischen Kinder. Das Kind des Gelehrten sollte in dieser Elementarschule nicht anders als das des Tagelöhners eine gemeinsame Grundbildung erhalten, an den elementaren Gegenständen von Wort, Zahl und Schrift seine »Kräfte« entwickeln und dadurch im »Gemüth ursprünglich gleich gestimmt werden«. Dies erforderte nicht nur den quantitativen Ausbau der bestehenden Schulen, sondern die Einführung einer neuen, auf Selbsttätigkeit der Schüler gerichteten Methodik des Unterrichts, für die sich die preußischen Reformer am Vorbild des Schweizer Pädagogen Pestalozzi orientierten.

Die curriculare Festlegung des zukünftigen preußischen Gymnasiums auf die alten Sprachen, die Mathematik und die historischen Studien sowie die Definition dieser »Schulen« als wissenschaftspropädeutische Anstalten, die mit dem Abitur als Zugang zur dritten Bildungsstufe, einem Universitätsstudium abschlossen, waren kaum weniger revolutionär. Die Mehrheit der damaligen Lateinschulen in den kleinen und größeren Städten konnte den strengen Auflagen der Reformer hinsichtlich der Lehrpläne und der Qualifikation der Lehrkräfte nicht genügen. Sie schieden deshalb aus dem Kreis der neuen Gymnasien aus und konnten ihren Schülern damit keine sozialen Aufstiegschancen über entsprechende Zeugnisse und Berechtigungen mehr bieten. Durch diese Entwertung kleinerer Lateinschulen wurde langfristig die soziale Exklusivität der neuen Gymnasien gesteigert, konnten sie zu Eliteschulen des Bildungs- und Besitzbürgertums werden. Ob Humboldt diese Entwicklung intendiert hat, ist fraglich. Im Königsberger Schulplan geht Humboldt noch ganz selbstverständlich davon aus, daß es auch für einen zukünftigen Handwerker wünschenswert sei, Griechisch und Latein gelernt, also zumindest die Unterklassen des Gymnasiums besucht zu haben. Und ähnliches schwebte zweifellos auch Jachmann vor. Aber es gehört wohl zur

Ambivalenz der neuhumanistischen Bildungstheorie, daß sie entgegen ihrer egalitären Tendenzen durch die Definition höherer Bildung als altsprachliche Bildung anstelle der alten geburtsständischen Privilegien – zumindest ungewollt – soziale Barrieren beim Zugang zu höherer Bildung und entsprechenden Berufskarrieren errichtete.

*Humboldt: Die Bildung des Menschen

Humboldt, W. v.: Werke I, 1785–1795. Hrsg. v. A. Leitzmann. Berlin 1903. S. 282–285.

[...]

Im Mittelpunkt aller besonderen Arten der Thätigkeit nemlich steht der Mensch, der ohne alle, auf irgend etwas Einzelnes gerichtete Absicht, nur die Kräfte seiner Natur stärken und erhöhen, seinem Wesen Werth und Dauer verschaffen will. Da jedoch die blosse Kraft einen Gegenstand braucht, an dem sie sich üben, und die blosse Form, der reine Gedanke, einen Stoff, in dem sie, sich darin ausprägend, fortdauern könne, so bedarf auch der Mensch einer Welt ausser sich. Daher entspringt sein Streben, den Kreis seiner Erkenntnis und seiner Wirksamkeit zu erweitern, und ohne dass er sich selbst deutlich dessen bewusst ist, liegt es ihm nicht eigentlich an dem, was er von jener erwirbt, oder vermöge dieser ausser sich hervorbringt, sondern nur an seiner inneren Verbesserung und Veredlung, oder wenigstens an der Befriedigung der innern Unruhe, die ihn verzehrt. Rein und in seiner Endabsicht betrachtet, ist sein Denken immer nur ein Versuch seines Geistes, vor sich selbst verständlich, sein Handeln ein Versuch seines Willens, in sich frei und unabhängig zu werden, seine ganze äussre Geschäftigkeit überhaupt aber nur ein Streben, nicht in sich müssig zu bleiben. Bloss weil beides, sein Denken und sein Handeln nicht anders, als nur vermöge eines Dritten, nur vermöge des Vorstellens und des Bearbeitens von etwas möglich ist, dessen eigentlich unterscheidendes Merkmal es ist, Nicht-Mensch, d. i. Welt zu seyn, sucht er, soviel Welt, als möglich zu ergreifen, und so eng, als er nur kann, mit sich zu verbinden.

Die letzte Aufgabe unsres Daseyns: dem Begrif der Menschheit in unsrer Person, sowohl während der Zeit unsres Lebens, als auch noch über dasselbe hinaus, durch die Spuren des lebendigen Wirkens, die wir zurücklassen, einen so grossen Inhalt, als möglich, zu verschaffen, diese Aufgabe löst sich allein durch die Verknüpfung unsres Ichs mit der Welt zu der allgemeinsten, regesten und freiesten Wechselwirkung. Diess allein ist nun auch der eigentliche Masstab zur Beurtheilung der Bearbeitung jedes Zweiges menschlicher Erkenntniss. Denn nur diejenige Bahn kann in jedem die richtige seyn, auf welcher das Auge ein unverrücktes Fortschreiten bis zu diesem letzten Ziele zu verfolgen im Stande ist, und hier allein darf das Geheimniss gesucht werden, das, was sonst ewig todt und unnütz bleibt, zu beleben und zu befruchten.

Die Verknüpfung unsres Ichs mit der Welt scheint vielleicht auf den ersten Anblick nicht nur ein unverständlicher Ausdruck, sondern auch ein überspannter Gedanke. Bei genauerer Untersuchung aber wird wenigstens der letztere Verdacht verschwinden, und es wird sich zeigen, dass, wenn man einmal das wahre Streben des menschlichen Geistes (das, worin ebensowohl sein höchster Schwung, als sein ohnmächtigster Versuch enthalten ist) aufsucht, man unmöglich bei etwas Geringerem stehen bleiben kann.

Was verlangt man von einer Nation, einem Zeitalter, von dem ganzen Menschengeschlecht, wenn man ihm seine Achtung und seine Bewunderung schenken soll? Man verlangt, dass Bildung, Weisheit und Tugend so mächtig und allgemein verbreitet, als möglich, unter ihm herrschen, dass es seinen innern Werth so hoch steigern, dass der Begriff der Menschheit, wenn man ihn von ihm, als dem einzigen Beispiel, abziehen müsste, einen grossen und würdigen Gehalt gewönne. Man begnügt sich nicht einmal damit. Man fordert auch, dass der Mensch den Verfassungen, die er bildet, selbst der leblosen Natur, die ihn umgiebt, das Gepräge seines Werthes sichtbar aufdrücke, ja dass er seine Tugend und seine Kraft (so mächtig und so allwaltend sollen sie sein ganzes Wesen durchstralen) noch der Nachkommenschaft einhauche, die er erzeugt. Denn nur so ist eine Fortdauer der einmal erworbenen Vorzüge möglich, und ohne diese, ohne den beruhigenden Gedanken einer gewissen Folge in der Veredlung und Bildung, wäre das Daseyn des Menschen vergänglicher, als das Daseyn der Pflanze, die, wenn sie hinwelkt, wenigstens gewiss ist, den Keim eines ihr gleichen Geschöpfs zu hinterlassen.

Beschränken sich indess auch alle diese Forderungen nur auf das innere Wesen des Menschen, so dringt ihn doch seine Natur beständig von sich aus zu den Gegenständen ausser ihm überzugehen, und hier kommt es nun darauf an, dass er in dieser Entfremdung nicht sich selbst verliere, sondern vielmehr von allem was er ausser sich vornimmt, immer das erhellende Licht und die wohlthätige Wärme in sein Innres zurückstrale. Zu dieser Absicht aber muss er die Masse der Gegenstände sich selbst näher bringen, diesem Stoff die Gestalt seines Geistes aufdrücken und beide einander ähnlicher machen. In ihm ist vollkommene Einheit und durchgängige Wechselwirkung, beide muss er also auch auf die Natur übertragen; in ihm sind mehrere Fähigkeiten, ihm denselben Gegenstand in verschiedenen Gestalten, bald als Begriff des Verstandes, bald als Bild der Einbildungskraft, bald als Anschauung der Sinne vor seine Betrachtung zu führen. Mit allen diesen, wie mit ebensoviel verschiedenen Werkzeugen, muss er die Natur aufzufassen versuchen, nicht sowohl um sie von allen Seiten kennen zu lernen, als vielmehr um durch diese Mannigfaltigkeit der Ansichten die eigene inwohnende Kraft zu stärken, von der sie nur anders und anders gestaltete Wirkungen sind. Gerade aber diese Einheit und Allheit bestimmt den Begriff der Welt. Allein auch ausserdem finden sich nun in eben diesem Begriff in vollkommenem Grade die

Mannigfaltigkeit, mit welcher die äusseren Gegenstände unsre Sinne rühren, und das eigne selbständige Daseyn, wodurch sie auf unsre Empfindung einwirken. Denn nur die Welt umfasst alle nur denkbare Mannigfaltigkeit und nur sie besitzt eine so unabhängige Selbständigkeit, dass sie dem Eigensinn unsres Willens die Gesetze der Natur und die Beschlüsse des Schicksals entgegenstellt.

Was also der Mensch nothwendig braucht, ist bloss ein Gegenstand, der die Wechselwirkung seiner Empfänglichkeit mit seiner Selbstthätigkeit möglich mache. Allein wenn dieser Gegenstand genügen soll, sein ganzes Wesen in seiner vollen Stärke und seiner Einheit zu beschäftigen; so muss er der Gegenstand schlechthin, die Welt seyn, oder doch (denn diess ist eigentlich allein richtig) als solcher betrachtet werden. Nur um der zerstreuenden und verwirrenden Vielheit zu entfliehen, sucht man Allheit; um sich nicht auf eine leere und unfruchtbare Weise ins Unendliche hin zu verlieren, bildet man einen, in jedem Punkt leicht übersehbaren Kreis; um an jeden Schritt, den man vorrückt, auch die Vorstellung des letzten Zwecks anzuknüpfen, sucht man das zerstreute Wissen und Handeln in ein geschlossenes, die blosse Gelehrsamkeit in eine gelehrte Bildung, das bloss unruhige Streben in eine weise Thätigkeit zu verwandeln.

***Arbeitsaufgaben**

1. *Wie läßt sich mit Humboldt die »letzte Aufgabe unsres Daseyns« und damit das Ziel von Bildung beschreiben? Erläutern Sie das Menschenbild, das diesem Bildungsbegriff zugrunde liegt.*
2. *Welche Bedeutung kommt der Welt und ihren Gegenständen nach Humboldt für die Bildung des Menschen zu? Berücksichtigen Sie in diesem Zusammenhang die Formulierung von der »allgemeinsten, regesten und freiesten Wechselwirkung« zwischen Individuum und Welt. Überlegen Sie, ob man mit Humboldt solche Bildungsprozesse bestimmten Lebensabschnitten zuordnen könnte.*
3. *Dieses Verständnis von Bildung und Bildungsprozessen geht über einen enggefaßten Erziehungsbegriff im Sinne einer intentionalen Beeinflussung von Heranwachsenden hinaus. Erläutern Sie diese These.*
4. *Wie ist dieses Bildungsideal angesichts einer Gesellschaft, die durch Armut, Not und Ungleichheit geprägt ist, zu bewerten? Diskutieren Sie, welche individuellen und gesellschaftlichen Lebensumstände für die Realisierung einer solchen Bildung erforderlich wären.*
5. *Vergleichen Sie Humboldts Konzeption und ihre Implikationen mit derjenigen der Aufklärungspädagogik.*

Süvern: Politik und Pädagogik

Süvern, J. W.: Zum Verhältnis von Pädagogik und Politik (1808). In: Jeismann, K.-E. (Hrsg.): Staat und Erziehung in der preußischen Reformära 1807–1819. Göttingen 1969. S. 71–73.

[...] Eine bedächtige und planmäßige Befreiung derselben d. h.: Menschheit von den moralischen und politischen Übeln, die sie so schwer drücken, beruht aber hauptsächlich auf einer totalen Reformation zweier Künste, in welcher die Wiedergeburt der Volksmasse und der Staaten ganz enthalten ist, der *Politik* und der *Pädagogik*, der Staats- und der Erziehungs-Kunst. Beide größtenteils verschuldet an dem Elende unsers Geschlechts, müssen auch die ersten und stärksten Hebel werden, ihm wieder aufzuhelfen. Denn jene, die erhabenste und zugleich einfachste Kunst, die aus einem hellen Blicke auf die Natur der Länder und Nationen, aus einem unbefangenen Studium der Geschichte und einer vorurteilsfreien, hoher Ideen empfänglichen Vernunft hervorgeht, ist zu einem verworrenen Spinngewebe gemacht worden, dessen Mittelpunkt Eigensucht ist, hat Europa, den Sitz der Kultur, zu einem Schauplatze – es ist ein hartes aber wahres Wort – der Inhumanität gemacht, wenn anders unaufhörlicher Krieg des Schlechten gegen das Schlechte ein unzweideutiges Merkmal der Inhumanität ist, und gesteht selbst durch den unverhohlen bekannten Satz, daß sie mit der Moral unverträglich sei, nichts weiter als ihre große Ausartung; denn vom Reiche der Sittlichkeit ist kein Zweig menschlicher Tätigkeit, wie er auch heiße ausgenommen. Diese, die Pädagogik, die den Menschen zum Menschen bilden soll, und aus einer klaren Anschauung des Menschen – nicht wie unsere Convenienz eben ihn gemodelt hat, sondern wie er an sich ist und trotz aller Verbildung, in der Idee ewig bleibt, trotz aller Hindernisse zu werden immerfortstrebt – verbunden mit einer aufmerksamen Beobachtung seines Bildungsganges im großen Ganzen der Geschichte wie im Einzelnen des täglichen Lebens, und einer genauen psychologischen Kenntnis des zu bildenden Subjektes entspringt, hat, sich auf die letzte allein einschränkend, und nach bürgerlichem und gesellschaftlichen Bedürfnis der wechselnden Zeiten ihr Ideal der Menschenbildung sich formend, nichts weniger geleistet, als was sie sollte: statt wahrer Menschen voll Geistes, Feuers und Kraft, hat sie Puppen und Instrumente abgerichtet zu einer Menge von Fertigkeiten und Kunststücken, wodurch sie gefallen, eine Rolle in der Welt spielen, hoch steigen konnten, hat sie als seichte dünkelvolle und seelenlose Klüglinge, oder empfindende Schwächlinge aus ihren Werkstätten ins bürgerliche Leben entlassen, und die Welt mit einer Masse von Schlaffheit des Geistes und Leibes mit einer Fülle schlechter Prinzipe übersättigt.

Diese beiden Künste nun müssen ihre Namen verdienen, und die neue Zeit retten, die sie in der Irre haben gehn lassen, wie ein verlorenes Kind, dessen keiner sich annimmt.

Sie haben beide denselben erhabenen Gegenstand, den Menschen. Ihn wollen sie bilden, die Erziehungskunst den Einzelnen zu einer sich selbst immer vollkommner entwickelnden lebendigen Darstellung der Idee des Menschen, die Staatskunst Vereine von Menschen zu einer Darstellung der Vernunftidee von einer vollkommen organisierten Gesellschaft.

Beide sind hülfreich für einander, und stehn in Wechselwirkung, die Erziehungskunst indem sie die Menschen so bildet, daß sie als Glieder in das große Kunstwerk der Staats-Organisation eingreifen können, und das höchste was ein Verein durch Vernunftideen geleiteter Kräfte erreichen kann, zu bewirken im Stande sind, die Staatskunst, indem sie der Pädagogik nicht subjektive eigensüchtige Zwecke aufdringt, sondern ihr alle Hülfsmittel und Erleichterungen verschafft, ihr Geschäft als freie Kunst zu üben, und in der Kunst-Vollkommenheit fortzuschreiten. Beide demnach sind verwandt, höhere Künste als sie gibt es nicht, aber die Politik ist die höchste. Denn der echte Staatskünstler leitet die Menschheit zum letzten Ziel ihres Strebens in der Geschichte, er verbindet, richtet und leitet alle Tätigkeiten Einzelner zu diesem einem Zweck, er ist Erzieher im Großen, Vorsteher der großen Bildungs-Anstalt der Menschheit. Fange die Pädagogik, in der ohnehin schon hin und wieder ein besserer Geist sich regt, nur an zu glauben, sie solle Vorgängerin, nicht gehorsame Nachtreterin der Zeit sein, und handle in diesem Glauben, und sie wird sonder Zweifel kräftigere Menschen bilden, die statt immer tiefer zu sinken, wie bisher geschah, auf den Trümmern des untergehenden ein neues Zeitalter aufbauen. Fange die Politik nur an, auf's Höchste von sich und ihrer Bestimmung zu denken; und sie wird bald rein sein von allen eigensüchtigen Motiven, wird sich bemühn dem Zustande der Unrechtlichkeit ein Ende, Gerechtigkeit in den Cabinetten geltend zu machen, wird die innern Kräfte der Staaten in freudiger Tätigkeit beleben, im äußern sie fähig machen zu treuen und sichern Bündnissen, zu nachdrücklicher Abtreibung der Gewalt tüchtig, stärker durch die offenen und geraden Waffen des Rechts und der sittlichen Größe.

Fange sie nur an sie für verträglich mit der Moral zu *halten*, und sie wird bald aufs innigste mit ihr übereinstimmen, und, eine neue Kraft in sich spürend, der das Höchste nicht mehr unerreichbar ist, nachdem sie die Völker gerettet, gern ihre Bildnerin sein.

Arbeitsaufgaben

1. *Den Ausgangspunkt von Süverns Argumentation bildet eine Beschreibung und Bewertung der Gesellschaft seiner Zeit. Erörtern Sie diese Zusammenhänge.*
2. *Süverns Kritik richtet sich offensichtlich gegen die Erziehungstheorie der Aufklärung. Welche ihrer Züge hat er dabei vor allem im Blick?*
3. *Inwiefern sollen Süvern zufolge Politik und Pädagogik den skizzierten Mißständen abhelfen? Welches neue Verständnis liegt den Begriffen der Politik und Pädagogik zugrunde?*
4. *In welchem Verhältnis sollen Politik und Pädagogik nach dieser Auffassung stehen, und inwiefern kann man daraus Schlußfolgerungen für eine staatliche Bildungspolitik ableiten?*

Jachmann: Programm einer Nationalerziehung

Jachmann, R. B.: Vier Aufsätze aus dem »Archiv deutscher Nationalbildung« (1812). In: Deutsche Nationalerziehungspläne aus der Zeit des Befreiungskrieges. Eingel. u. erl. v. H. König. Berlin 1954. S. 78–83.

[...]

Jeder Mensch ist zur Vernunft und durch sie zur Freiheit geboren. Durch diese Himmelsgabe ist ihm seine Abkunft von Gott beurkundet, sein Recht als Himmelsbürger gesichert, seine Pflicht als solcher aufgelegt. Dadurch, daß sich aus seiner Vernunft ebenso wie aus der Vernunft jedes andern Menschen die Ideen des Wahren, Schönen und Guten, die Ideen der Heiligkeit und Göttlichkeit entwickeln; dadurch, daß sich in seinem Innern das Pflichtgebot und die Triebkraft zur Realisierung seiner Vernunftideen ankündigt: dadurch wird er sich seiner Menschheit bewußt, dadurch wird er inne, daß er der Ewigkeit angehört, daß er jeden Augenblick seines Daseins als ein Moment des ewigen Lebens ansehen und benutzen, daß er durch Wahrheit und Tugend die Gottheit und die Seligkeit erringen muß. Wenn dieses der Zweck und die Bestimmung des Menschen ist, mit welchem Rechte will ich denn einen willkürlichen Unterschied machen in der Ausbildung der Jugend? Mit welchem Rechte will ich meinem Kinde oder dem Kinde meines Mitmenschen ein irdisches Ziel setzen? Mit welchem Rechte will ich den Geist, aus Gott geboren und für die Ewigkeit bestimmt, an seiner freien Entwicklung hindern? [...]

Wenn irgendein Irrtum dem höchsten Zweck der Menschheit entgegenstrebt, so ist es jener verderbliche Wahn, nach welchem die Jugendbildung nach dem Stande und Beruf des Kindes abgemessen wird. Wenn sich je die Welt an der Menschheit versündigt hat, so hat sie es gerade durch Anstalten getan, durch welche sie sich um das Menschengeschlecht ein Verdienst zu erwerben glaubte, durch jene Berufsschulen, die dem Geiste Fesseln anlegen, die der jungen aufkeimenden Menschenkraft eine falsche Richtung geben, die das zum Himmel aufblickende Auge zur Erde hinabziehen und durch das Vorspiegeln niedriger Weltzwecke alles Streben nach dem erhabenen Ziel der Menschheit unterdrücken. [...]

Mag der Zustand der Welt noch so viele Hindernisse in den Weg legen, mögen die Mittel, die wir zur Erreichung jenes hohen Ziels anwenden können, noch so unzureichend sein, so steht doch die Wahrheit fest, daß jeder Mensch ein vollkommener Mensch werden soll, so ist doch die Pflicht heilig, daß wir zur größtmöglichen Ausbildung und Veredlung eines jeden Menschen mitwirken sollen; so ist doch das Unrecht erwiesen, welches wir durch eine absichtliche Beschränkung des Unterrichts und der Erziehung an unserm Mitmenschen begehen. Von unserer Pflicht entbindet uns keine Schwierigkeit. Was wahr und recht ist, muß endlich gelingen. Wir stellen demnach den Grundsatz auf: Es ist Zweck und Pflicht der Menschheit, jeden Menschen von Jugend auf als ein Ebenbild Gottes zu behandeln und alle Anstalten, die wir zu seiner Erziehung treffen, so einzurichten, daß die Menschheit in ihm vollkommen entwickelt und gebildet werde. Da nun zu diesem Ziel nur Ein Weg der richtige sein kann, so folgt aus diesem Grundsatz, daß es nur Eine Schule für die Menschheit gibt, daß dem Individuum nicht verschiedenartige Schulen, sondern nur seine Fähigkeiten und seine irdischen Verhältnisse das Ziel setzen, bis zu welchem er diese Schule der Menschheit zu seiner Ausbildung benutzen soll.

Aber auf den Menschen, der als solcher dem Menschengeschlechte angehört, wirkt unablässig die Natur ein und modifiziert die Grundbeschaffenheit seines Wesens. Alle die Mitglieder des Menschengeschlechts, welche ebendieselben Einwirkungen entweder unmittelbar oder durch die Geburt erfuhren, deren Natur auf eine gleiche Art modifiziert wurde und deren Menschheit sich in eine Nationalität, die sich durch gleiche Sprache ausspricht, umformte, bilden eine Nation. Der Mensch also, insofern er mit mehrern Menschen eine gleiche Sprache spricht und dadurch sich einer mit mehrern übereinstimmenden eigentümlichen Grundbeschaffenheit seiner Menschennatur, d. i. seiner Nationalität, bewußt wird, sieht sich aus der Sphäre des ganzen Menschengeschlechts mit den übrigen von gleicher Nationalität in den engern Verein einer Nation verbunden. Dieses heilige Band knüpfte kein irdischer Zweck, kein sinnliches Bedürfnis, keine willkürliche Übereinkunft, sondern die Natur selbst, die dadurch den großen Zweck der Menschenkultur ausspricht. [...] Durch Nationalität wollte die Natur das Individuum zur Humanität emporheben.

Wenn diesen Zweck die Nation durch Schulen befördern will, so können alle diese Schulen nur Abdrücke eines Urbildes, nur Teile eines Ganzen sein, worunter wir eine Nationalschule verstehen. Eine Verschiedenartigkeit von Schulen zu nationalen Zwecken wäre ein Widerspruch in sich selbst. Es gibt für das Menschengeschlecht nur Eine Menschheit, es gibt für eine Nation nur Eine Nationalität. Jeder nationale Mensch besitzt ebendieselbe Nationalität als jeder andere derselben Nation; denn sonst gehörte er nicht zu dieser Nation. Auch kann die Nation, ohne mit sich selbst in einen sinnlosen Widerstreit zu geraten und sich selbst zu vernichten, kein anderes Interesse haben, als daß jedes ihrer Mitglieder ganz national werde, d. h. den höchsten Zweck der Nationalität an sich vollkommen erreiche. Die Nationalschule findet also in jedem ihrer Schüler denselben nationalen Boden, den sie bebauen soll. Denn, mag die Individualität zweier nationaler Menschen noch so verschieden sein, so ist ihre Nationalität doch dieselbe, ebenso wie ihre Humanität. Die Nationalschule hat ferner mit jedem ihrer Schüler dasselbe Ziel zu erreichen; denn er ist Mitglied der Nation, als solches jedem andern gleich und von der Natur selbst zu einer gleichen nationalen Bestimmung berufen. Die Nationalschule hat also endlich auch bei jedem ihrer Schüler dieselben Kulturmittel anzuwenden, um die Humanität aus der Nationalität zu entwickeln und die Nationalität in Humanität umzuwandeln, damit die Nation, als moralisches Wesen, der Menschheit angeeignet werde; welches der höchste Zweck der Nationalbildung ist.

Wir ziehen demnach auch aus dem Zweck der Nation das Resultat: Es gibt nur Eine Schule für eine Nation. Dem Individuum können nicht verschiedenartige Schulen, sondern nur seine Fähigkeiten und irdischen Verhältnisse das Ziel setzen, bis zu welchem er diese Nationalschule zu seiner Ausbildung benutzen soll. [...]

Aber der Mensch, insofern wir ihn als einen Gegenstand der Erziehung betrachten, um dessentwillen wir Schulen errichten, ist Mitglied einer bürgerlichen Gesellschaft, ist Bürger eines Staats, hat ein Vaterland. An seine Zwecke und Pflichten als Mensch und Mitglied der Nation reihen sich Zwecke und Pflichten des Bürgers an. Der Mensch im Staate muß also nicht bloß zum Menschen und zu einem nationalen Menschen, er muß noch zum Bürger erzogen werden. Daher auch die Organisation des Schulwesens so eingerichtet werden muß, daß alle diese Zwecke erreicht werden. [...]

Die Ansicht, welche man bisher von den verschiedenen Ständen der bürgerlichen Gesellschaft hatte, wenigstens durch die Tat bewies, war falsch und dem Zweck und Interesse des Staates zuwider. Wie ganz unüberlegt war es, den Bürgerstand dem Gelehrten- oder Soldatenstande entgegenzusetzen und alle diese sogenannten Stände schon von Jugend auf und in der Schule verschiedentlich zu behandeln! Ist denn der Gelehrte und Soldat nicht auch Bürger? Bedarf nicht jedermann in jedem Berufsgeschäfte schon als Mensch und als Staatsbürger wissenschaftlicher Kenntnisse, und hat nicht jeder die Verpflichtung, sein Vaterland zu verteidigen und sich also dazu geschickt zu machen? Es macht zwar die bürgerliche Gesellschaft eine Mannigfaltigkeit von Berufsgeschäften notwendig, aber diese sind dem Zweck und der Pflicht des Staatsbürgers untergeordnet. Die allgemeinen Bürgerpflichten liegen jedem ob, der in einem Staate lebt, und es ist dem Staate nichts verderblicher, als wenn die Bürger ihre allgemeinen Bürgerpflichten verkennen, zur Erfüllung derselben untauglich sind, ihre Ausbildung nur auf ihr Berufsgeschäft beschränken und in dasselbe den Zweck ihres bürgerlichen Lebens setzen. Diese Verwechslung der Bürgerzwecke mit den Berufszwecken, diese Überhebung der letztern über die ersteren widerstreitet dem Interesse des Staates; daher auch eine Schulverfassung, die diese falschen Ansichten unterstützt, dem Staatsinteresse entgegenwirkt. Die Ausbildung für den Zweck des Menschen und des Bürgers ist selbst die Bedingung der Ausbildung für ein Berufsgeschäft, und je mehr der Mensch als Mensch und als Staatsbürger ausgebildet ist, desto mehr ist er auch für jede Art von Berufsgeschäften vorbereitet. Wenn also Berufsschulen errichtet und noch unter dem Begriff einer Schule befaßt werden sollen, so können sie nur für diejenigen Jünglinge nützlich werden, deren Jugendbildung zum Menschen und zum Staatsbürger bereits vollendet ist. [...]

Da nun kein Staatsbürger mehr oder weniger Bürger ist als der andere, da alle gleiche Rechte und gleiche Verbindlichkeiten gegen den Staat haben: so folgt auch aus dem Begriff des Bürgers, daß alle Kinder in einem Staate zu einem gleichen Bürgerrecht und zu einer gleichen Bürgerpflicht erzogen werden müssen. Auch zu diesem Ziel ist nur ein Weg der richtige. Es geht also auch hieraus das Resultat hervor, daß es nur Eine Schule für den Staatsbürger sowie für die Nation und für die Menschheit gibt, daß dem einzelnen künftigen Bürger nicht verschiedenartige Schulen, sondern nur seine Fähigkeiten und seine irdischen Verhältnisse das Ziel setzen können, bis zu welcher Stufe er diese Schule der Menschheit, der Nationalität und des Bürgertums zu seiner Ausbildung benutzen soll.

Arbeitsaufgaben

1. *Mit welchen anthropologischen Grundannahmen begründet Jachmann das Recht auf Bildung?*
2. *Wie ist die Forderung Jachmanns nach »Bildung für alle« auf dem Hintergrund der damaligen gesellschaftlichen Verhältnisse zu bewerten? Berücksichtigen Sie in diesem Kontext auch Jachmanns Hinweise auf die »irdischen Verhältnisse«, die Bildungsprozesse bedingen.*
3. *Wie beurteilt Jachmann das Programm einer ständischen Erziehung, wie Sie es beispielsweise bei Zedlitz kennengelernt haben?*
4. *Wodurch ist nach Jachmann die Zugehörigkeit zu einer Nation bestimmt, und welche Rolle spielt der Begriff der Nation für Jachmanns Begründung einer einheitlichen Erziehung für alle Heranwachsenden?*

5. *Wie ist dieses Programm einer Nationalerziehung angesichts der damaligen Zersplitterung Deutschlands in eine Vielzahl souveräner Einzelstaaten zu interpretieren?*
6. *In welchem Verhältnis stehen in Jachmanns Argumentation Nationalerziehung und Erziehung zur Humanität?*
7. *Erläutern Sie Jachmanns Vorstellungen zum Verhältnis zwischen dem Individuum und dem Staat bzw. der Gesellschaft. Welche Konsequenzen lassen sich aus diesem Verständnis für die Organisation von Bildungsprozessen ableiten? Welchen Nutzen soll Jachmann gemäß die neue Schule für den Staat erfüllen?*
8. *Welche Bedeutung kommt der Schule nach Jachmann für die Vorbereitung auf einen zukünftigen Beruf zu?*
9. *Entwerfen Sie ein fiktives Streitgespräch zwischen Villaume und Jachmann über das Ziel von Bildungsprozessen.*

Schleiermacher: Über die Erziehung von Jungen und Mädchen

Schleiermacher, F. E.: Die Vorlesungen aus dem Jahre 1826. In: Platz, C. (Hrsg.): Schleiermachers pädagogische Schriften. Langensalza ^{3}1902. S. 160–162.

Das männliche Geschlecht hat einen ganz anderen Anteil an dem gemeinsamen Leben und steht in ganz anderer Beziehung zu den großen Lebensformen als das weibliche. Im Staate tritt das weibliche Geschlecht ganz zurück; am religiösen Leben schreiben wir ihm einen großen Anteil zu, der aber doch nur auf der Seite der Receptivität liegt; das selbstthätige Eingreifen auf diesen Gebieten erscheint als Unregelmäßigkeit. Ebenso ist es auf dem Gebiete der gemeinsamen Förderung der Erkenntnis; auch in den gebildeteren Regionen der Gesellschaft hat das weibliche Geschlecht nur eine ungleiche Receptivität hinsichtlich der Wissenschaften, manche Wissenschaften bleiben ihm ganz fremd; tritt aber eine besondere Neigung zu einzelnen Wissenschaften hervor, z. B. zur Mathematik, so verwischt das den Charakter des weiblichen Geschlechtes wenigstens zum Teil. *Die Selbstthätigkeit der Frauen offenbart sich am meisten in dem Einfluß, den sie auf die Familie haben*, und auch in Bezug auf die Erziehung tritt diese Selbstthätigkeit hervor, meist jedoch nur auf den ersten Stufen. Nur im geselligen Verkehr hat sich eine größere Gleichheit herausgebildet, und unnatürlich erscheint es uns, wenn das weibliche Geschlecht auch im geselligen Leben so zurücktreten sollte wie im öffentlichen, bürgerlichen. Freilich knüpft sich auch das gesellige Leben zunächst an die Familie als an sein Centrum. Wenn nun die Gesinnung sich nur vollständig manifestieren kann als Princip eines gemeinsamen Lebens, als Gemeingeist, so muß entweder eine Disharmonie entstehen zwischen der früheren Lebensperiode des weiblichen Geschlechtes in der Erziehung und dem späteren Leben, falls es dieselbe Erziehung haben soll wie das männliche Geschlecht, und also auch selbstthätig in ein Gemeinleben mit aufgenommen wird; oder es werden nicht dieselben Mittel zur Unterstützung der Gesinnung angewendet: dann bleibt diese zurück; es entsteht eine Sonderung. Diese Schwierigkeit ist hier nur anzudeuten, nicht aufzulösen. Wenn wir auf den gegenwärtigen Zustand der Erziehung sehen, so müßten wir eigentlich auf ein Zurückbleiben des weiblichen Geschlechtes schließen. Allein dem widerspricht die Erfahrung. *Die männliche Jugend findet das gemeinsame Leben*, welches wir als wesentliches Element aufstellten, *in der Schule*, in der ganzen Organisation des öffentlichen Unterrichtswesens; durch diese wird sie relativ aus der Familie herausgerissen. *In der Familie sind* aber ihrer Natur nach *alle großen Lebensgemeinschaften* repräsentiert. Sehen wir auf den innersten Kern des häuslichen Lebens, so ist das die Ehe, und da fordern wir eine solche Identificierung beider Teile, daß sich in der Frau das ganze Leben des Mannes abspiegele. Nun liegt es in dem engeren Verhältnis, welches sich zwischen Mutter und *Töchtern* bildet, daß diese *einen geschärfteren Sinn bekommen für die Art, wie sich die Teilnahme des Mannes an allen großen Lebensgemeinschaften in der Mutter abspiegelt*, und daß so die Fähigkeit das Gemeinwesen zu verstehen und in sich aufzunehmen, in ihnen sich entwickelt; zum vollen Bewußtsein kommt dies gewöhnlich nicht eher, als bis das Weib selbst in ein solches Verhältnis zum Manne tritt. Durch einen Sprung entwickelt sich bei dem weiblichen Geschlecht aus der Bewußtlosigkeit zum Bewußtsein das, was bei der männlichen Jugend sich nur allmählich entfaltet. Um es allgemein auszudrücken – nicht daß wir es als absolut allgemeines Princip aussprechen wollten, sondern nur insofern es unsere Aufgabe ist an den gegenwärtigen Zustand, im großen angesehen, anzuknüpfen – sagen wir: *Die pädagogische Thätigkeit als Entwicklung der Gesinnung nimmt zwei verschiedene Formen an für die männliche und weibliche Jugend.* Indem die männliche Jugend aus der Familie herausgerissen und in ein neues Gesamtleben gebracht wird, schwächt sich der Einfluß der Familie auf deren Gesinnung; die weibliche Jugend ist ausdrücklich an die Familie gewiesen, und die Art, wie die großen Lebensgemeinschaften in der Familie repräsentiert werden, ist die Norm für ihre Auffassung derselben, darin liegt das Entwicklungsprinzip in Bezug auf die Gesinnung des Weibes.

Hier gewinnt es das Ansehen, als ob gerade dadurch, daß wir gesagt haben, daß die männliche Jugend das Gemeinwesen in der Schule finde, für das weibliche Geschlecht alles, was Schule heißt, auszuschließen sei. Wir dürfen aber nicht vergessen, daß wir nur von der Entwicklung der Gesinnung gesprochen und das Verhältnis der Schule nur in dieser Beziehung ins Auge gefaßt haben. Wir haben *die Notwendigkeit der Schule von einem anderen Gesichtspunkt aus schon gefunden, nämlich in Beziehung auf die Entwicklung der Fertigkeit*. In Rücksicht dieser hatten wir keine dringende Veranlassung auf die Differenz der Geschlechter zu achten. Wenn auch bei der männlichen Jugend die Entwicklung der Fertigkeit nicht verlangte die Erziehung aus der Familie in ein gemeinsames Leben zu verlegen, so würde dies doch die Entwicklung der Gesinnung postulieren. Dagegen wenn auch bei der weiblichen Jugend die Notwendigkeit mit sich bringt, daß zur Entwicklung der Fertigkeit die Erziehung zum Teil aus der Familie herausverlegt wird, so wird das doch auf die Entwicklung der Gesinnung keinen Einfluß haben dürfen. *Die Entwicklung der Gesinnung soll allein bei der weiblichen Jugend innerhalb der Familie vor sich gehen; deshalb wird auch die Entwicklung der Fertigkeit außer der Familie einen nicht zu langen Zeitraum einnehmen dürfen*, weil dadurch ein nicht vorteilhafter Eindruck möchte hervorgerufen werden, der jenen Einfluß der Familie auf die Gesinnung schwächt. Es gewinnt für uns eine gewisse Wahrscheinlichkeit, daß es nur als Sache der Not anzusehen sei, wenn die Erziehung des weiblichen Geschlechtes nicht ganz in der Familie vor sich geht.

Arbeitsaufgaben

1. *Wie begründet Schleiermacher seine Auffassung, daß sich die Erziehung zwischen Jungen und Mädchen unterscheiden soll? Beachten Sie dabei die Begriffe des »gemeinsamen Lebens« bzw. der »Lebensformen« und den unterschiedlichen Anteil, den die Geschlechter daran haben.*
2. *Welche Probleme würden sich nach Schleiermacher ergeben, wenn Mädchen in dem gleichen Maße und in der gleichen Weise wie Jungen erzogen würden?*
3. *Welche Bedeutung kommt dem Text zufolge der Mutter für die »Gesinnungsbildung« der Mädchen zu, und in welcher Weise wird diese »Gesinnungsbildung« vollendet?*
4. *Welche Aufgaben schreibt Schleiermacher der öffentlichen Schule zu, und welchen Stellenwert hat sie ihm zufolge für die Erziehung und Bildung der Jungen einerseits und der Mädchen andererseits?*
5. *Vergleichen Sie die Position Schleiermachers mit den Überlegungen Campes zur Mädchenbildung im Kapitel über die Aufklärungspädagogik.*

*Niethammer: Erziehungsgrundsätze des Humanismus und des Philanthropinismus (1808)

Niethammer, F. I.: Philanthropinismus – Humanismus. Texte zur Schulreform. Bearb. v. W. Hillebrecht. Weinheim / Berlin / Basel 1968. S. 76–81.

I. Ueber den Zweck des Erziehungsunterrichts.

Humanismus.

1. Der Erziehungsunterricht hat einen eignen fuer sich bestehenden Zweck, **allgemeine Bildung des Menschen.**

2. Es koemmt bei dem Erziehungsunterricht nicht sowohl darauf an, **bestimmte Kenntnisse zu sammeln**, als vielmehr darauf, **den Geist zu ueben.**

3. Der Erziehungsunterricht uebt den Geist der Lehrlinge, nicht sowohl um **ihn zu bestimmten Geschaeften geschickt zu machen**, sondern es ist ihm vielmehr **Bildung des Geistes an und fuer sich selbst Zweck.**

4. Es ist ueberhaupt in dem Erziehungsunterrichte nicht sowohl darum zu thun, **den Lehrling fuer diese Welt zu bilden**; wozu er in spaeteren Jahren seines Lebens noch Zeit und Gelegenheit genug findet; als vielmehr **fuer die hoehere Welt des Geistes ihn zu bilden**; welche Bildung, wenn er nicht darinn einen festen Grund in seiner Jugend gelegt hat, fuer ihn oft ganz verloren ist, da ihm in spaetern Jahren das, was er fuer seinen Beruf zu lernen und zu thun hat, meistens keine Zeit mehr laeßt, an jener **hoehern Bildung des Geistes fuer eine andre Welt** mit Ernst und Erfolg zu arbeiten.

Philantropinismus.

1. Der Erziehungsunterricht hat keinen eigenen fuer sich bestehenden, sondern nur den relativen Zweck, **Bildung des Menschen fuer seine kuenftige Bestimmung in der Welt.**

2. Es koemmt bei dem Erziehungsunterricht nicht sowohl darauf an, **den Geist an und fuer sich zu ueben**, als vielmehr darauf, **ihn mit der moeglich groeßten Masse brauchbarer Kenntnisse auszuruesten.**

3. Dem Erziehungsunterricht kann **Bildung des Geistes an und fuer sich selbst nicht Zweck seyn**; sie gilt ihm vielmehr fuer etwas zweckloses, sofern nicht dadurch **der Geist zu bestimmten Geschaeften geschickt gemacht** werden soll.

4. Es ist zweckwidrig, in dem Erziehungsunterrichte schon den Lehrling zu der **hoehern Bildung des Geistes fuer eine andre Welt** fuehren zu wollen; wozu er in spaetern Jahren seines Lebens erst die erforderliche Reife des Verstandes erlangt: dagegen ist es um so nothwendiger, **die Bildung fuer diese Welt** in Zeiten mit ihm anzufangen; ihn mit **Sachen** bekannt zu machen, damit nicht die bloß an **Worten** betriebene Bildung ihn mit der **Welt** fremd lasse, fuer das eigentliche **Handeln** untauglich mache, und ihn wohl gar auf den Abweg **schwaermerischer Ideen** und daraus entspringenden **unthaetigen Lebens** verleite.

II. Ueber die Mittel des Erziehungsunterrichts,

a. die Unterrichtsgegenstände betreffend.

1. Der Erziehungsunterricht bedarf fuer seinen Zweck **nicht viele Unterrichtsgegenstaende;** wodurch der Lehrling nur zerstreut und am **gruendlichen Lernen** gehindert wird: dafuer muß der Lehrling in den **wenigeren Unterrichtsgegenstaenden** bis zur **hoechsten Stufe der Kenntniß und der Fertigkeit** fortgefuehrt werden.

1. Der Erziehungsunterricht kann sich, bei der taeglich wachsenden Ausdehnung des unermeßlichen Reiches des Wissenswuerdigen, nicht mehr darauf beschraenken, den Lehrling die ganze Erziehungsperiode hindurch mit **einigen wenigen Gegenstaenden aufzuhalten, es muß vielmehr darauf gesehen werden, den Kreis der Unterrichtsgegenstaende moeglichst zu erweitern,** um dem Kinde schon **den moeglich groeßten Umfang von Kenntnissen** zu verschaffen.

2. Fuer **die Uebung des Geistes**, wie sie von dem Erziehungsunterricht gefordert werden kann, eignen sich nicht **Sachen**, sondern **Ideen**, nicht **materielle**, sondern **geistige Gegenstaende**, um den Lehrling des hoechsten menschlichen Vorzuges, des **Lebens in Ideen** oder einer **freien Erkenntniß**, soviel nur immer moeglich ist, theilhaftig zu machen, damit er nicht in dem spaeter folgenden **thaetigen Leben** sich in die Region **gemeiner Brodkenntniß** ganz verliere.

2. Fuer **die Uebung des Geistes**, wie sie von dem Erziehungsunterricht geleistet werden soll, eignen sich nicht **Ideen**, welche streng genommen nur **Worte** sind, sondern **Sachen**, nicht **geistige Gegenstaende**, sondern **materielle**, damit nicht der Geist durch bloße Beschaeftigung mit Buchstaben und anschauungslosen Worten sich in die Region **hohler Wortkenntniß** verirre und fuer **das thaetige Leben** ganz untauglich werde.

3. **Die bestimmten Kenntnisse**, die der Lehrling durch den Erziehungsunterricht erlangen soll, sind ebenfalls nur **geistiger Art**, die **Ideen des Wahren, Guten und Schoenen;** denn es ist die Hauptaufgabe der Erziehung, bei dem Kinde einen solchen Grund jener Bildung in Ideen zu legen, daß es, hinausgehend aus der Schule ins Leben und in bestimmte Berufsgeschaefte, jene **Bildung der Humanitaet**, die eigentliche **Menschenbildung**, seinem Geiste so tief eingepraegt mit sich nehme, daß sie unter allem Drang kuenftiger Berufsarbeit unvertilgbar und unter aller Noth eines kuemmerlichen Schicksals unzerstoerbar bleibe.

3. **Die bestimmten Kenntnisse**, die der Lehrling durch den Erziehungsunterricht erlangen soll, sind meistens **materieller Art**, eine **ausgebreitete Sachkenntniß;** denn es ist die Hauptaufgabe der Erziehung, den Lehrling mit allen zu seiner kuenftigen Lebensbestimmung erforderlichen Vorkenntnissen so auszurueesten, daß er, hinaustretend aus der Schule in das Leben und in bestimmte Berufsgeschaefte, alle die Kenntnisse und Fertigkeiten mit sich bringe, die eine gruendliche Erlernung seines Berufes voraussetzt, und die ihn allein in den Stand setzen, sein Berufsgeschaeft ueber das Handwerksmaessige zu erheben, und durch Erweiterung und Verfeinerung desselben seinen Arbeiten die Vollendung zu geben, die den Producten cultivirter Nationen eigen ist und den Wachsthum der Cultur eines Volkes am sichersten documentirt.

4. Die Unterrichtsgegenstaende, oder die Darstellungen jener Ideen, muessen eine durchaus **classische** Form haben; die Auswahl derselben kann eben darum **kein anderes Gebiet als das des Alterthums** finden, indem unlaeugbar wahre Classicitaet in allen Arten der Darstellung des Wahren, Guten und Schoenen in ihrer groeßten Vollendung nur bei den classischen Nationen des Alterthums angetroffen wird.

4. Der Form nach muessen die Unterrichtsgegenstaende nur moeglichst **deutlich und bestimmt** seyn; welches die einzige Classicitaet ist, die hier statt findet. Die Auswahl derselben aber kann **auf das Gebiet des Alterthums um so weniger beschraenkt** werden, da unlaeugbar in allen Gegenstaenden des Wissens insbesondere der physikalischen und technischen Kenntnisse die neuere Zeit Fortschritte gemacht hat, von denen das Alterthum noch nicht einmal eine Ahnung hatte.

*Arbeitsaufgaben

1. *Charakterisieren Sie mit Niethammer die gegensätzlichen Zielsetzungen zwischen neuhumanistischer und philanthropinistischer Konzeption von Erziehung und Unterricht.*
2. *Welche unterschiedlichen Konsequenzen ergeben sich dem Text zufolge aus diesen beiden Erziehungs-und Bildungskonzeptionen für die Auswahl der Unterrichtsgegenstände?*
3. *Auch hinsichtlich der Unterrichtsmethoden meint Niethammer deutliche Differenzen zwischen der neuhumanistischen und der philantropinistischen Auffassung von Erziehung ausmachen zu können. Erläutern Sie diese Unterschiede.*
4. *Erörtern Sie auf der Basis Ihrer Kenntnisse der Aufklärungspädagogik, inwiefern Niethammers Beschreibung der philantropinistischen Erziehungstheorie eine zutreffende Lesart darstellt.*

Humboldt: Vorschläge für die Organisation des preußischen Bildungssystems

Humboldt, W. v.: Der Litauische und der Königsberger Schulplan. In: Schweim, L. (Hrsg.): Schulreform in Preußen 1809–1819. Weinheim 1966. S. 14–19; S. 29–33.

Aus dem Litauischen Schulplan

[...]

Alle Schulen aber, deren sich nicht ein einzelner Stand, sondern die ganze Nation, oder der Staat für diese annimmt, müssen nur allgemeine Menschenbildung bezwecken. – Was das Bedürfniss des Lebens oder eines einzelnen seiner Gewerbe erheischt, muss abgesondert, und nach vollendetem allgemeinen Unterricht erworben werden. Wird beides vermischt, so wird die Bildung unrein, und man erhält weder vollständige Menschen noch vollständige Bürger einzelner Klassen.

Denn beide Bildungen – die allgemeine und die specielle – werden durch verschiedene Grundsätze geleitet. Durch die allgemeine sollen die Kräfte, d. h. der Mensch selbst gestärkt, geläutert und geregelt werden; durch die specielle soll er nur Fertigkeiten zur Anwendung erhalten. Für jene ist also jede Kenntnis, jede Fertigkeit, die nicht durch vollständige Einsicht der streng aufgezählten Gründe, oder durch Erhebung zu einer allgemeingültigen Anschauung (wie die mathematische und ästhetische) die Denk- und Einbildungskraft, und durch beide das Gemüth erhöht, todt und unfruchtbar. Für diese muss man sich sehr oft auf in ihren Gründen unverstandene Resultate beschränken, weil die Fertigkeit da seyn muss, und Zeit oder Talent zur Einsicht fehlt. So bei unwissenschaftlichen Chirurgen, vielen Fabrikanten u. s. f. Ein Hauptzweck der allgemeinen Bildung ist, so vorzubereiten, dass nur für wenige Gewerbe noch unverstandene, und also nie auf den Menschen zurück wirkende Fertigkeit übrigbleibe.

Die Organisation der Schulen bekümmert sich daher um keine Kaste, kein einzelnes Gewerbe, allein auch nicht um die gelehrte – ein Fehler der vorigen Zeit, wo dem Sprachunterricht der übrige geopfert, und auch dieser – mehr der Qualität, als Quantität nach – zum äusseren Bedarf (in Erlangung der Fertigkeit des Exponirens und Schreibens) nicht zur wahren Bildung (in Kenntniss der Sprache und des Alterthums) getrieben wurde. [...]

Dieser gesammte Unterricht kennt daher auch nur Ein und dasselbe Fundament. Denn der gemeinste Tagelöhner, und der am feinsten Ausgebildete muss in seinem Gemüth ursprünglich gleich gestimmt werden, wenn jener nicht unter der Menschenwürde roh, und dieser nicht unter der Menschenkraft sentimental, chimärisch, und verschroben werden soll.

Eher könnte es scheinen, dass bei der allmählig fortschreitenden Bildung die Methode insofern verschieden seyn müsste, als sich das Ziel derselben durch Unterricht als weit oder nahe gesteckt voraussehen lässt. Allein auch hier scheint mir der Unterschied nicht bedeutend. Bleibt man fest dabei stehen, Zahl und Beschaffenheit der Unterrichtsgegenstände nach der Möglichkeit der allgemeinen Bildung des Gemühts in jeder Epoche zu bestimmen, und jeden Gegenstand immer so zu behandeln, wie er am meisten und besten auf das Gemüth zurückwirkt, so muss eine ziemliche Gleichheit herauskommen. Auch Griechisch gelernt zu haben könnte auf diese Weise dem Tischler ebenso wenig unnütz seyn, als Tische zu machen dem Gelehrten. Indess lässt kleine Verschiedenheiten allerdings die Wahl des Stoffes, da jede Form nur an einem Stoffe geübt werden kann, zu und auf diese wird in der Folge auch Rücksicht genommen werden. Auch können die grellen Contraste immer vermieden werden, und es braucht nie dahin zu kommen, dass ein Handwerker Griechisch, kaum lateinisch gelernt habe.

Die Gränze des Unterrichts, da wo derselbe nicht seinen Endpunkt, die Universität, als die Emancipation vom eigentlichen Lehren (da der UniversitätsLehrer nur von fern das eigene Lernen leitet) erreicht, kann nun durch nichts andres bestimmt werden, als durch die zu allem Unterricht nöthigen Bedingungen Kraft und Zeit. Soweit der Schüler das eine hergiebt, und zum andern Mittel hat, so weit kann der Lehrer ihn führen, und soweit muss der Staat dafür sorgen, dass er gebracht werden könne.

Die Pflicht der Schulbehörde bei der Organisation des Schulwesens ist nun, zu verhüten, dass der Schüler einen Weg mache der ihm unnütz seyn würde, wenn er ihn nun nicht auch noch weiter verfolgte. Leider aber ist dies fast immer jetzt bei unsern Schulen der Fall, wenn einer in *tertia* oder *secunda* stecken bleibt. Es wird aber nie Statt haben, wenn man (wie auf den sehr guten Schulen schon jetzt geschieht) beim Unterricht nicht auf das Bedürfniss des Lebens, sondern rein auf ihn selbst, auf die Kenntniss, als Kenntniss, auf die Bildung des Gemühts und im Hintergrunde auf die Wissenschaft sieht. Denn im Gemüht und in der Wissenschaft (die nur sein von allen Seiten vollständig gedachtes Object ist) steht jeder einzelne Punkt mit allen vorigen und künftigen in Contact, ist kein Anfang und kein Ende, ist alles Mittel und Zweck zugleich, und also jeder Schritt weiter Gewinn, auch wenn unmittelbar dahinter eherne Mauern gezogen würden.

Sind diese Grundsätze richtig und kommt man nun von ihnen auf die verschiedenen Gattungen der Schulen (Specialschulen immer ganz abgesondert), so ist wieder das erste und wichtigste Princip die Einheit und Continuität des Unterrichts in seinen natürlichen Stadien, da jede Theilung der Anstalt da, wo der Unterricht keine natürliche Theilung kennt, seine Folge zerreisst, Verschiedenheit in der Behandlung und dem Geiste derselben hervorbringt, und selbst die Lehrer, die nur bis zu einem willkührlich angenommenen Punkt führen sollen, ungewiss und verwirrt macht.

Als natürliche Stadien aber kann ich nur anerkennen:
den Elementarunterricht
den Schulunterricht
den Universitätsunterricht.

Aus dem Königsberger Schulplan

Der Elementarunterricht soll bloss in Stand setzen, Gedanken zu vernehmen, auszusagen, zu fixiren, fixirt zu entziffern, und nur die Schwierigkeit überwinden, welche die *Bezeichnung* in allen ihren Hauptarten entgegenstellt. Er ist noch nicht sowohl Unterricht, als er zum Unterricht vorbereitet, und ihn erst möglich macht. Er hat es also eigentlich nur mit Sprach-, Zahl-und Mass-Verhältnissen zu thun, und bleibt, da ihm die Art des Bezeichneten gleichgültig ist, bei der Muttersprache stehen. Wenn man, und mit Recht, noch andern Unterricht, geographischen, geschichtlichen, naturhistorischen hinzufügt, so geschieht es theils um die durch den Elementarunterricht entwickelten, und zu ihm selbst nöthigen Kräfte durch mannigfaltigere Anwendung mehr zu üben, theils weil man für diejenigen, welche aus diesen Schulen unmittelbar ins Leben übergehen, den blossen Elementar-Unterricht überschreiten muss.

Der Zweck des Schulunterrichts ist die Uebung der Fähigkeiten, und die Erwerbung der Kenntnisse, ohne welche wissenschaftliche Einsicht und Kunstfertigkeit unmöglich ist. Beide sollen durch ihn vorbereitet; der junge Mensch soll in Stand gesetzt werden, den Stoff, an welchen sich alles eigne Schaffen immer anschliessen muss, theils schon jetzt wirklich zu sammeln, theils künftig nach Gefallen sammeln zu können, und die intellectuell-mechanischen Kräfte auszubilden. Er ist also auf doppelte Weise, einmal mit dem Lernen selbst, dann mit dem Lernen des Lernens beschäftigt. Aber alle seine Functionen sind nur relativ, immer einem Höheren untergeordnet, nur Sammeln, Vergleichen, Ordnen, Prüfen u. s. f. Das Absolute wird nur angeregt, wo es, wie es gar nicht fehlen kann, selbst in einem Subjecte zur Sprache kommt. Der Schulunterricht theilt sich in linguistischen, historischen und mathematischen; der Lehrer muss immer beobachten, bei welchem von diesen dreien der Schüler mit vorzüglicher Aufmerksamkeit verweilt, allein auch streng darauf sehen, dass der Kopf für alle drei zugleich gebildet werde. Denn die Schule soll eng verbinden, damit die Universität zu besserer Verfolgung des Einzelnen, ohne Schaden eilen könne. Der Schüler ist reif, wenn er so viel bei andern gelernt hat, dass er nun für sich selbst zu lernen im Stande ist. Sein Sprachunterricht z. B. ist auf der Schule geschlossen, wenn er dahin gekommen ist, nun mit eigner Anstrengung und mit dem Gebrauche der vorhandenen Hülfsmittel jeden Schriftsteller, insoweit er wirklich verständlich ist, mit Sicherheit zu verstehen, und sich in jede gegebene Sprache, nach seiner allgemeinen Kenntniss vom Sprachbau überhaupt, leicht und schnell hinein zu studiren.

Wenn also der Elementarunterricht den Lehrer erst möglich macht, so wird er durch den Schulunterricht entbehrlich. Darum ist auch der Universitätslehrer nicht mehr Lehrer, der Studirende nicht mehr Lernender, sondern dieser forscht selbst, und der Professor leitet seine Forschung und unterstützt ihn darin. Denn der Universitätsunterricht setzt nun in Stand, die Einheit der Wissenschaft zu begreifen, und hervorzubringen, und nimmt daher die schaffenden Kräfte in Anspruch. Denn auch das Einsehen der Wissenschaft als solcher ist ein, wenn gleich untergeordnetes Schaffen. Daher hat der Universitätsunterricht keine Gränze nach seinem Endpunkt zu, und für die Studirenden ist, streng genommen, kein Kennzeichen der Reife zu bestimmen. Ob, wie lange, und in welcher Art derjenige, der einmal im Besitze tüchtiger Schulkenntnisse ist, noch mündlicher Anleitung bedarf? hängt allein vom Subject ab. Das Collegienhören selbst ist eigentlich nur zufällig; das wesentlich Nothwendige ist, dass der junge Mann zwischen der Schule und dem Eintritt ins Leben eine Anzahl von Jahren ausschliessend dem wissenschaftlichen Nachdenken an einem Orte widme, der Viele, Lehrer und Lernende in sich vereinigt.

So wie es nun bloss diese drei Stadien des Unterrichts giebt, jedes derselben aber unzertrennt ein Ganzes macht, so kann es auch nur drei Gattungen *auf einander folgender* Anstalten geben, und ihre Gränzen müssen mit den Gränzen dieser Stadien zusammenfallen, nicht dieselben in der Mitte zerschneiden.

Auch ist die Idee zur Absonderung wohl nur daher entstanden, dass man sich unter Mittelschulen eine eigne Gattung von Schulen, die auf andre Kenntnisse, als die gelehrten Rücksicht nehmen, gedacht und nun besorgt hat, die gelehrten durch Verbindung beider zu verwickelt zu machen. Allein auch in dieser zweiten Absicht, dass die Mittelschulen für diejenigen, die auf höheren Unterricht Verzicht leisten, bestimmt seyn sollen, bestreite ich dieselben.

Da, um dies nur vorläufig zu bemerken, die Bestimmung eines Kindes oft sehr lange unentschieden bleibt, so bringen sie den Nachtheil hervor, dass leicht

Verwechslungen vorgehen, der künftige Gelehrte zu lange in Mittelschulen, der künftige Handwerker zu lange in gelehrten verweilt, und daraus Verbildungen entstehen.

[...]

Um dagegen alle Nachtheile, um derentwillen man sie einführen will, zu vermeiden, muß man nur überhaupt und bei den gelehrten für folgende Dinge sorgen.
1. dass es wenigstens in jeder grösseren Stadt eine oder einige so vorzügliche Elementarschulen gebe, dass es für keinen Nachtheil angesehen werden kann, wenn auch viele Bürger allein sie und nie eine andere Schule besuchen. Und wenn man bedenkt, dass der Elementarunterricht, wie er jetzt hier genommen wird, alles in sich fasst, wovon die Klarheit und Bestimmtheit der Begriffe abhängt, worauf, wie auf einem Fundament, die höchste Mathematik ruht, und was die Einbildungskraft zu den beiden Hauptgattungen der Kunst, der bildenden, und musikalischen, anregt, und dass dies alles auf eine die Empfindung stark bewegende Weise behandelt wird, so dürfte man gewiss in Versuchung gerathen, diese Erziehung der auf manchen unsrer jetzt berühmten Gymnasien vorzuziehen.
2. dass für die Güte der unteren, oder Bürgerklassen der gelehrten Schulen ebensosehr, als für die der höheren gesorgt werde; man aber den eigentlichen Elementarunterricht von ihnen absondere. Nehmen sie diesen auch nur einigermassen mit auf, so werden die eigentlichen Elementarschulen bald als Volksschulen im verächtlichen Sinne des Worts angesehen, was ihrer Verbesserung sehr nachtheilig ist. Folgen diese gut organisirten unteren Classen auf guten Elementarschulen, so lässt sich für sehr viele Zwecke des Lebens der Unterricht sehr gut bei ihnen beschliessen.
3. dass die gelehrten Schulen nicht bloss lateinische seyen, sondern der historische und mathematische Unterricht gleich gut und sorgfältig mit dem philologischen behandelt werde. Gegenwärtig, wo es oft hieran mangelt, entsteht der Nachtheil, dass derjenige, welcher für Sprachunterricht weniger Sinn hat, entweder die Schule zu früh verlassen oder unnütz auf derselben verweilen muss.
4. dass der Sprachunterricht wirklich Sprachunterricht und nicht, wie jetzt so oft, eine mit Altherthums und historischen Kenntnissen verbrämte, und hauptsächlich auf Uebung gestützte Anleitung zum Verständniss der classischen Schriftsteller sey. Denn die Kenntniss der Sprache ist immer, als den Kopf aufhellend, und Gedächtniss und Phantasie übend, auch unvollendet nützlich, die Kenntniss der Literatur hingegen bedarf, um es zu werden, einer gewissen Vollständigkeit, und anderer günstiger Umstände.

5. dass die Klassenabtheilung nicht durchweg, sondern nach den Hauptzweigen der Erkenntniss gehe und die Lehrer erlauben und begünstigen, dass der Schüler, wie ihn seine Individualität treibt, sich des einen hauptsächlich, des andern minder befleissige, wofern er nur keinen ganz vernachlässigt. Eine Verschiedenheit der intellectuellen Richtung auf Sprachstudium, Mathematik und Erfahrungskenntnisse ist einmal unläugbar vorhanden, und es wäre ebenso wunderbar nur Eine begünstigen, als, sie in verschiedene Anstalten verweisend, sie noch mehr spalten zu wollen. Bloss die letztere muss man nie dulden, ohne sie fest an eine der andern zu knüpfen, da sie sonst nach und nach auch die Möglichkeit wahrer Wissenschaft in einem Kopf zerstört.
6. dass es viele SpecialSchulen gebe und kein bedeutendes Gewerbe des bürgerlichen Lebens eine entbehre. Was man in Bürgerschulen in Technologie lehrt, liesse sich sehr gut mit den Kunstschulen, in denen ja viele Handwerker schon jetzt unterrichtet werden, verbinden. Ausserdem könnten sie, wie in Berlin geschieht, technische und chemische Vorlesungen hören, und da viele doch wandern und reisen, so schadete es nichts, wenn diese nur an einigen Orten der Monarchie zu finden wären. Ackerbau- Handels- Steuermannschulen giebt es schon jetzt. Ebenso Anstalten für nicht wissenschaftlich gebildete Aerzte u. s. f.

Auf diese Weise sehe ich keinen Mangel, dem durch eine Mittelschule abgeholfen werden müßte. Der ganz Arme schulte seine Kinder in die wohlfeilsten, oder unentgeldlichen Elementarschulen; der weniger Arme in die besseren, oder wenigstens theureren. Wer noch mehr anwenden könnte, besuchte die gelehrten Schulen, bliebe bis zu den höheren Classen, oder schiede früher aus, triebe mehr Sprachunterricht oder mehr gemeinhin realen genannten. Auf diesen Schulunterricht folgten die Universität, eine Specialschule oder der Eintritt in das bürgerliche Leben selbst. Jeder, auch der Aermste, erhielte eine vollständige Menschenbildung, jeder überhaupt eine vollständige, nur da, wo sie noch zu weiterer Entwicklung fortschreiten könnte, verschieden begränzte Bildung, jede intellectuelle Individualität fände ihr Recht und ihren Platz, keiner brauchte seine Bestimmung früher als in seiner allmäligen Entwicklung selbst zu suchen, die meisten endlich hätten, auch indem sie die Schule verliessen, noch einen Uebergang vom blossen Unterricht zu der Ausführung in den SpecialAnstalten.

[...]

Arbeitsaufgaben

1. *Erläutern Sie mit Humboldt das Verhältnis zwischen allgemeiner und spezieller Bildung.*
2. *Welche Stadien des Unterrichts, d. h. der Vermittlung allgemeiner Bildung benennt Humboldt? Wie unterscheiden sich die Zielperspektiven für die einzelnen Stadien, und worin besteht ihr gemeinsamer Nenner?*
3. *Wie sollen nach Humboldt diese bildungstheoretischen Überlegungen idealiter schulorganisatorisch realisiert werden?*
4. *Beurteilen Sie das Programm der Elementarerziehung im Sinne Humboldts auf dem Hintergrund der damaligen Schulverhältnisse. Beachten Sie dabei, was Sie im Zusammenhang der Aufklärungspädagogik über den Alphabetisierungsgrad der Bevölkerung und den Zustand des Landschulwesens etwa bei Zedlitz gelernt haben.*
5. *Aus welchen Gründen lassen sich aus der Sicht Humboldts eigenständige Mittelschulen bildungstheoretisch nicht rechtfertigen? Warum hält er dennoch ihre Existenz zur damaligen Zeit für erforderlich?*
6. *Welches inhaltliche Profil sollen die »gelehrten Schulen« der Zukunft nach Humboldt entwickeln? Inwieweit lassen sich mit Blick auf das gegenwärtige Gymnasium Kontinuitätslinien zu der Gymnasialkonzeption Humboldts auffinden?*
7. *Vergleichen Sie die Konzeption der »gelehrten Schulen« bei Zedlitz mit derjenigen von Humboldt.*

Kapitel IV

»Erziehung vom Kinde aus«

Die Reformpädagogik

Abbildung Vorderseite:

»Lichtgebet«, Aquarell des Jugendstilmalers Hugo Höppner, genannt Fidus, in dem die zeittypischen Mythen von Jugend, Naur und freien Lebensformen zum Ausdruck kommen.

Erläuterungen zu den Materialien und ihrem historischen Kontext

Wenn es schon problematisch ist, die pädagogischen Initiativen und Reflexionen des ausgehenden 18. und des beginnenden 19. Jahrhunderts unter dem Einheitlichkeit suggerierenden Etikett der »Aufklärungspädagogik« bzw. des »Neuhumanismus« zusammenzufassen, so gilt dies in noch stärkerem Maße für die pädagogischen Bewegungen und Theorieentwürfe im ersten Drittel des 20. Jahrhunderts, die in diesem Studienbuch wie in der Historiographie der Pädagogik unter dem Begriff der »Reformpädagogik« thematisiert werden. Der erste der nachfolgenden Hinweise auf die Materialien hat also einen einschränkenden Charakter: Wenn man in den Texten dieses Bausteins nach einem einheitlichen Programm der reformpädagogischen Bewegung und nach einer ausdifferenzierten homogenen Theoriegestalt sucht, dann ist diese Suche vergeblich. Es sind disparate, teilweise widersprüchliche Reforminitiativen einer »neuen Erziehung«, die sich nach der Jahrhundertwende unabhängig voneinander entwickelten, öffentliche Resonanz gewannen und zwei Jahrzehnte später, am Ende der Weimarer Republik, im wissenschaftlichen Diskurs als »Reformpädagogik« zusammengefaßt wurden.

Für sich allein genommen, besagt der Begriff der Reformpädagogik noch wenig. Auch die Philanthropen des 18. Jahrhunderts, die Aufklärungspädagogen also, verstanden sich als »Reformpädagogen«, die mit einer neuen Form der Erziehung einen entscheidenden Beitrag zu individueller Vervollkommnung und gesellschaftlichem Fortschritt leisten wollten. Und auch den »Neuhumanisten« ging es wenige Jahrzehnte später unter dem Vorzeichen eines neuen Bildungsbegriffs um die radikale Reform einer als defizitär diagnostizierten Erziehung und Schule. Insofern ist der Reformanspruch der »Reformpädagogen« des beginnenden 20. Jahrhunderts nichts grundsätzlich Neues; sie teilen ihn mit den früheren Epochen pädagogischen Denkens. Aber diese »pädagogische Ambition« (Oelkers), für das Wohl der Heranwachsenden und den Fortschritt der Gesellschaft maßgeblich verantwortlich zu sein, erhält in den neuen reformpädagogischen Bewegungen und im sich daraus entwickelnden Theorieprogramm der geisteswissenschaftlichen Pädagogik eine zeittypische Zuspitzung, die es trotz aller Bedenken rechtfertigen, von einer neuen Form pädagogischer Theorie und Praxis, von »der« Reformpädagogik zu sprechen.

Wenn man die heterogenen Ansätze und Strömungen der Reformpädagogik auf ihren gemeinsamen Nenner bringt, um damit das Neue von den älteren Formen pädagogischen Denkens und Handelns abzugrenzen, dann sind es drei Themen, die sich in den Vordergrund pädagogischen Interesses schieben und in immer neuen Formen variiert werden, nämlich die »Entwicklung«, die »Natur« und die »Individualität« des Kindes. Unter einer theoriegeschichtlichen Perspektive sind auch dies keine wirklich neuen Themen; bezeichnenderweise wird Rousseau für viele Reformpädagogen zum Kronzeugen ihres eigenen Programms. Neu ist lediglich die Radikalität, mit der die Individualität des Kindes in das Zentrum der pädagogischen Reflexion gestellt und die Pädagogik als Theorie und Praxis »vom Kinde aus« gedacht wird.

Wenn sich eine Theorie und Praxis als neu definieren, so kann dies nur in Abgrenzung von älteren Theorien und Praktiken geschehen; dies war schon bei den Reformen der Aufklärungspädagogik und des Neuhumanismus der Fall. Insofern ist es zur Charakteristik der reformpädagogischen Bewegung des beginnenden 20. Jahrhunderts aufschlußreich zu fragen, wovon sie sich eigentlich abgrenzte, was sie mit ihrem neuen pädagogischen Programm zu überwinden versuchte. Die nachfolgenden Texte sprechen unter dieser Fragestellung eine deutliche Sprache: Bei aller Unterschiedlichkeit der theoretischen Positionen und Programme bildet die Kritik an der damaligen Schule und an der Form schulischen Lernens den zentralen Bezugspunkt pädagogischen Denkens. In den Schulen, so die übereinstimmende Klage, verkümmere die Individualität des Kindes, weil seine »Natur« und deren »Entwicklung« systematisch mißachtet werde. Diese Schulkritik ist das Kernstück der Reformpädagogik, verbindet ihre unterschiedlichen Strömungen und ihre Protagonisten, stiftet die Gemeinsamkeit zwischen den disparaten Forderungen nach einer neuen Kunsterziehung, nach einer neuen Arbeitsschule, nach einer neuen Spielpädagogik, nach neuen Landerziehungsheimen, nach einer neuen Körperkultur. Was die Aufklärungspädagogen und die Neuhumanisten als kühne Zukunftsvision entworfen hatten, den Aufbau eines umfassenden, staatlich kontrollierten Bildungssystems für alle Heranwachsenden, bildet jetzt, zu Beginn des 20. Jahrhunderts, den Nährboden für eine neue Pädagogik, die ihr Selbstverständnis aus der Kritik an diesem Prozeß der Verschulung, an der erfolgreichen Institutionalisierung und Formalisierung schulischen Lernens gewinnt. Wenn man den Aufbau und die Durchsetzung eines umfassenden Bildungssystems im späten 19. Jahrhundert als Realisierung älterer pädagogischer Ambitionen versteht, dann ist die Reformpädagogik des beginnenden 20. Jahrhunderts – in Anlehnung an eine Formulierung Tenorths – die »laute Klage« der Pädagogik über ihren eigenen »stillen Sieg«.

Auch wenn die Kritik am Bildungssystem der Zeit das konstitutive Merkmal für die Reformpädagogik war, so läßt sie sich doch nicht allein auf die vorangegangene schulhistorische Entwicklung zurückführen. Ihre Schulkritik war eingelassen in und wurde inspiriert durch eine weit über den pädagogischen Diskurs hinaus verbreitete zeittypische Krisendiagnostik. Die Schulkritik der Reformpädagogen war Teil einer umfassenden »Kulturkritik«, die in den Jahrzehnten nach der Jahrhundertwende vor allem in bürgerlichen Kreisen eine immer größere Resonanz fand. Es war ein tiefes, wenngleich diffuses Krisenbewußtsein, das als Reaktion auf die dramatischen Veränderungen, auf die Modernisierung der Gesellschaft, das Selbstverständnis und Lebensgefühl der Zeit prägte. Eine eingehende Darstellung dieser Kulturkritik und ihrer vielfältigen Varianten würde den Rahmen dieser einführenden Erläuterungen sprengen. Zum besseren Verständnis der Reformpädagogik kann lediglich die Stoßrichtung dieser Kritik angedeutet werden.

Nach Auffassung der Kulturkritiker des beginnenden Jahrhunderts war die Zeit durch den Verlust echter schöpferischer Individualität gekennzeichnet: Der »Herdenmensch«, der sein Handeln an kleinlichen Nützlichkeitskalkülen und leeren Konventionen ausrichte, sei der Prototyp, der »Kollektivismus« das Signum der neuen, der kritisierten Zeit. Die alten inspirierenden Ideale hätten für die einzelnen wie für das »Volk« insgesamt ihre frühere Verbindlichkeit verloren. Kunst und Philosophie seien kraftlos geworden, seien durch eine seelenlose Wissenschaft, die immer mehr, aber immer sinnloseres Wissen produziere, abgelöst worden. Positivistisches Wissen habe die »echte« Bildung verdrängt. Ein schnöder Materialismus beherrsche das Denken und Handeln des Menschen. Konkurrenz sei an die Stelle von Solidarität getreten, habe die belebende Kraft der Gemeinschaft verblassen lassen. Anonyme Apparate koordinierten und steuerten deshalb diese geistlose Geschäftigkeit, führten die Menschen in eine neue Form der Hörigkeit. Die Begriffe: Leben, Natur, Kunst, Individualität, Gemeinschaft und nicht zuletzt Bildung gehören dagegen zum positiv besetzten Inventar dieser Krisensemantik. Um diese Begriffe herum kristallisieren sich die Vorstellungen und Hoffnungen zur Überwindung der diagnostizierten Kulturkrise. Es sind genau die Begriffe, die auch für die reformpädagogische Bewegung zu den unbestrittenen Leitbegriffen wurden.

Diese »Krise der Zeit« wurde von den Zeitgenossen zwar primär als geistig-moralische, d. h. als kulturelle Krise interpretiert. Aber in diesen zeitgenössischen Kulturdiagnosen werden die tieferliegenden gesellschaftlichen Gründe für das verbreitete Krisenbewußtsein zumindest andeutungsweise erkennbar. Die Kulturkritik des ausgehenden 19. und des beginnenden 20. Jahrhunderts, so kann man vorwegnehmend und zusammenfassend sagen, ist Ausdruck einer gleichzeitigen forcierten Modernisierung der deutschen Gesellschaft und der dabei auftretenden sozialen Spannungen und Brüche. Die Reformpädagogik reagierte mit ihrer Schulkritik auf diesen gesellschaftlichen Wandel und ist nur auf diesem Hintergrund angemessen zu interpretieren.

In der zweiten Hälfte des 19. Jahrhunderts war Deutschland von einem agrarisch strukturierten Land zu einer der ökonomisch führenden Industrienationen geworden. Die »große Industrie« und die moderne Form der Fabrikarbeit prägten zunehmend das Leben. Beflügelt durch neue Technologien und Erfindungen im Bereich des Bergbaus, der Stahlerzeugung und – gegen Ende des Jahrhunderts – in der chemischen und der Elektroindustrie, veränderte die industrielle Entwicklung das Gesicht ganzer Regionen, nicht nur an Rhein und Ruhr. Im Gefolge dieser Entwicklung kam es zu großen Wanderungsbewegungen in die Industriestandorte, zu einem Urbanisierungsprozeß, der bis dahin historisch ohne Beispiel war. Kleine Städte wuchsen innerhalb weniger Jahrzehnte zu Großstädten mit mehreren 100 000 Einwohnern. Der »Moloch« Großstadt, die »Metropolen«, wurden zum faszinierenden und zugleich beunruhigenden Symbol der Zeit.

Begleitet und unterstützt wurde diese industrielle Entwicklung durch eine revolutionäre Veränderung des Verkehrswesens. Das Zeitalter der Postkutschen gehörte endgültig der Vergangenheit an. Eisenbahnen, Dampfschiffe und in den 20er Jahren das Automobil ließen die Entfernungen subjektiv kleiner werden. Ein immer dichter werdendes Netz von Straßen- und Eisenbahnen, später auch die Erfindung des Telefons und des Telegraphen ließen in der Wahrnehmung der Zeitgenossen die Weite des Raumes schrumpfen und erzeugten ein Gefühl der Beschleunigung, das Gefühl, in einer »beschleunigten Zeit« zu leben.

Mit dem Siegeszug der »großen Industrie« veränderte sich das soziale Gefüge der deutschen Gesellschaft. Die Expansion des industriellen Sektors löste das schwerwiegendste Problem der traditionalen Gesellschaft des 18. und beginnenden 19. Jahrhunderts: Die neuen Industrien schufen endlich die Arbeitsplätze, die für die Existenzsicherung der ehemaligen unterständischen Schichten gefehlt hatten. Aber trotz dieser bemerkenswerten Erfolge der kapitalistischen Modernisierung war die deutsche Gesellschaft zu Beginn des 20. Jahrhunderts und in den nachfolgenden Jahrzehnten von einer sozialen Befriedung weit entfernt. Aus den Unterschichten, dem »Pöbel« der ständisch-traditionalen Gesellschaft, war das moderne Industrieproletariat entstanden; die Ständegesellschaft hatte sich in eine Klassengesellschaft transformiert. Unversöhnlicher als je zuvor standen sich Arme und Reiche gegenüber, stießen in den neuen Städten auf engstem Raum ein bis dahin unbekannter materieller Luxus und bitterste Armut aufeinander. Die bürgerliche Gesellschaft, so schien es den besorgten Zeitgenossen, war durch ein ständig wachsendes Proletariat und sein erwachendes Klassenbewußtsein in ihren Fundamenten bedroht. Erste, auf die Amtszeit Bismarcks zurückgehende Ansätze einer staatlichen Sozialpolitik auf der einen und eine expansive nationalistische

Außenpolitik auf der anderen Seite sollten diese Klassengegensätze entschärfen und die Arbeiter in das Gesellschaftssystem integrieren.

Die Industrialisierung führte auch innerhalb des Bürgertums zu sozialen Verschiebungen, die für die Interpretation der zeittypischen Krisendiagnostik und Kulturkritik aufschlußreich sind: Hatte das Bildungsbürgertum noch in der ersten Hälfte des 19. Jahrhunderts in Preußen/Deutschland gegenüber dem Besitzbürgertum eine soziale und politisch dominierende Stellung behauptet und sich als der eigentliche Träger des gesellschaftlichen Fortschritts verstehen können, so verschoben sich die sozialen Gewichte spätestens seit der »Gründerzeit« der 70er Jahre zugunsten eines Bürgertums, das sein Selbstbewußtsein auf seinen ökonomischen Erfolg und materiellen Reichtum gründete. Die stereotype Klage der Kulturkritik über den Niedergang des Geistes, über das Verschwinden authentischer Individualität und über den grassierenden Materialismus dürfte in dieser veränderten Konstellation des bürgerlichen Lagers eine ihrer Wurzeln gehabt haben. Aufschlußreich für das Verständnis des Krisenbewußtseins der Zeit und für das der Reformpädagogik sind schließlich auch die politischen Spannungen und Friktionen im ausgehenden Kaiserreich wie in der Weimarer Republik. Deutschland wurde in diesem Zeitraum zwar zu einem modernen, ökonomisch erfolgreichen Industriestaat, aber die verfassungspolitische Demokratisierung blieb nach der gescheiterten Revolution von 1848/49 und der erfolgreichen Reichsgründung durch Bismarck bis 1918 unvollendet. In der Verfassung des Kaiserreichs gingen moderne parlamentarische Elemente mit den Relikten des monarchischen Obrigkeitsstaates eine folgenreiche Allianz ein. Angesichts einer als existenzbedrohend empfundenen Arbeiterbewegung und ihrer politischen Organisation, der Sozialdemokratie, optierten weite Teile des deutschen Bürgertums für den starken Staat, kam es zu einer folgenreichen Schwächung des politischen Liberalismus in Deutschland. Die Sehnsucht nach einer von starken Persönlichkeiten geführten »Volksgemeinschaft« als Gegenbild zu einer von Parteienhader und Machtinteressen geprägten Politik sollte über das Ende des Kaiserreichs hinaus wirksam bleiben und die Geschichte der Weimarer Republik nachhaltig prägen. Deutschland wurde nach der Novemberrevolution zu einer »Demokratie ohne Demokraten«, wie es später – überspitzt – formuliert worden ist. Für den revolutionären Flügel der Arbeiterbewegung verschleierte die parlamentarisch-demokratische Verfassung von 1918 lediglich die ungebrochene Klassenherrschaft des Bürgertums. Für weite Teile dieses Bürgertums war sie dagegen bestenfalls eine durch die Kriegsniederlage erzwungene politische Notlösung, die den Traum von der innerlich befriedeten und nach außen starken Volksgemeinschaft nicht erfüllen konnte.

Das Krisenbewußtsein der Zeit fand in der Jugendbewegung der ersten Jahrzehnte nach 1900 seinen prägnantesten Ausdruck. In den Manifesten und experimentellen neuen Lebensformen der Jugendbewegung drückten sich die Kritik am gesellschaftlichen Status quo und zugleich die Hoffnung auf die Überwindung der »kulturellen Krise« aus. Kurz vor der Jahrhundertwende gingen die ersten Gymnasiasten aus Berlin-Steglitz – übrigens unter Leitung eines ihrer Lehrer – auf Wanderfahrt. Das Beispiel dieser »Wandervögel«, wie sie sich seit 1901 nannten, fand unter den Jugendlichen der Zeit, bei Schülern, Lehrlingen und jungen Arbeitern – zuerst unter den Jungen, bald auch unter den Mädchen – eine erstaunliche Resonanz. Eine kaum zu überblickende Vielzahl von Jugendbünden mit unterschiedlichen ideologischen Vorzeichen entstand in der Folgezeit. Was sie bei allen ideologischen und organisatorischen Differenzen miteinander verband, kommt in den Versen der bekanntesten Fahrtenlieder der Zeit am deutlichsten zum Ausdruck: »Aus grauer Städte Mauer ziehn wir durch Wald und Feld« und: »Mit uns zieht die neue Zeit«. Es ist einerseits die Sehnsucht nach Natur und Freiheit, das Verlangen nach einfachen, ursprünglichen Lebensformen, der Wunsch nach authentischen Gemeinschaftserlebnissen, die Suche nach neuen Idealen, die gegen die »seelenlose Zivilisation« mobilisiert werden. Und es ist andererseits die selbstbewußte, geradezu missionarische Überzeugung, daß die Jugend zum Träger einer neuen, besseren Zeit werden würde.

Die reformpädagogischen Bewegungen bzw. ihre Protagonisten sind von dieser Jugendbewegung entscheidend geprägt worden, zumeist als Aktivisten, mindestens als sympathisierende Beobachter. Die erste große Jugendbewegung inspirierte die pädagogische Theorie und Praxis der Reformbewegung dabei in doppelter Weise. Sie »importierte« die Sehnsüchte, Erfahrungen und Lebensformen der Jugendbewegung und gewann daraus ein neues Verständnis von Erziehung, ihrer Ziele und Methoden. Damit ist die eine Seite dieser intimen Beziehung zwischen Reformpädagogik und Jugendbewegung angedeutet. Die andere: Jugend, Jugendbewegung und die vielfältigen Formen einer neuen Jugendkultur wurden sehr bald schon zum Gegenstand pädagogischer Ambitionen und Strategien. Sie wurden in gewisser Weise »pädagogisch gezähmt«, so daß sich den Pädagogen als Helfenden und Anwälten der Jugend neue Aufgaben und Arbeitsfelder eröffneten. Das enge Feld der Schulpädagogik erweiterte sich zur Sozialpädagogik.

Der erste der nachfolgenden Texte stammt von Julius Langbehn (1851 – 1907), dem »Rembrandt-Deutschen«, der neben Nietzsche und Lagarde einer der wichtigsten Anreger der reformpädagogischen Bewegung war. Langbehn war Kunsthistoriker und Kunsterzieher und veröffentlichte bereits im Jahre 1889 sein Buch

»Rembrandt als Erzieher«, das ihn über Nacht berühmt machte. Für die Kulturkritik im Kaiserreich wie in der Weimarer Republik ist seine Bedeutung kaum zu überschätzen. Sein Buch gehörte zur »Pflichtlektüre« des gebildeten Bürgertums und erreichte bis zum Ende der Weimarer Republik 85 Auflagen. Es richtete sich gegen den angeblich »demokratisierende[n] nivellirende[n] atomisirende[n] Geist des jetzigen Jahrhunderts«, kritisierte die »gesammte Bildung der Gegenwart« als eine »historische alexandrinische rückwärtsgewandte«, die unfähig sei, neue Werte zu schaffen, und forderte die Rückbesinnung auf die Kraft einer echten, schöpferischen Individualität, wie sie sich einst in der Person Rembrandts verkörpert habe. Für die Reformpädagogik wurde er damit zu einem der wichtigsten Kronzeugen für ihre eigenen Überlegungen.

Das »Manifest der Freideutschen Jugend« vor ihrem großen Treffen auf dem »Hohen Meißner« bei Kassel im Jahre 1913 ergänzt die kulturkritischen Thesen Langbehns. Es dokumentiert die Unruhe und Aufbruchstimmung, die weite Kreise vor allem der bürgerlichen Jugendlichen am Vorabend des 1. Weltkrieges erfaßt hatten. Der Mythos Jugend, der in den Diskussionen der damaligen Zeit immer wieder als Antwort auf die Krise der Massengesellschaft beschworen wurde, wird in diesem Manifest auf eine griffige, öffentlichkeitswirksame Formel gebracht.

Zum Krisenbewußtsein der damaligen Zeit gehörte auch die Erfahrung einer zunehmenden Berufstätigkeit von Frauen, zuerst und quantitativ bedeutsam der Arbeiterfrauen, aber auch zunehmend von Frauen aus bürgerlichen Schichten. In der Frauenbewegung der damaligen Zeit artikulierten sich ein neues Selbstverständnis und ein gesellschaftliches Problembewußtsein einer vorerst kleinen Minderheit der Frauen, zeigten sich erste Risse im traditionellen Verständnis der Frauenrolle, wie es sich seit dem 18. Jahrhundert als Leitbild entwickelt hatte. Aus den vielstimmigen und widersprüchlichen Äußerungen zur Frauenfrage sind für die nachfolgende Textsammlung Überlegungen Ellen Keys (1849–1926) aufgenommen worden. Diese Auswahl bedarf insofern der Begründung, weil es ich um eine schwedische Autorin, Lehrerin und Frauenrechtlerin handelt. Die Ausführungen stammen aus ihrem 1900 veröffentlichten und bereits 1902 in Deutschland erschienenen Buch »Das Jahrhundert des Kindes«, einem Buch, das kaum wie ein zweites die deutsche Diskussion beflügelt hat. Da aus dieser Aufsatzsammlung weiter unten auch ein Auszug zur zeitgenössischen Schulkritik präsentiert wird, die in Deutschland auf eine große Resonanz stieß, erscheint es sinnvoll, Key auch in ihrer Position zur Frauenfrage zu Wort kommen zu lassen.

Key hielt die Berufstätigkeit der Frauen keineswegs für den »Königsweg« zu ihrer gesellschaftlichen Gleichberechtigung, sondern letzten Endes für einen Angriff auf das »Wesen« der Frau, auf die Mütterlichkeit als vermeintlich natürliche Bestimmung. Der »Mythos Kind«, der das pädagogische Denken der reformpädagogischen Bewegung beherrschte, findet bei Ellen Key im Mythos der Mütterlichkeit seine passende Ergänzung. Trotzdem läßt sich ihre Position nicht umstandslos als konservativ abtun: Key stilisiert zwar die Rolle der Hausfrau und Mutter als »wesensgemäß«, verlangt aber gleichzeitig, daß die Frau in dieser Rolle sozial und ökonomisch abgesichert, aus der finanziellen Abhängigkeit von ihrem Ehemann befreit werden müsse. Insofern hat Keys Programm durchaus Züge von Modernität, die im 18. und 19. Jahrhundert noch undenkbar gewesen waren.

Der nachfolgende Text wendet sich der reformpädagogischen Reflexion im engeren Sinne zu. Er stammt von Berthold Otto (1859 – 1933), der als pädagogischer Schriftsteller und Gründer einer »Hauslehrerschule« in Berlin (1906) bis in die Jahre der Weimarer Republik zu einem der bekanntesten und einflußreichsten Reformpädagogen und Kritiker der traditionellen Schule wurde. Der kurze Auszug aus seinen Schriften präsentiert das zentrale Thema der Reformpädagogik, das in den nachfolgenden Texten in unterschiedlicher Weise variiert wird: das Kind, seine Natur und Entwicklung, als den konstitutiven Gegenstand und normativen Fluchtpunkt einer neuen Erziehung. Erziehung und Erzieher haben bei Otto eine lediglich schützende und unterstützende Funktion bei der Entwicklung des Kindes. Sie haben dafür zu sorgen, daß sich die »Anlagen« eines jeden Kindes ungehindert entwickeln können, daß jedes Kind damit zu seiner unverwechselbaren Individualität finden soll.

Der sich anschließende Text stammt aus dem bereits erwähnten Bestseller Ellen Keys, »Das Jahrhundert des Kindes«. Das reformpädagogische Leitmotiv einer »Erziehung vom Kinde aus« wird in eine radikale Kritik der damaligen Schule »übersetzt«, eine Schulkritik, die sich ursprünglich zwar gegen die Verhältnisse in ihrer schwedischen Heimat richtete, aber von ihren deutschen Lesern auch umstandslos auf das deutsche Bildungssystem bezogen werden konnte. Das im Text von Berthold Otto entwickelte Zentralthema der Reformpädagogik wird bei Ellen Key im Blick auf das bestehende Bildungssystem durchgespielt: Die Schule als Ort eines formalisierten, systematischen, auf Leistungsmessung ausgerichteten Lernens vergewaltigt nach Key die Natur des Kindes. Die pädagogischen Alternativen, die sie dazu entwickelt, haben gerade in der gegenwärtigen schulpädagogischen Diskussion wieder eine erstaunliche Hochkonjunktur: frühe Förderung individueller Anlagen, »Epochenunterricht« und Konzentration der Lehrstoffe, selbständiges Arbeiten und verstärkter Wirklichkeitsbezug, also praktisches Lernen statt Ansammlung von theoretischem Bücherwissen. Ellen Keys Überlegungen zur »Gesamtschule der Zukunft«, die weder eine Trennung der Schüler nach sozialer Herkunft noch nach ihrem Geschlecht kennen sollte, deuten an, daß ihre Autorin im Spektrum der Reformpädagogik eine progressive Sonderrolle spielte.

Georg Kerschensteiner (1854–1932) war der Begründer der Arbeitsschulbewegung in Deutschland, einer wichtigen Strömung innerhalb der Reformpädagogik. Bis heute gilt er als einer der wichtigsten führenden Theoretiker der Berufspädagogik, der als Stadtschulrat in München (1895–1919) seine Vorstellungen auch praktisch umzusetzen versuchte.

Anders als bei Ellen Key stellt Kerschensteiner das alte Schulsystem nicht radikal in Frage, sondern versucht, seine reformpädagogischen Ambitionen als innere Schulreform in Anknüpfung an den schulischen Status quo zu konzipieren. »Aus unserer Lernschule muß eine Arbeitsschule werden«, so lautet die Quintessenz seines Programms. Nicht das Buch, sondern die Arbeit, »die hingebende, sich selbst aufopfernde Arbeit im Dienste des Mitmenschen oder einer großen Wahrheit«, sei der Träger der Kultur. Die Schule, genauer gesagt, die damalige Volksschule und die sich anschließende Fortbildungsschule – das war der Vorläufer der heutigen Berufsschule – müßten deshalb die manuelle Arbeit und die Vorbereitung auf die Arbeitswelt in den Mittelpunkt ihrer Bildungsaufgabe stellen. Dies war für Kerschensteiner zugleich eine Grundlage der notwendigen neuen »staatsbürgerlichen Erziehung«, weil aus der gemeinsamen Arbeit der Schüler und Schülerinnen »das Gefühl der Notwendigkeit der Unterordnung unter gemeinsame Zwecke« erwachse. Die dramatischen ökonomischen Veränderungen der vorangegangenen Jahrzehnte und ihre desintegrierenden sozialen Auswirkungen bilden den erkennbaren Hintergrund für Kerschensteiners Programm. Die Vorbereitung auf die Arbeitswelt wird zur zentralen Bildungsaufgabe der Schule. Arbeit und Bildung werden in Abgrenzung vom neuhumanistischen Bildungsbegriff und mit einer neuen sozialpolitischen Zielsetzung aufeinander bezogen: Den Kindern der unteren und mittleren Schichten soll ein Arbeitsethos vermittelt werden, das sie gegen die Entfremdungsphänomene moderner Fabrikarbeit immunisieren soll, ein Arbeitsethos, das sich allerdings am Ideal vorindustrieller Arbeit orientiert.

Hermann Lietz gilt als »Vater« der Landerziehungsheime, die bis in die Gegenwart hinein als bemerkenswerte und anregende Alternativschulmodelle diskutiert werden. In seinem Programm der Landerziehungsheime, dem vorletzten Text dieses Bausteins, werden die eskapistischen Züge der reformpädagogischen Bewegung, die Sehnsucht nach dem einfachen, natürlichen Leben in einer sinn- und haltgebenden Gemeinschaft besonders deutlich. In gewisser Weise sind es pädagogische Fluchtburgen, in denen sich »wahres Menschtum« angesichts der »offenbaren Mißstände unseres öffentlichen Lebens« nur noch entwickeln und sich für den späteren Kampf gegen die zivilisatorischen Mißstände wappnen kann.

Der letzte Text zur Reformpädagogik stammt von Herman Nohl (1879–1969), der neben Eduard Spranger, Wilhelm Flitner und Erich Weniger zu den bedeutendsten Repräsentanten der geisteswissenschaftlichen Pädagogik gehörte, die in der Weimarer Republik und in den frühen Jahren der Bundesrepublik Deutschland zur dominierenden universitären »Schule« innerhalb der wissenschaftlichen Pädagogik wurde. Die Vertreter dieser geisteswissenschaftlichen Pädagogik waren zumeist wie Herman Nohl durch Erfahrungen in der Jugendbewegung biographisch geprägt und verstanden sich als die legitimen Erben der disparaten reformpädagogischen Programme und Praxisformen der vorangegangenen Jahrzehnte. In seiner Abhandlung über »Die pädagogische Bewegung in Deutschland und ihre Theorie« (1933) entwickelte Nohl im Horizont dieser Tradition das Programm einer Pädagogik als Reflexionsinstanz pädagogischer Praxis. Ein erneuerter Bildungsbegriff sollte dabei zum Zentrum pädagogischer Theorie und Praxis werden. Eine so verstandene Pädagogik muß nach Nohl konsequente »Individualpädagogik« sein, sich als kompromißlose Anwältin der Individualität des Kindes und seiner Bildung definieren. Dies erst begründet den Anspruch der Pädagogik auf Autonomie gegenüber den »Weltanschauungen« und »gesellschaftlichen Mächten« ihrer Zeit. Selbstverständlich hätten diese Mächte, Staat, Kirchen, Wirtschaft, legitime Ansprüche an die Erziehung, selbstverständlich müßten Kinder auf ihr späteres Leben in der Gesellschaft vorbereitet werden. Daraus resultiere die »Antinomie« des pädagogischen Geschäfts. Aber die Grundlage aller Erziehung müsse doch das »leidenschaftliche Verhältnis eines reifen Menschen zu einem werdenden Menschen« bleiben, der unbeugsame Wille, das Kind zu seinem individuellen Leben und zu seiner unverwechselbaren Form kommen zu lassen. Bildungsprozesse sind deshalb nach Nohl nicht linear, nicht als einseitige Beeinflussungsprozesse zwischen Erzieher und Zögling zu denken. Sie vollziehen sich in einer »Bildungsgemeinschaft« als »Lebensgemeinschaft«. Ein emphatischer und zugleich individualistisch verstandener Bildungsbegriff wird damit zur Leitkategorie der Pädagogik als neuer wissenschaftlicher Disziplin.

*Langbehn: Die Krise der Kultur und ihre Überwindung

Langbehn, J.: Rembrandt als Erzieher. Von einem Deutschen. Leipzig [12]1890. S. 1–5.

Es ist nachgerade zum öffentlichen Geheimniß geworden, daß das geistige Leben des deutschen Volkes sich gegenwärtig in einem Zustande des langsamen, Einige meinen auch des rapiden Verfalls befindet. Die Wissenschaft zerstiebt allseitig in Spezialismus; auf dem Gebiet des Denkens wie der schönen Literatur fehlt es an epochemachenden Individualitäten; die bildende Kunst, obwohl durch bedeutende Meister vertreten, entbehrt doch der Monumentalität und damit ihrer besten Wirkung; Musiker sind selten, Musikanten zahllos. Die Architektur ist die Achse der bildenden Kunst, wie die Philosophie die Achse alles wissenschaftlichen Denkens ist; augenblicklich giebt es aber weder eine deutsche Architektur noch eine deutsche Philosophie. Die großen Koryphäen auf den verschiedenen Gebieten sterben aus; les rois s'en vont. Das heutige Kunstgewerbe hat, auf seiner stilistischen Hetzjagd, alle Zeiten und Völker durchprobirt und ist trotzdem oder gerade deshalb nicht zu einem eigenen Stil gelangt. Ohne Frage spricht sich in allem diesem der demokratisirende nivellirende atomisirende Geist des jetzigen Jahrhunderts aus. Zudem ist die gesammte Bildung der Gegenwart eine historische alexandrinische rückwärts gewandte; sie richtet ihr Absehen weit weniger darauf, neue Werthe zu schaffen, als alte Werthe zu registriren. Und damit ist überhaupt die schwache Seite unserer modernen Zeitbildung getroffen; sie ist wissenschaftlich und will wissenschaftlich sein; aber je wissenschaftlicher sie wird, desto unschöpferischer wird sie. »Die Theile haben sie in der Hand, fehlt leider nur das geistige Band.« Goethe, der von den jetzigen Deutschen mehr theoretisch als praktisch verehrt wird, konnte Leute mit Brillen nicht leiden; Deutschland ist aber jetzt voll von wirklichen und geistigen Brillenträgern; wann wird es hierin zu Goethe's Standpunkt zurückkehren? Den Bewohnern eines Reiches, wie das neuerstandene deutsche, steht es sicherlich nicht an, sich achselzuckend als Epigonen zu bekennen und auf einen Fortschritt in den eigentlich entscheidenden Fragen des geistigen Lebens zu verzichten. Kein Irrthum ist verhängnißvoller als der, wenn man glaubt, in den Hauptstücken der Bildung fertig zu sein; wenn man meint, sie nur im Einzelnen noch nachflicken zu können: solange ein Volk lebendig ist, kann es sich der Nothwendigkeit großer geistiger Achsenverschiebungen, in seinem Innern, nicht entziehen. Man macht heutzutage Entdeckungen in Ostafrika, aber es giebt in Deutschland selbst weit wichtigere Entdeckungen zu machen; es genügt nicht, daß die Deutschen sich als Staatsbürger entdeckt haben; sie sollten sich auch als Menschen entdecken.

In der That macht sich bereits ein Zug nach dieser Richtung hin bemerkbar; die Besseren unter den Gebildeten Deutschlands blicken bereits nach neuen Zielen auf geistigem Gebiet aus. Bismarck hat allerdings geäußert »die Volksmeinung ist schwer zu erkennen«; und wirklich ist dieselbe oft etwas ganz Anderes, als die sogenannte öffentliche Meinung; aber selbst eine verborgene Strömung verräth sich oft durch ein dunkles Rauschen. So auch hier. Das Interesse an der Wissenschaft und insbesondere an der früher so populären Naturwissenschaft vermindert sich neuerdings in weiten Kreisen der deutschen Welt; es vollzieht sich ein merklicher Umschwung in der betreffenden allgemeinen Stimmung; die Zeiten, in welchen ein angesehenes Mitglied der Naturforscherversammlung zu Kassel diese allen Ernstes für das »Gehirn Deutschlands« erklären konnte, sind vorüber. Man glaubt nicht mehr so recht an diese Art von Evangelium. Man ist einigermaßen übersättigt von Induktion; man durstet nach Synthese; die Tage der Objektivität neigen sich wieder einmal zu Ende und die Subjektivität klopft dafür an die Thüre. Man wendet sich zur Kunst!

[...]

Gegenüber dem Niedergang der herrschenden wissenschaftlichen Bildung einerseits und dem Aufgang einer kommenden künstlerischen Bildung andererseits liegt es nahe, nach den Mitteln zu fragen, um beide Vorgänge möglichst zu fördern, zu regeln, klar abzuwickeln. Das deutsche Volk ist in seiner jetzigen Bildung überreif; aber im Grunde ist diese Ueberreife nur eine Unreife; denn der Bildung gegenüber ist die Barbarei stets unreif; und in Deutschland ist die systematische, die wissenschaftliche, die gebildete Barbarei von jeher zu Hause gewesen. »Du kennst unser Deutschland; es hat noch nicht aufgehört, ungebildet zu sein« schrieb einst Reuchlin an Manutius und könnte auch heute noch ein ehrlicher Deutscher dem andern schreiben. Ueberkultur ist thatsächlich noch roher, als Unkultur. Hier haben also etwaige neue erzieherische Faktoren einzusetzen; und zwar werden sie gerade entgegengesetzt wirken müssen, wie die bisherige oder gewöhnliche Erziehung: das Volk muß nicht von der Natur weg-, sondern zu ihr zurückerzogen werden. Durch wen? Durch sich selbst. Und wie? Indem es auf seine eigenen Urkräfte zurückgreift.

»Der kommt am weitesten, der nicht weiß, wohin er geht« erklärte Cromwell und sprach damit das Grundwesen alles Individualismus aus. Die treibende Grund- und Urkraft alles Deutschthums aber heißt: Individualismus. »Charakter haben und deutsch sein, ist ohne Frage gleichbedeutend« sagt Fichte. Zu dieser ihm angebornen, jedoch im Laufe der Zeit vielfach verloren gegangenen Eigenschaft muß der Deutsche zurückerzogen werden. Eben in dem zerklüfteten Wesen, in jenem zentrifugalen Bestreben, welches dem Deutschen von jeher eigenthümlich war, liegt seine Fähigkeit einer unendlich reichen und mannigfachen Ausstrahlung auf das Welt- und Menschheitsganze beschlossen. Je mehr es ihm gelingt, in dieser Hinsicht aus der Noth eine Tugend zu machen, desto vollkommener wird er sein Dasein gestalten. Seine Neigung, individuell zu sein, dem eigenen Kopfe zu folgen, kurz die sprichwörtliche und politisch so oft nachtheilig gewesene deutsche Uneinigkeit befähigt ihn ganz besonders, es auf künstlerisch-geistigem Gebiet weiter zu bringen als andere Völker. Individualismus ist die Wurzel aller Kunst; und da die Deutschen unzweifelhaft das eigenartigste und eigenwilligste aller Völker sind: so sind sie auch – falls es ihnen gelingt, die Welt klar widerzuspiegeln – das künstlerisch bedeutendste aller Völker. Bei keinem Volke der Welt findet man so viel lebende Karikaturen, wie bei den Deutschen; diese üble Eigenschaft hat aber auch ihre gute Kehrseite; sie zeigt, daß sie sehr bildungsfähig sind; je ungeschliffener Jemand ist, desto mehr ist an ihm zu schleifen; und desto höheren Glanz kann er erhalten. Die große Zukunft der Deutschen beruht auf ihrem exzentrischen Charakter. Aus demselben Grunde kann ihre höchste Bildungsstufe nur eine künstlerische sein; denn die höchste Bildungsstufe eines Volkes muß der tiefsten Seite seines Wesens entsprechen; und der Individualismus ist, wie gesagt, die tiefste Seite des deutschen Wesens.

[...]

Die Erziehung zum Individualismus und im Individualismus erweist sich mithin als die nächste Aufgabe des deutschen Volkes auf geistigem Gebiet. Diese neue und doch so alte Geistesrichtung steht dem heute herrschenden wissenschaftlichen Spezialismus ebenso fern, wie dem vor hundert Jahren herrschenden abstrakten Idealismus. Lessing und Schiller schrieben über die Erziehung des Menschengeschlechts; Goethe lebte selbst als Mensch schlechthin; aber nicht diesen letzteren, sondern den deutschen Menschen gilt es heutzutage zu erziehen und zu erzielen. Bei manchem Verlust ist es doch als ein bleibender Gewinn der jetzigen wissenschaftlichen wie politischen deutschen Geistesentwickelung zu bezeichnen, daß sie sich mehr und mehr von Abstraktionen entfernt hat; damit ist zwar noch nicht das Rechte, aber doch der Weg zum rechten gewonnen: »Humanität Nationalität Stammeseigenthümlichkeit Familiencharakter Individualität sind eine Pyramide, deren Spitze näher an den Himmel reicht, als ihre Basis« sagt Paul de Lagarde. Dieser große und weittragende, dieser echt- und urdeutsche Grundsatz ist nach seinem vollen Werthe kaum zu würdigen; er bildet den Ausgangspunkt, aber auch den Zielpunkt des heutigen sowohl wie des vergangenen und künftigen deutschen Geisteslebens, soweit es wirklich und nicht nur scheinbar ist. Nachdem das Pendel der nationalen Bildung vom Idealismus zunächst zum Spezialismus übergeschlagen ist, muß es nunmehr zwischen diesen beiden Extremen, bei dem Individualismus, stehen bleiben.

***Arbeitsaufgaben**

1. *Wie charakterisiert Langbehn die von ihm ausgemachte »Krise der Zeit« im Bereich der Wissenschaften, der Kunst und der Bildung? Welche gesellschaftlichen Entwicklungen spiegeln sich in dieser Krisensemantik?*
2. *Inwiefern sieht Langbehn erste Anzeichen für eine Überwindung der von ihm diagnostizierten Krise? Berücksichtigen Sie in diesem Zusammenhang seine Unterscheidung von »Volksmeinung« und sog. »öffentlicher Meinung«.*
3. *Auf welche Weise soll nach Langbehns Auffassung die neue Erziehung zur Überwindung der vermeintlichen kulturellen Krise beitragen? Welche Leitbegriffe und -perspektiven sind für dieses neue Erziehungsverständnis zentral?*
4. *Welcher Zusammenhang besteht nach Langbehn zwischen diesem Erziehungsprogramm und dem deutschen Nationalcharakter?*
5. *Schon im ersten Jahr seines Erscheinens erfuhr das Buch Langbehns zwölf Auflagen. Überlegen Sie, aus welchen Gründen dieser Text wohl vor allem in bürgerlichen Schichten einen solch großen Verkaufserfolg erzielte.*

Manifest der Freideutschen Jugend

Freideutsche Jugend. Zur Jahrhundertfeier auf dem Hohen Meißner 1913. Jena 1913. S. 4 f.

[. . .] Die deutsche Jugend steht an einem entscheidenden Wendepunkt. Die Jugend, bisher nur ein Anhängsel der älteren Generation, aus dem öffentlichen Leben ausgeschaltet und auf eine passive Rolle angewiesen, beginnt sich auf sich selbst zu besinnen. Sie versucht, unabhängig von den Geboten der Konvention sich selbst ihr Leben zu gestalten. Sie strebt nach einer Lebensführung, die jugendlichem Wesen entspricht, die es ihr aber zugleich auch ermöglicht, sich selbst und ihr Tun ernst zu nehmen, und sich als einen besonderen Faktor in die allgemeine Kulturarbeit einzugliedern. Sie möchte das, was in ihr an reiner Begeisterung für höchste Menschheitsaufgaben, an ungebrochenem Glauben und Mut zu einem adligen Dasein lebt, als einen erfrischenden, verjüngenden Strom dem Geistesleben des Volkes zuführen. Sie, die im Notfall jederzeit bereit ist, für die Rechte ihres Volkes mit dem Leben einzutreten, möchte auch in Kampf und Frieden des Werktags ihr frisches reines Blut dem Vaterlande weihen.

Sie wendet sich aber von jenem billigen Patriotismus ab, der sich die Heldentaten der Väter in großen Worten aneignet, ohne sich zu eigenen Taten verpflichtet zu fühlen, dem vaterländische Gesinnung sich erschöpft in der Zustimmung zu bestimmten politischen Formeln, in der Bekundung des Willens zu äußerer Machterweiterung und in der Zerreißung der Nation durch politische Streitigkeiten.

Die unterzeichneten Verbände haben, jeder von seiner Seite her, den Versuch gemacht, den neuen Ernst der Jugend in Arbeit und Tat umzusetzen; sei es, daß sie den Befreiungskampf gegen den Alkohol aufnahmen, sei es, daß sie eine Veredlung der Geselligkeit oder eine Neugestaltung der akademischen Lebensformen versuchten, sei es, daß sie der städtischen Jugend das freie Wandern und damit ein inniges Verhältnis zu Natur und Volkstum wiedergaben und ihr einen eigenen Lebensstil schufen, sei es, daß sie den Typus einer neuen Schule als des Heims und Ursprungs einer neugearteten Jugend ausgestalteten. Aber sie alle empfinden ihre Einzelarbeit als den besonderen Ausdruck eines ihnen allen gemeinsamen Gefühls vom Wesen, Wert und Willen der Jugend, das sich wohl leichter in Taten umsetzen als auf Formeln bringen läßt. Diesen neuen, hier und da aufflammenden Jugendgeist haben sie als den ihnen allen gemeinsamen erkannt und den Beschluß gefaßt, aus Gesinnungsgenossen nunmehr auch Bundesgenossen zu werden.

Uns allen schwebt als gemeinsames Ziel vor die Erarbeitung neuer Lebensformen, zunächst für die deutsche Jugend. Hieran wollen wir alle, jeder in seiner

Eigenart, mitwirken. Wir wollen auch weiter getrennt marschieren, aber in dem Bewußtsein, daß uns ein Grundgefühl zusammenschließt, so daß wir Schulter an Schulter kämpfen. Wir sprechen die Hoffnung und den Glauben aus, daß sich zu uns mehr und mehr die gesamte gleichgesinnte Jugend sammeln möge.

Im gegenwärtigen Augenblick erleben wir das hohe Glück, uns im gemeinsamen Willen gefunden zu haben. Diesen Zusammenschluß, diese brüderliche Anerkennung wollen wir durch ein großes Fest der Jugend feiern. Und fürwahr, kein Zeitpunkt kann dazu geeigneter sein als das Jahr und der Monat, in dem Deutschland die vor hundert Jahren errungene Freiheit feiert. Noch fehlt das Fest der Jugend in der Reihe dieser Feiern. Und wir wollen es begehen in deutlichem Gegensatz zu jenem von uns verworfenen Patriotismus als eine Gedenk- und Auferstehungsfeier jenes Geistes der Freiheitskämpfe, zu dem wir uns bekennen.

So laden wir denn die Jugend ein, mit uns am 11. und 12. Oktober auf dem Hohen Meißner bei Cassel den Ersten Freideutschen Jugendtag zu feiern. Möge von ihm eine neue Zeit deutschen Jugendlebens anheben, mit neuem Glauben an die eigene Kraft, mit neuem Willen zur eigenen Tat.

Deutsche Akademische Freischar
Deutscher Bund abstinenter Studenten
Deutscher Vortruppbund / Bund deutscher Wanderer
Jungwandervogel / Österreichischer Wandervogel
Germania, Bund abstinenter Schüler
Freie Schulgemeinde Wickersdorf
Bund für Freie Schulgemeinden
Landschulheim am Solling
Akademische Vereinigungen – Marburg und Jena
Serakreis-Jena / Burschenschaft Vandalia-Jena

Arbeitsaufgaben

1. *Was ist der äußere Anlaß für dieses erste große Jugendtreffen in Deutschland? Wo könnten die Gründe dafür liegen, daß es auf dem »Hohen Meißner« stattfand?*
2. *Wie wird der »Wendepunkt« beschrieben, an dem die deutsche Jugend nach Ansicht der Verfasser des Aufrufs zur damaligen Zeit stand?*
3. *Welche Beziehungen sehen Sie zwischen dem Lebensgefühl, das in diesem Aufruf zum Ausdruck kommt, und der etwas älteren Zeitdiagnose Langbehns, die Sie im vorigen Text kennengelernt haben?*

Key: Frau, Beruf und Mutterschaft

Key, E: Das Jahrhundert des Kindes. Berlin ^{8}1905. S. 69–91.

[...]

Es liegt in dem individuellen Rechtsgebiet des Weibes wie des Mannes, die Ehe nicht zu wollen oder sie ohne die Elternschaft zu wollen. Um von der letzteren abzustehen, kann man ebenso oft tief altruistische wie tief egoistische Gründe haben. Es liegt in dem individuellen Rechtsgebiet des Weibes wie des Mannes, dem auszuweichen, was man als hinderlich für die individuelle Entwickelung oder Bewegungsfreiheit betrachtet, und so die Liebe oder die Mutterschaft zu entbehren, wenn man eine von beiden oder beide aus diesem Gesichtspunkte betrachtet. Es ist das volle Recht der Frau, sich in »das dritte Geschlecht« verwandeln zu lassen – in das Geschlecht der Arbeitsbiene, der geschlechtslosen Ameise – falls sie darin ihr höchstes Glück findet!

Als ich vor einigen Jahren in der Frauenfrage auftrat, war ich noch naiv genug, die Mütterlichkeit für das Zentrale in dem Wesen der meisten Frauen zu halten. In der Diskussion über diese Frage habe ich gefunden, dass die notgedrungene Frauenarbeit, der von der Befreiung der Kraft angestachelte weibliche Ehrgeiz, das von vielen anderen Einflüssen des Zeitgeistes modifizierte weibliche Seelenleben bis auf weiteres die mütterlichen Instinkte in den Hintergrund gedrängt hat – eine Gefahr, gegen die zu warnen ich damals noch nicht für zu spät hielt. Es giebt Frauen, bei denen das erotische Gefühl wirklich ganz und gar verkümmert ist; andere, die bei dem modernen Manne nicht die seelenvolle und tiefe erotische Uebereinstimmung finden, die sie mit vollem Rechte wünschen; noch zahlreichere, die die Liebe wollen, aber nicht die Mutterschaft wünschen, ja sie sogar fürchten.

[...]

Es fällt mir nicht ein, ein weiteres Wort an die Frauen zu richten, die die Mutterschaft nicht wünschen.

Ja, es würde sehr unheilvoll sein, wenn diese Frauen, die nie von Zärtlichkeit erbebt sind, wenn sie eine weiche Kinderhand in der ihren fühlten, die sich nie gesehnt haben, sich ganz einem anderen Wesen hinzugeben, Mütter würden! Ihre Kinder würden beklagenswerter als sie selbst!

Solche Frauen giebt es jetzt viele, und ihrer dürften bis auf weiteres immer mehr werden. Bei einigen von diesen ist aber doch der Mutterinstinkt nicht tot, sondern nur unbewusst. Die modernen psychisch analysierenden, physisch und psychisch verfeinerten Frauen werden oft von der Roheit, dem Unverständnis oder den Anforderungen der männlichen Natur zurückgestossen. Das ganze erotische Moment in dem Wesen dieser Frauen welkt wie eine nie aufgeblühte Knospe. Und in der Schwärmerei für eine Aufgabe oder eine Freundin finden sie einen Ausdruck für die Hingebung, deren eigentliche Ziele sie leugnen oder übersehen, etwas, das sich doch schliesslich oft auf tragische Weise rächt.

[...]

Meine Denkweise und die vieler anderer schliesst nicht in sich, dass »die Frau das kostbarste Eigentum des Volkes ist«, sondern dass die Mutter der kostbarste Teil des Volkes ist, so kostbar, dass die Gesellschaft ihr eigenes höchstes Wohl fördert, wenn sie die mütterlichen Funktionen schützt. Und diese sind mit der Geburt oder mit dem Nähren des Kindes nicht abgeschlossen, sondern sie dauern während der Erziehung fort. Ich glaube, dass in der neuen Gesellschaft, wo alle, Frauen wie Männer – aber nicht Kinder, nicht Kranke und nicht Greise – genötigt sein werden, zu arbeiten, man die Funktionen der Mutter als so wichtig für das Ganze betrachten wird, dass jede Mutter – unter gewissen Bedingungen, gewisser Kontrolle, für gewisse Zeit und eine gewisse Anzahl Kinder – von der Gesellschaft einen Erziehungsbeitrag erhält, der sie während der Zeit, in der die Kinder ganz ihre Pflege brauchen, von äusserer Arbeit für den Lebensunterhalt befreit. Natürlich braucht das nicht auszuschliessen, dass die Mutter, die sich aus dem einen oder anderen Grunde der Pflege und Erziehung der Kinder nicht widmen will oder kann, durch ihre eigene Erwerbsarbeit sich eine Stellvertreterin in der Pflege verschaffen kann. Aber für die Mehrzahl der Frauen wäre der angedeutete Vorschlag zweifellos die glückliche Lösung vieler, jetzt scheinbar unlöslicher Probleme. Ich glaube nämlich nicht, dass die Entwicklung das alte Ideal des Vaters als Familienversorgers beibehalten wird; ich hoffe vielmehr, dass die neue Auffassung jedes Individuums als seines eigenen Versorgers immer mehr Boden gewinnen wird. Der Vater wird dann wirklich auch im tieferen Sinne des Wortes Erzieher werden können, wenn die Nahrungssorgen für die Familie ihn nicht mehr zu Boden drücken. Die Frau wird dann als Familienmutter nicht in die Abhängigkeit vom Manne geraten, was sie als erniedrigend empfindet, wenn sie sich als Mädchen selbst ihren Unterhalt verdient hat. Man dürfte zu dieser neuen Form des Matriarchats zurückkehren, wenn man angefangen hat, die Sorge für die neue Generation als die grosse Aufgabe zu betrachten, die die Mutter für die Gesellschaft ausführt, und während deren Ausführung die Gesellschaft ihre Existenz sichern muss. In den meisten Fällen bekommt man von der ausserhalb des

Hauses arbeitenden verheirateten Frau die Antwort: dass ihr Glück darin bestehen würde, in Ruhe die Kinder pflegen und das Haus führen zu können, aber mit einem Einkommen, das sie vom Mann unabhängig machte.

[...]

Wenn man schliesslich den nationalökonomischen Verlust erwägt, der dadurch stattfindet, dass Frauen nach 5–10jähriger Ausbildung ihre Arbeiten oder Studien der Ehe wegen abbrechen, dann muss man wohl einsehen, dass die moderne Frauenarbeit Folgen gehabt hat, die bald eine grosse Abrechnung mit derselben erzwingen müssen! Aus dem Gesichtspunkt der Frau selbst, aus dem der Kinder, dem der Männer und schliesslich dem der Produktion muss man volle Klarheit darüber fordern, dass die Gesellschaft entweder die Arbeitsbedingungen der Frau verändern oder Zeuge der fortschreitenden Auflösung des häuslichen Lebens sein muss; entweder muss die Gesellschaft die Arbeits- und Lebensbedingungen aller umwandeln, oder sie wird die Degeneration des Geschlechtes sehen!

[...]

Arbeitsaufgaben

1. *Welches Menschenbild liegt der Argumentation Keys zugrunde, und welche Rolle wird in diesem Kontext dem Geschlecht zugewiesen?*
2. *Key reagiert mit ihren Ausführungen auf den Umstand, daß die Frauenarbeit um die Jahrhundertwende an Bedeutung gewonnen hat. Welche Motive und Auswirkungen der Berufstätigkeit von Frauen unterstellt die Verfasserin in ihren Überlegungen?*
3. *Welche Bedeutung hat Key zufolge die Mutterschaft für die Biographie einer Frau?*
4. *Vergleichen Sie das Verständnis vom »Wesen« der Frau mit den frühbürgerlichen Auffassungen von Geschlechtsrollen etwa bei Campe und Schleiermacher (s. o. S. 59 ff bzw. S. 105 ff). Berücksichtigen Sie dabei Keys Bemerkungen zur individuellen Selbstbestimmung der Frau und zur ökonomischen Abhängigkeit von ihrem Ehemann.*
5. *Beurteilen Sie die Position Keys auf dem Hintergrund der aktuellen Diskussion über die Berufstätigkeit von Frauen bzw. die Aufwertung der Hausfrauen- und Mutterrolle.*

Otto: Von der Entwicklung unserer Kinder

Otto, B.: Von der Entwicklung unserer Kinder. In: Kretschmann, J.: Was sagt Berthold Otto? Neu bearb. u. hrsg. v. H. Frommberger. Dortmund 1959. S. 13–20.

[...] Jedes Kind hat den Drang in sich, geistig zu erwachsen, wie sein Leib den Drang in sich hat, körperlich zu erwachsen. Es gibt beim geistigen Wachstum zunächst so wenig zu erziehen wie beim körperlichen Wachstum; und Kenntnisse, Erfahrungen Gedanken kann man ursprünglich dem Kind ebensowenig »beibringen«, wie man seinen Gliedern die Verlängerung und Verbreiterung »beibringen« kann, etwa indem man sie mit Folterinstrumenten verzerrt.

Jeder Mensch, jedes Kind trägt die Gesetze eines organischen Wachstums in sich selbst. Für den Körper ist das allbekannt; für Geist und Seele will man es nicht anerkennen. Deswegen läßt man den Körper wachsen, wie er will, gibt ihm nur Gelegenheit zu gesunder Betätigung und hält schädliche Einflüsse und solche Gefahren, deren Abwehr er noch nicht gewachsen ist, von ihm fern. Die körperliche Erziehung hat die besten Ergebnisse. Geist und Seele dagegen, meint man, würden sich zu schändlichen Mißgestalten auswachsen, wenn man sie nicht in sorgfältig ausgewählte und zurechtgedrechselte Schablonen einzwängte, die man in Erwägung dessen, was der Mensch im Leben braucht, zusammenstellt. Solch eine Schablone nennt man Lehrplan, und der wachsende Geist muß jahrweise und tageweise hineingepreßt werden, einerlei, ob er seiner eigenen Natur nach gerade in dieser Richtung wachsen will oder nicht, ja einerlei, ob er überhaupt gerade Wachstumskraft hat oder nicht. [...]

Ich bin durchaus nicht der Meinung, daß der kindliche Geist in seiner natürlichen Entwicklung sich ausschließlich auf Allotria richtet, auf Sachen richtet, die dem Kinde zu erfahren nicht gut sind, sondern ich bin der Überzeugung, daß, wie jedes organische Wesen aus der Welt, die es umgibt, sich das aussucht, was ihm gerade förderlich ist, und das natürlich und instinktiv zurückweist, was ihm schädlich ist, so auch der Kindergeist aus der ihn umgebenden Welt, also aus der Kulturwelt, in die es hineinwächst, sich immer gerade das wahrscheinlicherweise heraussuchen wird, was immer diesem einzelnen Kinde zum Wachstum, zum geistigen Wachstum am besten förderlich sein wird. Das war meine theoretische Grundüberzeugung, die ich mir allerdings erst im Laufe pädagogischer Versuche und auf Grund sorgfältiger psychologischer Beobachtungen angeeignet habe. Sie ist in mir dadurch neu entstanden, für mich; für die Welt ist sie nicht neu. Denn auch in der pädagogischen Welt ist sie schon Jahrhunderte, ja Jahrtausende vor unserer Zeit immer wieder aufs neue ausgesprochen worden. Vielleicht aber sind wir in unserem jetzigen Unterrichtswesen von dieser natürlichen Art des Unterrichtes und der Erziehung weiter abgewichen, als das jemals vorher der Fall gewesen ist. [...]

Ich glaube in der Tat, daß der meiste Schaden, den wir in der Erziehung anrichten, aus einer Art von Verachtung der Kindernatur entspringt, zu der sich gewiß niemand von uns so leicht bekennen wird, deren Bekenntnis in Taten sich aber dem sorgfältigen Beobachter Tag für Tag aufdrängt. Auch theoretische Ausführungen über Erziehung gehen meist von dem unausgesprochenen Grundsatz aus, daß alles, was das Kind aus sich selbst denkt und will, böse sei, auf Abwege führe. Alle guten Eigenschaften will man dem Kind immer erst einpflanzen, als ob die Kindesseele ein Feld sei, auf dem von selbst nur Unkraut wachse. [...]

Aber das ist meine feste Überzeugung, daß, solange dieser Grundsatz eingestanden oder uneingestanden unsere Erziehungs- und Unterrichtstätigkeit leitet, daß, solange alle Erziehung und aller Unterricht – geradeheraus gesagt – mehr schadet als nützt. Wer sich nicht zu dem Glauben aufschwingen kann, daß in jedem Menschen ein guter Kern steckt, aus dem sich das Gute von selbst entwickelt, wenn wir nur Hemmungen und Schädlinge fernzuhalten wissen, der sollte sich nicht mit Erziehung und Unterricht befassen.

Besonders gefährlich ist der Irrtum, daß das Kind nicht selber denken könne, sondern nur Gedanken der Erwachsenen aufzunehmen habe. Und die Erwachsenen verlassen sich dabei auch keineswegs auf die Gedanken, die ihrem eigenen Hirn entsprungen sind; denn die sind sie von Jugend auf durch ihre Erziehung gewöhnt worden für überwiegend blödsinnig zu halten; vernünftige Gedanken gibt es überhaupt nur in Büchern; und die haben Erwachsene sowohl wie Kinder aus Büchern zu entnehmen, die Erwachsenen durch Studium, die Kinder durch Drill. Ist doch auch von hervorragender pädagogischer Seite ausgesprochen worden, daß der Mensch erst mit 50 Jahren anfangen dürfe, selber zu denken.

Es gibt keine Möglichkeit, irgendeinem Menschen fremde Gedanken beizubringen, so wenig wie man einem Obstbaum fremde Früchte beibringen kann. Die Früchte, die er trägt, schafft jeder Baum sich selbst aus seinem eigenen Lebenssaft. Und genau ebenso geht es mit den Früchten, die der Geist des Kindes tragen soll. Und jedes Kind will alles erfinden und erdenken; nur daß die Eltern sich in erster Linie verpflichtet fühlen, diesen und jeden Willen des Kindes zu brechen.

[...]

Jedes »schweig still, dummes Kind«, das als Antwort auf eine Frage des Kindes gegeben wird, ist ein Schnitt in die Lebensader der Erkenntnisfreude, und so sehr die Erkenntnisfreude in ihrer anscheinend unverwüstlichen Lebenskraft sich beeilt, alle diese Schnitte zu heilen – wenn sich die Verwundungen immer wiederholen, so erlahmt die Kraft schließlich doch; und dann wird aus dem rührigen »unerträglichen neugierigen« Kind ein träger, fauler, interesseloser Schüler. Trägheit, Faulheit, Interesselosigkeit der Schüler sind nur Grabdenkmäler über der von Erwachsenen gemordeten Erkenntnisfreude.

Arbeitsaufgaben

1. *Welches Menschenbild liegt den Überlegungen Ottos zugrunde? Beachten Sie in diesem Zusammenhang seine Metaphorik.*
2. *Welche Aufgaben erhalten angesichts dieses Menschenbildes die Pädagogik bzw. die Erziehenden?*
3. *Überlegen Sie, welche Konsequenzen dieses Verständnis von Erziehung für die Organisation von Unterricht haben müßte.*
4. *Vergleichen Sie diese Auffassung von Erziehung und Unterricht mit der der Aufklärungspädagogik.*

Key: Die Seelenmorde in den Schulen

Key, E.: Das Jahrhundert des Kindes. Berlin [8]1905. S. 221–233.

Wer vor die Aufgabe gestellt würde, mit einem Federmesser einen Urwald zu fällen, müßte vermutlich dieselbe Ohnmacht der Verzweiflung empfinden, die den Reformeiferer vor dem bestehenden Schulsystem ergreift – diesem undurchdringlichen Dickicht von Torheit, Vorurteilen und Mißgriffen, wo jeder Punkt sich zum Angriff eignet, aber jeder Angriff mit den zu Gebote stehenden Mitteln fruchtlos bleibt.

Der Schule der Jetztzeit ist etwas gelungen, das nach den Naturgesetzen unmöglich sein soll: die Vernichtung eines einmal vorhanden gewesenen Stoffes. Der Kenntnisdrang, die Selbsttätigkeit und die Beobachtungsgabe, die die Kinder dorthin mitbringen, sind nach Schluß der Schulzeit in der Regel verschwunden, ohne sich in Kenntnisse oder Interessen umgesetzt zu haben. Das ist das Resultat, wenn die Kinder ungefähr vom sechsten bis zum achtzehnten Jahre ihr Leben auf Schulbänken damit zugebracht haben, Stunde für Stunde, Monat für Monat, Semester für Semester Kenntnisse zuerst in Teelöffel-, dann in Dessertlöffel- und schließlich in Eßlöffel-Portionen einzunehmen, Mixturen, die der Lehrer oft nach Darstellungen aus vierter oder fünfter Hand zusammengebraut hat.

Und nach der Schule kommt oft eine weitere Studienzeit, in der der einzige Unterschied in der »Methode« darin besteht, daß die Mixtur jetzt mit dem Schöpflöffel zugemessen wird.

Wenn die Jugend diesem Regime entrinnt, ist die geistige Eßlust und Verdauungsfähigkeit bei einigen so zerstört worden, daß ihnen für immer die Fähigkeit fehlt, wirkliche Nahrung aufzunehmen; andere wieder retten sich von all diesen Unwirklichkeiten auf das Gebiet der Wirklichkeit, indem sie die Bücher in die Ecke werfen und sich irgend einer Aufgabe des praktischen Lebens widmen; in beiden Fällen sind die Studienjahre so ziemlich vergeudet. Bei denen, die weitergehen, sind die Kenntnisse gewöhnlich auf Kosten des Persönlichen erworben: der Aneignung, des Vermögens der Reflexion, der Beobachtung, der Phantasie. Und ist es jemandem gelungen, all dies zu bewahren, so ist es gewöhnlich auf Kosten der Gründlichkeit der Kenntnisse geschehen. Eine geringere Intelligenz oder eine geringere Arbeitskraft oder ein geringeres Aneignungsvermögen als die Natur ihnen zugedacht, das ist gewöhnlich das Resultat der zehn, zwölf Schuljahre; und es liegt eine tiefe Weisheit in dem französischen Witz: Sie sagen, daß Sie nie in die Schule gegangen sind – und sind doch so stockdumm?

Die Fälle, in denen Schulstudien nicht schaden, sondern im Gegenteil teilweise nützen, sind diejenigen, wo keine regelmäßige Schulzeit hinter dem Schüler liegt, sondern lange Ruhezeiten oder Zeiten des Privatunterrichts, oder gar kein Unterricht überhaupt, sondern bloß Selbststudium. Beinahe jede hervorragende weibliche Persönlichkeit in den letzten 50 Jahren ist eine solche Autodidaktin oder ein unregelmäßig unterrichtetes Mädchen gewesen, das daher in seinen Kenntnissen vielleicht große Lücken gehabt hat, aber desto mehr Frische und Fülle in der weiteren Aneignung von Kenntnissen und in der Art, das Angeeignete zu brauchen.

Heute ist es jedoch noch so, daß, wie laut auch die Familien über die Schulen klagen, sie doch nicht eingesehen haben, daß sie ihre Ansprüche an die »allgemeine Bildung« ändern müssen, bevor ein vernünftiges Schulsystem – d. h. ein in allem von dem jetzigen verschiedenes – zustande kommen kann. Die sehr wenig zahlreichen Privatschulen, die sich in gewissem Maße von dem allgemeinen Systeme unterscheiden, sind Schwalben, die, weit davon entfernt, Sommer zu machen, das Schicksal der zu früh gekommenen Vögel teilen!

Solange die Schule eine Idee repräsentieren, einen abstrakten Begriff bilden soll, so wie die »Familie«, der »Staat« usw., solange wird sie – ganz wie die Familie und der Staat – die denselben angehörigen Individuen unterdrücken. Erst wenn man einsieht, daß die »Schule« ebenso wenig wie »die Familie« und »der Staat« eine höhere Idee oder etwas Größeres repräsentiert als gerade die Anzahl Individuen, aus denen sie gebildet wird, und daß sie – ebenso wenig wie die Familie und der Staat – eine andere »Pflicht«, ein anderes »Recht« oder eine andere »Aufgabe« hat, als jedem einzelnen dieser Individuen so viel Entwicklung und Glück als möglich zu schaffen – erst dann ist der Anfang gemacht, daß Vernunft in die Schulfrage kommt. Die Schule wird dann ganz einfach das geistige Speisehaus, in dem die Eltern und Lehrer den für jedes Kind geeigneten Speisezettel entwerfen. Die Schule muß das Recht haben zu bestimmen, was sie in ihr Menü aufnehmen kann, aber die Eltern haben das Recht, für ihre Kinder unter den von der Schule aufgenommenen geistigen Nahrungsstoffen zu wählen.

Bevor nicht das Phantom der »allgemeinen Bildung« aus den Schulplänen und den Elternköpfen vertrieben ist und die Bildung des Individuums die Wirklichkeit wird, die an ihre Stelle tritt, wird man vergebens Reformpläne entwerfen.

Aber so wie gewisse einfache Grundstoffe in jeder Nahrung enthalten sind, gibt es gewisse einfache Wissensstoffe, die die Grundlage aller höheren Kenntnisse bilden. Das Lesen und Schreiben der Muttersprache, die Anfangsgründe des Rechnens, der Geographie, der Naturkunde und der Geschichte muß die Schule als obligatorische Basis zu fortgesetztem, selbständigerem Studium verlangen.

Die eigentliche, im Alter von neun bis zehn Jahren beginnende Schule denke ich mir als eine wirkliche Gesamtschule. Die Unterrichtsweise müßte die Breite, die Ruhe, die Anschaulichkeit und die Selbsttätigkeit auf seiten der Kinder voraussetzen, die jetzt durch das Hetzen und Jagen und die vielen Abstraktionen zerstört werden. Diese sind eine Folge des Kurslesens, der Viellernerei und des Formalismus, die von der Knabenschule ihren Einzug in die Mädchenschule gehalten haben, von der Elementarschule in die Volksschule, bis sie nun alle von diesen Gebrechen beherrscht werden, die die meisten bedauern, aber die nur durch eine radikale Reform kuriert werden können.

Ferner müßte der Unterricht gruppenweise geordnet werden, so daß gewisse Gegenstände in früheren Stadien untergebracht, andere auf spätere Stadien verschoben würden. Und nicht genug damit, daß man hierbei auf die psychologische Entwicklung des Kindes Rücksicht nähme, müßten auch noch gewisse Gegenstände auf gewisse Jahreszeiten verlegt werden.

Endlich müßten diese Schulen in dem Alter von ungefähr 15 bis 16 Jahren abschließen, damit die Jugend dann entweder ins praktische Leben treten oder zu Fortsetzungs- und Anwendungsschulen übergehen könnte. Wünschenswert wäre es, wenn die Sitte eingeführt würde, die Grundtvig anempfohlen hat, nämlich: daß das eine oder andere Ruhejahr eintrete, bevor die Studien wieder anfingen. Besonders die Mädchen würden dann mit gestärkten Körperkräften und gesteigertem Wissensdurst wiederkommen. Jetzt ist es eine allgemeine Erfahrung, daß die Wißbegierde auch bei der begabten Jugend erschlafft, wenn sie – oft vom sechsten bis zum zwanzigsten Lebensjahre und darüber – ununterbrochen mit den Studien fortfährt.

Die Bestimmung des Schemas einer solchen Schule würde ungeheure Schwierigkeiten in sich schließen. Aber sie würden sich nicht als unüberwindlich zeigen, sobald man sich darüber geeinigt hätte, daß die Seelen der Kinder mehr Berücksichtigung verdienen als das Schulschema.

Man bekommt von den Eltern unter anderen Einwänden den zu hören, daß man, bevor nicht der Staat die Initiative zur Reformierung des Schulwesens ergreift, es nicht wagen kann, sich auf einen Weg zu begeben, der die Zukunft der Kinder so ungewiß machen könnte; man müßte bis auf weiteres die Kinder das lernen lassen, was alle anderen lernen; aber wenn der Staat den ersten Schritt gemacht hätte, dann würde man mit ungeheurer Bereitwilligkeit folgen.

Aber was ist immer der richtige Weg zur Durchführung von Reformen gewesen? Daß in der Gesellschaft eine genügend starke Empörung gegen die bestehenden Mißverhältnisse entstanden ist. Und diese Empörung wird noch nicht genügend stark empfunden, besonders seitens der Eltern. Die Kinder selbst fangen an, sie zu fühlen, und wenn nicht früher, so hoffe ich, daß, wenn die jetzige Generation der Schuljugend Väter, Mütter, Lehrer geworden ist, eine Reform statthaben wird.

Man darf nicht erwarten, daß ein System geändert wird, bevor die, welche das System mißbilligen, dies ernstlich genug tun, um die Opfer auf sich zu nehmen, die nötig sind, um sich den unheilvollen Folgen des Systems zu entziehen. Solange die Familien über die Viellernerei klagen, aber beständig die Schule mit neuen Lehrgegenständen belasten, auch solchen, die die Familie auf sich nehmen könnte; solange die Familien über Überanstrengung klagen, aber von der Wahlfreiheit in jenen Schulen, wo sie eingeführt ist, keinen Gebrauch machen; solange die Eltern für die Verwirklichung ihrer Grundsätze nichts aufs Spiel zu setzen wagen – solange kann man sich auch nicht wundern, daß der Staat sich nicht auf irgendwelche Reformen einläßt!

Ein alter pädagogischer Denkspruch lautet: »Man lernt für das Leben, nicht für die Schule«. So lange noch während eines großen Teiles ihrer Lebenszeit die Geschlechter voreinander getrennt werden, dadurch, daß die Knaben für sich studieren und die Mädchen für sich, ist das eine schlechte Erziehung für das Leben, das dann ihrer harrt, und in dem die gemeinsame Arbeit und das Zusammenwirken zwischen Mann und Weib nach der Ordnung der Natur das Normale sein soll. Solange die Gesamtschule eine Schule für eine Gesellschaftsklasse ist, aber nicht für alle, ist sie keine Gesamtschule im höchsten Sinne, und auch keine Schule, in der man fürs Leben lernt.

Ich habe darum immer aufs wärmste den Gedanken gehegt, daß die Schule keine Knaben-, keine Mädchen-, keine Elementar- und keine Volksschule sein soll, sondern eine wirkliche Gesamtschule, wo das eine und das andere Geschlecht, die Kinder der einen sowie der anderen Gesellschaftsklasse das gegenseitige Vertrauen, die gegenseitige Achtung, das gegenseitige Verständnis lernten, das dann ihr segensreiches Zusammenarbeiten in der Familie und im Staate ermöglichen soll.

Die Gesamtschule, so eingerichtet, ist vielleicht das wichtigste Mittel, um schließlich die Sittlichkeitsfrage, die Frauenfrage, die Ehefrage, die Arbeiterfrage auf eine weniger einseitige, eine mehr menschliche Weise zu lösen. Aus diesem Gesichtspunkt ist die Gesamtschule viel mehr als eine pädagogische Frage: sie ist eine Lebensfrage der Gesellschaft.

Mann und Frau, Oberklasse und Unterklasse gehen noch auf verschiedenen Seiten einer Mauer, über die sie sich die Hände reichen. Aber die Mauer zu durchbrechen, darum handelt es sich. Und die Gesamtschule in dem eben erklärten Sinne des Wortes ist die erste Bresche in diese Mauer!

[...]

Bei einer solchen Schule muß auch derselbe Grundsatz, der auf anderen Gebieten Sitte und Gesetz humanisiert hat, sich geltend machen, nämlich die Rücksicht auf die verschiedenen Individualitäten, so daß der persönlichen Freiheit so wenig Hindernisse wie möglich in den Weg gelegt werden, wenn sie dem Rechte eines anderen nicht zu nahe tritt, während die Schranken behalten, ja vermehrt werden müssen, wo das Recht eines anderen gekränkt werden kann.

Wenn diese Humanität ihren Einzug in die Schulen gehalten hat, wenn die Schüler nicht mehr als Klasse betrachtet werden, sondern jeder für sich, dann wird die Schule anfangen, eine der vielen Bedingungen zu erfüllen, um der Jugend wirkliche Nahrung und dadurch Entwicklung und Glück geben zu können.

Eine solche Schule würde fürs erste streben, ungewöhnliche Anlagen früh zu entdecken und auf Spezialstudien zu richten.

Fürs zweite würde sie auch für jene, denen ausgeprägte Anlagen fehlen, eine Studienweise anordnen, in der auch ihre Individualität ausgebildet und ihre seelische Spannkraft erhöht werden könnte. Und diese Bedingung ist wenn möglich noch wichtiger als die erste, denn die ungewöhnlichen Anlagen bringen auch eine größere Selbsterhaltungsenergie mit sich, während die gleichmäßiger oder geringer Begabten – die ja die Mehrzahl bilden – viel mehr durch die Mannigfaltigkeit verwirrt und viel leichter durch die Gleichförmigkeit des jetzt herrschenden Systems als Persönlichkeiten ausgelöscht werden.

Sowohl das Recht der ungewöhnlich Begabten wie das der übrigen könnte berücksichtigt werden, wenn, wie oben erwähnt wurde, der Schulplan so geordnet würde, daß gewisse Gegenstände während eines Teiles des Schuljahres vorgetragen würden, gewisse während eines anderen; ferner gewisse Gegenstände zu verschiedener Zeit, nie alle auf einmal.

Weiter dadurch, daß der Unterricht so eingeteilt würde, daß das lebendige Studium unter der Leitung des Lehrers das Gewöhnliche würde, der Vortrag des Lehrers hingegen das Ungewöhnliche, die Feierstunde, nicht die Alltagskost.

Schließlich dadurch, daß man bei allem Unterricht den Schüler so weit wie möglich zur Wirklichkeit selbst führte, nicht zu einem Referat derselben.

Eine solche Schule müßte absolut mit dem ganz in konzentrischen Kreisen angeordneten Vortragssystem brechen und in gewissen Fällen zu dem System der alten Schule zurückkehren, das sich um die »humanistischen« Studien konzentrierte, obgleich nicht die toten Sprachen der Gegenstand sein sollten, um den man sich sammeln würde.

Frühe Spezialisierung da, wo ausgeprägte individuelle Anlagen vorhanden sind;

Konzentrierung auf gewisse Gegenstände zu gewissen Zeitpunkten;

selbständiges Arbeiten während der ganzen Schulzeit;

Wirklichkeitsberührung während aller Schulstadien: dies müssen die vier Ecksteine der neuen Schule sein.

In der Schule könnte Zeit für wahlfreies Selbststudium z. B. in folgender Weise festgesetzt werden; in einer Klasse von ungefähr zwölf Schülern – bei größeren Klassen ist keine vernünftige oder persönliche Unterrichtsmethode möglich – finden sich z. B. drei Schüler mit ausgeprägten Neigungen, der eine für Geschichte, der andere für Mathematik, der dritte für Sprachen; zwei mit ausgesprochener Unbegabung, der eine für Mathematik, der andere für Sprachen; die anderen sieben hingegen gleichmäßig begabt. Die drei ersten müßten dann während des ganzen Semesters zu gewissen, für selbständige Studien bestimmten Stunden jeder in seinen gewählten Gegenstand tiefer eindringen; der erste einige historische Werke über die Epoche lesen, die die Geschichtsstunden behandelt haben; der zweite die Zeit seiner Mathematik widmen; der dritte einige fremdsprachige Bücher lesen, die in der Sprachlektion berührt wurden, die sieben übrigen, mehr gleichmäßig Begabten könnten dieselbe Zeit zu lauter Lektüre und Handarbeit verwenden. So erhalten alle ihr Teil an Geschichte, Mathematik und Sprachen, aber die besonders Interessierten Gelegenheit, tiefer in den Gegenstand einzugehen. Sollte wieder unter den drei Begabten einer große Neigung und leichte Auffassung für alle drei Gegenstände haben, so muß dieser für sich selbst zu Hause lernen, falls nicht das gründlichere Studium des einen Gegenstandes das des anderen ablösen könnte. Die zwei hingegen, denen Mathematik oder Sprachen besonders schwer fielen, könnten entweder den Gegenstand ganz durch einen anderen ersetzen oder in jenen Stunden schulfrei sein oder schließlich die Stunden, die für die Begabtesten zum Selbststudium über die Forderungen des gemeinsamen Kurses hinaus bestimmt wären, dazu verwenden, sich mit Hilfe des Lehrers besser in den der ganzen Klasse gemeinsamen Kurs hineinzuarbeiten.

Um einen solchen Plan durchzuführen, ist vor allem die Konzentrierung der Gegenstände nötig, von der ich früher gesprochen, so daß z. B. nie mehr als einer oder höchstens zwei der umfassendsten Hauptgegenstände – Geschichte, Geographie, Naturwissenschaft – zu gleicher Zeit studiert würden; ferner dürfte nie mehr als eine Sprache auf einmal gelehrt werden; die schon gelernten müßte man aber durch literarische Lektüre, schriftliche Resümees und Gespräche fortwährend üben. [...]

Wenn schon die Schule durch ihren Mangel an Spezialisierung, Konzentrierung, Selbsttätigkeit und Wirklichkeitsberührung unverantwortlich mit den geistigen Kräften der Jugend verfährt, so sind die Gymnasien und Seminarien geradezu Vernichter der Persönlichkeit. Hier, wo nur periodische Tentamina (Kolloquien) vorkommen sollten, wo alle Studien den Charakter der Selbsttätigkeit tragen müßten, hier wird kaum in irgend einer Beziehung der Hunger der Schüler nach Wirklichkeiten befriedigt, ihr Durst, selbst zu sehen, zu lesen, zu urteilen, Eindrücke aus erster Hand zu bekommen, nicht durch fremde Referate!

Auch hier ist gewiß die Leitung des Lehrers nötig; bald um eine überflüssige Arbeit durch einen klarmachenden Überblick zu ersparen; bald um auf eine einseitige Darstellung hinzuweisen, um das Bild vollständig auszufüllen. Manchmal muß der Lehrer durch eine lebensvolle Darstellung aus eigenem Gesichtspunkte anfeuern, durch eine feine psychologische Studie, ein farbenvolles Zeitgemälde interessieren; ein anderes Mal dem Schüler helfen, die Gesetze zu finden, die die Erscheinungen beherrschen, welche er durch eigene Erfahrung kennngelernt hat; oder die Vergleiche anzustellen, zu denen die Erfahrungen Anlaß geben. Auch hier muß das mündliche und das schriftliche Referat große Bedeutung erlangen.

Aber das Ziel des ganzen Unterrichts hier sowie in der Schule darf nicht in Examen und Zeugnissen bestehen, die von der Erde ausgetilgt werden müssen; sondern das Ziel wäre: daß die Schüler selbst aus erster Hand ihre Kenntnisse einholten, ihre Eindrücke erhielten, ihre Ansichten bildeten, sich zu ihren geistigen Genüssen durcharbeiteten, anstatt sie wie jetzt ohne alle Mühe durch den »interessanten«, oft schlaff angehörten und rasch vergessenen Vortrag der Lehrer über fünf Gegenstände an jedem Vormittag zu erlangen.

Fakten entgleiten jedermanns Gedächtnis – und am raschesten dem Gedächtnis derer, die nach dem Mixtur- und Teelöffelsystem gelernt haben. Aber Bildung ist glücklicherweise nicht bloß Kenntnis von Fakten, sondern nach einem vortrefflichen Paradoxon »das, was übrig ist, wenn wir alles, war wir gelernt haben, vergessen haben«.

Arbeitsaufgaben

1. *Welche Auswirkungen hat nach Auffassung der Autorin das Schulsystem ihrer Zeit auf die Heranwachsenden?*
2. *Gegen welche Merkmale des traditionellen Bildungssystems wendet sich die Schulkritik Ellen Keys?*
3. *Charakterisieren Sie das Persönlichkeitsideal, das Ellen Key mit einer Reform der Schule fördern will.*
4. *Welche Konsequenzen zieht Key aus dieser Zielvorstellung für die Struktur der zukünftigen Schule?*
5. *Welche Vorschläge entwickelt die Autorin für die Inhalte und die Form schulischen Lernens?*
6. *Beschreiben Sie die gesellschaftlichen Hoffnungen, die die Autorin mit der von ihr vorgeschlagenen Schulreform verbindet.*
7. *Diskutieren Sie die Attraktivität und die Grenzen des Keyschen Programms, und ziehen Sie ggf. Parallelen zur Schulkritik der Gegenwart.*

*Kerschensteiner: Das Programm der Arbeitsschule

Kerschensteiner, G.: Die Schule der Zukunft eine Arbeitsschule (1908). In: Ders.: Ausgewählte pädagogische Schriften. Bd. 2: Texte zum pädagogischen Begriff der Arbeit und der Arbeitsschule. Besorgt von. G. Wehle. Paderborn. 1968. S. 29–36.

[...] Ich würde ungerecht sein, würde ich die Vorteile verkennen, die gleichwohl die heutige Schule der Erziehung bietet, die sich aus der Gewöhnung an ursprünglich unbegehrte Arbeit entwickeln, aus dem festen Gefüge des Schullebens mit seiner peinlichen Ordnung und seinem unnachsichtlichen Ernste. Gewiß können sich hier die Kinder wertvolle Grundeigenschaften aneignen, die wir durchaus nicht missen wollen: Pünktlichkeit, Gewissenhaftigkeit, Sorgfalt, Ausdauer, Ordnung, Regelmäßigkeit, Selbstüberwindung. Ja man muß gestehen, daß gerade diese sittlichen Werte gerne da gedeihen, wo die Schule nicht ausschließlich den Neigungen des Schülers nachgeht, vorausgesetzt, daß der Stern eines freundlichen Lehrerherzens, die Sonne einer verständigen Güte leuchtet.

Was aber unsere heutige Schule dem Kinde, wenn es ins Leben hinübertritt, nicht mitgibt, was sie weit mehr verkümmern läßt, als fördert, das sind gewisse aktive Charakterzüge, die die meisten Kinder im Keime schon hatten, als sie in die Schule eintraten, den Mut der Selbständigkeit, den Mut der Selbstbehauptung und der Unternehmungslust, den Mut, Neues und Ungewohntes anzugreifen, die Lust, zu beobachten und zu prüfen und vor allem, aber nicht nur um seiner selbst willen, zu arbeiten, nicht bloß, um selbst zu wachsen, um die anderen zu überflügeln, um Sieger zu werden im wilden Kampf des Lebens, sondern auch um die eigenen, reichen Kräfte hilfsbereit allen zur Verfügung stellen zu können, allen, die ihrer bedürfen.

Und so erhebt sich die Frage: Ist es nicht möglich, unsere heutige Schule so umzugestalten, daß sie ihre guten Eigenschaften nicht verliert, gleichwohl aber dem Wesen des Kindes mehr gerecht wird, und daß sie in ihm auch jene aktive Seelenverfassung entwickelt, die sie heute vernachlässigt, ja verkümmern läßt? Wenn das möglich sein soll, so kann es nur geschehen, daß wir vom Beginn allen Unterrichtes an uns mehr als bisher an die schaffenden Kräfte des Kindes wenden, und zwar tunlichst in dem gleichen Wirkungskreis, an den es vor und während der Schule durch seine persönlichen Anlagen und wirtschaftliche Umgebung gebunden ist. Wie dem kleinen Kinde der *Spielraum des Hauses* die Werkstätte seines Geistes ist, wo die tausend Eindrücke und Anregungen aus seiner Umgebung zu einer Welt des Scheines verarbeitet werden, so muß im größeren Kinde der *Arbeitsraum der Schule* die Zentralwerkstätte seiner Aktivität sein, aus dem es gerne in die Lernräume der Schule hinüber steuert, um mit neuen, *selbstverlangten* Schätzen befrachtet immer wieder in die Arbeitsräume zurückzukehren.

Aus unserer Lernschule muß eine Arbeitsschule werden, die sich an die Spielschule der ersten Kindheit anschließt.

Nun ist es gar nicht an dem, daß unsere heutige Schule nicht auch schon Arbeit vom Kinde verlangt. Gut lesen, schön schreiben, sicher rechnen *ist Arbeit*, und zwar eine Arbeit, die stark erzieherisch auf die Gemüts- und Willensanlagen des Kindes wirken kann, genau wie sorgfältiges Staubwischen auch, dessen richtig verstandenen Segen F. W. Förster in seiner »Jugendlehre« so schon geschildert hat. – Ja, diese Tätigkeiten können sogar den Wert *produktiver* Arbeit annehmen, wenn wir den Abrichtmechanismus unseres heutigen Schulbetriebes aufgeben, wenn wir endlich einmal verstehen lernen, daß auch das kleine Schulkind lieber aus sich heraus arbeitet, als in sich hineinarbeiten läßt. Gelesenes erfassen und das klar Erfaßte mit der ganzen Tiefe des Gemütes und dem Umfang der eigenen Gestaltungskraft wiedergeben, Selbsterlebtes mit eigenen Mitteln für andere zum greifbaren Bild gestalten, den Erscheinungen in Raum und Zeit, den Beobachtungen an der Arbeitsstätte der Schule oder des täglichen wirtschaftlichen Lebens rechnerisch nachzugehen, das ist gewiß produktives Schaffen, das allen Segen der Arbeit entfalten kann.

Aber einmal ist diese Arbeit in der Hauptsache *geistige* Arbeit und setzt, soferne sie das Kind wirksam soll ergreifen, nicht unbeträchtliche *intellektuelle* Begabungen voraus. Zweitens hat diese Arbeit, wenigstens während des Schullebens, nicht immer genügend Zusammenhang mit dem gleichzeitigen übrigen Leben des Kindes, und drittens fördert sie nur das eigene Wachstum, befriedigt nur die eigene Lust, das eigene Streben nach vorwärts ohne Rücksicht auf den Nebenmenschen.

Was die neue Arbeitsschule braucht, ist ein reiches Feld für *manuelle* Arbeit, das nach Maßgabe der Befähigung des Schülers auch zum *geistigen* Arbeitsfeld werden kann. In der manuellen Arbeit liegt zunächst das fruchtbare Feld der Entwicklung für die weitaus größere Zahl aller Menschen. Was sie ferner braucht, sind Arbeitsgebiete, die womöglich irgendwie mit den wirtschaftlichen oder häuslichen Arbeitskreisen der Eltern zusammenhängen, damit die Fäden, die die Schule spinnt, nicht täglich abreißen, wenn das Kind die Schultasche vom Rücken nimmt. »Wo ein Kind mehr wissen und lernen muß, als sein Vater kann«, meint Pestalozzi im Schwanengesang, »muß der Lehrer sein Nebenwerk in des Vaters Arbeit so hineinflechten, wie ein Weber seine Blume in ein ganzes Stück Zeug hineinwebt.« Was die Arbeitsschule drittens nötig hat, das ist Arbeit im Dienste der Mitschüler, die vom ersten Tage an immer und immer wieder den Satz predigt: *Der Sinn des Lebens ist nicht herrschen, sondern dienen.* Erst wenn die Schularbeit dieses Adelswappen trägt, kann sie Grundlage der staatsbürgerlichen Erziehung werden, einer Erziehung, die alle Volksgenossen zuerst und vor allem von der Schule fordern müssen, und die wir bisher, wie vieles andere auch, dem bloßen Worte zugemutet haben. Erst aus der gemeinsamen Arbeit wächst das Gefühl gemeinsamer Aufgaben, das Gefühl der Notwendigkeit der Unterordnung unter gemeinsame Zwecke. Mit ihr greift die Kette des sozialen Lebens in die Schule hinein, in die das Weberschiffchen des Unterrichtes dieselben Tausende von Fäden einschlägt und nach der gleichen Bindung, wie das wohlgeordnete häusliche Leben des Kindes mit seiner Hilfsbereitschaft, seiner Unterordnung, seiner Hingebung, seiner uneigennützigen Liebe.

[...]

Nicht um der Fertigkeiten willen allein brauchen wir die Arbeitsräume, nicht damit unsere Volksgenossen sich nicht praktischer Arbeit entwöhnen, nicht damit die Kinder gut hobeln, sägen, feilen, bohren, nähen, weben, kochen lernen, nicht damit sie die Arbeit ihrer Hände lieb behalten, nein, wir brauchen sie vor allem, um Menschen zu erziehen, die den Zweck und Segen des Staatsverbandes an der Wurzel erfassen lernen und ihm in Dankbarkeit ihre Dienste widmen. Wir brauchen sie, weil nicht das Buch der Träger der Kultur ist, sondern die Arbeit, die hingebende, sich selbst aufopfernde Arbeit im Dienste der Mitmenschen oder einer großen Wahrheit.

[...]

In der Werkstatt, im Laboratorium, in der Schulküche, im Schulgarten, im Zeichensaal, im Musikzimmer findet jedes Kind die Arbeit, die es bewältigen kann. Hier arbeitet der Schwache neben dem Starken und findet Hilfe bei ihm, oder kann und soll sie finden. Hier können nebeneinander die kleine Kraft an der kleinen, die große Kraft an der großen Arbeit die Freude und den Segen des Gelingens empfinden. Hier brauchen sie nicht alle in Reih und Glied zu marschieren. Denn hier, wo die reine Gedächtnisleistung ausgeschaltet ist, kommt es weit weniger auf den Wert des Arbeitsproduktes als auf den Wert der Arbeitsmethode an. Hier ist »Individualisieren des Unterrichts«, sonst das verlogenste Schlagwort in unserem Massenohrenbetrieb, keine Sorge des Lehrers mehr. Hier stellt sie sich von selbst ein.

Alle diese Erwägungen und Gründe haben mich seit zwölf Jahren unablässig getrieben, Mittel und Wege ausfindig zu machen, der kommenden Arbeitsschule die Wege zu ebnen.

[. . .] Wenn ich die fröhlichen Augen, die geröteten Wangen und die unstillbare Arbeitsfreude der Knaben und Mädchen in unseren Werkstätten und Laboratorien, Schulküchen und Schulgärten sehe, so fühle ich darin die beste Bestätigung, daß wir auf dem rechten Wege sind. Hier wachen auch jene auf, die hinter den Schulbänken für faul, dumm oder nachlässig gegolten haben und zweifellos in die Förderklassen verwiesen worden wären, hätten wir solche besessen. Ja, hier kommt es nicht selten vor, daß solche Schmerzenskinder ihre mit besserem Gedächtnis ausgerüsteten Mitschüler weit übertreffen und daß der schöne Erfolg und das früher nie erfahrene Lob ihrer Lehrer sie herausreißt aus ihrem Traum- und Schlafleben, so daß sie nun auch ihrer Kopfarbeit mit wärmerem Herzen gerecht zu werden versuchen. Welch öde Langeweile herrschte noch vor sechs Jahren in unseren Zeichensälen, als die gerade Linie, das Kreisbogensegment, die geometrische Figur, das abstrakte Ornament auf dem Königsthron der Kunst saß, und keines einzigen Kindes wirkliche Begabung und Schaffensfreude damit etwas anzufangen wußte. Wie ist das so ganz anders geworden, als die Dinge des Hauses, der Werkstatt und des Gartens einzogen und als die Kinder ihre Zeichenlust und ihren Kunsttrieb bei der Herstellung und dekorativen Behandlung von Dingen des täglichen Gebrauches betätigen konnten, der Schwache mit seinen dürftigen Mitteln, der Begabte mit dem ganzen Reichtum seiner Phantasie! Welch ein Zug der Freude geht heute durch alle Zeichenklassen, welch eine Summe von dekorativer und konstruktiver Erfindungsbegabung ist mit einem Male ausgelöst und springt nun von der einst so einsamen Schulinsel auf das häusliche Leben, wie die lodernden Funken eines starken Brandes, die alles anstecken, was in der Umgebung brennbar ist! Mit welcher Freude schleppen einzelne Kinder nun sogar ihre häuslichen Arbeitsprodukte mit in die Klassen und setzen Lehrer und Mitschüler in Erstaunen über ein Können, von dem bisher niemand eine Ahnung hatte.

Es ist wahrhaftig eine Umwälzung, die der neue Zeichenunterricht mit sich gebracht hat, eine Umwälzung, die fast noch größer ist, als damals, als wir vor acht Jahren mit allen obersten Knabenklassen Holz- und Metallverarbeitungswerkstätten und mit allen obersten Mädchenklassen Schulküchen verbanden. Eine weitere große Umwälzung vollzieht sich langsam auf den Gebieten des naturkundlichen Unterrichts. Von großer Bedeutung war schon die obligatorische Verbindung von Schulgärten mit jedem Schulgebäude. Leider läßt sich in den großen Städten der praktische Gartenbetrieb nur sehr schwer ausdehnen. Man kann höchstens die obersten Klassen damit beschäftigen. In den unteren Klassen haben wir, um die erzieherische Kraft der Pflanzenkultur auszunützen, unsere Zuflucht zur Pflege der Topfblumen genommen, wobei wir nicht bloß in den Schulzimmern diese Pflege ausüben, sondern mit Hilfe der Gartenbaugesellschaft auch vielen Kindern Topfblumen zur häuslichen Pflege übergeben.

Leichter, und in Städten wie auf dem Lande eher allgemein durchführbar, besonders für die Knaben, ist die Umwandlung der Lernschule in eine Arbeitsschule auf den Gebieten der Physik und Chemie durch Einführung von Schülerlaboratorien, mit denen wir gleichfalls begonnen haben. Sie können vielleicht das fruchtbarste Feld für die Entwicklung der Arbeitsschule werden.

[. . .]

Ähnlich ist der Schulküchenunterricht der Mädchen organisiert, bei dem immer sechs Mädchen mit einer bestimmten Aufgabe, die von Woche zu Woche zyklisch wechselt, den gleichen Herd bedienen. Es ließe sich auch noch manches sagen über den praktischen Betrieb des übrigen naturkundlichen Unterrichts, des ersten Anschauungsunterrichts, des Geographieunterrichts, des Geometrieunterrichts, der so erfolgreich unter gemeinsamer Verantwortlichkeit sich mit Meßketten, Meßlatten, Sextanten im Freien betreiben läßt, über die zweckmäßige Organisation des obligatorischen Turn- und Turnspielunterrichts, der Mädchenreigen und Mädchensingspiele, alljährlich wiederkehrender Klassenfeste usw. Doch muß ich hierauf verzichten.

Am weitesten ist in München die Umwandlung der Lernschule in eine Arbeitsschule bei unseren Fortbildungsschulen der Knaben fortgeschritten. Hier steht tatsächlich der Knabe mit all seinen praktischen Interessen im Mittelpunkt, hier geht aller Unterricht von den Werkstätten der Schule aus und kehrt wieder dahin zurück, hier ist geradezu eine Berufs- oder Standesschule möglich, die bei der Volksschule immer ausgeschlossen sein wird. Infolge der strengen Gliederung nach Berufen, die nur Knaben gleicher Lebensarbeit zusammenführt, erfüllt die Werkstätten alsbald der Geist der Gemeinsamkeit und Zusammengehörigkeit und in der sichtbaren Hingabe der Meister und Gesellen an die Lehraufgabe auch der Geist des Vertrauens und der gegenseitigen Achtung. Man hat ursprünglich vielfach gespottet und geringschätzig gesprochen über die neuen Einrichtungen. Aber schon heute ist aller Spott und Scherz verstummt, denn immer deutlicher zeigt sich der Segen der Arbeit. Man nennt heute noch meine Laboratorien in der Volksschule nutzlose Spielerei und bereitet deren Einführung große Hindernisse. Aber die Zeit wird kommen, so sicher wie der Tag auf die Nacht, da man nicht begreifen wird, wie man einst anders unterrichten konnte.

*Arbeitsaufgaben

1. *Kerschensteiner geht bei seinen Überlegungen von dem Zustand der Schule seiner Zeit aus. Worin sieht er deren Vorzüge, worin deren Defizite?*
2. *Kerschensteiner fordert auf dieser Grundlage eine Reform der Schule. Erläutern Sie seine Vorstellungen, indem Sie die wesentlichen schul- und unterrichtsorganisatorischen Konsequenzen benennen.*
3. *Diskutieren Sie den Stellenwert, den Arbeit in Kerschensteiners Bildungstheorie erhält. Welches Verständnis von Arbeit liegt dieser Argumentation zugrunde?*
4. *Inwiefern ist die Arbeitsschule nach Ansicht des Autors zugleich eine Grundlage der staatsbürgerlichen Erziehung?*
5. *Kerschensteiner spricht von »der« Schule bzw. »der« Arbeitsschule, als sei die Institution Schule schlechthin gemeint. Bei genauerer Betrachtung fällt jedoch auf, daß er nur mit Blick auf bestimmte Schul*typen *argumentiert. Um welche handelt es sich?*
6. *Diskutieren Sie mögliche Schwächen des Kerschensteinerschen Programms. Berücksichtigen Sie dabei vor allem den Wandel der Arbeitsbedingungen bzw. den der Produktionsformen zur damaligen Zeit.*
7. *Vergleichen Sie die Auffassung Kerschensteiners mit dem Schulprogramm von Zedlitz'.*
8. *Diskutieren Sie, inwiefern im gegenwärtigen Bildungssystem »Spuren« der Arbeitsschule im Kerschensteinerschen Sinne zu erkennen sind.*

*Lietz: Das Programm der Landerziehungsheime

Lietz, H.: Das fünfzehnte Jahr in deutschen Land-Erziehungs-Heimen. Beiträge zur Schulreform. 2. Teil. Leipzig 1913. S. 7–15.

I. Die Gründung der Heime.

Auf Grund von Erfahrungen während meiner Schüler-, Studentenzeit und Lehrertätigkeit war ich davon überzeugt worden, daß an vielen bestehenden Schulen die Ausbildung des Körpers, Gemüts und Willens, die Weckung von Schaffensfreude und Tätigkeitstrieb viel zu wünschen übrig ließen. Eine Hauptschuld an den Mängeln schienen mir das bestehende Examens- und Berechtigungswesen zu tragen; die mit ihm verbundene einseitige Betonung der Verstandes-, mehr noch der toten Gedächtnisarbeit; ferner das des starken, ungezwungenen Vertrauens ermangelnde Verhältnis zwischen Lehrern und Schülern, die Vernachlässigung der Erziehungsarbeit über der Vorbereitung für Versetzungen und Examina. Unter diesen Mängeln litten und leiden sicherlich vor allem die körperlich Schwächlichen, die einseitig und nicht über das Mittelmaß Begabten, sowie alle, die fern vom Elternhause »Pensionen« und Alumnate besuchen oder deren nächste Angehörige schon gestorben sind. Alle diese waren und sind es auch, die durch die offenbaren Mißstände unseres öffentlichen Lebens, die man in den kurzen Schlagworten: Mammonismus, Alkoholismus (Nikotinismus) und Sexualismus zusammenfassen kann, besonders gefährdet wurden und werden.

Diesen Gefahren zu begegnen und diesem Notstand, in dem sich viele Familien und Kinder befanden und noch befinden, abzuhelfen, wurde ich Erzieher und schuf mir, nachdem ich bereits an verschiedenen Plätzen für diese Überzeugung gekämpft hatte, ein eigenes Wirkungsfeld.

[...]

Im Frühling des Jahres 1898 gründete ich in der Nähe von Ilsenburg a. Harz auf dem Landgute Pulvermühle ein Alumnat, dem ich den Namen »Deutsches Land-Erziehungsheim« gab. Damit wollte ich ausdrücken, was ich zu schaffen beabsichtigte.

II. Zweck und Erziehungsziel der Heime.

Niemals hatte ich bezweifelt, daß die Eltern vor allen andern zur Erziehung ihrer Kinder berechtigt und verpflichtet sind; niemals auch, daß die Familie des Elternhauses an sich auch der günstigste Schauplatz für die heranwachsenden

Kinder ist. Wie stehts aber, wenn Vater oder Mutter oder beide tot sind, oder wenn sie an Plätzen wohnen, die der Gesundheit schwächlicher Kinder unzuträglich oder an denen überhaupt keine höheren Schulen sind? Wie, wenn Eltern mit den benachbarten oder bestehenden Schulen überhaupt unzufrieden; wie, wenn die häuslichen Verhältnisse überhaupt ungünstig sind? Wie, wenn es sich für Deutsche im Ausland darum handelt, ihre Kinder in der alten Heimat wieder mit Sprache, Land und Art der Vorfahren vertraut zu machen? Für diese und ähnliche zahlreiche Fälle wollten und wollen die Heime das Beispiel einer Ergänzung oder eines Ersatzes fürs Elternhaus schaffen, wollen zeigen, daß und wie gerade auch für diese Kinder gesorgt werden kann und muß, wo und wie auch sie zu tüchtigen Gliedern des Vaterlandes heranwachsen können.

Wie bei der Krankheit die Naturkräfte des Leidenden das Beste und Entscheidende tun müssen, so kann auch der Erzieher der Natur des Kindes nur *Hilfs*dienste leisten. Das Größte und Entscheidende muß die kindliche Natur selbst vollbringen. Worin besteht dieser Hilfsdienst, dem auch die Heime sich unterziehen müssen, wenn sie Daseinswert haben sollen?

III. Welt- und Lebensauffassung in den Heimen.

Nur auf dem festen Boden einer auf eigener Erfahrung gegründeten und durch Arbeit und Kampf erworbenen Lebens- und Weltauffassung – und diese ist nicht zu verwechseln mit politischer, philosophischer oder theologischer Parteimeinung – kann ein ernstes Werk aufgebaut werden. Auf eine solche Grundlage können die Heime nicht verzichten. Sie zeigen die großen nationalen, sozialen, sittlich-religiösen Ziele unserer Arbeit.

1. Auf Erziehung zu *nationaler Gesinnung und Tat* als der selbstverständlichen Voraussetzung und Grundlage unseres Lebens. Sie soll bewiesen werden in liebevoller, dankbarer, gewissenhafter Pflege des vaterländischen Bodens und des Erbes der Ahnen; in klarer Erkenntnis der Gefahren und Schäden der Gegenwart; in bereitwilliger Hingabe, durch Ausübung unseres Berufes mitzuhelfen an der Erneuerung unseres Volkstums und der Durchführung unserer vaterländischen Aufgabe.

2. Auf Erziehung zu *sozialer Gesinnung und Tat*, d. h. zu Verständnis und Achtung für jedes ehrliche und tüchtige Glied der Nation; zur Gerechtigkeit gegenüber jedem berechtigten Streben und Anspruch des Volksgenossen; zur

Barmherzigkeit gegen den »Nächsten«, der unserer Hilfe bedarf; zur Bereitwilligkeit, mitzuhelfen an der Beseitigung oder wenigstens Milderung der Klassengegensätze, die unser Volk zerreißen und dessen Einheit gefährden.

3. Auf Erziehung zu *sittlicher Welt- und Lebensauffassung*, zum ethischen Idealismus, d. h. zu der unerschütterlichen Überzeugung, daß allein von sittlichen Ideen begeisterte, geisteskräftige Charakterstärke selbstloser Persönlichkeiten Wiedergeburt und Fortentwicklung der Nationen bedingen; daß einem von ihnen verfochtenen nationalen Ideal doch schließlich der Sieg werden muß, wenn auch die Vorkämpfer im Kampfe verblutet sind.

4. Auf Erziehung zu *religiöser Gesinnung und Tat*; d. h. zur Fähigkeit und Bereitwilligkeit, im All das geheimnisvolle Walten einer höchsten Einheit, Kraft und Liebe – der Gottheit – vertrauensvoll zu spüren, sehnsuchtsvoll zu verehren und uns selbst als Werkzeuge dieser im tiefsten Herzen, in Natur, Geschichte und Weltgeschehen gespürten Allmacht zu fühlen; uns als solche zu wissen, die verpflichtet sind an ihrem, sei es auch noch so schwachen Teile, mitzuarbeiten an der Durchsetzung des Liebeswillens dieser Macht, am Werden des Gottesreiches.

IV. Erziehungsmittel in Deutschen Land-Erziehungsheimen.

Welche *Mittel des Heims führen zu diesem hohen Ziele*?

1. *Die Liebe zum Kinde* ist und bleibt Erstes und Letztes. Wer sie nicht hegt, ist nicht wert und berechtigt, ein Kind zu besitzen oder zu erziehen. Gleichgültigkeit, Kälte, Verständnislosigkeit, Unlust, dem Kinde seine Zeit und Kraft zur Verfügung zu stellen, sind mithin Todfeinde der Erziehung, schließen von diesem Amt aus, das auch ein königliches, prophetisches und priesterliches zugleich ist. Zwar könnte man einwenden: Gerade auch solchen Hemmungen gegenüber kann und muß die Kindesnatur Kraft aufbieten, sich durchsetzen und dabei erstarken und selbständig werden. Aber wer leistet im Einzelfalle Gewähr dafür, daß die Kindeskraft dazu ausreicht? Wer kann den Schaden wieder gut machen, den eine freudlose, verkümmerte Jugend dem Einzelnen und dem ganzen Geschlecht bringt? Wird einmal Liebe üben können, wer in seiner Jugend nicht hingebende Liebe an sich erfahren hat? Und was sind Mensch und Leben wert, ohne Fähigkeit, zu lieben? [...]

2. *Das Land* nützt uns dabei vor allem. Denn da Liebe dem, der ihrer bedarf, helfen will, nimmt der von ihr beseelte Erzieher ihn zunächst hinweg von einem

Schauplatz, der für jenen ungünstig ist, bringt ihn an einen solchen, an dem alle gesunden Gaben und Anlagen gedeihen können. Und das ist zweifellos das Land, schöne anregende Natur. Sie ermöglicht, gesund und stark zu werden, das Häßliche und Schmutzige vom Kinde fern zu halten, die erhebendsten Seeleneindrücke zu verschaffen in den täglich sich offenbarenden Wundern der Natur, vom Aufgang der Sonne bis zum Emporsteigen der Sterne. An solchem Platze, wo die empfängliche Seele große, bleibende Eindrücke in sich aufnehmen kann, da verschafft Liebe dem Kinde eine neue, zweite Heimat, eine Stätte, an die es gern zurückdenkt und zurückkehrt, vor allem weil es an ihr Menschen findet, die es lieb haben möchten und können. –

Darum können die Schauplätze der Erziehungsheime keine andern sein, als schöne Landgüter.

3. Das *Beispiel reinen, inhaltreichen wertvollen Lebens* von seiten des Erziehers darf aber auf diesem Schauplatz nicht fehlen. Damit er Wertvolles, Edles, Schönes bieten kann, sucht der von Liebe erfüllte Erzieher im eignen Geist und Gemüt das Wertvollste aus Natur und Kultur aufzunehmen, um von solchem Schatz dann um so reichlicher abgeben zu können. Und da er weiß, daß mehr als Wort und Lehre das Beispiel des Lebens, der Tat wirkt, übt er Selbstzucht, verbannt er an sich selbst und um sich her alles, was des Jüngeren Seele trüben, verwirren oder gar beschmutzen könnte; wie denn mit echter Liebe alles unvereinbar ist, was dies zu tun vermöchte. Liebe ist Kraft, also nicht Schwäche, nicht Torheit, nicht Trägheit, nicht Launenhaftigkeit, nicht Pedanterie oder gar Eitelkeit, nicht Weichlichkeit, Genußsucht; an sich selbst arbeitend lebt Liebe im Dienst für andere.

4. Das *Spiel* gönnt der auf eine frohe Jugend des geliebten Kindes bedachte Erzieher dem Kinde. Er verschafft ihm Platz und Gelegenheit dazu, weil er aus der Zeit der eigenen Kindheit weiß, daß sie das Spiel brauchte für Körper und Seele, wie einen Teil täglichen Brotes. Im freien Spiel gelangt nicht nur der Körper dazu, alle seine Muskeln und Glieder zu üben und so zu stärken; bei ihm betätigen sich auch alle Kräfte des Gemüts und der Phantasie in freiester, frohester Weise. Man hat Arbeit Gottesdienst genannt. Die Stelle der Arbeit ersetzt in den früheren Jahren des Kindes das Spiel. Des kleinen Kindes Gottesdienst ist das Spiel.

[5.] *Planvolle Körperübung* jeder Art kommt fürs heranwachsende Kind zum ungeregelten, freien Spiel hinzu, damit es den ganzen Leib in Zucht bekommt, ihn dienstbar machen kann zu jedem sinnvollen Auftrag des Geistes; *Turnen,*

Sport – im guten Sinne des Wortes – kein Jagen nach Preisen, kein Prahlen mit Höchstleistungen; Wanderungen mit guten Kameraden in die Gaue des Vaterlandes hinaus; kühne Fahrten mit dem Schneeschuh über Berge und durch Täler.

6. *Körperliche Arbeit* darf als *Erziehungsmittel* für das älter gewordene Kind nicht vergessen werden. Denn das Leben und die eigne Wohlfahrt des Körpers wie Geistes erfordern die Arbeit als naturgemäße Betätigung aller vorhanden Kräfte und Anlagen, die ohne jene verkümmern oder gar zum Schlimmen ausarten. So muß und wird der aufs Wohl des Kindes bedachte Erzieher zur Arbeit anleiten. Wie geschieht das?

Welcher Verständige, das Kind und die Nation Liebende darf bei der Erziehung die ursprünglichste, notwendigste, allgemeinste und darum auch heiligste *Arbeit* weglassen oder vernachlässigen: die *körperliche*? Zeigt uns doch schon das *spielende* Kind, daß sie ihm Naturtrieb, Freude und Förderung seiner Kräfte ist. Bemerken wir doch, daß das Kind dabei am ehesten mit einfachen Mitteln etwas erreicht, selbst am deutlichsten einen Erfolg erkennt, Freude an ihr gewinnt und dabei zielbewußter und willenskräftiger wird. So kann es von klein auf lernen und sich daran gewöhnen, etwas zu gestalten, zu schaffen und zwar für andere, ihnen eine Freude zu bereiten, von Nutzen zu sein. So kann's geschickter, beharrlicher, ernster, zielbewußter werden. Darum gibt der das Kind liebende Erzieher jede Gelegenheit zu solchem Tun, die das Kind mit ihm vom Leichteren zum Schwereren fortschreiten läßt. So wurden und werden in den Heimen durch gemeinsame Arbeit aus unfruchtbaren, steinigem Boden blühende, reiche Frucht tragende Obst- und Gemüseanlagen, Blumengärten und Ackerfelder. So entstanden und entstehen gemeinsam gezimmerte und aufgemauerte Hütten und Häuser und in ihnen notwendige Geräte sowie Schmuckgegenstände der Räume. So lernt man Tiere pflegen, für den Dienst des Menschen gebrauchen, sie schätzen, für sie und mit ihnen empfinden.

[...]

7. *Wissenschaftliche Arbeit* kommt als *Erziehungsmittel* hinzu. Mit jeder wertvollen körperlichen Arbeit ist schon ein gutes Stück sittlicher Tüchtigkeit und geistiger Kraft gewonnen. Die gilt es nun weiter zu fördern. Aber was sollen wir unsere jungen Freunde lehren? Da bieten sich uns die »Lehrpläne« zur gefälligen Befolgung an, bereit, uns des Nachdenkens über jene schwere Frage zu überheben. Ohne an ihrer vollkommenen Wahrheit zu zweifeln, legten wir

sie zunächst einmal dankend zur Seite. Sind uns doch zu viele Große und Kleine begegnet und begegnen uns noch täglich die vielen, die da freudlos und verkümmert wurden, wo jene Weisheit als *höchste* befolgt wurde.

Das Selbsteroberte scheint uns wertvoller zu sein, bereitet uns allen jedenfalls mehr Befriedigung. *Gebieten uns nicht Liebe und Vernunft das zu lehren, was das Kind seinen Anlagen und Neigungen gemäß lernen möchte und kann; und was es lernen muß, um nicht bloß leben, sondern um auch mit den ihm verliehenen Gaben das Bestmögliche für sich, seine Nation und die Menschheit leisten zu können?*

8. *Echte Kunst* darf im L. E. H. nicht fehlen. In wie hervorragendem Maße sie der Gesamtentwicklung des empfänglichen jungen Menschenkindes dienstbar gemacht werden kann und muß, bedarf keines Beweises. Sie vermittelt neben dem Einfluß echter Menschenliebe und -größe und erhebender Naturahnung Empfindung vom Edelsten und Höchsten, weckt Begeisterung und Andacht. Wo der Sinn für das Schöne gepflegt wird, wird der Widerwille gegen das Häßliche und Gemeine sowohl wie gegen das Kleinliche und Triviale lebendig und stark. In der Gesamtanlage der Heime und ihrer Gärten, dem Bau der Häuser, der Ausstattung der Räume soll das Gesetz der Schlichtheit und Schönheit walten. Mit einfachen Mitteln sollen Musik, Malerei, Bildhauerkunst, Dichtkunst, mimische Darstellung gepflegt werden und das Leben harmonischer gestalten. In ihrer Aufnahme und Ausübung sollen alle künstlerischen Anlagen des Kindes zur Entfaltung kommen.

   [...]

9. *Religiös-sittliches Leben soll* im L. E. H. alles durchdringen. Den *Haupteinfluß* auf das junge Menschenkind üben im *Zusammenleben* mit Kameraden und Lehrern Ton, Haltung und Geist des *Gesamtlebens*, die religiös-sittliche Atmosphäre des Heims aus. Daß es nie an solchen Persönlichkeiten fehlt, welche das Beispiel von sittlicher Reinheit und Ernst geben, die Begeisterung und Tatkraft für Gutes und Edles beweisen, die mit sich fortreißen oder stillen unmerklichen Einfluß ausüben, in deren Nähe nichts Niedriges groß werden kann, das muß unsere Hauptsorge sein und das sichert Wert und Bestand unseres Werkes. So ist und bleibt es abhängig vom Wert der führenden Persönlichkeiten, der Jüngeren und Älteren; davon, daß diese Lust und Kraft haben, echten Idealen nachzuleben und für sie Jüngere zu begeistern. Die Jugend für etwas Wertvolles zu erwärmen, ein Ideal in ihr zu erwecken, sie ihre Lebensbestimmung und ihre Verantwortlichkeit ahnen und fühlen zu lassen, ohne daß

viele Worte darüber verloren wurden, ist stets mein Hauptbestreben gewesen. Ich suchte und suche ihnen zu zeigen, daß vor allem von ihnen selbst nicht nur ihr eigenes Schicksal abhänge, sondern daß sie auch die soziale Aufgabe haben, als Glieder des Heims so zu leben und zu arbeiten, daß das Heim stets Achtung und Vertrauen erwerben und behalten kann, und daß so weitere ähnliche Heime entständen. Jede berechtigte Freiheit gewährte ich. Dadurch und durch den Erweis von Vertrauen suchte ich jeden berechtigten Stolz und starkes Verantwortlichkeitsgefühl zu wecken. Mißtrauische Überwachung, herrische Bevormundung erzeugen nur Sklaverei, Unselbständigkeit und Heuchelei. Soweit es irgend möglich ist, führte ich von Anfang an *Selbstverwaltung* vonseiten der Schüler durch, betraute sie mit Aufgaben, bei deren Erfüllung Mut und Selbständigkeit wachsen mußten. In allen wichtigen Dingen, in denen sie es können, sollen sie mitberaten und mitentscheiden. Denn noch mehr wie fürs intellektuelle und praktische Arbeitsgebiet, gilt für die gesamte sittliche Erziehung der Grundsatz: Alles, was das Kind selbst finden und leisten kann, *muß* man es selbst finden und leisten lassen und ihm nicht abnehmen; denn nur so kann man zu Entwicklung sittlicher Tatkraft beitragen.

[...]

10. *Im Wechsel zwischen theoretischer und praktischer Beschäftigung, zwischen Spiel*, freier ungehemmter Betätigung und *pflicht*mäßiger Arbeit *verläuft so das tägliche Leben im Heim.* Der Wechsel bedingt zugleich eine Ausspannung und Sammlung neuer Kräfte. Im allgemeinen ist der Morgen der Wissenschaft, der Nachmittag der praktischen Arbeit und dem Spiel, der Abend der Kunst gewidmet.

11. *Die innige Beziehung von Kind und Elternhaus* sowie von Schule, Heim und Heimat des Kindes wurde und wird stets von uns gepflegt. Die Kinder sollen dem Elternhaus nicht entfremdet werden. Sie lernten es im allgemeinen erst bei uns besser würdigen und verstehen. Aus den Händen der Eltern, oder, wenn diese schon gestorben sind, aus denen von Anverwandten, empfangen wir die Kinder. Mit den Angehörigen bleiben wir in steter Verbindung. Immer können sie zu uns kommen, an allem bei uns teilnehmen. Die Kinder stehen in regelmäßigem Briefwechsel mit ihnen, kehren in den Ferien zu ihnen zurück; auf Elternabenden beraten wir mit ihnen über Wohl und Wehe der uns beiden am Herzen Liegenden.

***Arbeitsaufgaben**

1. *Auf welche schulischen und gesellschaftlichen Mißstände reagiert Lietz mit seiner Konzeption der Landerziehungsheime? Welche Zielgruppen hat er dabei vor allem im Auge?*
2. *Worin bestehen nach Lietz die Erziehungsziele der Landerziehungsheime? Welche »Werte« bzw. »Fertigkeiten« werden in diesem Zusammenhang hervorgehoben, welche eher vernachlässigt?*
3. *Beschreiben Sie die methodischen Mittel, mit denen die von Lietz geforderten Erziehungsziele erreicht werden sollen.*
4. *Welche Einstellungen und welche Qualitäten verlangt Lietz vom Erzieher und Lehrer?*
5. *Inwiefern wird in diesem Programm der Landerziehungsheime der Einfluß der Jugendbewegung besonders deutlich?*
6. *Diskutieren Sie unter einer politischen Perspektive das Erziehungsprogramm von Lietz und mögliche Effekte der politischen Sozialisation der Heranwachsenden.*

Nohl: Die Autonomie der Pädagogik und der Bildungsbegriff

Nohl, H.: Die pädagogische Bewegung in Deutschland und ihre Theorie. Frankfurt/Main [8]1978. S. 124–145.

[...]

Die Weltanschauungen oder eigentlich richtiger ihre Organisationen möchten die Pädagogik nur als ausführendes Organ gelten lassen. Der Erzieher ist dann einseitig der subalterne Beauftrage der Kirche oder des Staates oder gar einer Partei. Angesichts des grausamen Kampfes dieser Mächte und der Weltanschauungen, die hinter ihnen stehen, kommt es heute mehr als je darauf an, daß die Pädagogik den Ort findet, der sie *in gewissem Sinne* unabhängig von ihnen macht, ihr eine Arbeit aus eigenem Recht erlaubt und damit Selbstbewußtsein, Würde, aber auch Zusammenhang und Fortschritt ermöglicht.

Also die Bestimmung der selbständigen Stellung der erzieherischen Arbeit und Lebensform im Zusammenhang der Kultur, der Aufweis ihres eigentümlichen Wesens und ihrer Leistung für das Ganze, das ist die erste Aufgabe einer Theorie der Bildung.

Es handelt sich also jetzt zunächst darum, das Wesen des erzieherischen Verhaltens genauer aufzuweisen und zu formulieren.

Herbart hat einmal gesagt: ohne die Einstellung von Locke und Rousseau auf das Individuell-Persönliche eines bestimmten Zöglings wäre das wahre Wesen der Erziehung nie zutage gekommen. »Was kann aus dem einzelnen zur Erziehung dargebotenen Subjekt werden oder nicht werden?«, das sei die wahre pädagogische Frage, die dem Begriff der Pädagogik entspreche. Wenn man das interpretiert, so heißt es: stand die Pädagogik bis dahin im Dienst objektiver Aufgaben, wo das Individuum nur der an sich unwesentliche Träger solcher objektiven Ziele war, wie Staat, Kirche, Wissenschaft, Stand und Beruf, so nahm sie jetzt zum ersten Mal mit vollem Bewußtsein der Tragweite einen radikalen Wechsel des Blickpunktes vor und stellte sich in das Individuum und sein subjektives Leben. War bis dahin das Kind das willenlose Geschöpf, das sich der älteren Generation und ihren Zwecken anzupassen hatte und dem die objektiven Formen eingeprägt wurden, so wird es jetzt in seinem eigenen spontanen produktiven Leben gesehen, hat seinen Zweck in ihm selber, und der Pädagoge muß seine Aufgabe, ehe er sie im Namen der objektiven Ziele nimmt, im Namen des Kindes verstehen. In dieser eigentümlichen Umdrehung, die man sich in ihrer vollen Bedeutung vor Augen stellen muß, liegt das Geheimnis des pädagogischen Verhaltens und sein eigenstes Ethos. Wenn Sokrates, statt Bücher zu schreiben, lieber in die lebendige jugendliche Seele schreiben und zugleich doch nur Hebammendienste an ihr leisten wollte, so war das echt pädagogisch, und die Entwicklung von Rousseau, Pestalozzi und Fröbel bis zu der heutigen Jugendkunde und Jugendbewegung, Berthold Otto und Montessori meint immer dasselbe. Diese Umdrehung hat damals die Welt des Kindes erst entdeckt, und von dieser Grundeinstellung her ergaben sich die wichtigsten pädagogischen Begriffe, wie die Entwicklung der Individualität, Selbständigkeit und Selbstverwaltung, der Selbstwert jedes Moments im Zusammenhang des Fortschreitenden Lebens, die Ausbildung des *ganzen* Menschen. In dieser Einstellung auf das subjektive Leben des Zöglings liegt das pädagogische Kriterium: was immer an Ansprüchen aus der objektiven Kultur und den sozialen Bezügen an das Kind herantreten mag, es muß sich eine Umformung gefallen lassen, die aus der Frage hervorgeht: welchen Sinn bekommt diese Forderung im Zusammenhang des Lebens dieses Kindes für seinen Aufbau und die Steigerung seiner Kräfte, und welche Mittel hat dieses Kind, um sie zu bewältigen? *Insofern* ist also jede Pädagogik Individualpädagogik.

Aber hier tut sich gleich die Grundantinomie des Pädagogischen Lebens vor uns auf, die die Grundantinomie auch des ethischen Lebens ist, und auch die *Grenze* der Pädagogik sehen läßt. Hier ist das Ich, das sich aus sich und seinen Kräften entwickelt und sein Ziel zunächst in sich selbst hat, und dort sind die großen objektiven Inhalte, der Zusammhang der Kultur und die sozialen Gemeinschaften, die dieses Individuum für sich in Anspruch nehmen und ihre eigenen Gesetze haben, die nicht nach Wille und Gesetz des Individuums fragen. Pädagogisch gewendet heißt das: das Kind ist nicht bloß Selbstzweck, sondern ist auch den objektiven Gehalten und Zielen verpflichtet, zu denen es hin erzogen wird, diese Gehalte sind nicht nur Bildungsmittel für die individuelle Gestalt, sondern haben einen eigenen Wert, und das Kind darf nicht bloß sich erzogen werden, sondern auch der Kulturarbeit, dem Beruf und der nationalen Gemeinschaft.

Es bleibt aber dabei, daß das individuelle Moment, wie Schleiermacher das nennt, gegenüber dem universalen *für den Erzieher* den entscheidenden Ton zu tragen hat: *er ist verantwortlich für das Subjekt.*

Noch unter einem andern Gesichtspunkt wird die grundlegende Bedeutung des pädagogischen Bezuges klar. Ist das Ziel der Erziehung die Erweckung eines einheitlichen geistigen Lebens, so kann sie nur wieder durch ein einheitliches geistiges Leben gelingen, persönlicher Geist sich nur an persönlichem Geist entwickeln. Die pädagogische Wirkung geht nicht aus von einem System von geltenden Werten, sondern immer nur von einem ursprünglichen Selbst, einem wirklichen Menschen mit einem festen Willen, wie sie auch auf einen wirklichen Menschen gerichtet ist: die Formung aus einer Einheit. Das ist das Primat der Persönlichkeit und der personalen Gemeinschaft in der Erziehung gegenüber bloßen Ideen, einer Formung durch den objektiven Geist und die Macht der Sache. Wenn wir älter werden, leben wir in sachlichen Interessen und in der Hingabe an objektive Aufgaben, aber im Erziehungsprozeß geht die Gestaltung unseres Lebens nur vor sich, wo wir uns an jemanden hingeben, in dem uns solche Aufgaben lebendig entgegenkommen, und auch dann wird nicht die Idee in ihm gemeint, sondern immer der Mensch und seine eigene ideale Form, das fleischgewordene Wort, und wir entnehmen aus ihm weniger die Sache als die Art ihrer Vertretung, Hingabe und Schwung, die Gewissenhaftigkeit und Treue der Arbeit, die Strenge gegen sich selbst, kurz die persönliche Kraft. Meine Begabung führt mich zur Sache, aber der erzieherische Bezug formt auch die Begabung, und formt sie nicht aus der Sache, sondern aus den persönlichen Kräften, zu denen dann allerdings auch die Sachlichkeit gehört. Darum kann ein großer Lehrer seine Wirkung behalten, auch wenn der Inhalt seiner Lehre längst überholt ist. Je zersplitterter oder unfertiger die Bildung einer Zeit ist, um so wichtiger wird die Repräsentation des höheren Lebens vor dem Zögling in dem einheitlichen Menschentum seines Erziehers, in dem das Bildungsideal aufbewahrt ist, wenn es sonst überall verschwunden wäre oder noch nicht da sein sollte.

Die Grundlage der Erziehung ist also das leidenschaftliche Verhältnis eines reifen Menschen zu einem werdenden Menschen, und zwar um seiner selbst willen, daß er zu seinem Leben und seiner Form komme. Dieses erzieherische Verhältnis baut sich auf auf einer instinktiven Grundlage, die in den natürlichen Lebensbezügen der Menschen und in ihrer Geschlechtlichkeit verwurzelt ist. In dem Vater- und Muttersein, Schwester-, Bruder-, Tante- und Onkelsein, aber auch noch in dem Großvatersein und nicht zuletzt in der Erotik. Von jedem dieser elementaren Bezüge wird eine eigene Form des erzieherischen Verhältnisses getragen, er läßt jedes Mal andere Momente in diesem Verhältnis hervortreten, zielt auch auf ein jeweilig verschiedenes Alter, die Mutter auf das Kleinkind, der Vater auf den 12 jährigen, die Erotik auf das Jugendalter. Jede große Pädagogik ist typisch für eine dieser Formen, Sokrates und Herbart oder auch Wyneken für den erotischen, Pestalozzi für den mütterlichen, Salzmann oder Arndt für den männlich-väterlichen Typus, der alte Fröbel für den großväterlichen, und man versteht ihre Pädagogik in ihrem eigentümlichen Aufbau nicht, wenn man in ihr nicht diesen ursprünglichen Kern mit seinen Folgen spürt. Dabei ist das spezifisch pädagogische Verhältnis selbstverständlich doch wieder mehr als das instinktive

Mutter- und Vatersein oder das erotische Band, nämlich ein *geistiges Verhalten selbständiger Art*, das sich auf den werdenden Menschen richtet um seiner höheren Form willen.

Das Verhältnis des Erziehers zum Kind ist immer doppelt bestimmt: von der Liebe zu ihm in seiner Wirklichkeit und von der Liebe zu seinem Ziel, dem Ideal des Kindes, beides aber nun nicht als Getrenntes, sondern als ein Einheitliches: aus diesem Kinde machen, was aus ihm zu machen ist, das höhere Leben in ihm entfachen und zu zusammenhängender Leistung führen, nicht um der Leistung willen, sondern weil in ihr sich das Leben des Menschen vollendet. Das pädagogische Ziel ist nicht, einen Lebenstypus zu züchten. Der Gärtner, der die blaue Rose züchtet, opfert Tausende von Rosen für diesen Zweck, die pädagogische Liebe zum Kinde ist die Liebe zu *seinem* Ideal. Es soll ihm nichts Fremdes eingebildet werden, sondern die Lebensform, zu der sie führen will, muß die Lösung *seines* Lebens sein. So fordert die pädagogische Liebe Einfühlung in das Kind und seine Anlagen, in die Möglichkeiten seiner Bildsamkeit, immer im Hinblick auf sein vollendetes Leben. Der Unterschied zur rein naturhaften Mutterliebe wie zu dem Stolz des Vaters auf die Leistung des Sohnes ist deutlich, realistisches Sehen und idealistisches Wollen sind hier auf das innigste verbunden.

Und dem entspricht im Zögling nun ein Wachstumswille und eine Hingabe, die nach Hilfe und Schutz, nach Zärtlichgkeit und Anerkennung verlangt. Aber auch hier bekommen Wachstumswille und Hingabe erst den erzieherisch-geistigen Charakter, wo der Verkehr mit einem Reiferen gesucht wird, um von ihm Lebenskraft und Form zu gewinnen.

Aber dieser Veränderungs- und Gestaltungswille wird doch gleichzeitig immer gebremst und im Kern veredelt durch eine bewußte Zurückhaltung vor der Spontaneität und dem Eigenwesen des Zöglings. Wie ein Kunstwerk nicht aus einer bloßen Neutralität erwächst, sondern aus der Leidenschaft eines Glaubens und trotzdem ganz in sich beruhen soll und keine Tendenz haben, so ist auch der Erzieher kein Tendenzpädagoge. Dieses eigentümliche Gegeneinander und Ineinander von zwei Richtungen der Arbeit macht *die pädagogische Haltung* aus und gibt dem Erzieher eine eigentümliche *Distanz* zu seiner Sache wie zu seinem Zögling, deren feinster Ausdruck ein *pädagogischer Takt* ist, der dem Zögling auch da nicht »zu nahe tritt«, wo er ihn steigern oder bewahren möchte, und der spürt, wenn eine große Sache nicht pädagogisch klein gemacht werden darf. Und auch der Zögling will bei aller Hingabe an seinen Lehrer im Grunde doch sich, will selber sein und selber machen, schon das kleine Kind im Spiel, und so ist auch von seiner Seite in der Hingabe immer zugleich Selbstbewahrung und Widerstand, und das pädagogische Verhältnis strebt – das ist sein Schicksal und die Tragik des Lehrerseins – von beiden Seiten dahin, sich überflüssig zu machen und zu lösen, – ein Charakter, der so keinem anderen menschlichen Bezuge eigen ist.

Die Bildungsgemeinschaft ist gleichzeitig Lebensgemeinschaft und ihr Geist ist die stärkste bildende Kraft, er ist die Voraussetzung jeder einzelnen pädagogischen Einwirkung und alle Methodik ist ihm gegenüber ganz sekundär. In dieser Gemeinschaft macht sich nun aber wieder, weil sie pädagogische Gemeinschaft ist, jene Doppelheit geltend, die schon berührt wurde, als von der Mutterliebe und der Vaterführung gesprochen wurde. Entsprechend jener Doppelheit einer Liebe zum Kinde in seiner Wirklichkeit und der Liebe zu seiner Höhe, die Erhebung fordert, wird die pädagogische Gemeinschaft getragen von zwei Mächten: Liebe und Autorität, oder vom Kinde aus angesehen: Liebe und Gehorsam. Diese zwei Mächte bestimmen die eigene pädagogische Struktur der Erziehungsgemeinschaft. Die Pädagogen haben je nach ihrer Einseitigkeit bald die eine oder andere betont, im Lebensprozeß sind sie beide verbunden. Die zentrale pädagogische Aufgabe, die Hervorbringung eines persönlichen geistigen Lebens, fordert vom Erzieher die Liebesgemeinschaft mit dem Kinde, die ihm alle Türen in ihm öffnet und sein ganzes kleines Leben im Vertrauen solcher Liebe sammelt und bindet, trägt und steigert. Wo ich vertraue, handle ich selbst besser, wo mir vertraut wird, fühle ich mich gebunden und bekomme Kräfte über mein Maß. Auf dieser Liebe gründet dann aber weiter die Konzentration durch den Gehorsam gegenüber der Autorität, die nichts anderes ist als das Gewissen jenes höheren Lebens und das Vorbild jener höheren Form, dem die Seele zugeführt werden soll. Die geistige Notwendigkeit, die das Ideal und seine Erhebung gegenüber dem bloßen Dasein charakterisiert, ist dem Kinde in dem Verhältnis zu der Autorität und in ihrem Ernst gegenwärtig. Autorität heißt also nicht Gewalt, wenn sie sich auch unter Umständen mit ihr wappnen muß, und Gehorsam heißt nicht aus Angst tun oder blind folgen, sondern heißt freie Aufnahme des Erwachsenenwillens in den eigenen Willen und spontane Unterordnung als Ausdruck eines inneren Willensverhältnisses, das gegründet ist in der überzeugten Hingabe an die Forderungen des höheren Leben, das durch den Erzieher vertreten wird. Dies Verhältnis hat seine eigene Gewißheit, und eine Reihe der schönsten Gefühle sind in ihm gegründet: Ehrfurcht, Achtung, Pietät und Dankbarkeit. Unterordnung und Gemeinschaft sind die beiden Formkräfte jeder Gesellschaft, sie bekommen in der pädagogischen Gemeinschaft aber aus der pädagogischen Aufgabe ihre ganz besondere Farbe: die Gemeinschaft ist hier erziehende, tragende und gestaltende Liebe, an deren Stelle in der Gesellschaft die genossenschaftliche Gemeinschaft der Zwecke tritt, und sie ist Unterordnung, Konzentration und Organisation des Willens, wo in der Gesellschaft die herrschaftliche Zweckorganisation erscheint. Der Wille wächst nur bei Anforderung eines fremden Willens, und die Jugend ist ihr gewachsen, weil dieser fordernde Wille nicht bloß Schicksal, sondern Liebe ist, die sie trägt.

Ihre letzte Klarheit bekommt die Autonomie des pädagogischen Verhaltens aber erst, wenn man auf das Werk sieht: die Bildung.

Bildung ist die subjektive Seinsweise der Kultur, die innere Form und geistige Haltung der Seele, die alles, was von draußen an sie herankommt, mit eigenen Kräften zu einheitlichem Leben in sich aufzunehmen und jede Äußerung und Handlung aus diesem einheitlichen Leben zu gestalten vermag. Die verschiedenen Kultursysteme, Kunst, Wissenschaft, Staat verlangen überall Leistungen von uns und Einstellung in bestimmte Zusammenhänge, die Bildung dagegen lebt im Individuum, will in ihm Kräfte und Fähigkeiten entbinden und zu einer Gestalt bringen, die nach einer Richtung den immanenten Sinn unseres Daseins, *ein* Telos der Geschichte, darstellt. Unabhängig von den Ansprüchen, die der Beruf oder sonst irgendwelche objektiven Mächte des Lebens an uns stellen, soll hier das Menschliche sich erfüllen. Je zerspaltener das öffentliche Leben wird, um so entscheidender wird die Aufgabe der Pädagogik, solch einheitlich geformtes Leben in den Individuen zu erreichen.

Die Doppelheit des Verhältnisses offenbart sich übrigens auch darin, daß wir dafür zwei Worte haben, »bilden« und »erziehen«. Neuere Untersuchungen haben den Bedeutungsunterschied der beiden Worte willkürlich aus ihrem System bestimmen wollen. Historisch ist der Ausdruck »bilden« erst in der zweiten Hälfte des 18. Jahrhunderts aufgekommen, heißt ursprünglich »sich bilden« (Bildungstrieb) und meint die spontane Entwicklung von innen her zu eigener Form, während »erziehen!« (Zucht) mehr das Hinziehen zu einer vorgegebenen Form bedeutet. Wenn die Gegenwart wieder den Ausdruck »erziehen« bevorzugt, so ist das ein charakteristisches Zeichen für den Wandel in der pädagogischen Haltung.

Arbeitsaufgaben

1. *Pädagogik wird nach Nohl durch eine spezifische Einstellung zum Kind bestimmt. Erläutern sie diese Einstellung.*
2. *Aus welchem Grund kann und muß die Pädagogik als Wissenschaft mit dieser neuen Einstellung einen Autonomieanspruch gegenüber gesellschaftlichen Weltanschauungen und deren Organisationen beanspruchen?*

3. *Was versteht Nohl unter der »Grundantinomie des pädagogischen Lebens«?*
4. *Welche Aufgabe kommt in Nohls Perspektive dem Erzieher zu? Was versteht der Autor in diesem Zusammenhang unter »pädagogischem Bezug«?*
5. *Wie definiert Nohl den Begriff der Bildung, und wie grenzt er ihn von dem der Erziehung ab?*
6. *Vergleichen Sie die pädagogische Konzeption Nohls mit derjenigen der Aufklärungspädagogik.*
7. *Vergegenwärtigen Sie sich das Programm einer Pädagogik als Wissenschaft, wie es Trapp 150 Jahre zuvor entworfen hatte. Wie hätte Nohl dieses Forschungsprogramm mutmaßlich beurteilt?*

Kapitel V

»Du bist nichts, Dein Volk ist alles!«

Das Erziehungsprogramm des Nationalsozialismus

Abbildung Vorderseite:

Jungvolkabordnung bei einer Jugendkundgebung vor dem Schöneberger Rathaus in Berlin im Januar 1934.

Foto: Archiv der deutschen Jugendbewegung, Burg Ludwigstein

Erläuterungen zu den Materialien und ihrem historischen Kontext

Als Hitler am 30. Januar 1933 zum Reichskanzler ernannt wurde, war dies für seine Anhänger der Beginn der »nationalen Revolution«. Es sollte der erste Schritt einer zivilisierten Nation in eine beispiellose Barbarei sein, die in den Vernichtungslagern von Auschwitz ihren fürchterlichsten Ausdruck fand. »Die Forderung, daß Auschwitz nicht noch einmal sei, ist«, nach einem oft zitierten Wort Adornos, »die allererste an Erziehung.« Nimmt man diese Forderung ernst, dann ist eine Beschäftigung mit den Erscheinungsformen, Ursachen und Folgen der Barbarei unvermeidlich, dann ist zu fragen, wieso eine zivilisierte Nation in ihrer großen Mehrheit Hitler auf seinem Weg in die Barbarei folgen konnte.

Eine umfassende Analyse des Nationalsozialismus ist im Rahmen dieses Studienbuchs nicht einmal ansatzweise zu leisten. Es geht in den nachfolgenden Texten lediglich um eine seiner Erscheinungsformen, um das Erziehungsprogramm, wie es von führenden Ideologen und Pädagogen der nationalsozialistischen »Bewegung« propagiert wurde. Dabei ist zu beachten, daß es sich hier um programmatische Äußerungen über Ziele und Methoden nationalsozialistischer Erziehung handelt. Die Frage, wie weit die Programmatik die Erziehungswirklichkeit in Familie, Schule und den Jugendorganisationen des Nationalsozialismus tatsächlich geprägt und die heranwachsende Generation im Sinne der neuen Weltanschauung geformt hat, läßt sich durch eine Analyse dieser Quellen nicht aufschlüsseln und ist in der historischen Bildungsforschung über die NS-Zeit bis heute nicht befriedigend geklärt. Es ist aber unstrittig, daß es den Nationalsozialisten nach der »Machtergreifung« keineswegs gelang, die traditionellen Erziehungsinstitutionen wie Familie und Schule zügig und erfolgreich »gleichzuschalten«. Insofern war es konsequent, daß die ideologische Erziehung der nachwachsenden Generation vor allem durch die neuen Organisationen der »Hitlerjugend« geleistet werden sollte. Das Phänomen eines verbreiteten Jugendprotestes gegen die Zwangsmitgliedschaft in der Hitlerjugend nährt allerdings auch hier den Zweifel an der Wirksamkeit der nationalsozialistischen Programmatik.

Trotz dieser notwendigen Einschränkungen können mit den nachfolgenden Quellen eine Reihe von wichtigen Fragen beantwortet werden: Was sind die charakteristischen Grundzüge des nationalsozialistischen Erziehungsprogramms? Welche anthropologischen Prämissen liegen ihm zugrunde? Wie läßt sich das Gesellschafts- und Geschichtsbild beschreiben, aus dem dieses Erziehungsprogramm abgeleitet wird? Welche Funktionen werden den traditionellen Erziehungsinstitutionen Schule und Familie zugewiesen, und welche Erziehungsmethoden werden aus den maßgeblichen Erziehungszielen abgeleitet?

Über die Rekonstruktion der »Denkformen« nationalsozialistischer Pädagogik hinaus drängen sich weiterführende Fragen auf. Es sind Fragen nach der Kontinuität dieses Denkens bezüglich der Erziehungs- und Bildungstheorien, die seit der Aufklärung die wissenschaftliche pädagogische Reflexion bestimmt haben. Interpretiert man die Begriffe »Erziehung« und »Bildung« in der Tradition der Aufklärung als Ermöglichung von Mündigkeit und Selbstbestimmung der Heranwachsenden, dann könnte man das Programm der nationalsozialistischen Erziehung, wie es von deren Wortführern innerhalb und außerhalb der Universitäten vertreten wurde, als radikalen Bruch mit dieser Tradition begreifen. Die nationalsozialistische Pädagogik würde dann streng genommen nicht zur Geschichte pädagogischen Denkens gehören, wäre – mit Ulrich Herrmann und Jürgen Oelkers gesprochen – eine »Un-Pädagogik«.

Gegen eine solche Interpretation der NS-Pädagogik als radikale Absage an die Traditionen pädagogischer Reflexion sprechen einige Gründe. Die genauere Lektüre der nachfolgenden Texte kann zeigen, daß wichtige Begriffe, Elemente und Denkfiguren der Reformpädagogik bzw. der geisteswissenschaftlichen Pädagogik der Weimarer Republik auch im Erziehungsprogramm der Nationalsozialisten enthalten sind. Es ist – allgemein formuliert – das Ressentiment gegen die Erscheinungsformen der modernen liberalen Gesellschaft, das die Reformpädagogik und ihre wissenschaftlichen Repräsentanten mit den Theoretikern der nationalsozialistischen Erziehung verbindet. Die Kulturkritik der Reformpädagogik, ihre Interpretation der Moderne als Verfallsgeschichte, die Sehnsucht nach authentischer Gemeinschaft und Führertum, die Natur- und Agrarromantik als Kritik an der großstädtischen Zivilisation, die Abwertung von Intellekt und Wissenschaft zugunsten von Charakter, Tat und Leben – alle diese im reformpädagogischen Denken der vorangegangenen Jahrzehnte weitverbreiteten Stereotype waren zumindest teilweise in das nationalsozialistische Erziehungsprogramm zu integrieren. Unter dieser Perspektive erscheint die NS-Pädagogik keineswegs als Traditionsbruch, sondern als Fortsetzung und Zuspitzung des reformpädagogischen Programms, waren die namhaften universitären Repräsentanten der geisteswissenschaftlichen Pädagogik um Spranger, Nohl und Flitner die »Kathederpädagogen« der Weimarer Republik (Gamm), die ideologischen Wegbereiter und Kollaborateure der NS-Pädagogik.

Aber auch diese Interpretation macht es sich zu einfach. Andere zentrale Elemente der Reformpädagogik, etwa der Gedanke der kindgemäßen Erziehung, des Eigenrechts des Kindes, die Forderung nach Autonomie der Pädagogik gegenüber den »gesellschaftlichen Mächten« und Weltanschauungen, standen in diametralem Gegensatz zum nationalsozialistischen Programm einer neuen Pädagogik und wurden von deren Theoretikern als liberale »Erblast« bekämpft. Kontinuität und

Kritik prägen also theoriegeschichtlich das Verhältnis der NS-Pädagogik zur vorangegangenen Epoche pädagogischen Denkens.

Dies gilt auch institutionengeschichtlich für die wissenschaftlichen Biographien der führenden Pädagogen der Weimarer Republik. Viele von ihnen dienten sich 1933 in »vaterländischer Begeisterung« den neuen Machthabern an und erhofften sich – wie Wilhelm Flitner – zumindest anfangs von ihnen eine neue kraftvolle reformpädagogisch orientierte Bildungspolitik. Es waren eher die wissenschaftlichen und politischen Außenseiter der Pädagogik der Weimarer Republik, die – wie Siegfried Bernfeld – in die Emigration gingen oder später – wie Adolph Reichwein – sich dem Widerstand gegen Hitler anschlossen und dies mit dem Leben bezahlten. Die Mehrheit der geisteswissenschaftlichen »Kathederpädagogen« behielt ihr Amt oder zumindest ihre Bezüge und suchte einen Modus vivendi mit den neuen Machthabern. Sie verlor zwar an wissenschaftlicher Reputation und büßte ihren bisherigen politischen Einfluß ein, aber leistete gegen die aufkommende Barbarei keinen entschiedenen Widerstand, genausowenig wie das konservative deutsche Bürgertum insgesamt und die Mehrheit der Bevölkerung.

Die Wortführer der neuen, nationalsozialistischen Erziehung wurden allerdings andere, denen sich durch die sogenannte Machtergreifung von 1933 innerhalb und außerhalb der Universitäten neue Berufskarrieren eröffneten. Der erste der nachfolgenden Texte zur nationalsozialistischen Erziehungsprogrammatik stammt von Alfred Rosenberg, dem Chefideologen der NSDAP, seit 1934 »Beauftragter des Führers für die Überwachung der gesamten geistigen und weltanschaulichen Schulung und Erziehung der NSDAP« und 1946 vor dem Nürnberger Kriegsverbrechertribunal zum Tode verurteilt und hingerichtet. In seiner Rede aus dem Jahre 1934 skizziert Rosenberg die weltanschaulichen Grundlagen des nationalsozialistischen Erziehungsprogramms in Abgrenzung von den maßgeblichen Theorieentwürfen des 18. und 19. Jahrhunderts. Die Ambitionen der Aufklärungspädagogik, über Erziehung einen Beitrag zur »Humanisierung der Menschheit« zu leisten, überschätzten nicht nur die Bedeutung der Erziehung, sondern seien an einem falschen, weil abstrakten und universalistischen Menschenbild orientiert. Die Erziehungsphilosophie der Aufklärung habe zu einem »hohlen Internationalismus« geführt und sei eine »Parallelerscheinung« des »demokratischen politischen Gedankens und damit des parlamentarischen Systems« gewesen. Dieser Irrweg pädagogischen wie politischen Denkens solle mit der nationalsozialistischen Erziehung verlassen werden; Erziehung müsse »biologischer« werden und den »inneren Gesetzen der Rasse«, d. h., dem »deutschen Wesen« entsprechen. Die deutsche Erziehung der Zukunft dürfe deshalb nicht mehr »formal-ästhetisch« sein und eine »abstrakte Vernunftgestaltung« anstreben, sondern müsse »Charaktererziehung« werden, orientiert an der »Rassenseele« des deutschen Volkes.

Der nachfolgende Text stammt von K. F. Sturm, einem Schüler Ernst Kriecks, der neben Alfred Baeumler der wohl einflußreichste der neuen universitären NS-Pädagogen war. Sturm thematisiert die Bedeutung der Gemeinschaft im nationalsozialistischen Erziehungsprogramm und betont die Differenz zwischen dem Gemeinschaftsbegriff in der Reformpädagogik und in der nationalsozialistischen Weltanschauung. Erziehung, so Sturm, sei »wesenhaft« auf die »Einverleibung« des einzelnen in die Gemeinschaft gerichtet. Die »neue Erziehungswissenschaft« verstehe aber unter Gemeinschaft »etwas wesenhaft anderes als die Reformpädagogik und ihre Philosophie«. Die Gemeinschaften, die den Reformpädagogen als pädagogisches und soziales Ideal vorschwebten, sollten nach Auffassung Sturms »aus dem Willen der einzelnen« im Sinne eines freiwilligen Zusammenschlusses hervorgehen. Dies aber sei typisch für den Begriff der »Gesellschaft« und – wie man hinzufügen kann – für den Liberalismus, den es zu überwinden gelte. Gemeinschaft im nationalsozialistischen Sinne habe dagegen nichts mit freiwilliger Gefolgschaft zu tun, sondern sei schicksalhaft »naturverwurzelte Gemeinschaft«, die die Voraussetzung für die Selbsterhaltung und Fortpflanzung des »Volksganzen« darstelle. Eine autonome Pädagogik, die sich mit Nohl als Anwalt des Kindes gegen die »gesellschaftlichen Mächte« verstehe, sei mit diesem Gemeinschaftsbegriff nicht zu vereinbaren. Erziehung bzw. Erziehungswissenschaft diene ausschließlich der Bestandserhaltung dieser rassisch definierten Volksgemeinschaft, erhalte ihre Aufgaben aus der »jeweiligen völkischen und staatlichen Lage«.

Die Glorifizierung der biologistisch verstandenen Gemeinschaften und die Instrumentalisierung der Erziehung im Dienste dieser Gemeinschaften verweist über die Pädagogik hinaus auf ein charakteristisches Merkmal des nationalsozialistischen Herrschaftssystems, auf den Versuch, die ökonomischen und sozialen Klassenunterschiede der damaligen deutschen Gesellschaft durch die Ideologie der Volksgemeinschaft zu neutralisieren, die Gefahr des Klassenkampfes zu bannen, ohne die Strukturen ökonomischer und sozialer Ungleichheiten ernsthaft in Frage zu stellen. Die antibürgerlichen und antikapitalistischen Töne der NS-Propaganda vor allem aus der Frühzeit der »Bewegung« sowie deren Etikettierung als »sozialistisch« standen in krassem Widerspruch zur realen Gesellschaftspolitik des »Dritten Reiches«. Das Regime eröffnete vielen seiner Anhänger kleinbürgerlicher Herkunft überraschende Berufskarrieren im Partei- und Staatsapparat und damit soziale Aufstiegschancen; aber schon vor und erst recht nach der sogenannten Machtergreifung suchte es den Schulterschluß mit den traditionellen Eliten in Staat, Wirtschaft und Gesellschaft. Eine wie auch immer geartete sozialrevolutionäre Politik hätte die Überwindung der ökonomischen Krisen und Massenarbeitslosigkeit nach 1933 in Frage gestellt und damit zugleich die Chancen für die nachfolgende militärische Aufrüstung im Dienste einer aggressiven Außenpolitik geschmälert. Ökonomische Gratifikation, polizeistaatliche Überwachung und propagandistisch-ideologische Integration, zu der auch eine neue Erziehung beitragen sollte, waren die zentralen Mittel, die Stabilität der nationalsozialistischen Herrschaft zu sichern.

Die angedeuteten Zusammenhänge werden auch in der dritten Quelle, einem Textauszug von Ernst Krieck, deutlich. Ähnlich wie Baeumler in Berlin war Krieck erst nach der »Machtergreifung« unter dem Druck der Nationalsozialisten in Heidelberg zum Professor für Pädagogik berufen worden. Die Argumentation aus dem Jahre 1936 artikuliert alle wesentlichen Stereotype der nationalsozialistischen Erziehungssoziologie. Dreh- und Angelpunkt aller seiner Überlegungen ist die Zugehörigkeit zur Rasse. Sie solle das Richtmaß für die Politik und das soziale Zusammenleben nicht anders als für die kulturellen Präferenzen und damit auch für die Erziehung sein. Erziehung stehe allein im Dienste der Rasse, verliere damit jeden Bezug zu einer gattungsspezifischen Vernunft und zu einem emphatisch verstandenen Konzept von Individualität, wie es die pädagogischen Theorien der vergangenen Epochen auf unterschiedliche Weise postuliert hätten. Und auch die Pädagogik als Wissenschaft hat nach Krieck diesem Rassegedanken zu dienen. Auch sie soll ihr Fundament, ihre neue Wissenschaftlichkeit in der Biologie, genauer gesagt, in einer Rassenlehre als Weltanschauung finden.

Das Denken in Naturkategorien als Versuch, traditionelle soziale Lebensverhältnisse zu stabilisieren und soziale Konflikte »stillzustellen«, wird auch im Text von Franz Kade über die Stellung der Frau im Nationalsozialismus sichtbar. Der ideologischen Aufwertung der Frau als der »Zukunft des Volkes« steht eine implizite Abwertung und programmatische Verdrängung der Frauen aus dem öffentlichen Leben, höheren Bildungsgängen und der Arbeitswelt gegenüber. Der ideologische Gegner ist folgerichtig die liberalistische Frauenbewegung, die nach Ansicht Kades die »natürlichen Gesetze der Frau«, nämlich dem deutschen Volk den notwendigen Nachwuchs zu schenken, zerbrochen hat. Auch dieses Element der nationalsozialistischen Weltanschauung war keineswegs neu; es steht in der Tradition eines bürgerlichen Frauenideals, wie es sich bereits in den Texten der Aufklärungspädagogik finden läßt. Neu ist es lediglich in der biologisch-rassistischen Zuspitzung; reaktionär ist es, weil das traditionelle bürgerliche Frauenbild schon seit dem Kaiserreich durch die bürgerliche und proletarische Frauenbewegung in Frage gestellt worden war.

Die Nationalsozialisten versuchten nach 1933, durch ihre Familien- und Bevölkerungspolitik, durch Arbeitsmarkt- und Bildungspolitik praktische Konsequenzen aus ihrer Sicht der Geschlechtsunterschiede zu ziehen. Materielle Anreize sollten die Zahl der Familiengründungen und Geburten erhöhen, finanzielle Belastungen der »Doppelverdiener« den Zugang der Frauen zum Arbeitsmarkt erschweren und eine Kontingentierung der Zahl der Abiturientinnen und Studentinnen die Bildungsmöglichkeiten von Mädchen und Frauen begrenzen. Die geringen Effekte dieser Politik verweisen wiederum auf die für viele Bereiche des gesellschaftlichen Lebens typische Diskrepanz zwischen Ideologie und Wirklichkeit: Durch den Nachfragedruck einer expandierten Kriegswirtschaft stieg die Zahl der berufstätigen Frauen in der zweiten Hälfte des »Dritten Reiches« sprunghaft an, führte der Abiturientenmangel zu einem deutlichen Anstieg der Zahl weiblicher Studierender.

Der vorletzte Text der Sammlung unterscheidet sich durch seinen »offiziösen« Charakter von den übrigen Quellen. Es ist ein Auszug aus einem Erlaß aus dem Reichsministerium für Schule und Erziehung aus dem Jahre 1938, mit dem der Reichsminister Bernhard Rust eine Neuordnung des Höheren Schulwesens im Sinne nationalsozialistischer Schulpolitik durchzusetzen versuchte. In den allgemeinen Richtlinien über die Aufgaben der Schule im allgemeinen und des Höheren Schulwesens im besonderen finden sich alle Stereotype der nationalsozialistischen Erziehungssoziologie: Das »Trugbild der gebildeten Persönlichkeit« als Produkt der »humanistischen Bildungsideologie« müsse durch die »Gestalt des wirklichen, d. h. durch Blut und geschichtliches Schicksal bestimmten deutschen Menschen« abgelöst werden, eine Gestalt, die sich eigentlich nur aus einer »neuen Erziehungsordnung«, einer »Gemeinschaft des wirklichen Kampfes« entwickeln könne. Prototypen solcher Gemeinschaften seien nicht die Schulen, sondern die Hitlerjugend und die SA als menschenformende Kampfbünde der nationalsozialistischen »Bewegung«. Die Hitlerjugend wird damit in der Interpretation Rusts zum wichtigsten »neuen Erziehungsträger« erklärt, während die Schule für die Realisierung des nationalsozialistischen Erziehungsprogramms »in ihrer Bedeutung zurücktritt«. Er räumt ein, daß die Schule auch nach Jahren der nationalsozialistischen Herrschaft »nicht unmittelbar der revolutionären Umgestaltung unterworfen« worden sei, und stellt dies erst für eine fernere Zukunft, als Ergebnis der weiteren geschichtlichen Entwicklung in Aussicht.

Diese Äußerungen des Reichserziehungsministers dürfen natürlich nicht so interpretiert werden, als wäre die Schule im »Dritten Reich« vom Zugriff der Nationalsozialisten verschont geblieben. Mit der Entlassung jüdischer, kommunistischer und sozialdemokratischer Lehrer, durch die Einführung neuer Schulbücher und Lehrpläne versuchte man, auch die Schule ideologisch gleichzuschalten. Eine Veränderung der grundlegenden organisatorischen Strukturen des preußisch-deutschen Bildungssystems lag dagegen außerhalb des nationalsozialistischen Interesses. Den traditionellen Eliten der Schulverwaltung, der Ministerialbürokratie, eröffneten sich dadurch neue Möglichkeiten, die traditionellen Strukturen des Bildungssystems in Deutschland zu vereinheitlichen und zu modernisieren.

Unter strukturellen Gesichtspunkten – hinter der Fassade der Ideologie – werden auch in diesem Erlaß bemerkenswerte Kontinuitätslinien des administrativen Handelns zwischen der Weimarer Republik und der Schulpolitik in der frühen Bundesrepublik sichtbar. Dies wird im zweiten Teil des Erlasses, den Bestimmungen über die zukünftige Organisationsstruktur der Höheren Schulen besonders deutlich, die in einer knappen Zusammenfassung in die Arbeitsaufgaben aufgenommen worden sind. Betrachtet man die intendierte Verkürzung der gymnasialen Schulzeit auf 8 Jahre nicht als revolutionären Bruch mit der Tradition, so setzen diese Bestimmungen die traditionelle staatliche Schulpolitik der Weimarer Republik lediglich fort und bereiten mit der Definition eines altsprachlichen, mathematisch-naturwissenschaftlichen und neusprachlichen Gymnasiums, ergänzt durch Aufbauformen und Höhere Mädchenschulen, auf die Typenstruktur Höherer Schulen in den 50er und 60er Jahren der Bundesrepublik vor.

Im letzten Text dieses Bausteins geht es noch einmal um die Erziehungswissenschaft und ihre Grundbegriffe. Er stammt von Alfred Baeumler, der 1933 Professor für Politische Pädagogik in Berlin wurde, eine Ernennung, die von den Nationalsozialisten als Kampfansage an die geisteswissenschaftlichen Universitätspädagogen gemeint und von diesen auch so empfunden wurde. Baeumler nimmt in seiner Standortbestimmung nationalsozialistischen Erziehungsdenkens einen zentralen Begriff der älteren Erziehungswissenschaft, den von Herbart geprägten und in der geisteswissenschaftlichen Pädagogik oft verwendeten Begriff der »Bildsamkeit« auf. Dieser Begriff müsse – insofern schließt Baeumler sich den älteren pädagogischen Traditionen an – »im Mittelpunkt der Erziehungswissenschaft« stehen. Aber bisher sei der Begriff »intellektualistisch« mißverstanden worden, so, als sei jeder Mensch in gleicher Weise bildsam und mithin ein Produkt der Erziehung, wenn sie nur die richtigen Methoden anwende. Dem Prinzip einer – angeblich – früher vertretenen »unbeschränkten Bildsamkeit« setzt Baeumler nun das »realistische« Prinzip einer »beschränkten Bildsamkeit« entgegen, das sich auf eine »wissenschaftliche Menschenkunde«, d. h., auf eine biologische Rassenkunde stützen könne. Damit verliert aber nicht nur der traditionelle Begriff der Bildsamkeit seinen ursprünglichen Sinn, sondern auch die Pädagogik als wissenschaftliche Disziplin verändert ihren Charakter. Sie wird zur »lebens- und rassekundlichen Erziehungswissenschaft«, zur Anwendungswissenschaft einer rassistischen, völkischen Biologie. Daß diese Argumentation eine Selbstaufgabe der Pädagogik implizierte, kennzeichnet in gewisser Weise die nationalsozialistischen Erziehungs- und Bildungs»theorien« noch pointierter als die vorangegangenen zeitgenössischen Texte.

*Rosenberg: Grundzüge nationalsozialistischer Erziehung

Rosenberg, A.: Gestaltung der Idee. Reden und Aufsätze 1933 bis 1935. Hrsg. v. Thilo von Trotha. München ²1936. S. 47–57. Abgedruckt in: Gamm, H.-J. (Hrsg.): Führung und Verführung. Pädagogik des Nationalsozialismus. München 1964. 67–71.

[...]

Es gab einmal eine Zeit, da große deutsche Träumer von einer »*Erziehung des Menschengeschlechts*« sprachen und alle ihre Kräfte dafür einsetzten, dem lang ersehnten Ziel einer »*Humanisierung der Menschheit*« erfolgreich zustreben zu können. Niemand von uns wird diese große innere Bereitschaft und die Kraft des Überzeugungsmutes, der einst von Lessing und Herder ausging, geringschätzen, verdankt doch Deutschland ihnen viele seiner schönsten Antriebe. Und doch werden wir heute sagen müssen, daß so reich die Schätze sind, die uns die Großen des 18. Jahrhunderts hinterlassen haben, die Gedanken einer Menschheitserziehung in den Händen kleiner Epigonen des 19. Jahrhunderts doch in einen alles verflachenden Schematismus und schließlich in einen hohlen Internationalismus mündeten. Die Erziehung wurde im letzten halben Jahrhundert unbiologisch und allen inneren Gesetzen der Rassen und Völker entgegen als ein magisches Zaubermittel hingestellt. Das Wort, daß man durch Erziehung schließlich *alles* erreichen könnte und daß fast nur sie den Charakter des Menschen, sein Schicksal und sein Handeln bestimme, wurde nahezu Zwangsglaubenssatz vieler Geschlechter und verhinderte immer wieder das Aufkommen eines den Seelengeboten und organischen Naturgesetzen entsprechenden Denkens. Die herrschenden, von rein wirtschaftlichen Interessen bestimmten Anschauungen besagten, daß Weltanschauungen nichts mehr und nichts weniger bedeuteten als die wahllose Ausdehnung des Entwicklungsdogmas auf alle Gebiete des Lebens. Daraus folgte unausgesprochen der Glaubenssatz, daß aus einem bestimmt gearteten Wesen eine ganz anders geartete Gestalt durch Erziehungsmethoden erreicht werden könne. Noch tiefer ausgedrückt, wurde damit gesagt, daß aus dem Nichts eine geistige und politische Gestalt geboren werden könne.

Diese rein abstrakte Erziehungsphilosophie war die Parallelerscheinung, genauer, die *Voraussetzung* des demokratischen politischen Gedankens und damit des parlamentarischen Systems. Denn auch dieses demokratische System behauptete, daß durch Zusammenlegung von vielerlei Gedanken ein neuer schöpferischer Staatsgedanke, eine allen Erfordernissen entsprechende staatsmännische Tat geboren werden könne, ja, daß dieses System die eigentliche höchste Errungenschaft des menschlichen Denkens darstelle. Nun sagt uns das Leben zwar tausendfach, daß *nie* aus Zusammenstampfen vieler Samenkörner eine Gestalt entsteht, sondern daß für ewige Zeiten nur aus *einem*, ganz bestimmt gearteten Samen der Weizen und aus einem *andersgearteten* etwa die Gerste entsprießt. Aber die Gelehrtenwelt des 19. Jahrhunderts und die naturentfremdeten Menschen der Weltstädte hatten das *Sehen* verlernt, *mit der Kraft der Anschauung aber schwand auch die Klarheit des Denkens dahin,* und es hat einer jahrzehntelang sich vorwärtstastenden geistigen Revolution bedurft, um schließlich, auch nach schwersten Erschütterungen des staatspolitischen Lebens, den Sieg über die Gedankenwelt des 18. und 19. Jahrhunderts zu erringen.

Heute glauben und wissen wir, daß eine Erziehung, die sich zum Ziele setzt, einen einheitlichen Menschentypus zu schaffen, zu Mißachtung und Vergewaltigung ewiger Naturgesetze führen *muß* und daß deshalb auch die sich aufbäumende Natur an diesen Erziehungsmethoden sich dadurch rächt, daß sie Völker und Staaten in zuckenden Revolten vergehen läßt. *Diese* Erschütterungen sind es dann, die die Menschen zu letzten Entscheidungen aufrufen, zum Nachweis darüber, ob sie zu schwach sind, mit dem Leben zu leben und somit als Nation und Rasse untergehen müssen, oder aber, ob sie die Gesetze dieses ewigen Lebens anerkennen und *mit* ihnen gemeinsam eine Klärung und Festigung der ihnen verliehenen seelischen Gestalt durchführen wollen.

[...]

Der *gleiche* Herder, der von der Humanität der Menschheit träumte, hat zugleich eines der schönsten Worte ausgesprochen, die am Ausgangspunkte aller deutschen Erziehung stehen können. Er sagte: »Es hat jede Nation *ihr* Zentrum der Glückseligkeit, wie jede Kugel ihren Schwerpunkt.« Damit ist in genialer Weise die Eigengesetzlichkeit und Ewigkeit einer echten Volksgestalt, heute können wir sagen, einer *Rassenseele* ausgesprochen worden, und in diesem Geiste sind wir alle Kinder Herders und jener, die in *diesem* Sinne nach ihm gewirkt haben: wir fühlen beglückt, auch *staatlich* Gestalter des deutschen Schicksals geworden zu sein und nunmehr in einer Zeit leben zu dürfen, wo wir uns nicht mehr anmaßen, die *ganze Menschheit* zu erziehen, sondern unser größtes Glück darin erblicken, den *deutschen* Menschen »rechtwinklig an Leib und Seele« in seinen ewigen Antrieben kennenzulernen und alle in *ihm* schlummernden Möglichkeiten zu gestaltender Tat zu führen.

Damit schält sich das Wesentliche dessen heraus, was die deutsche Erziehung leisten *kann,* was sie dann aber auch mit stärkster Eindringlichkeit tun *muß.* Ich habe versucht festzustellen, welches »Zentrum der Glückseligkeit« eigentlich bei den großen, nordisch bestimmten Kulturvölkern lebendig gewesen ist, und habe folgendes als Ergebnis niedergelegt:

»Nach einer Rückschau von fernster Vergangenheit bis auf die jüngste Gegenwart breitet sich vor unserem Blick folgende Vielgestaltigkeit nordischer Schöpferkraft aus: Das arische Indien beschenkte die Welt mit einer *Metaphysik*, wie sie an Tiefe noch heute nicht erreicht worden ist; das arische Persien dichtete uns den *religiösen* Mythos, von dessen Kraft wir alle noch heute zehren; das dorische Hellas erträumte die *Schönheit* auf dieser Welt, wie sie in der uns vorliegenden in sich ruhenden Vollendung nie mehr verwirklicht wurde; das italische Rom zeigte uns die formale *Staatszucht* als Beispiel, wie eine menschliche bedrohte Gesamtheit sich gestalten und wehren muß. Und das germanische Europa beschenkte die Welt mit dem leuchtendsten Ideal des Menschtums: mit der Lehre von dem *Charakterwert* als Grundlage aller Gesittung, mit dem Hochgesang auf die höchsten Werte des nordischen Wesens, auf die Idee der Gewissensfreiheit und der *Ehre.* Um diese wurde auf allen Schlachtfeldern, in allen Gelehrtenstuben gekämpft, und siegt diese Idee im kommenden großen Ringen nicht, so werden das Abendland und sein Blut untergehen, wie Indien und Hellas einst auf ewig im Chaos verschwanden ...«

Ich glaube, daß mit diesen Feststellungen der Kern der Erziehungsaufgaben für das deutsche Volk deutlich hervorgetreten ist. Die deutsche Erziehung wird nicht formal-ästhetisch sein, sie wird nicht eine abstrakte Vernunftsgestaltung anstreben, sondern sie wird in erster Linie eine *Erziehung des Charakters darstellen*. Damit wird das Erziehungsideal des 18. und 19. Jahrhunderts bewußt und instinktiv beiseite geschoben und angeknüpft an alle großen Gestalten deutscher Vergangenheit und deutscher Gegenwart. Ein großer Mensch und seine Tat erscheinen uns tausendmal wichtiger und erzieherisch wirksamer als eine scheinbar noch so kluge, vernunftmäßige Theorie. Im Mittelpunkt der deutschen Erziehung werden deshalb die großen Menschen der deutschen Erde stehen und nicht danach, ob sie einem humanistischen oder international-universalistischen Idealbild dienten, zu werten sein, sondern danach, mit welcher Kraft und welchen Charakterwerten sie dieses umgestaltet oder sich zum deutschen Menschen schlechtweg bekannt haben. Und zu gleicher Zeit wird eine deutsche Erziehung zeigen müssen, wie sich dieser Gedanke der Ehre immer gepaart hat mit dem Gedanken einer Gewissens- und Forschungsfreiheit, wie um den Gedanken der Ehre nicht nur gekämpft worden ist auf den Schlachtfeldern Europas und auf dem Gebiet der Politik, sondern auch in den Gelehrtenstuben und in der Seele aller großen Künstler. Die Schlacht von Leuthen ist für uns hier ein gleiches Beispiel größter

Charaktererziehung wie der Faust oder eine heroische Symphonie Beethovens. Zu gleicher Zeit findet durch diesen Gedanken eine echte *Rückkehr zur Natur* in einem ganz anderen Sinne statt, als es die Anhänger des Träumers Rousseau oder des chaotischen Tolstoj jemals geahnt hatten. Denn die Rückkehr zur Natur, zu ihren Gesetzen und ihren Schönheiten, die wir heute aus der Sehnsucht des Weltstadtmenschen heraus erleben, ist nicht eine sentimentale Verzückung, sondern bedeutet das Neuerleben der deutschen Landschaft, der deutschen Erde und des damit verbundenen Wesens und ebenso deshalb auch ein tiefes Bejahen des deutschen *Bauern* als des stärksten Trägers dieses *Schicksals* und als des ewigen Erneuerers des deutschen *Blutes,* das wieder die Voraussetzung herstellt zu kraftvoller Verteidigung des deutschen *Bodens.*

***Arbeitsaufgaben**

1. *Von welchen traditionellen Erziehungs- und Bildungsidealen setzt sich Rosenberg in seiner Charakterisierung des nationalsozialistischen Erziehungsprogramms ab?*
2. *Welche politische Funktion schreibt der Autor der »rein abstrakten« Erziehungsphilosophie der Vergangenheit zu?*
3. *Von welchem Geschichts- und Menschenbild geht dagegen das nationalsozialistische Erziehungsprogramm Rosenbergs aus?*
4. *Welche Erziehungsziele treten angesichts dieser Weltanschauung in den Vordergrund, und welche verlieren an Bedeutung?*
5. *Vergleichen Sie die Ausführungen Rosenbergs mit der kulturkritischen Diagnose Langbehns (s. o., S. 131 ff), und diskutieren Sie Gemeinsamkeiten und Unterschiede.*

*Sturm: Erziehung und Gemeinschaft

Sturm, K. F.: Deutsche Erziehung im Werden. Osterwieck/Berlin [4]1938. S. 87 f. Abgedruckt in: Gamm, H.-J. (Hrsg.): Führung und Verführung. Pädagogik des Nationalsozialismus. München 1964. S. 119–121.

Früher galten Eltern und Lehrer als *»die«* Erzieher, neben ihnen vielleicht noch Dienstboten und Lehrmeister. Heute wissen wir: »Alle erziehen alle.« Jeder Mensch wirkt erziehend auf seine Mitmenschen, selbst dann, wenn er es weder will noch weiß, schon durch sein Dasein und Sosein. Erziehung kann ihrem Begriffe nach nicht grundsätzlich eingeschränkt werden auf bewußtes und absichtliches Tun. Neben den »Erziehern« als einzelnen Wesen erziehen Gemeinschaften: Familie, Schule, Verbände jeder Art. Auch die *»fest«* gewordenen und dauernden Erzeugnisse und Werke des Gemeinschaftslebens – Mythen und Symbole, Sprache und Sitte, Recht und Wirtschaft, Wissenschaft und Kunst – formen den Menschen, der mit ihnen in Berührung kommt. Wann und wo immer ein Mensch lebt, da steht er unter erziehenden Einflüssen. Erziehung ist vor allem Lebensfunktion ganzheitlicher Gebilde. Sie wird überall wirksam, wo solche Gebilde leben, ohne daß es hierzu zweckbewußter und vorbedachter Betätigung eines persönlichen Erziehers bedurfte. Wann und wo immer Völker, Staaten und Kulturen leben, da erziehen sie notwendigerweise ihre Glieder durch ihre objektiven Ordnungen und die Gesetzlichkeiten ihrer Sachgebiete. Vor und neben der rationalen und intentionalen Erziehung steht immer die funktionale. Damit ist die intentionale Erziehung für unser Verständnis ihres Wesens und ihrer Aufgaben in neue und weite Horizonte gestellt.

[...]

Dieser funktionale Erziehungsbegriff hat unseren Blick dafür geschärft, daß sich der Sinn der Erziehung niemals darin erschöpft, den Einzelnen nach Maßgabe seiner individuellen Anlagen zu entfalten und zu gestalten. Sie ist niemals bloß und nicht einmal zuerst Dienst am einzelnen, sondern trägt allewege überindividuellen Sinn. Als Funktion, als ungewolltes und nichtorganisiertes allmenschliches Geschehen und Wirken kann sie nur voll verstanden werden, wenn wir sie betrachten innerhalb der großen geschichtlichen Zusammenhänge. Sie ist nicht autonom, sondern eng und unabtrennbar mit anderen Gemeinschaftsfunktionen verbunden. Sie erweist sich als Voraussetzung und Folge alles geschichtlichen und Gemeinschaftslebens. Sie ist geistiger Erbgang, Überlieferung eines bestimmten Wahrheits- und Geltungsbestandes von einer Generation auf die nachfolgenden, Selbsterhaltung und Fortpflanzung des Volksganzen im Wechsel der Generationen. Sie ist als solche wesenhaft gerichtet auf Einverleibung des einzelnen in die Gemeinschaften, auf die Erzeugung eines durch den Grundcharakter und die geschichtliche Lage der Gemeinschaft bestimmten Menschenschlags, eines typischen Gemeinschaftsgliedes. Sie schafft »Reife der Gliedschaft«, die ebenso persönliche Entfaltung und Selbständigkeit bedeutet wie zugleich Gebundenheit in der Norm, Ausrichtung nach den die Gemeinschaft bestimmenden Werten. Im Funktionscharakter der Erziehung gründet ihr Dienstschaftsverhältnis zu Volk, Staat und Kultur.

Damit wendet die neue Erziehungswissenschaft ihr Auge der Wirklichkeit zu. Ein pädagogischer Realismus entsteht. Er sieht, daß wirkliche Gemeinschaft etwas wesenhaft anderes ist als die Gemeinschaft der Reformbewegung und ihrer Philosophie. Der im ersten Viertel des Jahrhunderts herrschende Idealismus verstand unter Gemeinschaft keine gewordene, blutvolle Wirklichkeit. Was er meinte, war nur Idee im kantischen Sinne, nicht *die* Gemeinschaft, »die vor aller bewußten Verwirklichung als Urgegebenheit in der Wirklichkeit unser Schicksal ist«. Und was er schaffen wollte, war nicht naturverwurzelte Gemeinschaft, sondern Gesellschaft. Diese kann aus dem Willen der einzelnen hervorgehen. Hingegen beruht Gemeinschaft »auf dem Sinn, auf unbewußter Zusammengehörigkeit«, die zwar zum Bewußtsein erhoben werden kann, keineswegs aber Bewußtsein und Willen voraussetzt. Dieser Irrtum verleitete die Reformpädagogen zu dem Unterfangen, Gemeinschaft aus künstlich herbeigeführten Zusammensein von jugendlichen einzelnen »entspringen« zu lassen, also gewissermaßen aus dem Nichts erst zu schaffen.

Die neue Erziehungswissenschaft wendet sich von bloß gedachter und geforderter Gemeinschaft ab, hin zu gewachsenen, konkreten, deren Ort nicht die abstrakte Welt des Geistes ist, sondern die naturhaft geschichtliche Wirklichkeit. Sie erkennt:

Erziehung ist in aller Welt Funktion konkreter Gemeinschaften wie Familie, Volk und Staat und darum auch nur möglich im Dienste wirklicher Gemeinschaftsgebilde. Es gibt Erziehung durch das Volk und zum Volke, aber nicht durch die Menschheit und zur Menschheit. Denn Volk ist naturhaft geschichtliche Wirklichkeit, aber Menschheit ist ein bloßer Begriff. Es hat griechische und römische Erziehung gegeben, es gibt deutsche, französische, chinesische Erziehung. Aber eine übervölkische Erziehung hat es nicht gegeben und wird es nicht geben. Sie ist und bleibt Traum.

Wirklich und wirksam ist allein die völkische und staatliche Erziehung, die ihre besonderen und dringlichen Aufgaben immer durch die jeweilige völkische und staatliche Lage empfängt, durch das Geworfensein des Menschen mit seinem Volk in die Nöte und Gefahren des Hier und Jetzt.

*Arbeitsaufgaben

1. *Erläutern Sie Sturms Unterscheidung von intentionaler und funktionaler Erziehung. Gegen welche älteren Erziehungskonzeptionen richtet sich der Begriff der funktionalen Erziehung?*
2. *Wie beschreibt Sturm das Verhältnis von Individuum und Gemeinschaft? Mit welcher Begründung lehnt er den Begriff der »Gesellschaft« kategorisch ab?*
3. *Wie unterscheidet sich nach Auffassung Sturms der Gemeinschaftsbegriff der Reformpädagogik von dem des Nationalsozialismus?*
4. *Das nachfolgende Zitat ist dem Text »Erziehung in einer wertunsicheren Gesellschaft« von Wolfgang Brezinka aus dem Jahr 1986 entnommen. Brezinka steht nicht im Verdacht, in einer nationalsozialistischen Denktradition zu stehen. Gleichwohl spielt der Begriff der Gemeinschaft als zentrale Bezugsgröße der Erziehung auch bei ihm eine große Rolle. Zeigen Sie Gemeinsamkeiten mit und Unterschiede zu den Ausführungen Sturms auf.*

> Unsere Verfassungen rechnen mit unterschiedlichen religiösen und weltanschaulichen Bekenntnissen, mit Religionsgemeinschaften und Weltanschauungsgemeinschaften. Diese Gemeinschaften *haben* für ihre Mitglieder gemeinsame Persönlichkeitsideale. Sie müssen ermutigt werden, ihre besondere Kultur mit ihren besonderen Anforderungen an die Menschen selbstbewußt zu pflegen, statt sich für sie zu genieren und sie von entwurzelten Intellektuellen zerstören zu lassen. Der Pluralismus der kleinen Gemeinschaften mit ihren überlieferten kulturellen Eigenwelten mußt gestärkt werden, weil nur in solchen glaubensgebundenen Eigenwelten seelische Beheimatung möglich ist. [Aus: Brezinka, W.: Erziehung in einer wertunsicheren Gesellschaft. Beiträge zur Praktischen Pädagogik. München/Basel 1986. S. 28.]

Krieck: Rasse und Erziehung

Krieck, E.: Nationalsozialistische Erziehung. Berlin 1936, S. 4–11.

II. Erziehungswissenschaftliche Voraussetzungen

Definition der Erziehung

Der Mensch ist Gemeinschaftswesen: einzelnes Leben und Werden hat nur Existenzmöglichkeit, Sinn und Erfüllung im Zusammenhang übergeordneter Lebensgemeinschaft, in Gliedschaft am Volksganzen. Jeder einzelne Mensch bringt ins Leben mit seine persönliche und rassische Anlage. Natürliche Veranlagung kommt indessen nicht spontan und wachstumsmäßig zur Selbstentfaltung, sondern stellt zunächst nur eine Reihe innerhalb unüberschreitbarer Grenzen (einer Variationsbreite) enthaltener Entfaltungsmöglichkeiten dar. Auslese, Ausrichtung und Entfaltung der mitgebrachten rassischen und persönlichen Anlagen erfolgt allein unter den Einwirkungen der Lebensgemeinschaft, der beständig von ihr auf Glieder und Nachwuchs ausgehenden Anreize, Anforderungen, Richtungsstöße, Fördernisse und Hemmnisse, Zielsetzungen und Wegweisungen. Die Gesamtheit der von der Gemeinschaft auf den Nachwuchs ausstrahlenden Einwirkungen, soweit dadurch im Nachwuchs Wachtstum gefördert und geformt, Anlagen zur persönlichen und gliedschaftlichen Reife gebracht werden, heißt Erziehung. An ihr haben Anteil alle Lebensordnungen, Lebenswerte und Lebensaufgaben, die dem wachsenden Menschen in der Lebensgemeinschaft entgegentreten. Erziehung vollzieht sich teils funtkional, d. h. unbewußt und unabsichtlich, teils nach bewußter Ordnung und planmäßiger Methode, wobei das Ganze der Erziehung niemals der Willkür, sondern dem Lebensgesetz der Gemeinschaft mit ihren Ordnungen und Inhalten, ihren Wegen und Zielen untersteht. Die Vielheit der Erziehungswirkungen empfängt aus dem Lebensgesetz der Gemeinschaft gemeinsamen Sinn und gleiche Richtung. Das heißt: jede Gemeinschaft kann ihren Nachwuchs nur gemäß ihrer eigenen Art, ihrem Charakter, ihrem Gesetz und Lebensziel erziehen. Vorhandene rassische Anlagen im Nachwuchs werden dann zu höchster Reife und Leistungsfähigeit gesteigert, wenn die Ordnungen, Werte, Gehalte und Ziele der erziehenden Lebensgemeinschaft selbst diesen rassischen Anlagen entsprechen und durch schöpferische Menschen der Rasse aus der Anlage in die gestaltete und gestaltende Wirklichkeit erhoben worden sind. »Geschichte« geht hervor aus solchen immer wiederkehrenden Schöpfungsakten auf allen Gebieten des völkischen Gemeinschaftslebens. Erziehung reiht den Menschen in die völkische Gemeinschaft als reifes und leistungsfähiges Glied ein und damit zugleich in den geschichtlichen Werdegang der Gemeinschaft.

Die Vielgestaltigkeit in der Erziehung

Das mit der Geburt in die völkische Lebensgemeinschaft an einem bestimmten Ort eintretende Kind findet eine Vielheit von Aufgaben vor, für die es bereitet und reif gemacht werden muß durch die entsprechenden Lebensordnungen (Familie, Staat, Schule, Berufs- und Wirtschaftsordnung, Religionsgemeinschaft, politische Ordnungen usw.). Jede dieser Ordnungen zieht den heranwachsenden Menschen in sich hinein und macht ihn reif für ihre besonderen Ziele, indem sie gemäß ihren besonderen Gesetzen und Werten in seinem Wachstum eine besondere Seite und Funktion ausformt. So wird an jedem Menschen die religiöse, politische, technische, wirtschaftliche Seite und Veranlassung entfaltet und zu ihrer Reife emporgeführt.

Die Sinneinheit in der Erziehung

Jeder einzelne Mensch verarbeitet alle die vielen auf ihn eindringenden Erziehungwirkungen nach seinem persönlichen und rassischen Eigengesetz, wodurch er zu persönlichem Wachstum, zu vielseitiger Entfaltung, zu persönlicher Reife kommt. Das ist indessen nur die eine, die persönliche Seite des Erziehungsprozesses. Durch die erzieherische Einwirkung aus den vielen Lebensordnungen wird er diesen zugleich als Glied eingefügt. Wir stehen nicht vor Wahl und Entscheidung, ob das Ziel der Erziehung die Persönlichkeit *oder* die Gliedschaft in einem höheren Ganzen ist, vielmehr ist die Eingliederung in die Lebensgemeinschaft das Medium, die Vorbedingung und Voraussetzung, daß ein Mensch überhaupt erst zu seiner persönlichen Reife und Erfüllung kommt. Von der anderen Seite her ist die Einheit in der vielteiligen Erziehung damit gewährleistet, daß alle jene erziehenden Lebensordnungen und Teilgemeinschaften selbst wieder als Glieder dem einheitlichen Volksganzen eingefügt sind und seinem Lebensgesetz unterstehen. Das Ganze ist vor und über dem Teil – auch in der Erziehung. Völkisches Gesetz und Ziel sind maßgebend für die Teilerziehung in Familie, Schule, Beruf, Wirtschaft, Kirche, Verbänden und Ordnungen aller Art, weil sie alle als ausgesonderte Glieder der Volksgemeinschaft deren Sonderaufgaben unter dem Gesetz der völkischen Ganzheit zu erfüllen haben. Die Sinneinheit des übergeordneten Volksganzen wird auf der Daseinsebene des Dritten Reiches hergestellt durch die nationalsozialistische Richtungs-und Erneuerungsbewegung, die, indem sie alle Teilgemeinschaften und Volksordnungen durchwirkt und auf ihre Idee ausrichtet, auch ihren erzieherischen Teilwirkungen und Sonderaufgaben allesamt die gleiche Sinnrichtung auf die große, vom Schicksal auferlegte Gesamtaufgabe und die ihr angemessene Weltanschauung gibt. Darum wird auch der deutsche Mensch in seiner Totalität durch die nationalsozialistische Bewegung geformt.

Die dreiseitige Leistung der Erziehung

Die Erziehung erfüllt am heranwachsenden Menschen drei Reifungsfunktionen: sie verhilft ihm 1. zum nötigen technischen Können und Sachwissen, sie formt 2. Haltung, Charakter und Willensrichtung, sie bildet ihn endlich 3. gemäß einer Weltanschauung, indem sie in ihm selbst das entsprechende Weltbild ausformt oder vielmehr ihm das in der Gemeinschaft vorhandene Weltbild einbildet. Die erzieherische Einwirkung von jeder einzelnen dieser drei Seiten her geht jeweils auf Formung und Ausrichtung des ganzen Menschen, stellt aber jeweils einen einseitigen Weg zu diesem Ziel dar. Die Erziehung vollbringt ihre Leistung am besten, wenn alle drei Arten und Wege gleichzeitig und gleichmäßig zum selben Ziel hinführen. Im Zeitalter des Nationalismus ist der zweite Weg fast völlig ausgeschieden. Der nationalsozialistischen Idee gemäß fällt aber der Schwerpunkt gerade in die Charaktererziehung als den Mittelpunkt, das Fundament aller übrigen Erziehung. Dafür hat sie mit den Organisationen, die unmittelbar aus der Bewegung hervorgewachsen sind und ihren Willen am stärksten zum Ausdruck bringen, die geeigneten Organe ausgebildet. In SA. und SS., in den nationalsozialistischen Jugend- und Studentenorganisationen, in Arbeitsfront und Arbeitsdienst wird der Grund zur Charaktererziehung gelegt. Durchgeführt wird die Erziehung des Charakters in einem wehrhaft-politisch-musischen Zuchtsystem gemäß der rassisch-völkisch-politischen Weltanschauung und Wertordnung. In Berufserziehung und Berufsschulung kommt der Hauptteil der erforderlichen Ausbildung technischen Könnens samt dem nötigen Sach- und Fachwissen hinzu, in Schule und Schulung jeder Art das im eigentlichen Sinne weltanschauliche, das welt- und lebendeutende Wissen. Eine völlige und reinliche Aufteilung der drei Erziehungsfunktionen auf diese Erziehungsorgane ist übrigens nicht möglich. Die unmittelbare Charaktererziehung ist notwendig tragend und grundlegend für beide anderen Arten der Erziehung. Aufgegeben ist sie zuletzt aber von allen drei Seiten her.

Der Anteil von Schule und Bildung an der Gesamterziehung

Es gehört zur Würde des Menschen, daß er sich von Sinn und Zusammenhängen seines Lebens, von seiner Stellung zu Welt und Mitmenschen Rechenschaft ablegen kann. Das geschieht aus dem heraus, was man die Weltanschauung oder das Weltbild nennt. Auf der Grundlage persönlichen Erfahrens und Erlebens wird das Weltbild ausgebaut, stufenmäßig ausgeweitet und vertieft durch Einfügen und Einbilden des in der Gemeinschaft vorhandenen, ihrer Art und ihrem Sinn Ausdruck gebenden geistigen Gutes. Durch dieses Einbilden geistigen Gutes erlangt der heranwachsende Mensch sein Weltbild. Der Gang der Darbietung und Aneignung selbst heißt »Bildung« und wird zum größten Teil, wenigstens soweit Darbietung und Aneignung nach Methode und in planmäßig organisierter Form erfolgen, durch die Schule geleistet. Die Schule nimmt wesensmäßig Anteil an der Gesamterziehung durch eine planmäßig-methodische Bildung, durch die mit Aneignung des vorhandenen Bildungs- oder Kulturgutes das Weltbild des heranwachsenden Menschen ausgebaut wird. Weltbild, Charakter und Können aber stehen in nächstem Sinn- und Wirkungszusammenhang, womit die Möglichkeit gegeben ist, von jeder Seite her ins Ganze zu wirken. Die Schule geleitet den jungen Menschen auf einem kleineren oder größeren Stück seines Lebensweges, indem sie das mitgebrachte Heimatbild des Kindes zum rassisch-völkisch-politischen Weltbild des reifen Volksgenossen ausweitet und vertieft. Alle Arten und Stufen unseres reichverzweigten Schulwesens haben an dieser Leistung Anteil: Sinn und Ziel ist überall gleich von der Volksschule bis hinauf zur Universität, Art der Anwendung und Grenze des Erreichbaren ist jedoch auf den verschiedenen Stufen und in den unterschiedlichen Arten des Schulwesens verschieden. Daraus kommt die Einheit, das geistige Band eines völkisch-rassisch-politischen Weltbildes im ganzen Volkstum, daraus kommt aber auch die vielfache Stufung und Gliederung innerhalb des Ganzen der völkischen Weltanschauung und Bildung.

Das Recht auf Erziehung, Bildung und Schule

Volksgemeinschaft ist Träger und Grundlage aller Erziehung und Bildung. Jedes körperschaftliche Glied (jede Volksordnung) besitzt aus Eigenrecht einen ihr notwendigen Anteil am Gesamt der Erziehung und Bildung, weil jedes soziale Glied sich selbst im Geschlechterwechsel nur erhalten und seine Aufgabe erfüllen kann, wenn es den ihm zukommenden Teil des Nachwuchses ergreifen und seinen Sonderaufgaben gemäß erziehen und bilden kann. Was ein solches Glied der erzieherischen und bildenden Ordnungen aus sich herausstellt, ist sein Eigentum und Eigenrecht. Damit erlangt es seinen Anteil am Gesamt der öffentlichen Erziehung des Nachwuchses, nachdem die Familie, die als Keimzelle des Volkes die völkische Fortpflanzung und die Grundlagen der Aufzucht des Nachwuchses auf

Form und Ordnung gebracht hat, die heranwachsenden Menschen den anderen Volksordnungen zuleitet. Über allen Gliedern und ihren Anteilen an der Gesamterziehung aber steht das Gesetz der völkischen Lebensganzheit. (Dazu siehe mein Buch: »Das Naturrecht der Körperschaften auf Erziehung und Bildung«, Berlin 1930.)

Der Staat als Oberherr über Erziehung, Bildung und Schule

Im völkischen Gesamtstaat kommt der Wille des zum Ganzen geeinten Volkes zur Existenz, zur Macht, zur Handlungsfähigkeit. Darum ist der Staat als Willens- und Wirkform des Volksganzen notwendig der Oberherr über das ganze Leben der Volksgenossen, auch über die verschiedenen Lebensgebiete: Wirtschaft, Eigentum, Recht, Kultur, Erziehung, Bildung, Schule. Der Staat wirkt im Namen der völkisch-rassischen Weltanschauung, worin Art und Glaube, Haltung und Wille des Volkes zum geistigen Ausdruck kommt. Im Staat erfüllt sich Geschichte und Schicksal des Volkes. Darum hat er die oberste Pflicht und oberste Herrschaft auch über Erziehung, Bildung und Schule. Er ordnet und überwacht die gesamte Erziehung des Nachwuchses so, daß alle Volksgenossen und Volksordnungen dabei zu ihrem eigentümlichen Anteil und Recht, zur Erfüllung ihrer Teilaufgabe am Ganzen kommen. Damit wird auch der Persönlichkeit ihr Recht und ihre Reifung.

Bedeutung der Erziehungswissenschaft für die Erziehung

Die »Pädagogik« des 19. Jahrhunderts hat den Erziehungsvorgang künstlich konstruiert als ein von vornherein zweckbewußtes, verstandes- und planmäßiges Handeln eines als »Erzieher« charakterisierten Einzelmenschen am einzelnen »Zögling«. Nach ihren Grundzügen war diese Theorie durchaus individualistisch und intellektualistisch (Erziehung = erziehender Unterricht bei Herbart) eingestellt, von den Lebenswirklichkeiten in Staat und Volksordnung gänzlich abgelöst. Diese Theorie lebte im leeren Raum und sah an der allgemeinen Lebenswirklichkeit vorbei, während die Wirklichkeit in Erziehung, Bildung und Schule ihre eigenen Wege ging. Zur selben Zeit, als Adolf Hitler sein großes Erziehungswerk im Dienste der rassisch-völkisch-politischen Idee begann, wurde auch der Bann der überlieferten »Pädagogik« gebrochen und – von mir vorwiegend – eine völkisch-politische Erziehungswissenschaft geschaffen, die von der selben, für die ganze völkische Aufbruchsbewegung bestimmende Idee getragen und ausgerichtet war. Erziehungswirklichkeit und Erziehungswissenschaft standen von da an im inneren Einklang. Darum kam mit dem Durchbruch der nationalsozialistischen Bewegung auch die neue, Wirklichkeit und geschichtliche Bewegung in die Theorie auffangende Erziehungswissenschaft, als ein Anlauf zu einem völkisch-politischen Wissenschaftstyp überhaupt, zum Sieg. Ihr – von Rosenberg aufgenommenes – Kennzeichen ist vorwiegend die Lehre von der Typenzucht auf rassisch-völkischer Grundlage und im Zusammenhang des geschichtlichen Werdens. Die neue, der Wirklichkeit und der völkischen Gesamtaufgabe gemäße wissenschaftliche Sicht auf die Erziehungsprobleme des Nationalsozialismus hat sowohl für deren praktische Gestaltung wie für das neuwerdende völkisch-politische Weltbild, wie endlich für die Neugestaltung aller Wissenschaften entscheidende Bedeutung erlangt.

[...]

IV. Rasse und Erziehung

Wesen der Rasse

Rasse ist ein Gesetz, das Leib, Seele und Geist in gleicher Weise umgreift und einen festen Typus schafft, der sich zuletzt nach einer bestimmenden Wertordnung vollendet. Rasse ordnet die Gleichartigen in engerer Lebensverbundenheit zusammen und reiht sie als Glieder in die Kette wechselnder Geschlechter fest ein. Rasse ist das Stetige im Wandel der Geschichte und schafft den Grundcharakter und die blutmäßige Bindung in Gemeinschaft und Geschlechterkette.

Rassische Anlagen

Rassenmäßige Anlage kommt nicht von allein durch spontane Wachstums- und Entfaltungskraft zur Erfüllung. Rasse ist vielmehr ein unüberschreitbarer Rahmen positiver Möglichkeiten in einer bestimmten Variationsbreite. Zwar kann nichts Rassefremdes in den Menschen durch Erziehung hereingebracht werden. Aber Erziehung schafft unter den vorhandenen Anlagen eine Auslese und bringt das positiv Ausgelesene erst zur Entfaltung, während andere Möglichkeiten unterdrückt werden. Zur höchstmöglichen Entfaltung kommen rassische Anlagen nur, wenn sie von artgemäßen Lebensordnungen, Lebensgehalten und Wertordnungen in der erziehenden Gemeinschaft beeinflußt und gelenkt werden.

Rasse und Volk

Niemals deckt sich ein Volkstum mit einer Rasse. Das besagt nicht, daß nun jeder Rasse im deutschen Volk ein eigenes Erziehungssystem zugeordnet werden müßte. Es soll vielmehr die herrschende und maßgebende »nordische« Rasse so ausgelesen und hochgezüchtet werden, daß sie zum festen Rückhalt, zum tragenden Rückgrat der ganzen Volksgemeinschaft wird. Indem die herrschende Rasse ihr Gesetz und Ziel über Staat, Recht, Wirtschaft und Kultur des Volksganzen errichtet, setzt sie auch das Ziel für Zucht, Erziehung und Bildung aller Volksgenossen. Diejenigen, die in Haltung, Lebensart und Leistung das Gesetz der Rasse voll erfüllen, gelten als vollrassisch und werden einer politisch führenden, den Staat tragenden Ausleseschicht zugerechnet. Rasse wird gemessen an Art und Grad der Leistungsfähigkeit für das rassisch-völkische Lebensganze. (Hitlers Kulturrede auf dem Nürnberger Parteitag 1933.) Mit der Rassezucht kommt das aristokratische Element in Volk und Staat hoch. Das Vorrecht der rassisch-völkischen Ausleseschicht beruht einzig allein auf ihrer erhöhten Leistung, Pflichterfüllung und Verantwortung gegenüber dem Staat und dem Volksganzen.

Rassetheorie

Die rassische Zucht und Charaktererziehung beruht nicht auf einer Rassetheorie, sondern auf der aus unserem Rassetum neu heraufgebrochenen Willenshaltung und Willensrichtung: auf einem elementaren Glauben, die zur rassezüchterischen Kraft wird. Die begleitende Rassetheorie wird in den Bestand der Bildung aufgenommen zum Ausbau des rassisch-völkischen Weltbildes. Die der Rasse gemäße Wertordnung und Weltanschauung ist ziel- und maßgebend in der gesamten völkischen Erziehung und Bildung.

Rassisch bedingte Volksordnungen

Alle Völker haben ihre eigentümliche Form der Familie, der Gefolgschaft, der Berufsordnungen usw. Die Eigenart der germanischen Familie und der bei den Germanen besonders entwickelten Gefolgschaft samt ihrem Wertsystem und Lebensgehalt bringt den rassischen Untergrund und Grundcharakter zur Darstellung. In solchen rassegemäßen Lebensordnungen und ihrem Wertsystem kann die rassische Veranlagung des Nachwuchses darum auch zum höchsten Grad der Entfaltung gesteigert werden. Die germanische Gefolgschaft war Zuchtstätte germanischen Heldentums. Die Wiedergeburt der gefolgschaftlichen Lebensform mit ihrer heldischen Wertordnung aus der nationalsozialistischen Aufbruchsbewegung zeigt eine neue Entfaltung der rassischen Lebensuntergründe an. Wenn alle Volksordnungen (Familie, Beruf, Staat usw.) dem rassischen Wertsystem gemäß wieder geformt und ausgerichtet sind, so wirken sie erzieherisch zusammen auf den Nachwuchs im Sinn der rassegemäßen Haltung, Charaktererziehung und Weltanschauung. (Dazu mein Buch: »Menschenformung«, Leipzig 1933, Kap. »Germanische Gefolgschaft« und »Mittelalterliche Zunft«.)

Rassisch bedingte Kultur

Jeder Lebensordnung ist ein Teil des gesamten geistigen Besitzes, des Kulturgutes, zugeordnet und eingebaut, wenigstens in ursprünglichen Lebensverhältnissen. Dabei kommt der Kulturbesitz einer Lebensordnung (z. B. an ihren Feiern) zu regelmäßiger Auswirkung auf die Genossen. Das muß in Zukunft unter Umbildung einer Kultur, die sich aus der festen Lebensbildung gelöst, autonom erklärt und in gesonderten Räumen für sich angesiedelt hat, wieder angestrebt werden. SA., Hitlerjugend, Arbeitsdienst, Arbeitsfront, Studentenschaften gewinnen wieder ein ihrer Art und ihrem Ziel entsprechendes Kulturgut, woraus sie z. B. ihr »musisches« Erziehungssystem aufbauen. Wenn ein solcher geistiger Besitz, der den Lebensordnungen fest eingebaut ist und zu gegebenen Zeitpunkten (Feiern, Fahrten usw.) zu regelmäßiger erzieherischer Auswirkung auf die Genossenschaft kommt, zugleich mit Ziel und Weltanschauung der Gemeinschaft in Übereinstimmung steht, so gibt er auch dem rassischen Charakter und Wertsystem Ausdruck und ist berufen und befähigt, im Sinn des rassischen Richtungs- und Lebenswillens entfaltend und festigend auf den Nachwuchs einzuwirken. Zu soldatisch-heldischer Zuchtordnung und Lebensform gehört soldatisch-heldische Dichtung, Musik und Kunst jeder Art als notwendiges Erziehungsmittel.

Rassisch bedingte Wissenschaft

Alle Erkenntnis ist, wenn sie fruchtbar sein soll, in die Lebenszusammenhänge des Erkennenden und derjenigen, für welche die Erkenntnis als Lehre bestimmt ist, verflochten. Fruchtbare Erkenntnis steht notwendig mit dem Charakter in Verbindung, entspricht einer bestimmten Lebensrichtung, die sich in Frage und Antwortfindung des Erkennenden kundgibt, und weist darum den Empfangenden auch wieder in solche Lebensrichtung hinein. Fruchtbare und in den Ursprüngen rassisch bestimmte Wissenschaft dient zum Aufbau des Weltbildes und damit zur Menschenformung in dem zugeordneten Lebenskreis. Echte Wissenschaft ist ein Erziehungsmittel im Zusammenhang einer Weltanschauung. (Siehe dazu mein Buch: »Wissenschaft, Weltanschauung, Hochschulreform«, Leipzig 1934).

[...]

Arbeitsaufgaben

1. *Welche Bedeutung schreibt Krieck den »Anlagen« des Individuums für die Erziehung zu? Vergleichen Sie diese Ansicht mit der älteren Auffassung der Reformpädagogik, etwa bei B. Otto (s. o., S. 141 ff).*
2. *Der Begriff der »Rasse« bildet das Fundament der nationalsozialistischen Weltanschauung. Welche Konsequenzen hat diese biologistische Deutung für das nationalsozialistische Verständnis insbesondere von Erziehung?*
3. *Erläutern Sie Kriecks Bestimmung des Begriffs »Erziehung« und die Funktionen, die er ihr zumißt. Woraus speist sich dem Text zufolge das maßgebliche, für alle gleiche übergeordnete Erziehungsziel?*
4. *Mit welchen Argumenten unterstreicht Krieck die fundamentale Bedeutung der »Charaktererziehung« im nationalsozialistischen Erziehungsprogramm, und welche Träger sollen für diese Erziehung in erster Linie verantwortlich sein?*
5. *Auch Krieck spricht davon, daß die Schule der nachwachsenden Generation »Bildung« vermitteln müsse. Inwiefern unterscheidet sich sein Bildungsverständnis radikal von dem Bildungsbegriff, wie ihn die Neuhumanisten begründeten oder wie er bei dem Reformpädagogen Nohl verwendet wird?*
6. *Das nationalsozialistische Verständnis von Erziehung und ihren Aufgaben impliziert auch eine andere Aufgabenstellung für die Erziehungswissenschaft. Welche Fragen und Probleme müßte sie im Sinne Kriecks bearbeiten?*
7. *Vergleichen Sie zusammenfassend die Position Kriecks mit den grundlegenden Annahmen der Reformpädagogik.*

Kade: Das Frauenbild des Nationalsozialismus

Kade, F.: Die Wende in der Mädchenerziehung. Dortmund/Breslau 1937. S. 6–8. Abgedruckt in: Gamm, H.-J. (Hrsg.): Führung und Verführung. Pädagogik des Nationalsozialismus. München 1964. S. 298–300.

[...]

Die hinter uns liegende Epoche der Frauenbewegung hat der Frau Rechte erobert, aber diese Rechte wurden unter den schwersten Opfern für die Frau erkauft: sie mußte weitgehend auf ihre Wesensart verzichten, und durch diesen Verzicht wurden die ursprünglichen Kräfte weiblichen Wesens und weiblicher Eigenart von der Gestaltung des völkischen Lebens ausgeschaltet. Die liberalistische Frauenbewegung hat die natürlichen Gesetze der Frau zerbrochen, die Frau aus ihrer Bahn geworfen, zu einer Minderachtung von Frauen- und Muttertum geführt und eine Mutter- und Frauennot heraufbeschworen.

Die vom Liberalismus getragene Frauenbildungsbewegung schuf trotz aller gegenteiligen Forderungen, die nur Forderungen blieben, in der Wirklichkeit ein Mädchenbildungswesen, das, abgesehen von einigen Anhängseln in Form von »technischen« oder »Neben«-fächern, ganz nach den Knabenschulen ausgerichtet war. Je höher sich das weibliche Bildungswesen entwickelte, je mehr es ausgebaut wurde, um so stärker wurde das wesensgemäß Weibliche im Bildungs- und Lebensweg des weiblichen Geschlechts zurückgedrängt.

Der Nationalsozialismus hat eine neue Frauenbewegung geboren, deren Ziel es ist, die Frau ihrer Wesensart entsprechend in den völkischen Lebensordnungen einzusetzen. Die nationalsozialistische Frauenbewegung führt die deutsche Frau zu ihrer eigenen Art und Aufgabe und damit zu ihrem Recht und ihrer Würde. Sie läßt lebendig werden, was das Weib zum Weibe macht, und schafft damit die Lebensgrundlage für echtes Frauen- und Muttertum und damit die Voraussetzungen zur Erfüllung der großen Aufgaben, die der Nationalsozialismus der deutschen Frau stellt. Sie überwindet Reaktion und Emanzipation. Sie will weder das »Hausmütterchen«, das lediglich Haus und Familie umsorgt, noch das »Weibchen« als Spielzeug des Mannes, noch die »Frauenrechtlerin«, die ihren Lebens- und Wirkungskreis überschreitet; sie will nicht die Frau der bürgerlichen Welt und Lebensform, sondern das Weib der völkischen Lebenstapferkeit, das als Frau und Mutter die Lebensaufgaben des Volkes sieht und sie in gläubiger Lebenszuversicht einsatz- und opferbereit meistert, das mit ihrem Leibe, ihrer Seele und ihrem Geiste dem Volke dient. »Wir sehen in der Frau die ewige Mutter unseres Volkes und die Lebens-, Arbeits- und auch Kampfgefährtin des Mannes«, sagte der Führer auf dem Reichsparteitag 1935.

Der Nationalsozialismus hat uns zum Bewußtsein gebracht, daß im Schoße des Weibes die Zukunft des Volkes ruht, daß der Volkstod unser unabwendbares Schicksal ist, wenn das Weib dem Volke die Fruchtbarkeit seines Schoßes verweigert. Die völkisch wertvollen Kräfte, die der Schöpfer in Schoß und Herz der deutschen Frau gelegt hat, werden im Existenzkampf unseres Volkes hoch gewertet und restlos eingesetzt. Der Nationalsozialismus hat uns gelehrt, daß das Weib als Hüterin der Reinheit des deutschen Blutes eine große Verantwortung trägt.

Aus diesen Erkenntnissen hat die Familien- und Bevölkerungspolitik des Dritten Reiches die Folgerungen gezogen, sie hat die Voraussetzungen dafür geschaffen, daß die Frau die ihr von unserem völkischen Schicksal gestellte Aufgabe erfüllen kann. Die Frau steht auf einer neuen Lebensgrundlage und in einem reichen Wirkungskreise. Sie muß nun zeigen, daß sie sich ihrer völkischen Verantwortung bewußt und bereit ist, daraus zu handeln. Sie muß den Schicksalsruf der Volkheit hören und den Auftrag des Volkes erfüllen.

Aber auch der Mann muß sich der sich daraus für ihn ergebenden völkischen Verantwortung und Verpflichtung bewußt sein. Er muß die Frau mit den Augen und dem Herzen des *deutschen* Mannes sehen. Sie darf ihm nicht erotisches Spielzeug und nicht »Arbeitstier« sein, sondern er muß in ihr die ewige Mutter seines Volkes, die Gebärerin und Erhalterin deutscher Volkskraft sehen, zu der er aufschaut, die er verehrt, die ihm heilig ist, deren Recht und Ehre er verficht. Ihre Ehre muß seine Ehre sein. Es gehört zum nationalsozialistischen Ehrbegriff, daß keine Frau unverteidigt bleibt.

Das »Schönheitsideal« der jüngsten Vergangenheit, welches das schmalhüftige und engbrüstige Püppchen auf den Thron hob, ist im Wanken. Man beginnt wieder aufzuschauen zu kraftvollen, blühenden Frauengestalten voll gesunder Natürlichkeit, zu dem deutschen Frauentypus, der in stolzer leiblicher und seelischer Schönheit eine heilige Fruchtbarkeit und den Lebenswillen des deutschen Volkes verkörpert.

Das Ja des Mannes zu diesem Typus und damit zur völkischen Ehe und Familie wird das Ja des Weibes zum Kinde, seine Sehnsucht, seinen Schrei danach wecken helfen, wird uns wieder gesunde, kinderreiche Familien schenken, ohne die unser Volk nicht leben kann. Der Nationalsozialismus hat für das Heranwachsen eines neuen weiblichen Geschlechts den Boden bereitet und die Voraussetzungen geschaffen. Dieses Wachsen und Werden muß behütet, unterstützt, gefördert und überhöht werden durch Erziehung. Damit ist allen völkischen Erziehungsordnungen eine wichtige Erziehungsaufgabe gesetzt, damit steht die Mädchenerziehung vor einer Wende. Wenn auch der Schwerpunkt der weiblichen Erziehung beim nachwachsenden Geschlecht, beim Mädchen liegt, darf doch darüber die erzieherische Beeinflussung der schon der Schule entwachsenen Generation nicht vernachlässigt werden, sie ist in dieser Umbruchzeit besonders wichtig und dringend.

Vor uns liegt als Aufgabe der Aufbau einer wesensgemäßen weiblichen Erziehung und Bildung, die den Lebenskern der Frau trifft.

Arbeitsaufgaben

1. *Fassen Sie die Kritik Kades an der Frauenbewegung der vorangegangenen Jahrzehnte zusammen.*
2. *Wie wird demgegenüber das Frauenbild der nationalsozialistischen Frauenbewegung beschrieben?*
3. *Welche Konsequenzen ergeben sich nach Kade aus dem nationalsozialistischen Bild der Frau für das Verhältnis der Geschlechter zueinander?*
4. *Welche weiteren Implikationen – mit Blick z. B. auf das Bildungs- und das Beschäftigungssystem – enthält dieses Frauenbild, von denen im Text allerdings nicht ausdrücklich die Rede ist?*
5. *Vergleichen Sie dieses Frauenbild mit den Ausführungen Campes zu den Aufgaben der Mädchenerziehung. Berücksichtigen Sie dabei die unterschiedlichen historischen Situationen.*

Rust: Neuordnung der Höheren Schulen

Reichsgesetzblatt Teil I. Ausgegeben zu Berlin, den 7. Juli 1938 Nr. 105, S. 799–801. Abgedruckt in: Kanz, H. (Hrsg.): Der Nationalsozialismus als pädagogisches Problem. Deutsche Erziehungsgeschichte 1933–1945. Frankfurt a. M./Bern/New York 1984. S. 207–214.

Grundsätzliches

Die deutsche Schule ist ein Teil der nationalsozialistischen Erziehungsordnung. Sie hat die Aufgabe, im Verein mit den anderen Erziehungsmächten des Volkes, aber mit den ihr eigentümlichen Erziehungsmitteln, den nationalsozialistischen Menschen zu formen.

[...]

Alle echte Bildung stammt aus dem Leben, und Leben kann nur durch Leben entzündet werden.

Wenn der Nationalsozialismus den Vorrang des Lebens und der Tat vor allen Systemen der Erziehung und Bildung behauptet, dann spricht er das Gesetz der Entwicklung jeder großen Kultur aus. Politisches Handeln ist die Stiftung einer neuen Ordnung. Bevor von einer neuen Beziehung die Rede sein kann, muß die Ordnung, der überzeugende Kraft innewohnt, geschaffen sein. Der Staat Adolf Hitlers ist darum zum Erziehungsstaat geworden, weil der Führer durch die Schöpfung seines Reiches die Kraft seines Volkes in einem einzigen politischen Willen, in einer einzigen alle durchdringenden Weltanschauung zusammenfaßte und damit wieder große und sinnvolle Erziehung möglich machte.

Alle planende Erziehung ist ausgerichtet nach einer gegebenen Ordnung. Das nationalsozialistische Erziehungssystem ist seinem Ursprung nach nicht ein Werk der pädagogischen Planung, sondern des politischen Kampfes und seiner Gesetze. SA und Hitler-Jugend wurden zunächst geschaffen als Kampforganisationen der Bewegung, die den politischen Sieg des Nationalsozialismus gewährleisteten. Aber sehr rasch entwickelte sich aus diesen Kampfbünden eine neue Lebensordnung, in der zugleich ein neues Erziehungsprinzip wirksam wurde. In den soldatisch-politischen Kampfgemeinschaften der SA und SS wurde die sozialistische Einheit der Nation, die der Führer forderte, durch die harte Auslese des Kampfes geschaffen. Lange bevor der nationalsozialistische Staat das öffentliche Erziehungswesen in seine Hand nehmen konnte, entstand abseits von der Schule und den Einrichtungen der Volksbildung ein in sich geschlossenes System der Jugenderziehung, in dem nicht durch Belehrung, sondern durch den gemeinsamen Kampf eine neue Haltung erzielt und die Tugenden des Charakters, die die Bewegung auf ihre Fahne geschrieben hatte, entwickelt und erprobt wurden. Die politische Jungmannschaft war zu einem neuen Erziehungsträger geworden, noch ehe sie aus der Hand des nationalsozialistischen Staates ihren besonderen Erziehungsauftrag nehmen konnte. Sinnfälliger konnte der Vorrang der Politik vor der Pädagogik, den der Bildungsoptimismus der Systemzeit verleugnete, nicht dargestellt werden.

Mit innerer Notwendigkeit mußte der Sieg der nationalsozialistischen Bewegung, der ein neues Bild des Menschen und eine neue Grundstellung des Menschen zur Herrschaft brachte, das Zeitalter des Bildungsoptimismus beenden und die Frage nach dem Wesen der Bildung auf eine neue Weise beantworten.

Die nationalsozialistische Revolution der Weltanschauung hat an die Stelle des Trugbildes der gebildeten Persönlichkeit die Gestalt des wirklichen, d. h. durch Blut und geschichtliches Schicksal bestimmten deutschen Menschen gesetzt und an Stelle der humanistischen Bildungsideologie, die bis in die jüngste Vergangenheit fortgelebt hatte, eine Erziehungsordnung aufgebaut, die sich aus der Gemeinschaft des wirklichen Kampfes entwickelt hatte. Nur aus dem Geiste dieser politischen Zucht kann auch echte Bildung als die zentrale Aufgabe der kommenden Schule erwachsen, die die Begeisterungsfähigkeit des jungen Deutschen nicht lähmt, sondern steigert und zur Einsatzfähigkeit fortführt. Jede Bildung, die abseits von dieser nationalsozialistischen Erziehungswirklichkeit erfolgt, bleibt abstrakt und volksfremd, weil sie, selbst wenn der völkische Charakter des Bildungsgutes feststeht, nicht den Menschen in seiner Wirklichkeit, sondern als bloßes Verstandeswesen anspricht.

Freilich wurde zunächst die Schule nicht unmittelbar der revolutionären Umgestaltung unterworfen, wie überhaupt die Einrichtungen, die dem Bildungsglauben des hinter uns liegenden Zeitalters ihr Leben verdanken, von dem elementaren Erziehungsgeschehen vorerst nicht so unmittelbar ergriffen wurden wie die politische Wirklichkeit. Der Grund hierfür ist nicht nur in der Tatsache zu suchen, daß der Geist, der in den Formen wohnt, zäher und hartnäckiger ist, als der Geist, der in den Menschen lebt, und daß darum die Einrichtungen, in denen die Ideen der vergangenen Zeit Form geworden sind, nur langsam und schrittweise umgestaltet werden können. Es liegt vielmehr im Wesen der Schule als Bildungsstätte, daß sie immer in ihrer Bedeutung zurücktritt, wenn eine neue Kultur, ein neues Lebensgefühl des Menschen im Entstehen ist. Die Schule wird immer von den grundlegenden Kräften ihrer Zeit getragen, aber das Leben geht jeweils voran. Die Schule überliefert den geistigen Inhalt einer Zeit, sie folgt aber der entscheidenden Umbildung des geistigen Weltbildes. Ihre Bedeutung jedoch wächst in dem Maße, in dem der neue geistige Gehalt jenen Grad seiner Durchformung erreicht hat, in dem er lehrbar wird.

Auch das nationalsozialistische Zeitalter wird die Schule hervorbringen, die Geist von seinem Geiste ist, aber wir müssen uns bewußt sein, daß wir am Anfang der neuen Bildung stehen.

[...]

Wenn sich heute die Schule entschlossen von einem falschen Bildungsanspruch abkehrt, den frühere Zeiten mit dem Schlagwort der »Allgemeinen Bildung« verfochten haben, wenn sie sich in den Dienst einer Erziehung stellt, die vom Leibe ausgeht und die Seele ergreift und innerhalb und außerhalb der Schulräume auch zur Gemeinschaft erzieht, so muß sie sich doch dessen bewußt bleiben, daß ihr Weg wesentlich über die Entwicklung der geistigen Fähigkeiten führt*). (*Wegen des Verhältnisses der Leibeserziehung zur Gesamterziehung verweise ich auf meine Richtlinien für die Leibeserziehung in Jungenschulen vom 5. August 1937.) Darin liegt keine Beschränkung der Schule, sondern ihr besonderer Auftrag, den nur sie zu erfüllen vermag. Alle Erziehungsformen haben ein Ziel: die Formung des nationalsozialistischen Menschen. Aber jede von ihnen hat ihre besonderen Aufgaben, die sie begreifen und erfüllen muß, wenn sie sich nicht selbst schaden will. Die Schule ist wesentlich dadurch bestimmt, daß sie durch Unterricht erzieht. Das heißt nicht, daß sie einseitig den Verstand ausbilden und Gelehrte oder gar »Intellektuelle« züchten soll. Wer wirklich erkannt hat, daß der Mensch eine Einheit und nicht etwa aus Leib und Seele und Geist »zusammengesetzt« ist, wird nicht leugnen, daß auch die Zucht des Geistes, die Entwicklung der Verstandeskräfte und die Vermittlung lebendiger Bildungsstoffe den ganzen Menschen ergreifen und seinen Charakter zur Reife bringen helfen.

Bildung als die eigentümliche Aufgabe der Schule erschöpft sich nicht in der Entfaltung der individuellen Kräfte des einzelnen. Durch die Vermittlung des Bildungsgutes gliedert sie den jungen Menschen in die geschichtliche Gemeinschaft seines Volkes ein, durch die Vermittlung tatsächlicher Kenntnisse und Fertigkeiten befähigt sie ihn, das Leben zu meistern. Diese Aufgabe stellt die deutsche Schule gerade heute unter eine besondere Verantwortung:

Deutschland ist arm an Raum und an Schätzen des Bodens, sein wahrer Nationalreichtum liegt in der Kraft, in der Gläubigkeit und in der Tüchtigkeit seiner Männer und Frauen. Aufgabe der deutschen Schule ist es darum, Menschen zu erziehen, die in echter Hingabe an Volk und Führer fähig sind, ein deutsches Leben zu führen, ihre geistigen Kräfte zu entfalten und zur höchsten Leistungsfähigkeit zu entwickeln, damit sie an ihrer Stelle die Aufgaben meistern, die Deutschland gestellt sind.

Ungeheuer ist der Umfang und die Mannigfaltigkeit dieser Aufgaben. Es ist die erste Pflicht des nationalen Schulwesens, jeder lebendigen Kraft den Weg zu der ihr angemessenen Betätigung im Dienste der Gesamtheit ohne Rücksicht auf Herkommen und Besitz frei zu machen. Darum hat im Zusammenhang des nationalen Lebens jede Schulgattung bei verschiedener Zielsetzung die gleiche Wichtigkeit.

Der Höheren Schule fällt im Aufbau der deutschen Erziehungsordnung die Aufgabe zu, den Teil des jungen Geschlechts mit heranzubilden, der später zur selbständigen Lösung von Lebensaufgaben der Nation herangezogen werden soll. Die Gruppe dieser Menschen und die breiten Schichten des Volkes stehen sich nicht gegenüber wie Gebildete und Ungebildete. Was sie voneinander unterscheidet, ist vielmehr das größere Maß von Verantwortung und Selbständigkeit, von Entschlußfreudigkeit und Entscheidungsfähigkeit, das von den Angehörigen dieser Leistungsschicht erwartet wird. Aufgabe der Höheren Schule ist es daher, aus allen Kreisen des Volkes die zum Dienst unter einer gesteigerten Verantwortung fähigen und bereiten jungen Deutschen auszulesen und sie zu jener Entscheidungs- und Leistungsfähigkeit zu erziehen, die sie brauchen, um später die Verantwortung des Arztes und Richters, des Offiziers und Lehrers usw. tragen zu können. Unter diesem Gedanken der Auslese und Leistung, der sich nicht auf die intellektuelle Begabung beschränkt, sondern auf den ganzen Menschen geht, steht die Gesamtarbeit der Höheren Schule; das Ziel fordert die Einheit dieser Schule und verhindert, daß sie willkürlich für fremde Zwecke geteilt wird. Die Höhere Schule ist zwar ausgerichtet auf die Arbeitswelt des Volkes, aber sie bildet nicht zu bestimmten Berufen aus. Darum kommt es nicht darauf an, daß die Jungen und Mädchen die Schule mit einem möglichst umfangreichen Fachwissen verlassen, sondern mit der Fähigkeit, sich an den eigentlichen Berufserziehungsstätten das für ihre Sonderaufgaben notwendige Wissen selbständig anzueignen.

[...]

Es ist die nicht immer richtig verstandene Eigenart der Höheren Schule, daß sie ihr Erziehungsziel in besonderer Weise mit den Mitteln des Erkennens erstrebt. Der Nationalsozialismus übernimmt diese Erziehungsform nicht als ein Überbleibsel aus einer intellektualistischen Epoche, sondern er begründet sie aus seinem eigenen Erziehungsgedanken. Indem der Schüler nicht nur fertige Ergebnisse übermittelt bekommt, indem er veranlaßt wird, den Vorgang des Erkennens und Verstehens in sich selbst zu vollziehen, soll in ihm die Fähigkeit zu eigener, selbstverantwortlicher Entscheidung geweckt werden. Diese Fähigkeit wird nicht nur an den Stoffen gebildet, die Geschichte und Leben des eigenen Volkes bieten, sondern auch durch das Kennenlernen fremden Volkstums. Die Auseinandersetzung mit dem Fremden fördert die Fähigkeit, die Lebensfragen des eigenen Volkes und Staates zu begreifen, da auf diesem Wege der Abstand des Sehens gewonnen wird, der für ein solches Verständnis unerläßlich ist. Andererseits kann eine erkennende Auseinandersetzung nur fruchtbar werden an Gegenständen, die uns unmittelbar zugänglich sind, d.h. gegenüber Völkern, mit denen wir uns durch unsere Art oder unsere Geschichte berühren. Darin liegt der tiefere Sinn des fremdsprachlichen Unterrichts an unseren Höheren Schulen überhaupt und zugleich eine der wichtigsten Begründungen für die Erhaltung des Gymnasiums als Sonderform. Denn es gilt, die fruchtbare Spannung zwischen Abstand und Nähe, die unser Verhältnis zu Hellas und Rom kennzeichnet, für die Erziehungsaufgabe der Höheren Schule nutzbar zu machen.

Eine so verstandene Erziehung durch Erkennen hat nichts gemein mit der Lernschule alten Stils, denn auch ihr Ziel ist der ganze Mensch. Der Charakter bildet sich nur an Widerständen, und die Widerstände, mit denen der erkennende Geist zu ringen hat, der Zwang der Logik und das unerbittliche Gesetz der Sachlichkeit, sind nicht die schlechtesten Erzieher des Charakters. Zum anderen ist alle wirkliche Erkenntnis keine bloße intellektuelle Angelegenheit, da die Inhalte, die durch sie erschlossen werden, nicht nur den Verstand angehen, sondern den Blick erweitern, das Verantwortungsbewußtsein steigern, die Einbildungskraft befruchten und zu Gehorsam, Bescheidenheit und geistiger Zucht erziehen. Darin zeigt sich nicht nur, welch große Bedeutung für die Erziehung der Auswahl der Bildungsstoffe an den Höheren Schulen zukommt, sondern auch, daß der überkommene Gegensatz einer »formalen« und einer »materialen« Bildung in Wirklichkeit nicht existiert.

Daraus ergeben sich bestimmte Folgerungen für das Verfahren des Unterrichts: nie darf Wissensvermittlung zum Selbstzweck im Sinne der sogenannten »Allgemeinen Bildung« werden. Beherrscht der Grundsatz der bloßen Wissensvermittlung den Unterricht, dann zeitigt er das Gegenteil des beabsichtigten Ergebnisses: er schwächt, anstatt zu stärken: das Vielerlei stumpft die Sinne und den Wissenstrieb ab, ermüdet den Verstand, lähmt die Willenskraft und Entschlußfreudigkeit und erzeugt den im Grund bildungsfeindlichen Besserwisser und gelangweilten Nichtskönner. Durch die Überfülle der von außen an ihn herangebrachten Eindrücke wird der junge Mensch verflacht und unfähig zu geistiger und seelischer Sammlung.

[...]

Aus den Forderungen eines lebensnahen Unterrichts folgt ohne weiteres, daß die Mädchenerziehung sich nach anderen Gesetzen vollziehen muß als die Jungenerziehung, daß sie nie zu einem Abklatsch der Erziehung der männlichen Jugend werden darf. Die naturgegebene Verschiedenheit der Geschlechter prägt sich schon im Kinde und seinem Lebenskreis aus, darum muß die Erziehung des Mädchens zu seiner Verantwortung in Volk und Staat aus eigener Wurzel erwachsen. Das heißt, daß der Unterricht in allen Fächern der Mädchenschulen, nicht nur in den Fächern des Frauenschaffens, ohne Gefühlsschwärmerei von der Natur und der Welt des Weibes ausgehen und das Ziel im Auge behalten muß, das der Führer in dem Satze ausgesprochen hat: »Das Ziel der weiblichen Erziehung hat unverrückbar die kommende Mutter zu sein.«

Soll der Unterricht vom Konkreten, von der Anschauung und von den Interessen des Schülers seinen Ausgang nehmen, so darf er doch nicht dabei stehen bleiben. So wie jeder Unterrichtsgang jeweils vom Anschauen zum Begreifen, so soll der Unterricht im ganzen vom Bekannten zum Unbekannten fortschreiten. »Anziehender« und »strenger« Unterricht müssen sich verbinden.

Die neue Höhere Schule wird den jungen Menschen in eine strenge Zucht des Geistes nehmen, sie wird nicht davor zurückscheuen, den jugendlichen Geist durch den Zwang, Tatsachen, Regeln und Zahlen zu lernen, zu kräftigen und geschmeidig zu erhalten, aber sie wird immer darauf achten müssen, daß nicht ein totes Wissen, sondern ein lebendiges Verstehen und Können das Ziel allen Unterrichts ist.

Eine Schule ist so viel wert wie die Erzieher, die in ihr wirken. Die wirkliche Erneuerung auch der Höheren Schule wird nur durch die stetige und schwere Arbeit in den Schulstuben geschaffen werden. Richtlinien können nur die Wege dazu ebnen. Vom nationalsozialistischen Lehrer und von seinem Einsatz wird es abhängen, wie die Höhere Schule die Aufgabe, volksverbundene und entscheidungsfähige Menschen zu erziehen, gerecht wird. Die neue Schule wird die Seele der Jugend nur dann ergreifen, wenn sie von Männern und Frauen getragen wird, die selbst vom neuen Leben erfaßt und von der Verantwortung gegenüber ihrem Amt erfüllt sind. Ohne die lebendige Lehrerpersönlichkeit ist der beste Lehrplan tot. Es wird dem Lehrer um so leichter werden, frei von Enge des Faches seinen Erziehungsauftrag auszuüben, als der Schule der Wertmaßstab, den sie vor 1933 nicht besaß, in der nationalsozialistischen Weltanschauung heute gegeben ist. Die nationalsozialistische Weltanschauung ist nicht Gegenstand oder Anwendungsgebiet des Unterrichts, sondern sein Fundament. Sie ermöglicht, daß die Schlagbäume zwischen den einzelnen Fachgebieten fallen und auf eine ungezwungene

Weise ein Unterricht in Querverbindung und Konzentration betrieben werden kann. Mit ihr lösen sich alle Lehrplan- und Stundenplanschwierigkeiten, die im Zeitalter des Bildungspluralismus unüberwindlich schienen. Denn die Weltanschauung gibt dem Unterricht nicht so sehr neue Bildungsstoffe, als vielmehr eine neue Sicht, ein neues Erziehungsverfahren und ein neues Ausleseprinzip für das Bildungsgut.

[...]

Arbeitsaufgaben

1. *Skizzieren Sie die zentrale Zielperspektive, die den Erlaß zur Neuordnung des Höheren Schulwesens von 1938 prägt. Welche Funktion des Schulwesens stellt diese Argumentation in den Vordergrund?*
2. *Welche Ziele bzw. Merkmale traditioneller schulischer Erziehung werden von Rust bzw. den Verfassern des Erlasses kritisiert, und in welcher Weise sollen sie überwunden werden?*
3. *Wo lassen sich in diesem Erlaß Momente der Kontinuität zur traditionellen Konzeption höherer Bildung entdecken? Welche Überlegungen wirken demgegenüber geradezu »modern«?*
4. *Wie schätzt der Erlaß die Effekte der nationalsozialistischen Schulpolitik in den ersten Jahren der NS-Herrschaft ein? Welche Institutionen waren und sind aus der Sicht der Verfasser die eigentlichen Träger nationalsozialistischer Erziehung?*
5. *Welche Bedeutung wird den Lehrern für die Verwirklichung der nationalsozialistischen Erziehung zugeschrieben? Welches Verständnis des Lehrerberufs liegt dem zugrunde?*
6. *Vergleichen Sie das Verständnis von der Beziehung zwischen Erziehung respektive Schule und Politik, das dem Erlaß zugrunde liegt, mit den entsprechenden Überlegungen, die Sie aus der Epoche des Neuhumanismus und/oder der Refompädagogik kennen.*
7. *Konfrontieren Sie den nationalsozialistischen Anspruch auf »revolutionäre Umgestaltung« mit den konkreten Ausführungsbestimmungen zur zukünftigen Struktur des Höheren Schulwesens:*

Die äußere Form der Höheren Schulen

Die Höheren Schulen haben 2 Grundformen:

A. Hauptform:

I. Oberschule für Jungen:

1. grundständig, mit den Klassen 1 bis 8.

Die Oberstufe (Klasse 6 bis 8) jeder Schule ist grundsätzlich gegabelt:

a) Naturwissenschaftlich-Mathematischer Zweig,

b) Sprachlicher Zweig.

Dazu kommen Arbeitsgemeinschaften:

a) in Naturwissenschaften und Mathematik,

b) in einer lebenden Fremdsprache.

Pflichtsprachen: Englisch, Latein und im Sprachlichen Zweig eine weitere lebende Fremdsprache.

2. Aufbauform, mit den Klassen 3 bis 8 (Aufbauschule).

Die Oberstufe ist nicht gegabelt.

Pflichtsprachen: Englisch, Latein.

II. Oberschule für Mädchen:

1. grundständig, mit den Klassen 1 bis 8

Die Oberstufe hat zwei Formen:

a) Hauswirtschaftliche Form,

b) Sprachliche Form.

Pflichtsprachen:

bei a) Englisch

bei b) Englisch und Latein oder eine weitere lebende Fremdsprache

Wahlsprachen:

bei a) keine

bei b) eine lebende Fremdsprache oder Latein.

2. Aufbauform, mit den Klassen 3 bis 8 (Aufbauschule).

Die Oberstufe hat die Hauswirtschaftliche Form.

B. Sonderform

Gymnasium für Jungen,

grundständig, mit den Klassen 1 bis 8.

Die Oberstufe ist nicht gegabelt.

Pflichtsprachen: Latein, Griechisch, Englisch.

[Aus: Reichsgesetzblatt Teil I. Ausgegeben zu Berlin, den 7. Juli 1938 Nr. 105, S. 799–801. Abgedruckt in: Kanz, H. (Hrsg.): Der Nationalsozialismus als pädagogisches Problem. Deutsche Erziehungsgeschichte 1933–1945. Frankfurt a. M./Bern/New York 1984. S. 216 f.]

Baeumler: Das Problem der Bildsamkeit

Baeumler, A.: Rasse als Grundbegriff der Erziehungwissenschaft. In: Internationale Zeitschrift für Erziehung. 8 (1939). S. 252–255.

[...]

Es sei erlaubt, diese Bemerkungen mit einem Vergleich einzuleiten. In welch seltsamer Lage befände sich heute ein Astronom, wenn man ihm zumutete, sich noch einmal in den Formeln des ptolemäischen Weltbildes auszudrücken. Er würde diese alten Formeln, falls sie mit der ihm bekannten großartigen Gesetzlichkeit des Sternhimmels in Verbindung gebracht würden, nur als eine scherzhafte Mummerei, als einen Maskentanz ansehen können. – In der Lage dieses Astronomen befindet sich innerhalb der geschichtlichen Wissenschaften heute derjenige, dem der Gedanke der Rasse und der Vererbung in seiner ganzen Größe und Bedeutung aufgegangen ist. Er denkt kopernikanisch, während um ihn herum noch immer unter Zugrundelegung des ptolemäischen Systems gerechnet wird; er kann die Formeln des alten Umweltdenkens unmöglich als etwas anderes als einen Tanz von Masken um das Kenotaph des Menschenbegriffs der Aufklärung empfinden.

Im Mittelpunkt der Erziehungswissenschaft steht der Begriff der Bildsamkeit des Menschen. Wäre der Mensch nicht entwicklungsfähig und formbar, so gäbe es keine Kultur. Die Bildsamkeit des Menschen, der nicht wie das Tier mit fertig ausgebildeten Instinkten auf die Welt kommt, ist die Voraussetzung der Gesittung. Es wird immer das wichtigste Anliegen der Pädagogik bleiben, den Begriff der Bildsamkeit richtig zu bestimmen. Das erste, was durch das Rassedenken im Gebiete der Erziehungswissenschaft zu leisten ist, ist daher der Nachweis, daß der Begriff der Bildsamkeit bisher falsch aufgefaßt wurde.

Das Hauptvorurteil des Umweltdenkens in bezug auf den Erziehungsvorgang ist der Intellektualismus. Der Intellektualismus nimmt an: 1. daß der Mensch als reine, d. h. unbestimmte Anlage (tabula rasa) zur Welt komme, 2. daß die Umwelt die Macht habe, auf diese Tafel zu schreiben, was sie wolle, 3. daß das Organ, mit dem der Mensch sich auf die Welt beziehe, der Intellekt sei, 4. daß das Handeln des Menschen durch den Intellekt geleitet werde und daher durch Beeinflussung des Intellekts entscheidend zu beeinflussen sei.

In der Erziehungswissenschaft ergibt sich aus der intellektualistischen Grundannahme der Begriff der unbeschränkten Bildsamkeit. Es ist schließlich kein Wunder, daß die Erzieher durch eine Theorie sich geschmeichelt fühlten, durch welche die Entwicklung des einzelnen Menschen ausschließlich ihrem Einfluß überantwortet wird. Der Intellektualismus behauptet, daß jeder Mensch durch

Erziehung zu allem zu bringen sei. Er erspart sich die Mühe, den Menschen kennen zu lernen, wie er wirklich ist; das Nachdenken über den geschichtlichen Charakter der Erziehungsziele kostet ihm keine Anstrengung, denn er leitet das Ziel der Erziehung aus der Vernunft ab. Seine Erziehungswissenschaft ist »*autonom*«, d. h. sie kümmert sich nicht um die Geschichte; sein Erziehungsziel ist ein Mensch an sich, den es nie gegeben hat und nie geben wird.

Je weniger der Intellektualismus sich mit dem Ziel der Erziehung beschäftigt, desto eifriger wendet er sich den Mitteln zu. Der Erfolg der Erziehung scheint ihm garantiert, falls die Mittel, die er empfiehlt, richtig »*angewendet*« werden. So wird der Intellektualismus zum Methodismus. Voraussetzung bleibt immer die durch keine ursprünglichen Anlagen in bestimmte Richtungen gewiesene rasselose, d. h. »*allgemeine*« Menschlichkeit.

Es konnte nicht unbemerkt bleiben, daß das praktische Ergebnis den Erwartungen, die diese Theorie erweckte, nicht entsprach. Wie suchte man die entsetzlichen »*Rückstände*« dieses anscheinend so idealen Verfahrens zu erklären? Die Antwort ist blamabel, denn sie weiß nichts anzugeben als Unwissenheit und bösen Willen. Wenn nicht ein dem Menschen tief einwohnender Hang den wohlgemeinten Bestrebungen der Ersteher immer wieder entgegenwirkte, dann würde die unbeschränkt bildsame Seele nach unfehlbaren Rezepten so geformt werden können, daß schließlich ein idealer Mensch in einer ebenso idealen Umwelt sein idyllisches Dasein zu fristen vermöchte. Nur durch eine Anleihe bei höchst fragwürdigen Vorstellungen vom Wesen des Menschen vermag also die »*autonome*« Pädagogik der geschichtlichen Wirklichkeit gerecht zu werden – das heißt aber, sie vermag dieser Wirklichkeit nicht gerecht zu werden.

Die Geschichte hat erwiesen und erweist es täglich aufs Neue, daß der Mensch weder durch Vorschriften, Ermahnungen oder Strafen, noch durch andere Umwelteinflüsse zu etwas gebracht werden kann, was er nicht im Grunde seines Wesens ursprünglich ist. Der Realismus in der Menschenkunde besteht nicht darin, dem Menschen böse Neigungen nachzusagen, sondern in der Erkenntnis, das alles, was der Mensch vermag, zuletzt aus ihm selber, aus seinen Anlagen hervorgeht.

Es kann nicht übersehen werden, daß der Intellektualismus ein gewisses Fundament in den Tatsachen besetzt. Tatsache ist, daß die Intelligenz von allen Fähigkeiten des Menschen durch die Umwelt am stärksten beeinflußbar ist. Wäre der Mensch nur Intelligenz, so wäre der Intellektualismus und das Umweltdenken zwar noch nicht im Recht, denn Grad und Art der Intelligenz bleiben immer durch die Erbanlage bestimmt, aber es wären doch die überschwenglichen

H(o)ffnungen rationalistischer Schulmeister nicht ganz in das Fabelland zu verweisen. Wer über die Bedeutung der Rasse für die Erziehung etwas sagen will, der hat sich zuerst klar zu machen was der Charakter des Menschen bedeutet. Das Rassedenken macht die meist übersehene, aber doch wohl unbestreitbare Voraussetzung, daß der Mensch zutiefst Charakter ist, und daß zuletzt auch die Leistungen der Intelligenz vom Charakter abhängig sind. Gerade die Tiefenschichten der menschlichen Persönlichkeit aber, die Schichten, in denen die Entscheidungen des menschlichen Daseins wurzeln, und die die Lebenskurve des Einzelnen zusamt seiner Leistung bestimmen, sind von der Umwelt ihrer Grundrichtung nach unabhängig. Das ist durch die neuere Charakterforschung, vor allem durch Untersuchungen an eineiigen Zwilligen, unwiderleglich bewiesen.

Alle Erziehungstheorie ist grund und bodenlos, wenn sie nicht auf dem gesicherten Fundament einer wissenschaftlichen Menschenkunde aufbaut. Die Gegner einer lebens- und rassekundlichen Erziehungswissenschaft arbeiten noch heute mit einer Menschenkunde, die die Forschung ertragreicher Jahrzehnte beiseite läßt. Erst wenn das Verhältnis von Intelligenz und Charakter richtig bestimmt ist, kann es eine realistische Theorie der Erziehung geben.

Es könnte nun scheinen, als habe die Erkenntnis von der grundlegenden Bedeutung des angeborenen Charakters etwas Niederschlagendes für den Erzieher. Denn was soll Erziehung, wenn durch die Anlage schon alles vorherbestimmt ist? Es ist jedoch eine unbegründete und tendenziöse Behauptung, daß mit der Erkenntnis von der Beharrlichkeit des Angeborenen zugleich ausgesprochen sei, der Mensch sei unbildsam und unveränderlich. Anlagen sind Möglichkeiten, nicht vorgegebene feste Größen. Die Anlage bestimmt lediglich die Richtung der Bildsamkeit. Der Grundirrtum des Intellektualismus besteht darin, anzunehmen, Bildsamkeit sei überhaupt denkbar ohne eine gerichtete Anlage. In Wahrheit setzt gerade echte Bildsamkeit stets eine Anlage voraus, die nicht ziellos ist. Wer bloß Gelerntes (d. i. aus der Umwelt Stammendes) besitzt, wußte schon Pindar, ist ein dunkler Mann, bald von diesem, bald von jenem begeistert, von tausend Künsten kostend, mit ziellosem Sinn, niemals auftretend mit sicherem Fuß. (Nem. 3.) Wäre nicht eine ursprüngliche Gerichtetheit im Menschen, die wählt und scheidet, beharrt und handelt, so wäre Bildung überhaupt nicht möglich. Gerichtetheit der Anlage schließt Bildung nicht aus, sondern ist vielmehr ihre notwendige Voraussetzung. Das Erworbene ist immer ein unübersehbares Mannigfaltiges. Einheit und konsequentes Handeln kann nur aus einem Charakter stammen, der in einem Angeborenen wurzelt; Einheit kann niemals gelernt werden.

Dies vorausgesetzt ist nichts von größerer Bedeutung als die Bildung des Charakters und der Intelligenz. Das rassekundliche Denken setzt nicht einem Prinzip der unbeschränkten Bildsamkeit das Prinzip der beschränkten Bildsamkeit entgegen, sondern es entdeckt erst das wahre Prinzip der Bildsamkeit. Ohne Einheit gibt es keine menschliche Existenz. Die Einheit des Charakters ist aber nicht statisch-ruhend, sondern dynamisch-bewegt. Sie ist eine Einheit der Richtung. Bildung vermag sich an diese vorgegebene Einheit immer nur anzuschließen, niemals vermag sie diese Einheit auf dem Wege über Intellekt und Umwelt hervorzubringen. Da es sich aber nicht um eine starre, unbewegliche Einheit handelt, sondern um eine relativ unbestimmte Einheit der Richtung, so entspringt hier die große Aufgabe der Erziehung: das, was fließend drängt, zu seiner eigenen höchsten Form zu bringen. Nicht von selbst gelangt in der menschlichen Sphäre das Lebendige zur vollkommenen Gestalt. Es bedarf der Erziehung in der Gemeinschaft. Nur durch die bildende Einwirkung der anderen gelangt die Seele zu sich selbst, wird sie das, was sie ist. Am Anfange steht die angeborene, aber noch unbestimmte Richtung des Charakters, am Ende die klare bestimmte Form, in der der Charakter sich füllt. Wir nennen diese Form den Typus, zu dem der Einzelne durch die Gemeinschaft erzogen wird.

Mit der Einsicht in den unmöglichen Begriff einer »*unbeschränkten Bildung*« fällt also auch der Begriff jener »*Beschränkung*« durch erzieherische Maßnahmen dahin. Die Limitation ist nicht eine Erfindung der rassekundlichen Erziehungswissenschaft, sondern ein Wesensmerkmal des Menschen. Nur da kann die Erziehungswissenschaft in einer dauernden Gestalt entstehen, wo der Mensch in seiner Wirklichkeit erkannt und dieser Wirklichkeit entsprechend erzogen wird.

Arbeitsaufgaben

1. *Nach Baeumler ist der Begriff der Bildsamkeit von zentraler Bedeutung für das Selbstverständnis der Pädagogik als Theorie und Praxis. Durch welche Grundannahmen war dem Text zufolge das Verständnis der »Bildsamkeit« in der älteren Pädagogik geprägt?*
2. *Skizzieren Sie die Kritik Baeumlers an dem von ihm referierten Verständnis von Bildsamkeit, und diskutieren Sie, gegen welche pädagogischen Traditionen sich diese Polemik richtet.*
3. *In welcher Weise formuliert Baeumler den Begriff der Bildsamkeit neu, und welche Konsequenzen ergeben sich daraus seiner Ansicht nach für die nationalsozialistische Erziehung?*

4. *Welche Schlußfolgerungen zieht Baeumler aus dem veränderten Verständnis der Bildsamkeit in Hinblick auf die Erziehungstheorie, d. h. die Pädagogik als Wissenschaft?*

Kapitel VI

»Bildung ist Bürgerrecht«

Zum erziehungs- und bildungstheoretischen Diskurs in der Bundesrepublik

Abbildung Vorderseite:

»Tag der offenen Tür« an der Ruhr-Universität Bochum, der ersten deutschen Universitätsgründung seit dem Zweiten Weltkrieg, deren Eröffnung im Jahre 1965 den Beginn einer expansiven Bildungspolitik in der Bundesrepublik markierte.

Foto: Gabi Peters

Erläuterungen zu den Materialien und ihrem historischen Kontext

Die Interpretation der jüngsten Vergangenheit wird durch die zeitliche Nähe keineswegs erleichtert. Dies gilt auch für die Rekonstruktion des pädagogischen Diskurses in der Geschichte der Bundesrepublik und den Versuch, diesen Diskurs durch eine Auswahl repräsentativer Texte darzustellen. Wer die Geschichte der Pädagogik seit 1949 einigermaßen überblickt, weiß, wie lückenhaft und sicher auch parteilich die Auswahl der nachfolgenden Texte ist. Was schon bei der Darstellung der länger zurückliegenden Epochen pädagogischen Denkens unvermeidbar war, gilt in besonderem Maße für die bundesrepublikanische Ära. Die Auswahl der Materialien erhebt nicht den Anspruch, den pädagogischen Diskurs der letzten 50 Jahre in seiner ganzen Breite oder auch nur in seinen wichtigsten Positionen zu repräsentieren. Sie konzentriert sich auf die 60er und beginnenden 70er Jahre als Phase der Neuorientierung pädagogischer Theorie und Praxis und ergänzt die entsprechenden Texte durch zwei kontroverse Versuche, den Begriff bzw. die Aufgaben von Erziehung und Bildung am Ende dieses Jahrhunderts neu zu bestimmen.

Angesichts dieser Auswahlentscheidungen enthalten die nachfolgenden Materialien auch keine Quellen zum pädagogischen Denken in der Frühphase der Bundesrepublik, also aus den 50er Jahren. Unter einer bildungstheoretischen bzw. -historischen Perspektive kann dies gerechtfertigt werden. Die 50er Jahre lassen sich nämlich mit Blick auf die Erziehungswissenschaft bzw. die damals dominierenden bildungstheoretischen Positionen als Renaissance der geisteswissenschaftlichen Pädagogik, wie sie sich im ersten Drittel des Jahrhunderts entwickelt hatte, bezeichnen. Die Distanzierung von der pädagogischen Theorie und Praxis der NS-Zeit führte also keineswegs zu einer radikalen Neuorientierung der Erziehungswissenschaft. Vorherrschend war vielmehr der Versuch, an die angeblich unbelasteten Theorietraditionen der Weimarer Republik anzuknüpfen. Die vorangegangenen Jahre nationalsozialistischer Herrschaft und die Funktionalisierung der Erziehung im Dienste dieses Systems galten aus dieser Sicht als »dunkelstes Kapitel« der deutschen Geschichte, als »Einbruch des Irrationalen« auch im Bereich der Erziehung, als Verrat an der »deutschen Bildungsidee«. Daß sich die geisteswissenschaftliche Pädagogik und ihre führenden Repräsentanten wie Nohl, Weniger oder Spranger keineswegs als Widerstandspotential bzw. als entschiedene Gegner des Regimes profiliert hatten, wurde dabei konsequent verdrängt. Durch eine effiziente Berufungspolitik gelang es ihnen, ihre bereits vor 1933 dominierende Stellung im Bereich der universitären Pädagogik zu festigen und sogar auszubauen.

Daß in den 50er Jahren eine selbstkritische erziehungswissenschaftliche und bildungstheoretische Neuorientierung ausblieb, verweist über diese wissenschaftsorganisatorischen Gründe hinaus auf tieferliegende gesellschaftliche Entwicklungen und Konstellationen in der Frühphase der Bundesrepublik: Im Zeichen eines ungeahnten »Wirtschaftswunders«, einer »Befriedung« sozialer Klassengegensätze durch den Aufbau des Sozialstaates und der erfolgreichen Etablierung eines parlamentarisch-demokratischen Systems verloren die anfänglichen Forderungen nach einem radikalen gesellschaftlichen Neubeginn schon bald an öffentlicher Resonanz. Der Slogan: »Keine Experimente«, mit dem Adenauer 1957 die Bundestagswahl mit einer deutlichen absoluten Mehrheit gewann, war kennzeichnend für eine konservative Grundströmung in breiten Teilen der Bevölkerung. Und diese konservative Mentalität prägte nicht zuletzt die Einstellung zu Fragen der Erziehung, Bildung und Schule, in der Bevölkerung nicht anders als im wissenschaftlichen Diskurs. Angesichts der generellen restaurativen Grundströmung dominierten konservative Erziehungsvorstellungen bzw. die daraus abgeleiteten »bürgerlichen Sekundärtugenden« wie Pflichtbewußtsein, Ordnung und Sparsamkeit den »Zeitgeist« der 50er Jahre. Dies galt für die Erziehung in der Familie, nicht zuletzt für die geschlechtsspezifische Erziehung von Jungen und Mädchen, und prägte genauso die Einstellung zum Schulsystem. Dessen traditionelle Strukturen, insbesondere seine angeblich auf unterschiedliche Begabungstypen zugeschnittene Dreigliedrigkeit, schienen sich angesichts des Wirtschaftswunders auch ökonomisch bewährt zu haben. Darüber hinaus diskreditierten die Schulreformen in der DDR, der »sowjetisch besetzten Zone«, alle grundlegenden Reformforderungen in der Bundesrepublik. Im Zeichen des »Kalten Krieges« galten sie als Beispiele für die Irrwege einer angeblich traditions- und menschenfeindlichen Reformpolitik, mit denen Innovationsforderungen im Bereich der Bundesrepublik jederzeit zurückgewiesen werden konnten. Das erste Jahrzehnt der Bundesrepublik kann deshalb, so läßt sich sicher vereinfachend, aber insgesamt wohl zutreffend sagen, auch im Bereich der Bildungspolitik und der pädagogischen Theoriebildung als Phase der Restauration bezeichnet werden.

Dies änderte sich erst mit dem Beginn der 60er Jahre, als sich erste Risse im scheinbar festen Gefüge der Ära Adenauer zeigten: Die Kanzlerschaft Adenauers ging ihrem Ende entgegen, und zugleich verlor die CDU ihren übermächtigen Einfluß im Parteienspektrum. Erste ökonomische Krisen, vor allem in der Kohle- und Stahlindustrie, kündigten das »Ende des Wirtschaftswunders« an, und zugleich wurde sichtbar, daß sich hinter der Fassade der Restauration die Gewichte der verschiedenen sozialen Gruppen verschoben hatten und ein »neuer Mittelstand« im expandierenden Dienstleistungsbereich und in den neuen technischen Berufen seine gesellschaftlichen Ansprüche anzumelden und durchzusetzen begann. Zusätzliche Schubkraft erhielt die Erosion der Ära Adenauer dadurch, daß sich mit dem Bau der Berliner Mauer und der Neuorientierung der amerikanischen Politik die außenpolitischen Frontlinien veränderten und vor allem eine neue Ostpolitik auf die politische Tagesordnung rückte.

Es waren bezeichnenderweise keine Erziehungswissenschaftler, denen das Verdienst zukam, daß am Anfang der 60er Jahre auch Fragen des Bildungssystems und einer zeitgemäßen Erziehung zum Thema einer breiten öffentlichen Diskussion wurden. 1963 beschwor Georg Picht, ein Heidelberger Religionsphilosoph, in der Zeitschrift »Christ und Welt« eine drohende »Bildungskatastrophe«. Wenig später veröffentlichte der Tübinger Soziologe Ralf Dahrendorf unter dem Titel »Bildung ist Bürgerrecht« ein nicht weniger einflußreiches Plädoyer für eine neue, »aktive« Bildungspolitik. Weder Picht noch Dahrendorf entwickelten in ihren Veröffentlichungen einen neuen Bildungsbegriff. Aber ihre Kritik der traditionellen Bildungsinstitutionen unter einer gesellschaftspolitischen Perspektive mußte den traditionellen Bildungsbegriff, mit dem etwa die Struktur und Funktion des Gymnasiums legitimiert wurden, auf längere Sicht in Frage stellen.

Georg Picht belegte seine fulminante Kritik am Bildungssystem und an der Bildungsadministration der Bundesrepublik mit den Ergebnissen einer international-vergleichenden Bildungsforschung. Gemessen an der Zahl und Qualität der Absolventen weiterführender Schulen, sei das Bildungssystem der Bundesrepublik nicht nur rückständig. Sein Zustand gefährde bereits auf kurze Sicht die internationale Wettbewerbsfähigkeit der deutschen Wirtschaft. Bildung müsse endlich als entscheidender ökonomischer Faktor begriffen werden.

Dahrendorfs Plädoyer für eine »aktive« Bildungspolitik, das im ersten der nachfolgenden Texte vorgestellt wird, war anders akzentuiert. Er hielt eine bildungsökonomische Begründung für die Forderung nach einer umfassenden Bildungsreform nicht für falsch, aber für unzureichend. Statt dessen stellte er die in der Verfassung der Bundesrepublik formulierten Grundrechte, die Bestimmung, daß niemand wegen seines Geschlechts, seiner Herkunft oder Religion sozial benachteiligt werden dürfe, in den Mittelpunkt seiner Argumentation. Dabei ging er von den Befunden empirischer soziologischer Forschung aus, wonach Bildungschancen entscheidend von der sozialen Herkunft, dem Geschlecht, dem Wohnort und der Religionszugehörigkeit relativ unabhängig von der individuellen Leistung bestimmt werden. Die faktischen sozialen Schranken seien mit den Grundrechten der Verfassung unvereinbar. Eine demokratische Bildungspolitik müsse deshalb für Chancengleichheit sorgen: Dies sei nicht nur ein Gebot sozialer Gerechtigkeit, sondern fördere durch die Vermittlung neuer sozialer und kognitiver Erfahrungen zugleich den Abbau herkunftsbedingter Mentalitäten und damit die notwendige Liberalisierung und Modernisierung der Gesellschaft. Diese frühe liberale Kritik bereitete den Boden für die sehr viel grundsätzlichere Kritik, wie sie durch die von den Universitäten ausgehende antiautoritäre Bewegung von 1968 formuliert wurde.

In der Studentenrevolte von 1968 und im Programm einer antiautoritären Erziehung fanden diese Forderungen nach einer Demokratisierung der Gesellschaft, der Bildungsinstitutionen und der Erziehung eine dramatische Zuspitzung. Sie entwickelte sich zu einer fundamentalen antikapitalistischen Kritik und – als deren integraler Bestandteil – zu einer Kritik der autoritären »bürgerlichen« Pädagogik. Karl Marx und Sigmund Freud wurden für die Avantgarde der Studentenbewegung zu Kronzeugen der Kritik an Schule und Erziehung. In den antiautoritären »Kinderläden« jener Jahre, die als Alternative zu den traditionellen Kindergärten gedacht waren, sollte diese Kritik an der »bürgerlichen« (Familien-) Erziehung praktisch werden.

Wie konnten das Bildungssystem und die traditionellen Leitbilder der Erziehung, die in den 50er Jahren noch von einem breiten Konsens getragen worden waren, innerhalb weniger Jahre zur Zielscheibe einer radikalen Kritik werden? Dies läßt sich wohl nur mit tieferliegenden gesellschaftlichen Modernisierungsprozessen erklären, von denen bereits andeutungsweise die Rede war: Pichts Kassandrarufe reflektierten das Ende des Wirtschaftswunders der 50er Jahre, den Zwang zur Modernisierung der Volkswirtschaft angesichts neuer technologischer Entwicklungen, die sich in den 60er Jahren im langsamen Niedergang der traditionellen Schwerindustrie bereits abzeichneten. Dahrendorfs Plädoyer brachte demgegenüber die politische Neuorientierung am Ende der Ära Adenauer, die ersten Forderungen nach einer Modernisierung und Demokratisierung der Gesellschaft zum Ausdruck. In seinem Plädoyer spiegeln sich der Bedeutungsgewinn und die Ansprüche eines neuen, sich als Träger der Modernität verstehenden Bürgertums, des »neuen Mittelstands« wider, die mit der Arbeiterbewegung und ihren Organisationen 1969 in der sozialliberalen Regierung Brandts ein politisches Bündnis eingehen sollte. In der antiautoritären Bewegung meldete sich schließlich eine neue Generation zu Wort, die sich nicht nur von ihren durch die NS-Zeit belasteten Vätern (und Müttern), sondern in der Anti-Vietnam-Bewegung zugleich von dem idealisierten politischen Vorbild Amerikas befreite. Im Protest gegen Notstandsgesetze, Große Koalition und Vietnamkrieg entwickelte ein Teil der nachwachsenden, vor allem studentischen Generation eine radikal-demokratische Orientierung, die trotz des Scheiterns der kurzlebigen Organisationsformen der »Außerparlamentarischen Opposition« (APO) die politische Kultur der Bundesrepublik nachhaltig beeinflußte: Während sich eine verschwindend kleine Minderheit um Andreas Baader und Ulrike Meinhoff in den 70er Jahren zum »bewaffneten Kampf«, zu Terrorakten gegen das »System« entschloß, trat die große Mehrheit der ehemaligen APO nach der Bildung der sozialliberalen Koalition den »langen Marsch durch die Institutionen« in Parteien, Gewerkschaften, Kirchen und nicht zuletzt den Universitäten an.

Die Pädagogik als Wissenschaft konnte von diesen gesellschaftlichen Wandlungsprozessen und der öffentlichen Diskussion über das Bildungssystem nicht unberührt bleiben. Die 60er Jahre sind deshalb wissenschaftsgeschichtlich von der Kritik am Bildungs- und Erziehungsbegriff der traditionellen Pädagogik und von heftigen Kontroversen um die Aufgaben der Erziehungswissenschaft geprägt. Symptomatisch für diese Neuorientierung der Pädagogik war eine 1968 erschienene Festschrift für Erich Weniger, dem wohl einflußreichsten Vertreter der geisteswissenschaftlichen Pädagogik. Ilse Dahmer und Wolfgang Klafki gaben als Herausgeber dieser Festschrift den bezeichnenden Titel: »Die geisteswissenschaftliche Pädagogik am Ende ihrer Epoche«. Bei aller Wertschätzung für ihren Lehrer kam die sich anbahnende Neuorientierung der Erziehungswissenschaft in zahlreichen Beiträgen als Infragestellung des geisteswissenschaftlichen »Paradigmas« deutlich zum Ausdruck. Man richtete sich gegen einen unpolitischen Bildungsbegriff, d. h. gegen das Fehlen eines kritischen Staats- und Gesellschaftsbegriffs als Ursache für den unpolitischen, affirmativen Charakter der geisteswissenschaftlichen Pädagogik und mündete in eine Erweiterung bzw. Politisierung des Erziehungsbegriffs sowie in ein neues Verständnis der Erziehungswissenschaft als Teil einer kritischen Sozialwissenschaft. Der Begriff der »Kritik« wurde in den nachfolgenden Jahren zum »Markenzeichen« dieses neuen pädagogischen Denkens; die »Kritische Erziehungswissenschaft« für ein Jahrzent zur dominierenden Denkform innerhalb der Pädagogik als wissenschaftlicher Disziplin.

Gemeinsam war den Wortführern einer »Kritischen Erziehungswissenschaft« das Mißtrauen gegenüber dem traditionellen geisteswissenschaftlichen Bildungsbegriff und das Plädoyer für einen im Vergleich zum bisherigen Verständnis erweiterten Erziehungsbegriff. Der Erziehungsbegriff, so Mollenhauer, dürfe nicht mehr, wie in der geisteswissenschaftlichen Tradition, auf den persönlichen Bezug zwischen Erwachsenen und »Zöglingen«, auf intentionale Erziehung, eingeschränkt werden. Der gesamte soziale Kontext, durch den Heranwachsende geprägt werden, wird durch diese Erweiterung zum Gegenstand der erziehungswissenschaftlichen Reflexion – und zwar in einer kritischen Absicht. Der Begriff der Erziehung und der der Emanzipation, verstanden als individuelle und gesellschaftliche Befreiung aus ungerechten Herrschaftsverhältnissen, gingen in gewisser Weise im Programm der »Kritischen Erziehungswissenschaft« ein theoretisches Bündnis ein.

Unter der Bezeichnung »Kritische Erziehungswissenschaft« wurden allerdings sehr unterschiedliche Theorievarianten subsumiert. Deren Spannbreite wird durch die nachfolgenden Texte von Jochen Gamm und Klaus Schaller dokumentiert. Jochen Gamm wurde zum radikalsten und populärsten Sprecher der antiautoritären Protestbewegung innerhalb der Pädagogik. Diese Protestbewegung war für ihn das hoffnungsvolle Zeichen einer beginnenden sozialistischen Umwälzung der gesellschaftlichen Verhältnisse und zugleich der Anlaß zu einer radikalen Abrechung mit dem »Elend der spätbürgerlichen Pädagogik«, wie eine seiner damals populären Buchveröffentlichungen hieß. Pädagogische Theorie und Praxis sollten nach Auffassung Gamms einen wichtigen Beitrag zur revolutionären Umgestaltung der Gesellschaft leisten. Eine antiautoritäre und zugleich antikapitalistische Erziehung sollte die Widerstandspotentiale auf seiten der Subjekte gegen die repressiven Strukturen des kapitalistischen Systems entwickeln und damit eine wesentliche Voraussetzung für deren Überwindung schaffen. Die Grenzen zwischen Pädagogik und Politik, zwischen pädagogischem und politischem Handeln verschwimmen im Denken Gamms. Solche Grenzziehungen sind aus seiner Sicht nur eine Erblast einer »affirmativen« bürgerlichen Pädagogik, die es zu überwinden gelte.

Auch der Text von Klaus Schaller läßt sich als Reaktion auf die antiautoritäre Bewegung der 60er Jahre und als Antwort auf die Frage nach dem Verhältnis von Pädagogik und Politik lesen. Seine Überlegungen orientieren sich allerdings nicht an der Vision einer sozialistischen Gesellschaft und verweigern sich der Funktionalisierung der Erziehung im Dienste dieser Vision. Die Verfassung der Bundesrepublik ist ein zentraler normativer Bezugspunkt seiner Überlegungen, allerdings nicht die Verfassungswirklichkeit, sondern die demokratischen Intentionen, die in dieser Verfassung formuliert, aber in der gesellschaftlichen Wirklichkeit immer wieder deformiert worden sind und deformiert werden. In Schallers radikaldemokratischer Interpretation der Verfassung ist der Anspruch auf Demokratisierung aller Bereiche der Gesellschaft begründet. Die Erziehung in einer demokratischen Gesellschaft hat ihm zufolge deshalb die Aufgabe, die Heranwachsenden von früh an auf die Teilnahme an demokratischen Willensbildungsprozessen vorzubereiten. Das könne und dürfe nicht dadurch geschehen, daß man sie neuen Autoritäten unterwerfe, demokratische Werte vermittele, Gesinnungen bilde. Kinder und

Heranwachsende müßten vielmehr lernen, in Prozessen gleichberechtigter Kommunikation mit anderen zu ermitteln, was gemeinsame Ziele des Handelns sein könnten und welche verworfen werden müßten. Eine »Erziehung zur Rationalität« ist deshalb aus der Sicht Schallers die einzig legitime Form einer demokratischen Erziehung; sie ist antiautoritär in einem umfassenderen Sinne, als es die Wortführer der antiautoritären Bewegung verstanden hatten.

Der nachfolgende Text stammt von Klaus Mollenhauer, dem wohl bekanntesten Verfechter einer »Kritischen Erziehungswissenschaft« in den 60er und 70er Jahren. Der Auszug aus dem Einleitungskapitel seines programmatischen Buches »Erziehung und Emanzipation« von 1968 dokumentiert die wissenschaftstheoretischen Auseinandersetzungen innerhalb der universitären Pädagogik und ist in doppelter Hinsicht aufschlußreich. Zum einen skizziert Mollenhauer in diesem Text das wissenschaftstheoretische und methodologische Selbstverständnis der neuen »kritischen« Erziehungswissenschaft, zum anderen wird durch seine Kritik an einer empirischen Erziehungswissenschaft sichtbar, daß die »Kritische Erziehungswissenschaft« keineswegs konkurrenzlos den pädagogischen Diskurs der damaligen Zeit beherrschte. Bereits 1962 hatte Heinrich Roth mit einem vielbeachteten Aufsatz für eine »realistische Wendung innerhalb der pädagogischen Forschung«, d. h. für eine empirisch ausgerichtete Pädagogik plädiert. Jetzt, am Ende der 60er Jahre, wurde diese Forderung von Wolfgang Brezinka aufgegriffen und zum Programm einer empirischen »Tatsachenwissenschaft« weiterentwickelt.

Erziehung, so Brezinka, sei nichts anderes als die zweckrationale Beeinflussung von anderen, vor allem von Heranwachsenden. Erziehungswissenschaft müsse zu einer technologischen Wissenschaft werden, die das Wissen bereitstelle, diese Beeinflussungsprozesse zu optimieren. In scharfer Frontstellung gegen die in der Pädagogik bis dahin vorherrschende geisteswissenschaftliche Denktradition, aber auch gegen die neue »Emanzipationspädagogik« der 60er Jahre, sind für Brezinka normative Fragen, Fragen nach den Zielen der Erziehung, kein Gegenstand wissenschaftlicher Reflexion. Sie gehören nach seiner Auffassung in den Bereich einer den strengen Maßstäben der Wissenschaft nicht genügenden Erziehungsphilosophie und werden politisch entschieden.

Für Klaus Mollenhauer ist dieses von Brezinka vehement verfochtene Verständnis von Erziehung und Erziehungswissenschaft das Beispiel einer – mit Adorno formuliert – »positivistisch halbierten Rationalität«. Anders als die geisteswissenschaftliche Pädagogik müsse sich die neue, die »Kritische Erziehungswissenschaft«, zwar auch für empirische Forschungen öffnen. Aber sie müsse zugleich den Verwendungszusammenhang des von ihr produzierten Wissens reflektieren, wolle sie nicht für beliebige politische Zwecke instrumentalisiert werden. Die Klärung der normativen Dimension der Erziehung gehöre zu den Aufgaben der Erziehungswissenschaft. In dieser Hinsicht steht Mollenhauer in der Tradition der geisteswissenschaftlichen Pädagogik. Aber zu der notwendigen Parteinahme in normativen Fragen bedürfe sie, und hier unterscheidet sich Mollenhauer wiederum von seinen Lehrern, einer gehaltvollen kritischen Theorie der Gesellschaft, deren normativer Fluchtpunkt die individuelle und gesellschaftliche Emanzipation bilde.

Der nachfolgende Text ist ein Auszug aus der Einleitung zum »Strukturplan für das Bildungswesen« aus dem Jahre 1970. Dieser »Strukturplan« war das Ergebnis der Beratungen des »Deutschen Bildungsrats«, der 1965 durch eine Vereinbarung von Bund und Ländern als unabhängiges Beratungsgremium für die Reform des deutschen Bildungswesens institutionalisiert worden war und die Bildungsreform in den 60er und den 70er Jahren mit einer Fülle wegweisender Gutachten begleitete. Im »Strukturplan« des Deutschen Bildungsrats kommen die Aufbruchstimmung und die Reformeuphorie jener Jahre zum Ausdruck. Er ist von der Hoffnung geprägt, in einem durchgreifenden und umfassenden Reformprozeß das deutsche Bildungssystem von der vorschulischen Erziehung über die Schule bis zu den Institutionen der Weiterbildung vereinheitlichen, modernisieren und demokratisieren zu können. Zugleich dokumentiert der Strukturplan die wissenschaftliche und politische Neuorientierung weiter Teile der Erziehungswissenschaft, die durch namhafte Repräsentanten im Bildungsrat vertreten war.

Die gesellschaftliche Aufbruchstimmung und die Reformpolitik der ersten Jahre der sozialliberalen Koalition unter der Kanzlerschaft von Willy Brandt stießen bald schon an ihre Grenzen: Die Auflösung des Deutschen Bildungsrats im Jahre 1975 markiert für den Bereich der Bildungspolitik das Ende einer offensiven Reformpolitik und den Beginn einer nachhaltigen Desillusionierung über die Möglichkeiten einer radikalen Schulreform. Dafür gab es Gründe auf unterschiedlichen Ebenen: Die Finanzierbarkeit der Reformpolitik insgesamt und damit auch der Bildungsreform wurde durch die Entwicklung der öffentlichen Haushalte zunehmend in Frage gestellt. Die wirtschaftliche Rezession, ausgelöst durch die Erdölkrise Mitte der 70er Jahre, setzte einer entschiedenen Reformpolitik immer engere Grenzen. Gleichzeitig organisierte sich ein öffentlichkeitswirksamer konservativer Widerstand gegen eine – wie es hieß – überhastete und ideologisch motivierte Schulreform. Die erbitterten Auseinandersetzungen um die hessischen Rahmenrichtlinien für das Fach Gesellschaftslehre und die Einrichtung von angeblich marxistisch ausgerichteten Gesamtschulen, die als »sozialistische Einheitsschulen« etikettiert wurden, waren Kristallisationspunkte eines konservativen Widerstands, der zum Umschlag der »öffentlichen Meinung« führte und die Befürworter einer entschiedenen Bildungsreform seit Mitte der 70er Jahre in die Defensive drängte.

Auch im wissenschaftlichen Diskurs der Pädagogik spiegelte sich die Ernüchterung und Desillusionierung der späten 70er Jahre wider. Die »Kritische Erziehungswissenschaft«, die in wenigen Jahren zum »main stream« des pädagogischen Diskurses geworden war, weil sie die politischen und zugleich pädagogischen Ambitionen ihrer Zeit auf den wissenschaftlichen Begriff zu bringen schien, verlor zu Beginn der 80er Jahre genauso schnell wieder ihre öffentliche und wissenschaftliche Reputation.

Es wäre allerdings falsch, das »Ende der Reformeuphorie« und den Niedergang der »Kritischen Erziehungswissenschaft« umstandslos mit dem Scheitern der vorangegangenen Reformphase und mit einer Rückkehr zum Status quo ante gleichzusetzen. Dies gilt weder für die Ergebnisse der Bildungspolitik noch für die Entwicklung der Pädagogik als Wissenschaft. Es ist leicht zu erkennen, daß die weitgesteckten Ziele des Bildungsrats für eine neue demokratische Erziehung und Schule in der erhofften Form nicht erreicht worden sind: Bis heute ist die Forderung nach Chancengleichheit im Bildungssystem nicht verwirklicht worden, haben die traditionellen Strukturen des Bildungssystems eine erstaunliche Widerstandskraft gegen die intendierten Veränderungen bewiesen, hat sich an den Formen schulischen Lernens weniger geändert, als es die Reformer erhofft hatten. Und doch läßt sich mit guten Gründen auch sagen, daß die Bildungsreform der 60er und 70er Jahre tiefe Spuren im Bildungssystem der Bundesrepublik hinterlassen hat: Die letzten Jahrzehnte standen im Zeichen einer sozialgeschichtlich einzigartigen Bildungsexpansion. So ist Bildung als höhere Schulbildung nicht mehr das soziale Privileg weniger, die Ziele und Inhalte schulischen Lernens haben sich genauso wie die Methoden des Lehrens gegenüber den 50er Jahren dramatisch verändert, Schule und Erziehung sind, aufs Ganze gesehen, moderner und demokratischer geworden, auch wenn es die Betroffenen, Schüler, Lehrer und Eltern häufig anders wahrnehmen.

Die Pädagogik als Wissenschaft gehörte zu den Trägern und zugleich zu den Profiteuren der Bildungsreform. Sie erlebte seit den 60er Jahren innerhalb und außerhalb der Hochschulen ebenfalls eine dramatische Expansionsphase, die zu einer Ausdifferenzierung und Spezialisierung in zahlreiche Teildisziplinen führte. Auch diese Entwicklung wurde durch das Ende der Reformphase keineswegs rückgängig gemacht, sondern bestenfalls verlangsamt.

Für die Allgemeine Pädagogik, die Reflexion über die Grundlagen und Ziele von Erziehung und Bildung, war dieser Prozeß der Institutionalisierung und Ausdifferenzierung der Erziehungswissenschaft nicht weniger folgenreich als die Desillusionierung am Ende der 70er Jahre. Die Beschäftigung mit Erziehungs- und Bildungstheorien, die traditionell im Zentrum pädagogischer Reflexion gestanden hatte, rückte in den 80er Jahren an den Rand des wissenschaftlichen Diskurses. Allgemeine Pädagogik wurde zu einer unter vielen anderen Teildisziplinen der Erziehungswissenschaft.

In den letzten Jahren läßt sich allerdings innerhalb der Erziehungswissenschaft ein erneuertes Interesse an den Grundsatzfragen von Erziehung und Bildung registrieren. Angesichts verschärfter ökonomischer und sozialer Krisenerscheinungen in der gegenwärtigen Situation der Bundesrepublik, von Massenarbeitslosigkeit und der damit einhergehenden Marginasilierung bestimmter Bevölkerungsgruppen, von Entsolidarisierungstendenzen und ethnisch-kulturellen Konflikten, von Individualisierungsprozessen und Wertewandel, die auch in das Bildungssystem hineinwirken, werden die Fragen nach einer zeitgemäßen Erziehung und Bildung und ihrem möglichen Beitrag zur Bearbeitung dieser gesellschaftlichen Problemlagen neu gestellt. Zwei gegensätzliche Antworten auf diese Fragen stehen am Ende der folgenden Textsammlung. Die eine stammt von Wolfgang Brezinka, der sich in den 60er Jahren zum Wortführer einer streng empirischen, wertfreien Erziehungswissenschaft machte, aber in den nachfolgenden Jahrzehnten zu einem politisch einflußreichen Repräsentanten einer neokonservativen Pädagogik wurde, die in der Revitalisierung traditioneller Werte durch die Erziehung in Familie und Schule den Ausweg aus den gesellschaftlichen Krisen der Gegenwart sucht. Der zweite Text stammt von Wolfgang Klafki, dessen wissenschaftliches Werk wie kaum ein anderes die Entwicklung pädagogischen Denkens in der Bundesrepublik widerspiegelt und zugleich maßgeblich beeinflußt hat, der mit seinen ersten Arbeiten noch ganz dem Bildungsbegriff der geisteswissenschaftlichen Pädagogik verpflichtet war, in den späten 60er Jahren die theoretische Modernisierung dieses »Paradigmas« mitvollzog und in den 70er Jahren als Herausgeber des überaus erfolgreichen »Funk-Kolleg Erziehungswissenschaft« das neue szientistische Selbstverständnis der Pädagogik und ihre institutionelle Ausdifferenzierung einem breiten, pädagogisch interessierten Publikum nahebrachte. Der im Studienbuch abgedruckte Text ist ein Versuch, die Tradition pädagogischen Denkens seit der Aufklärung mit den aktuellen gesellschaftlichen Problemlagen zu konfrontieren und aus dieser Konfrontation einen zeitgemäßen Bildungsbegriff als Leitbegriff pädagogischen Handelns zu entwickeln.

»Laute Klage, stiller Sieg«, so lautet der vielsagende Titel des letzten Textes in diesem Studienbuch. Er stammt von Elmar Tenorth, einem Berliner Erziehungswissenschaftler, und stellt in gewisser Weise den Epilog zur historischen Rekonstruktion pädagogischen Denkens von der Epoche der Aufklärung bis zur Gegenwart dar. Tenorth, einer der besten Kenner und scharfsinnigsten Interpreten der Wissenschaftsgeschichte der Pädagogik, macht in seinem Aufsatz auf einen paradoxen Umstand aufmerksam, der im Rückblick auf die jüngere Bildungsgeschichte der Bundesrepublik, auf die Phase der Bildungsreform in den 60er und 70er Jahren, besonders auffällig ist: Tenorth konstatiert, daß die pädagogische Reflexion über Erziehung und Bildung seit dem 18. Jahrhundert durch eine »Krisensemantik«, durch die »laute Klage« über den jeweiligen Zustand von Bildung und Erziehung, das Versagen von Bildungsinstitutionen wie der Schule und über die mangelnde Anerkennung pädagogischer Berufe geprägt sei, die allerdings in deutlichem Gegensatz zum »stillen Sieg« der Pädagogik stehe, d. h. zu einer fortschreitenden Pädagogisierung der Gesellschaft, zur Etablierung eines umfassenden Bildungssystems, zur Professionalisierung pädagogischer Berufe und zur Entwicklung der Pädagogik als anerkannte Teildisziplin im Chor der Wissenschaften. Folgt man der Analyse Tenorths, dann ist es der seit der Aufklärung zum Selbstverständnis der Pädagogik gehörende Bildungsbegriff, ihr Anspruch, über die Bildung des Individuums entscheidend an der Moralisierung der Gesellschaft, am »Fortschritt der Menschheit« mitwirken zu wollen. Ein solcher Anspruch müsse notwendig und systematisch zu Enttäuschungen, zum Gefühl des Scheiterns der Pädagogik führen. Insofern mündet Tenorths historische Analyse in ein Plädoyer für ein realistisches Selbstverständnis pädagogischer Theorie und Praxis ein, für eine Selbstbescheidung ihrer Ansprüche in Abgrenzung von den »großen Ambitionen« ihrer Vergangenheit. Aber es ist eine Selbstbescheidung, die das Ergebnis der kritischen Auseinandersetzung mit dieser Tradition ist – und deshalb sind diese Überlegungen auch geeignet, ein Studienbuch über die Geschichte pädagogischen Denkens abzuschließen.

*Dahrendorf: Bildung ist Bürgerrecht

Dahrendorf, R.: Bildung ist Bürgerrecht. Plädoyer für eine aktive Bildungspolitik. Osnabrück 1965. S. 22–27.

[...]

Es gibt einen Bedarf an wohlausgebildeten Menschen für alle Berufe, an hochqualifizierten Menschen für viele Berufe. Manches spricht dafür, daß der Bedarf der letzteren zunimmt: auch Eick berichtet, daß sämtliche von ihm befragten Unternehmen mit einem allmählich steigenden Akademikerbedarf rechnen[1]. Da die Frage, in welche Berufe denn Menschen mit höherer Schul- und Hochschulbildung gehen, was sie also mit ihrer Bildung anfangen können, nicht nur für die Betroffenen wichtig ist, haben diese Bedarfserwägungen ohne Frage ihre Bedeutung. Aber auch sie können allenfalls eine reaktive Bildungspolitik begründen, eine Politik zumal, die auf höchst ungewisse Antizipationen reagiert. Daß diese Politik unfreiwillig richtig sein, nämlich zum richtigen Ziel führen kann, enthebt uns nicht der Notwendigkeit, die Berechtigung des Ziels zu begründen. Die überzeugende Begründung einer aktiven Bildungspolitik kann – so möchte ich behaupten und auch argumentieren – nur in Anknüpfung an den Gedanken eines Bürgerrechtes auf Bildung erfolgen. Das klingt zunächst nebelhaft und idealistisch. Aber so wie die scheinbar handfesten Motive des Wirtschaftswachstums, der Anpassung an sozialen »Druck«, des internationalen Vergleichs, des Bedarfs bei näherer Betrachtung allein nicht tragend sind, so läßt das scheinbar flüchtige Motiv einer Bildungspolitik im Interesse menschlicher Rechte sich genau und bestimmt fassen.

Das Bürgerrecht auf Bildung hat wenigstens drei Aspekte, die zwar alle demselben Prinzip entspringen, sich aber nicht eindeutig in eine Formel fassen lassen. Das Bürgerrecht auf Bildung ist zunächst ein soziales Grundrecht aller Bürger, das gleichsam den Fußboden absteckt, auf dem jeder Staatsbürger stehen darf und muß, um als solcher tätig zu werden. Dieses Recht ergänzt die anderen großen Bürgerrechte vor dem Gesetz und im Staate. Es hat in der allgemeinen Schulpflicht seine erste konkrete Gestalt gefunden und ist seither ständig durch neue Inhalte ergänzt worden. Dieser Prozeß der Ergänzung wird nie abgeschlossen sein; so wie heute die elementare *literacy*, das Lesen- und Schreibenkönnen, als Ausstattung des Staatsbürgers nicht mehr zureicht, mag morgen schon die Kennt-

1. Eich, J.: »Hauptsache mehr Akademiker?« In: Frankfurter Allgemeine Zeitung. Nr. 205. 04. 09. 1965.

nis einer Fremdsprache, gewisser Elemente der Mathematik und der Grundtatsachen des sozialen, wirtschaftlichen und politischen Lebens – sämtlich noch längst nicht selbstverständlich – ein unzulänglicher Inhalt dieses Bürgerrechts sein.

Der zweite Aspekt des Bürgerrechts auf Bildung betrifft die Chancengleichheit in jenem rechtlichen Sinne, in dem dieser Begriff zumeist gemeint ist. Es darf keine systematischen Bevorzugungen oder Benachteiligungen bestimmter Gruppen auf Grund leistungsfremder Merkmale wie Herkunft oder wirtschaftlicher Lage geben.

Aber die umwälzende Kraft des Bürgerrechtes auf Bildung liegt in seinem dritten Aspekt. Rechtliche Chancengleichheit bleibt ja eine Fiktion, wenn Menschen auf Grund ihrer sozialen Verflechtungen und Verpflichtungen nicht in der Lage sind, von ihren Rechten Gebrauch zu machen. Wer seine Kinder zwar auf die höhere Schule schicken darf, aber durch den Kenntnis- und Wunschhorizont seiner sozialen Lage – als Katholik etwa oder als Arbeiter, als Dorfbewohner – gar nicht auf den Gedanken kommt, dies auch zu tun, ist ein sehr abstrakter Staatsbürger, ein Staatsbürger der Theorie, doch nicht der Realität. Daß jede Chance zwei Seiten hat, die der objektiven Möglichkeit – der Erlaubnis – und die der subjektiven Möglichkeit – der Fähigkeit –, ist ein Gedanke, der fast so alt ist wie die modernen Verfassungen, die dennoch immer wieder Menschen Dinge erlauben, ohne sie in die Lage zu versetzen, ihre Rechte auch auszunutzen. Das Recht aller Bürger auf Bildung nach ihren Fähigkeiten bliebe daher unvollständig ohne das Zerbrechen aller ungefragten Bindungen, also dem Schritt in eine moderne Welt aufgeklärter Rationalität. Um dieses Bürgerrecht zu garantieren, reicht auch die beste Verfassung nicht; hier ist vielmehr Politik nötig. Darum begründet das Prinzip des Bürgerrechtes auf Bildung eine aktive Bildungspolitik.

Aktive Bildungspolitik zur Verwirklichung der Bürgerrechte ist die große Aufgabe der inneren Politik in Deutschland. Es gibt seit langem eine allgemeine Schulpflicht, wenngleich diese in bestimmten Bereichen noch immer eingeschränkt ist. Ihre Dauer bedarf ebenso der Entwicklung wie ihre Auswirkung für den einzelnen der genauen Prüfung. Es gibt die formelle Chancengleichheit, obwohl auch diese noch mehr Begrenzungen kennt als die Länderverfassungen und das Grundgesetz sie erlauben. Die Modernisierung der Gesellschaft, die Herauslösung der Menschen aus ihren ungefragten Bindungen und Befreiung zur Möglichkeit, ihre Rechte auch wahrzunehmen, ist in Deutschland noch immer nur sehr unvollkommen verwirklicht. Es ist Mode geworden, die Bedeutung der Bildungspolitik heute mit der der Sozialpolitik der Vergangenheit zu vergleichen. Der Vergleich ist berechtigt, aber für Deutschland nicht dramatisch genug. Der

Bildungspolitik stellt sich bei uns das deutsche Problem der *civil rights*, das dem der faktischen Befreiung der Farbigen in den Vereinigten Staaten an Pathos und Bedeutung nicht nachsteht. Bildungspolitik in der Bundesrepublik ist also noch längst nicht ein Mittel, um das Leben der Menschen angenehmer und reicher zu machen, sondern vielfach noch immer ein Instrument, um Menschen die Teilnahme am Leben der Gesellschaft überhaupt erst zu ermöglichen. Ihre Aufgaben sind weit fundamentaler als etwa in Großbritannien oder den Vereinigten Staaten. Mit der Bereitschaft zu einer Bildungspolitik für die Verwirklichung des Rechts auf Teilnahme aller Bürger an der Bildung entscheidet sich für Deutschland mit dem Weg in die Modernität auch der in die Freiheit. Die Rede von Bürgerrechten hat etwas Unbedingtes, das keinen Zweifel mehr duldet.

[...]

Bürgerrechte sind notwendig *gleiche* Bürgerrechte. Doch ist das Plädoyer für eine aktive Bildungspolitik zur Sicherung der Bürgerrechte kein Plädoyer für soziale Gleichheit. Eine freie Gesellschaft ist immer auch eine Gesellschaft, die der Ungleichheit weiten Raum gibt – solange und insoweit diese nicht den notwendigen gemeinsamen Grundstatus aller Bürger verletzt. Wenn eine aktive Bildungspolitik in Deutschland zunächst gewisse Gleichheitsforderungen mit sich bringt, dann nur darum, weil dieser gleiche Grundstatus noch nicht hinlänglich gesichert ist. Das darf entschieden nicht zu einer Politik führen, die die Gleichheit zuerst und die Freiheit später anzupacken beabsichtigt: wer sich auf eine solche Reihenfolge einläßt, kommt mit einiger Sicherheit nie zur Freiheit. Eine Gesellschaft, die den Anspruch erhebt, eine freie Gesellschaft zu sein, wird auch bei der Durchsetzung der Bürgerrechte der Phantasie sozialer Formen, der Ungleichartigkeit der Wege und der Vielfalt menschlicher Qualitäten Rechnung tragen.

***Arbeitsaufgaben**

1. *Mit welchen Argumenten vertritt Dahrendorf die Auffassung, eine Bildungspolitik, die sich allein am vorliegenden oder zu erwartenden Bedarf an qualifizierten Arbeitskräften ausrichtet, sei »reaktiv«? Inwiefern hält er diese Begründung von bildungspolitischen Reformforderungen für unzureichend?*
2. *Wie begründet Dahrendorf im Gegensatz zu den damals verbreiteten bildungsökonomischen Überlegungen die Notwendigkeit einer »aktiven« Bildungspolitik?*
3. *Dahrendorf leitet aus dem »Bürgerrecht auf Bildung« die Forderung nach Chancengleichheit im Bildungssystem ab. Was versteht er unter Chancengleichheit »im*

rechtlichen Sinne«, und aus welchen Gründen hält er diesen Begriff von Chancengleichheit für unzureichend?

4. *Inwiefern stellt die Verwirklichung des Bürgerrechts auf Bildung nach Dahrendorf einen entscheidenden Beitrag zur Modernisierung der bundesrepublikanischen Gesellschaft dar?*
5. *Inwiefern steht Dahrendorf mit seinen Überlegungen in der Tradition der Aufklärung bzw. der Aufklärungspädagogik, und inwiefern erweitert er diesen Traditionszusammenhang?*
6. *Diskutieren Sie diese Position Dahrendorfs vor dem Hintergrund der politisch-gesellschaftlichen Entwicklung der Bundesrepublik in den 60er Jahren.*

Gamm: Antiautoritäre Erziehung

Gamm, H.-J.: Kritische Schule. Eine Streitschrift für die Emanzipation von Lehrern und Schülern. München 1970. S. 35–40.

[...]

Durch das höchst bemerkenswerte Experiment der *Kinderläden* hat sich gezeigt, daß unsere gesamte gesellschaftliche und pädagogische Autoritätsauffassung eine antiquierte Ideologie darstellt. Erste Erfahrungen mit völlig repressionsfrei gehaltenen Kindern zwingen uns zu pädagogischem Umdenken. Die Kinderladenpraxis zeigt zwar eine Reihe von kritischen Entwicklungsphasen, wenn die Kinder sich selbst überlassen sind; zunächst wachsen Aggressivität, gelegentlich Destruktion und scheinbar »sinnloses« Verhalten. Bemerkenswert rasch aber bringen es kleine Kinder – nicht gegängelt von den Erwachsenen – fertig, eine Gruppe zu bilden und ihre Wünsche aufeinander abzustimmen, der soziale Prozeß kommt durch ihre Initiative in Gang und wird von ihnen kontrolliert. Wer dagegen die derzeitigen öffentlichen oder privaten *Kindergärten* analysiert, wird sehr bald erkennen, daß in ihnen durch frühen Gehorsams- und Ordnungsdrill, durch Interessenlenkung und den Abbruch unerwünschter kindlicher Aktivitäten eine Gesinnung vorbereitet wird, die sich dann lückenlos in ein System der Zwänge und des fremdgesteuerten Verhaltens verlängert.

Die wesentlich von den Studenten aus spezifischen Bedürfnissen entdeckten neuen Formen der Kindererziehung bezeichnen gewissermaßen eine kopernikanische Wende der pädagogischen Praxis und gebieten eine neue kritische Theorie. Glaubte man bisher naiv, ohne Autoritätserfahrung werde ein Kind um das fundamentale Persönlichkeitsgefühl gebracht, so scheinen die Resultate der Kinderläden zu zeigen, daß Kinder ohne Angst und Schuldgefühle und mit der Selbstvertretung ihrer Ansprüche aufwachsen können. Die Notwendigkeit, zu einem Interessenausgleich innerhalb der Gruppe zu gelangen, setzt Initiativen schon bei kleinen Kindern frei, die ihnen bisher von Erwachsenen abgenommen werden. Das pädagogische Modell ist noch so neu, daß es der Öffentlichkeit zunächst den Atem verschlägt. Das ist verständlich, denn hier wird ein mittelalterlich orientiertes Menschenbild durch ein revolutionär-neuzeitliches abgelöst. Unsere pädagogischen Gewißheiten erweisen sich darin als historische Spätzündungen. Die Pädagogik ist hinter ihrer Zeit zurückgeblieben und kocht ihr ideologisches Süppchen auf Sparflamme. Außenseiter müssen ihr sagen, daß Erziehung auch ganz anders praktiziert werden kann. Kindliche Kreativität entfaltet sich, die durch unsere institutionalisierten Bildungseinrichtungen wie Kindergärten und Schulen in gesellschaftliche Außenseiterrollen abgedrängt wird. Es ist vermutlich nicht zu weit gegriffen, wenn man feststellt: Die Verzichtmöglichkeit auf Autorität in der Erziehung ist eine zentrale pädagogische Entdeckung unserer Zeit. Ihre Nebenfrucht besteht in der Solidarisierung von Eltern, die Erziehung nicht mehr als Privatsache, sondern als kollektive Angelegenheit erkennen und dabei in den frustrierenden Erfahrungen einer in Kooperation ungeübten Elternschaft grundlegende Lernprozesse vollziehen wie keine Generation je vor ihr. Den sozialistischen Studenten verdanken wir nicht nur die Wohltat neuer unbequemer Universitätsversuche, die sich in schwierigen Interaktionsprozessen bewähren und den Umgang der Gruppen miteinander humanisieren müssen, sondern auch ein bahnbrechendes Erziehungsmodell. Die pädagogische Frage ist in Bewegung geraten, und alle unsere unkritischen Gewißheiten stehen unter Ideologieverdacht. Die älteste, noch metaphysisch verbrämte akademische Bastion mit dem »Muff von tausend Jahren« ist erstürmt. Jetzt erst wissen wir es: Autorität in der Erziehung ist entbehrlich, sofern wir das Wagnis eingehen wollen, Erziehung als Kritik des eigenen autoritären Erziehungsschicksals auszuüben, so daß man mit der Erziehung anderer sich selbst erzieht.

Für Familie, Schule und Gesellschaft ergeben sich unterschiedliche Aspekte, die sich nicht ausgleichen, sondern sich nur in Thesenform umreißen lassen. Das geschieht zum Abschluß dieses Kapitels in acht Thesen über repressionsfreie Erziehung:

1. Das Kind ist als körperlich und seelisch unterlegenes Wesen seinen Eltern völlig ausgeliefert. Jährlich werden in der Bundesrepublik etwa hundert Kinder von ihren Eltern zu Tode geprügelt. Die Zahl der körperlichen Mißhandlungen und Entstellungen durch körperliche Züchtigungen ist unbekannt. Die seelischen Verkrüppelungen sind unmeßbar.

2. Die Eltern sind nicht eigentlich »schuldig« an diesen Exzessen; vielmehr ist es eine bestimmte autoritäre Erziehungsstruktur, nach der die angeblich stets zum Ungehorsam neigenden Kinder beizeiten nachdrücklich an die »Ordnung« gewöhnt werden sollen (Biege das Bäumchen, solange es jung ist; was Hänschen nicht lernt, lernt Hans nimmermehr).

3. In der familiären Erziehungsstruktur unserer Sozialgeschichte ist seit alters her der Gedanke einer notwendigen elterlichen Autorität verankert. Es galt als selbstverständlich, daß die Kinder sich nach ihren Eltern »richteten«. Die Bedürfnisse der Kinder wurden nicht ermittelt; jedes Aufbegehren wurde mit Sanktionen geahndet. Unterwerfungsrituale gab und gibt es bis in die feinsten erzieherischen Sublimationen.

4. Kinder sind aber nicht das Eigentum der Eltern, als das sie oft naiv gelten. Daher bedarf heute das sogenannte Elternrecht einer wirksamen sozialen Kontrolle; denn alle gesellschaftlichen Gruppen, nicht etwa nur ihre mächtigsten, haben letztlich das höhere Anrecht auf die Kinder als ihre vielfach befangenen Eltern, die für die Elternrolle nicht qualifiziert sind.

5. Repressionsfreie Erziehung ist auf verschiedenen Ebenen zu diskutieren. Sie bedeutet zunächst den grundsätzlichen Verzicht auf Korrekturversuche mittels eines körperlichen Schocks, d. h. leiblicher Züchtigung. Kein Vergehen des Kindes rechtfertigt den körperlichen Angriff, weil die psychischen Auswirkungen unabsehbar sind und außerdem auch die dem Kind zuerkannte Menschenwürde verletzt wird.

6. Unter dem Gesichtspunkt, jeden Autoritätsdruck zu vermeiden, wird auch der bewußte erzieherische Eingriff fragwürdig, der auf bloße Normenübernahme zielt. Die Normen sind nämlich nicht bewährt, sondern müssen der Bewährung durch die Jugendlichen erst ausgesetzt werden. Erziehung ist daher zunehmend als Angebot zur Kooperation mit der Möglichkeit der Verweigerung zu verstehen.

7. Der Begriff Autorität sollte im Zusammenhang mit Erziehung einstweilen nicht mehr verwendet werden. Auch die Unterscheidung von echter und unechter, patriarchalischer und partnerschaftlicher Autorität ist kein brauchbarer Ersatz. Im Sozialisationsprozeß sind diejenigen Faktoren zu unterstützen, die mit fortschreitender Individuation des Zöglings dessen nichtkonforme Denk- und Handlungsweise freisetzen. Dadurch wird die Führungsaufgabe zunehmend schwieriger und zugleich die Ablösung des Führungsverhältnisses grundsätzlich vorbereitet.

8. Zwar bleibt der Heranwachsende praktisch auf die Existenzgrundlage angewiesen, die ihm Eltern, Erzieher und Öffentlichkeit bereiten. Doch das Bewußtsein auf seiten der Erziehungsträger, ihrerseits belohnen und strafen zu können, bringt einen Überlegenheitsfaktor ins Spiel, der auf mangelnde Dankbarkeit allergisch reagiert. Die ältere Generation lernt es – verführt durch eine patriarchalische Geschichte – erst mühsam, daß die Kinder Anspruch auf jede Hilfe, die Eltern aber keinen auf Dankbarkeit oder Vertrauen haben. Der Schritt von einer repressionsfreien zu einer *antiautoritären* Erziehung wird in dem Augenblick vollzogen, da ausdrücklich die Komponente der Gegenwirkung als politisch-gesellschaftlicher Akt des Erzogenen unabdingbar erscheint. Dann wird die Frage nach einem Programm für »Gegenerziehung« aktuell. Ihr Auftrag besteht darin, das repressionsfrei gehaltene Kind zu befähigen, mit der durch seine autoritativ nicht gebundene Verhaltensweise provozierten Aggression einer neuen Umgebung fertig zu wer-

den. Indem Kinder und Jugendliche in ihrer Spontaneität stets unbedrückt bleiben, erwerben sie die Fähigkeit, gegen das ihnen anderenorts unweigerlich begegnende Autoritäre aktiv vorzugehen. Sie werden die Spielregeln der gehorsamen Unterordnung oder auch nur ein Gesetz der Fremdbestimmung nicht akzeptieren und sich gegen autoritäre Ansprüche, seien sie persongebunden oder systembedingt, selbst autoritär verhalten. Derzeit müssen zweifellos die Umstände besonders sorgfältig bedacht werden, die sich pädagogisch aus der Tatsache ergeben, daß ohne Furcht, Drohung oder irrationale Appelle aufgewachsene Kinder einstweilen nur eine winzige Minderheit in der nachwachsenden Generation bilden. Sie sind exemplarisch bedroht, ihrerseits Zielscheibe von Angriffen zu werden – etwa schon wegen ihrer unbekümmerten Einstellung zur Nacktheit. Es gibt noch keine Theorie für die pädagogische Sicherung von Kindern als Minderheiten, die eine Reihe von Vorurteilen ihrer Majoritäten abgelegt haben. Man wird aber kaum zu weit greifen, wenn man dieses Problem als dominant bezeichnet, weil in ihm – mit Theodor W. Adorno zu sprechen – die »Entbarbarisierung« ansteht.

Arbeitsaufgaben

1. *Welcher zeithistorische Hintergrund liegt den Überlegungen Gamms zugrunde?*
2. *Wie charakterisiert der Verfasser die vorherrschende Erziehungspraxis der damaligen Zeit und die Rolle der »bürgerlichen« Pädagogik?*
3. *Was versteht Gamm unter der »kopernikanischen Wende« der pädagogischen Praxis?*
4. *Erläutern Sie mit Gamm die Differenz zwischen einer repressionsfreien und einer antiautoritären Erziehung.*
5. *Welches Gesellschaftsbild liegt der Konzeption antiautoritärer Erziehung zugrunde? Welche politische Funktion wird der antiautoritären Erziehung zur Realisierung der von Gamm erhofften Gesellschaft zugeschrieben?*
6. *Diskutieren Sie Gemeinsamkeiten und Unterschiede zwischen der Position Gamms und der Denkform der Reformpädagogik einerseits sowie dem Reformprogramm Dahrendorfs andererseits.*

Schaller: Erziehung zur Rationalität

Schaller, K.: Erziehung zur Rationalität. Sonderdruck o. O. o. J. [1971]. Wiederabgedruckt in: Biermann, R. (Hrsg.): Interaktion, Schule, Unterricht. Darmstadt 1985. S. 83–96.

[...]

Die Erziehung ist heute offensichtlich in eine ungewöhnlich tiefgreifende Krise geraten. Niemand will sich mehr erziehen lassen. Diese Erziehungsunwilligkeit begegnet uns in der Familie wie in der Schule. Da erwartet man vom Lehrer einfache Mitteilung von Tatsachen, Verzicht auf jedes Rankenwerk von Auslegung, das über die Fakten hinaus, das über das Wissen hinaus ein *bestimmtes* Verhalten, eine *bestimmte* Haltung übermitteln möchte.

Es ist hier nicht der Ort, all den Anzeichen nachzugehen, in denen sich das Mißtrauen gegen die Erziehung äußert. Eines aber läßt sich rasch feststellen: Hinter all diesen Erscheinungen steht der Verdacht, Erziehung sei eine gegen den Willen des Menschen gerichtete Maßnahme, welcher doch frei sein soll, – Erziehung bedeute Manipulation des Gewissens, – Erziehung sei Gesinnungsmache, – Überwältigung von Freiheit. Die offenbar landläufige Vermutung, daß Erziehung eben dieses sei, erzeugt ein virulentes Mißtrauen gegen jedwede Erziehung und bedeutet gleichzeitig das Ende aller Erziehung. Wo Mißtrauen herrscht, kommt Erziehung nicht mehr an. Erziehung ist faktisch widerlegt.

[...]

Bei allem Verständnis aber für den Protest gegen die Erziehung deuten seine Merkmale darauf hin, daß er zu kurz angesetzt ist. In diesem Protest nämlich geht es häufig nicht um Abschüttelung der Herrschaft um einer neuen, einer rationalen Position der Freiheit willen, sondern Herrschaft wird gebrochen, um neue Herrschaft aufzurichten. Die heranwachsende Generation bestreitet zwar der älteren das Recht, ihr deren eigenen Willen als maßgeblich vorzuhalten und aufzuzwingen; zugleich aber stellt sie dem Willen der Erwachsenen den eigenen Willen nicht weniger verpflichtend gegenüber. Was angestrebt wird in jenen Protestaktionen (welche nur Reaktionen sind), ist lediglich eine Umpolung des erzieherischen Verhältnisses in seiner Willensstruktur, und ist nicht die grundsätzliche Zurückweisung der Herrschaftsstruktur in der Erziehung und damit die Erschließung einer prinzipiell neuen pädagogischen Dimension. Wo aber der Wille in der Erziehung maßgeblich und das ausschließlich regulative Prinzip der Aktion wird, gleichgültig von welcher Seite auch immer – von der Seite der Erzieher oder der zu Erziehenden –, bleibt sie immer in Herrschaftsstrukturen und ihren Irrationalismen verfangen. Bei der bloßen Umpolung des erzieherischen Verhältnisses wird die autoritäre Struktur der Erziehung nicht überwunden. Das pädagogische Verhältnis wird zum Interessenkonflikt zwischen Lehrer und Schüler abgespannt. – Der zeitgemäße Protest gegen die Erziehung sollte sich aber gleichermaßen gegen die Herrschaft der Erzieher wie gegen die Herrschaft der Schüler wenden. (Im übrigen handelt es sich hier keineswegs nur um das sattsam bekannte Generationsproblem. Der jungen Generation ist vielmehr auf dem politisch-sozialen Hintergrund unserer Tage etwas aufgefallen, was der älteren Generation, dem sog. Establishment bislang entgangen war, was sie aber gleichermaßen betrifft.)

Hier liegt es nahe, an das Schlagwort der antiautoritären Erziehung zu erinnern. Unter diesem Fanal wird doch gerade immer wieder der Protest gegen die herrschende Erziehung vorgetragen. Dem mit diesem Schlagwort positiv Gemeinten ist durchaus zuzustimmen. Zurückzuweisen aber ist jene antiautoritäre Erziehung, die selbst wieder autoritär wird, indem sie sich unter Rückgriff auf Macht den Nachdruck von rational nicht begründbarer, allenfalls ideologisch versicherter Autorität verleiht. Das Schlagwort der antiautoritären Erziehung sollte daran erinnern, daß wir den autoritären Strukturen der Erziehung dann noch nicht entronnen sind, wenn Herrschaft abgebaut wird, um neue Herrschaft aufzubauen.

Eine antiautoritäre Erziehung in diesem unzureichenden Sinne, eine Erziehung der Machtergreifung, widerspricht dem Selbstverständnis unserer Gesellschaft, die sich als demokratisch bezeichnet, oder zumindest demokratisch sein möchte. Wir brauchen uns hier nicht auf den verfassungstheoretischen Streit einzulassen, ob das demokratische Prinzip, wie es das Grundgesetz der Bundesrepublik Deutschland fordert, nur für das verfaßte staatliche Gebilde BRD gilt oder ob es als grundsätzliches Prinzip des ganzen gesellschaftlichen Lebens zu verstehen sei. Da die deutsche Nachkriegsgesellschaft sich diese Verfassung gegeben hat, ist diese Frage praktisch schon positiv beantwortet: daß nämlich der staatlich-politischen Demokratie eine komplementäre Demokratisierung aller gesellschaftlichen Bereiche entsprechen sollte. Wir können an dieser Stelle Wilhelm Hennis nicht folgen, der vor einer Übertragung des Begriffs der Demokratie auf nicht- oder vorpolitische Sozialtatbestände warnt. Die Demokratie ist selbst ein sozialer Tatbestand, und die Trennung von politischen und vor- sowie nichtpolitischen Bereichen ist unseres Erachtens unzulässig. Auch die Erziehung ist ein sozialer Tatbestand und kann demzufolge an dem Sozialfaktum Demokratie nicht vorbei. [...]

Jenes Selbstverständnis unserer Gesellschaft, jenes auf den Trümmern der Diktatur gefaßte gesellschaftliche Kommuniqué, jener Anspruch also, demokratisch sein zu wollen, stellt an jeden einzelnen sehr präzise Ansprüche. Vor allem erwartet die Demokratie von ihm, daß er zur *politischen Lebensführung* imstande ist, – politisch im weitesten Sinne: daß er nämlich in gegebener Wirklichkeit, wie sie im rationalen Gespräch mit seinen Zeitgenossen zutage tritt, die Möglichkeit einer besseren Wirklichkeit auszuhandeln vermag und sich für ihre Verwirklichung tatkräftig einsetzt. Erziehung hat jeden Menschen zu solcher menschlichen Lebensführung, zur Rationalität derart politischer Lebensführung, zu emanzipieren und zu provozieren. – [...]

Eine Erziehung, die dem von unserer Gesellschaft auf Grund rationaler Kommunikation formulierten gesellschaftlichen Anspruch entspricht, die den Heranwachsenden also zu einer politischen Lebensführung in diesem Sinne instandsetzt, ist nicht eine Erziehung des Willens, nicht Programmierung des Willens, sondern Erziehung zur Rationalität. Nachdem auch die »Dialektik der Emanzipation« – wenn diese nämlich in subjektiver oder gesellschaftlicher Willkür, wenn sie in hilfloser Anarchie entartet – durchschaut ist, gilt es die Erziehung aus jeglichem Herrschaftsgefüge zu befreien, auf daß sie den Menschen in die positive Freiheit der Rationalität hervorrufe und ihn mit ihr verbinde als jenen Vollzug menschlichen Lebens, der nach dem gesellschaftlichen Kommuniqué unserer Tage das »Wesen« des Menschen ausmacht.

[...]

Demgemäß erwarten wir von der Erziehung, daß sie den Heranwachsenden (und gewiß auch noch den Erwachsenen) zu rationaler Lebensführung auffordert und ihn dazu in den Stand setzt. Der moderne Mensch ist der Meinung, daß er auf normative Stützen jedweder Herkunft verzichten kann, ja daß er von ihnen befreit werden, sie abschütteln muß (Emanzipation), – nicht um sich selbst, seinen Neigungen, Interessen und Trieben oder den gesellschaftlichen Egoismen und Dogmatismen ausgeliefert zu werden, sondern um selbst mit seinen Mitmenschen das für sein Menschsein Verbindliche in rationalem Gedankengang zu ermessen. Dabei setzt er sich als ein Wesen voraus, das so im Weltgeschehen steht und in es verwoben ist, daß dieses ihm (im Horizont der Frage: Was ist eigentlich los damit?) durchschaubar wird auf das hin, was dieses gegebene Ist noch nicht ist (konkrete Utopie). Die Was-ist-Frage stellt zwar zunächst das Gegebene, das Gesicherte einfach (objektiv) fest; sie beruhigt sich aber mit solcher Feststellung nicht, sondern stellt auch die menschlichen Aktionen, die das Gegebene zum Gegebenen gemacht haben, in Frage. Damit wird dem Gegebenen seine Unbeweglichkeit genommen und es wird sichtbar gemacht, worin das Gegebene hinter seiner konstitutiven Absicht zurückgeblieben und was also noch hinzugegeben werden muß, worin es zu bestärken und zu bewahren ist oder was vom Gegebenen abzuschaffen ist, wenn seine konstitutiven Ideen im Horizont der Was-ist-Frage bestritten werden müssen. Solche rationale Ermittlung des Noch-nicht im Gegebenen – »rational«, weil von keinen Interessen und ihren Wünschen, sondern von der interessenfreien Was-ist-Frage geleitet – vollzieht sich als Kommunikation, deren Partner sich nicht gegenüberstehen, sondern in der alle Beteiligten (der einzelne, seine Mitmenschen, das Weltgeschehen) zusammenwirken (Inter-Aktion). In solcher rationalen Kommunikation wird im Gegebenen (wozu alle am Dialog Beteiligten gehören) ver-*handelt* und er-*wirkt*, was dieses noch nicht ist, und jene erhandelte neue Wirklichkeit erweist sich als Ausgangsbasis regulativ für menschliches Handeln, das in der nie zur Ruhe kommenden »Besserung der Verhältnisse« sein Ziel hat. Der Mensch versteht sich heute als Prozeß solcher rationalen Ver-*Handlung* von Wirklichkeit.

Solch eine in diesem Sinne (also nicht von einer hohen Differenziertheit des intellektuellen Vermögens abhängig gemachte und damit meßbar gewordene) »rationale« Lebensführung wird auch beim Kind für möglich angesehen, ja man wird erwarten, daß das Kind hierfür noch in besonderer Weise geeignet ist. Das Kind ist noch in beiden Grundbewegungen innerhalb der konkreten Lebenssituation gleichermaßen heimisch, die erforderlich sind zum Ermessen dessen, was es mit dem Gegebenen »auf sich« hat, und zum tatkräftigen Handeln im Gegebenen gemäß dem solcherart Ermessenen. [...]

Rationale Lebensführung ist kein Privileg der Erwachsenen: ja diese haben sie sehr oft unter der Vorherrschaft von Selbstsucht und Wille verlernt. Die Ansprechbarkeit auf rationale Lebensführung ist bei jedem Menschen, bei jedem Kinde vorauszusetzen. Mag die sachbezogene Begabung des einzelnen Individuums auch mannigfach beschränkt sein: Ihr zugrunde liegt eine in Quanten nicht faßbare generelle Ansprechbarkeit des Menschen, die eine Begrenzung der Erziehungsbereitschaft von Erzieher, Schule und Gesellschaft einzelnen Menschen gegenüber grundsätzlich ungerechtfertigt sein läßt.

Alles kommt darauf an zu verstehen, was Rationalität in der Formulierung »Erziehung zur Rationalität« meint. Rationalität ist nicht etwas, was der Mensch in sich hat, das er mit sich herumschleppt, wie seine Neigungen, seine Triebe, seine Interessen und seinen Willen. Erziehung zur Rationalität verpflichtet den Erzieher also nicht auf deren nur formalen Aspekt, schon Vorhandenes, Kräfte und Anlagen, zu formen, in Form zu bringen. Rationalität meint vielmehr einen bestimmten, einen *menschlichen* Vollzug menschlicher Lebensführung. Diese Ra-

tionalität ist auch nicht an eine bestimmte Höhe des IQ gebunden. – In einigen Sätzen soll nun versucht werden, Rationalität pädagogisch näher zu bestimmen.
1. Rationalität vollzieht sich als rationale Kommunikation zwischen und unter den Menschen, sie ist eine Ko-*Operation*, eine kommunikative Ver-*Handlung*. Im Prozeß der rationalen Kommunikation wird *etwas* verhandelt.
2. Eine kommunikative Ver-Handlung kommt erst dann zwischen Menschen zustande, wenn jedwede Autorität aufgehoben wird, und allein die rationale Ko-Operation verbindlich – *für alle verbindlich* – ist. Die kommunikative Ver-Handlung selbst ist das »Autorative«, das Verbindliche für alle, die an ihr beteiligt sind. Die Gleichberechtigung aller Ver-Handlungs-Partner beruht nicht auf Geburt, nicht auf einer besonderen Menschenwürde, sie läßt sich nicht naturrechtlich begründen, sondern sie hat allein in der Teilhabe am kommunikativen Prozeß ihren Grund.
3. Nicht jede Ver-Handlung ist rational; häufig geht es nur um den *Ausgleich von Interessen* (Interessenregelungsmodell); das ist zwar politisch »vernünftig«, aber nicht schon rational im pädagogischen Sinne. Solcherart sind zumeist die Verhandlungen der Tarifpartner: Arbeitnehmer-und Arbeitgeberinteressen etwa stehen sich gegenüber. Beide sind am Fortgang der Arbeit interessiert und erstreben von diesem gemeinsamen Nenner her, von diesem gemeinsamen Interesse aus die Regelung ihres Konflikts. – Zur rationalen Ver-Handlung gehört aber mehr, nämlich das Argument, d. h. die Offenlegung der Interessen als solcher, die Darlegung der jeweiligen Position als Interessen. In der rationalen Ver-Handlung stehen nicht mehr Interessen gegen einander, sondern sie geben sich preis in der Frage, was es mit ihnen auf sich hat, was mit ihnen eigentlich los ist. Voraussetzung solcher Preisgabe seiner selbst und damit auch Voraussetzung der Erziehung – hier schließt sich der Kreis – ist die Garantie und die Herstellung herrschaftsfreier Ver-Handlungs-Bedingungen: also Emanzipation. Diese aber darf sich selbst niemals als Ziel formulieren oder sich mit anderen Zielen (wie »klassenlose Gesellschaft«, »Imperialismus«, »Sozialismus«) *auf Dauer* identifizieren, weil sie dann bereits wieder autoritär entartete, Emanzipation verhinderte und unter der Diktatur der Gesinnungsgenossen einer erneuten Verschleierung von Interessen Vorschub leistete – was das Ende einer rationalen Ver-Handlung bedeutet.
4. Daraus wird weiterhin sichtbar, daß eine rationale Ver-Handlung sich nicht im »luftleeren« Raum, gleichsam nur als intellektuelles Spiel vollzieht. Rationale Ver-Handlung gibt es nur »hart an der Sache«. Zu ihren Bedingungen gehört darum neben der Bereitschaft, sich selbst in seiner durch zahlreiche Interessen geleite-

ten Verhandlungsabsicht der Ver-Handlung auszusetzen und somit sich in seiner anfänglichen Verfaßtheit in die Frage stellen zu lassen, vor allem eine *optimale Information* über die »zum Gedanken drängende Wirklichkeit«. Hierzu vermag der Entschluß vieler moderner Wissenschaften zu dem empirisch-analytischen Verfahren Erhebliches beizutragen. Die materiale Voraussetzung einer rationalen Ver-Handlung ist also ein rückhaltloser Unterricht, der auch die scheinbar selbstverständlichen Konstituentien gegenwärtiger Wirklichkeit, ihren interessenbestimmten Ursprung, mit in den Horizont der Was-ist-Frage rückt, und der natürlich auch die Meinung des Lehrers »über die Dinge« nicht als Informationsdatum ausläßt. Jede neue Information, die möglicherweise kontrovers zum bisher Gesagten ist, wirft aufs neue die Was-ist-Frage auf und leitet wiederum jenen rationalen Vollzug ein, der schließlich auch sie überholt. – [. . .]

5. Eine rationale Ver-Handlung vollzieht sich als *Gedankengang*. Maßgeblich ist hier nicht, was der oder jener will, weil er der oder jener ist (z. B. Arbeitgeber und Arbeitnehmer, Lehrer und Schüler), sondern allein die Frage: was steckt dahinter, was ist los damit. [. . .] Im Horizont dieser Frage wird etwas an den Tag gebracht, von allen an den Tag gebracht, die an dieser Ver-Handlung teilnehmen, was vorher nicht da war. Solch eine Ver-Handlung ist wahrhaft eine *Handlung*, indem eine neue Wirklichkeit innerhalb der Wirklichkeit hervorgebracht wird.

6. Jeder von uns hat die Verbindlichkeit einer rationalen Ver-Handlung, in der nicht Personen und auch nicht Sachverhalte, sondern in ihrer Suspendierung die Frage, was ist los mit ihnen, verbindlich ist, schon einmal an sich selbst erfahren. Weil in diesem kommunikativen Vollzug eine neue Wirklichkeit erstellt wird, ist sie nicht gleichgültig für weiteres Handeln. Ihre Wahrheit mag unbequem sein für die Ver-Handlungs-Partner; sie mag sie zur Aufgabe ihrer anfänglichen Interessen auffordern. Dennoch aber können sie sich solcher gedanklichen Einsicht nicht entziehen. Die kommunikative Wirklichkeit rationaler Ver-Handlung stellt die *Ausgangsbasis* dar für *künftiges Handeln* aller an der Ver-Handlung Beteiligten. Ausgangsbasis auch dann, wenn sie der gewonnenen Einsicht nicht folgen, wenn sie die Konsequenzen solcher Ver-Handlung für sich und ihre Interessen scheuen und lieber sich auf sich und ihre Interessen zurückziehen, – wenn sie wider bessere Einsicht »handeln«. Das hier sich einstellende Syndrom des »schlechten Gewissens« erweist die Verbindlichkeit des Ergebnisses kommunikativ-rationaler Ver-Handlung aufs deutlichste.

7. Rationale Ver-Handlung, ein derart rationaler Gedankengang, ist kein theoretisches Gebilde, auf das sich beliebig auch verzichten ließe. Solch ein Gedankengang ist selbst schon *Praxis*, indem etwas hervorgebracht wird – im Vollzug der

Kommunikation –, was zuvor nämlich bei den nur von ihren Interessen geleiteten und nur um ihre Interessen wissenden Kommunikanten, nicht da war. Weil die rationale Kommunikation selbst schon Praxis ist, darum ist sie eben für künftige Praxis nicht belanglos: sie ist vielmehr deren begründender Anfang. In einer solchen rationalen Ver-Handlungs-Theorie wird das alte Theorie-Praxis-Problem einer Lösung zugeführt.

8. Erziehung zur rationalen Lebensführung ist im strengen Sinne des Wortes *antiautoritäre Erziehung*. Hier werden nicht neue und andere Autoritäten ins Feld geführt und konstruiert – auch keine Sachautoritäten im Gepräge dogmatischer Ideologien –, sondern ihre Anmaßung wird von der Maßgeblichkeit der Frage, was ist los mit ihnen, was hat es mit ihnen auf sich, überholt. Noch einmal: Allein die Bewegung im Horizont dieser Frage und die durch sie in Gang gehaltene rationale Kommunikation, die auch die Änderung der Verhältnisse mit umfaßt, ist das »Autoritative«. Nur in der Teilnahme an dieser Bewegung tritt heute der Mensch als Mensch, tritt der »Gebildete« in Erscheinung.

[...]

Arbeitsaufgaben

1. *Inwiefern befindet sich nach Schaller die Erziehung der damaligen Zeit in einer »tiefgreifenden Krise«? Woraus resultiert seiner Auffassung nach das Unbehagen an der Erziehung?*
2. *Aus welchen Gründen hält Schaller das Programm der antiautoritären Erziehung als Antwort auf die Kritik an der traditionellen Erziehung für unzureichend?*
3. *Was ist der normative Ausgangspunkt der Überlegungen Schallers zur Entwicklung einer neuen »Erziehungskonzeption«? Beachten Sie in diesem Zusammenhang den Begriff der »gesellschaftlichen Kommuniqués«.*
4. *Rationalität und rationale Lebensführung stellen in der Schallerschen Perspektive die Koordinaten einer »demokratischen Erziehung« dar. Erläutern Sie, was Schaller unter »Erziehung zur Rationalität« versteht.*
5. *Welche anthropologischen Annahmen liegen dieser Konzeption der »Erziehung zur Rationalität« zugrunde?*
6. *Inwiefern enthält Schallers »Pädagogik der Kommunikation«, wie sie später genannt werden sollte, herrschaftskritische Momente sowohl hinsichtlich der traditionellen Erziehungspraxis als auch des gesellschaftlichen Status quo?*

7. *Vergleichen Sie die Position Schallers mit dem antiautoritären Erziehungsprogramm und dem Gesellschaftsverständnis Gamms.*

Deutscher Bildungsrat: Umrisse einer demokratischen Bildungsreform

Deutscher Bildungsrat (Hrsg.): Empfehlungen der Bildungskommission. Strukturplan für das Bildungswesen, verabschiedet auf der 27. Sitzung der Bildungskommission am 13. 2. 1970. Bonn, S. 29–39.

Allgemeine Ziele

Grundrechte

Das umfassende Ziel der Bildung ist die Fähigkeit des einzelnen zu individuellem und gesellschaftlichem Leben, verstanden als seine Fähigkeit, die Freiheit und die Freiheiten zu verwirklichen, die ihm die Verfassung gewährt und auferlegt.

Die im Grundgesetz genannten Grundrechte, die hier stellvertretend für alle humanen Grundrechte stehen, gelten für alle in gleicher Weise. Jeder einzelne soll sie wahrnehmen können und sich so verhalten, daß er jedem anderen Mitglied der Gesellschaft die Wahrnehmung derselben Grundrechte selbstverständlich zugesteht. Damit ergeben sich aus den Grundrechten auch Pflichten. Jeden Staatsbürger zur Wahrnehmung seiner Rechte und zur Erfüllung seiner Pflichten zu befähigen, muß deshalb das allgemeine Ziel der Bildung sein, für die nächst den Eltern der Staat sorgen muß. Die Aufsicht über das gesamte Schulwesen ist nach Art. 7 des Grundgesetzes Pflicht des Staates.

Aus den Grundrechten und den abgeleiteten Pflichten im demokratischen und sozialen Rechtsstaat ergibt sich, daß das öffentliche Bildungsangebot bestimmte für alle Lernenden gemeinsame Elemente aufweisen muß. Die Zielorientierung, die pädagogische Grundlinie, die Wissenschaftsbestimmtheit sowohl der Lerninhalte als auch der Vermittlung müssen für alle Schullaufbahnen in gleicher Weise gelten. [...]

Allen Staatsbürgern soll es möglich sein, den gleichen Anspruch auf Bildung in verschiedenen Formen und auf verschiedenen Anspruchsebenen zu realisieren. Schule, Berufsbildung und Weiterbildung stehen damit vor neuen Aufgaben.

Chancengleichheit

Das Recht auf schulische Bildung ist dann verwirklicht, wenn Gleichheit der Bildungschancen besteht und jeder Heranwachsende so weit gefördert wird, daß er die Voraussetzungen besitzt, die Chance tatsächlich wahrzunehmen. Der Strukturplan will deshalb darauf hinwirken, daß bestehende Ungleichheiten der Bildungschancen so weit wie möglich abgebaut werden. Dem Bildungssystem soll eine Verfassung gegeben werden, die niemanden durch Zwang zu nicht korrigierbaren Entscheidungen von bestimmten Chancen ausschließt oder auf andere Weise benachteiligt.

Die Chancengleichheit soll nicht durch eine Nivellierung der Anforderungen angestrebt werden. Die Aufgabe ist vielmehr, frühzeitig die Chancenunterschiede der Kinder auszugleichen und später das Bildungsangebot so zu differenzieren, daß die Lernenden ihren Lerninteressen und Lernmöglichkeiten entsprechend gefördert werden und entsprechende Angebote weiterführender Bildung antreffen.

Gleichheit der Chancen wird in manchen Fällen nur durch die Gewährung besonderer Chancen zu erreichen sein.

Die Verbesserung der Bildungschancen wird vorwiegend unter dem Gesichtspunkt gesehen, daß Benachteiligungen aufgrund regionaler, sozialer und individueller Voraussetzungen aufgehoben werden müssen. [...]

Bildungsstreben und Gesellschaft

Individuelles Bildungsstreben und gesellschaftliche Forderungen können vielfach zusammen bestehen; sie können aber auch in Gegensatz zueinander treten und zu Konflikten führen.

Die Ansprüche auf schulische Bildung und freie Entfaltung der Persönlichkeit führen zu dem Grundsatz, daß jeder einzelne so weit wie möglich zu fördern ist. Die Lernangebote müssen deshalb die unterschiedlichen Interessen und Möglichkeiten des Lernenden berücksichtigen. Diese Berücksichtigung des individuellen Bildungsstrebens macht eine Individualisierung des Lernens und somit eine reiche Differenzierung der Bildungswege erforderlich. Zum anderen kann die Differenzierung im rechten Zeitpunkt eine berufliche Orientierung einleiten und die freie Berufswahl vorbereiten helfen.

Konflikte können sich jedoch ergeben, wenn der Wunsch nach einer bestimmten qualifizierten Weiterbildung auf die Forderung nach bestimmten Leistungen als Zugangsvoraussetzungen stößt, oder wenn ein Ausbildungsweg gewählt wird, auf dem ein Überangebot an Arbeitskräften des betreffenden Berufsfeldes herrscht. Das Bildungswesen kann einen Beitrag dazu leisten, solche Konflikte in einem angemessenen Rahmen zu halten, wenn es ein breites Angebot an Curricula macht. Im Bildungswesen sollten auch neue Lerninteressen und neue Bildungsmöglichkeiten berücksichtigt werden. Auch die produktive Einseitigkeit muß eine Chance haben. Mit dieser Förderung der Lernenden durch mannigfache, im Niveau ihnen entsprechende Curricula wird zugleich eine Verteilung auf bestehende oder neu entstehende berufliche Felder angebahnt.

[...]

Der Strukturplan kann nicht darauf angelegt sein, einen vollen Ausgleich von persönlichem und gesellschaftlichem Anspruch herbeizuführen. Er zielt vielmehr darauf ab, den möglichen Konflikt offenzulegen und ihn durch eine Anpassung des Bildungsangebots an veränderte Verhältnisse in angemessenen Grenzen zu halten.

Lernen

Wissenschaftsbestimmtes Lernen

Die Bedingungen des Lernens in der modernen Gesellschaft erfordern, daß die Lehr- und Lernprozesse wissenschaftsorientiert sind. Das bedeutet nicht, daß der Unterricht auf wissenschaftliche Tätigkeit oder gar auf Forschung abzielen sollte; es bedeutet auch nicht, daß die Schule unmittelbar die Wissenschaften vermitteln sollte. Zwischen Schule und Hochschule und innerhalb des Hochschulbereichs wird es fließende Übergänge hinsichtlich der Vermittlung von Wissenschaft geben; dasselbe gilt für das Verhältnis des beruflichen Unterrichts und der beruflichen Lehre zu den Wissenschaften. Wissenschaftsorientierung der Bildung bedeutet, daß die Bildungsgegenstände, gleich ob sie dem Bereich der Natur, der Technik, der Sprache, der Politik, der Religion, der Kunst oder der Wirtschaft angehören, in ihrer Bedingtheit und Bestimmtheit durch die Wissenschaften erkannt und entsprechend vermittelt werden. Der Lernende soll in abgestuften Graden in die Lage versetzt werden, sich eben diese Wissenschaftsbestimmtheit bewußt zu machen und sie kritisch in den eigenen Lebensvollzug aufzunehmen.

Die Wissenschaftsorientiertheit von Lerngegenstand und Lernmethode gilt für den Unterricht auf jeder Altersstufe. Es wird eine vordingliche Aufgabe der didaktischen Forschung sein, den für das jeweilige Lebensalter und den geistigen Entwicklungsstand förderlichsten Grad aufzufinden und einen entsprechenden Modus der Vermittlung zu entwickeln.

Das Lernen des Lernens

Der Wissenschaftsbestimmtheit des Lernens entspricht formal der Grundsatz vom Lernen des Lernens. Die Bildungsgänge vermitteln nicht nur Kenntnisse und Fertigkeiten, sondern auch die Fähigkeit, immer wieder neu zu lernen, sei es in anderen Gegenstandsbereichen, sei es im gleichen Gegenstandsbereich, jedoch auf höherem Anspruchsniveau.

Die gezielte Förderung der Fähigkeit des Lernens, die sich aus der Wissenschaftsorientiertung des Lernens ergibt, wird auch gefordert durch das Tempo der gesellschaftlichen, technisch-wissenschaftlichen und wirtschaftlichen Entwicklung sowie durch die Veränderung der Lebensumstände und der Arbeitsverhältnisse. Die Veränderungen machen nicht nur eine Weiterbildung notwendig, sie können auch Lust zum ständigen Weiterlernen wecken, das jedoch selbst gelernt worden sein muß.

Allgemeines und berufliches Lernen

Mit dem Anwachsen möglicher Lehrgegenstände und der Wissenschaftsbestimmtheit ihrer Lehre tritt immer deutlicher hervor, daß ein enzyklopädisches Wissen und eine umfassende Allgemeinbildung nicht das Ziel der schulischen Bildung sein können. Das Ziel ist jedoch auch nicht die Spezialisierung, die eine Berufstätigkeit oder ein fortgeschrittenes wissenschaftliches Studium kennzeichnet. Das Ziel des schulischen Unterrichts im Sekundarbereich ist vielmehr eine schwerpunktbestimmte Allgemeinbildung, die dem einzelnen in einem Kernbereich obligatorischer Fächer (den Pflichtfächern) und in Schwerpunktfächern (Wahlpflicht- und Wahlfächern) vermittelt wird. [...]

Die Bildung soll mit individuellen Unterschieden durch einen Schwerpunkt (oder mehrere) so bestimmt sein, daß sie zugleich berufsvorbereitende Bedeutung haben kann. Andererseits soll das Ziel beruflicher Bildung nicht allein darin gesehen werden, daß der einzelne in der Berufswelt spezialisierte Tätigkeiten ausführen kann, sondern ebenso darin, daß er über allgemeine Fähigkeiten verfügt wie die zur Erkenntnis von Zusammenhängen, zu selbständigem Handeln, zu Kooperation und Verantwortung. Der Lernprozeß wird grundsätzlich als eine Einheit angesehen, in der allgemeine und berufliche oder praktische und theoretische Bildung nicht voneinander zu isolieren sind.

Theoretisches und praktisches Lernen

Im zukünftigen Bildungswesen wird es keine getrennten rein theoretischen oder rein praktischen Bildungsgänge geben, und die Schullaufbahnen ebenso wie die berufliche Lehre und die Weiterbildung werden entsprechend geöffnet werden müssen. Diese Öffnung setzt ein neues Verständnis praktischer und theoretischer Bildung voraus.

Die Integration von theoretischer und praktischer Bildung unterstützt die Schwerpunktbildung. Lerngebiete der Praxis sollen durch ihre theoretischen Bezüge ergänzt werden; Lerngebiete der Theorie sollen das Lernen der Anwendung einschließen. Der wechselseitige Bezug des Lernens von Theorie und Praxis wird auf den verschiedenen Altersstufen und in den verschiedenen Curricula verschiedene Modalitäten und Grade aufweisen. Er gilt beispielsweise ebenso für die berufliche Lehre wie für die studienbezogenen Bildungsgänge.

Lernen und Leisten

Das Leistungsprinzip, wie es im gesellschaftlichen Wettbewerb gilt, kann nicht auf den Bildungsprozeß des Jugendlichen oder gar des Kindes übertragen werden. Der Wettbewerb muß vielmehr in Formen eingeübt werden, die dem Alter entsprechen und frei sind von der Drohung lebenslanger Nachteile oder sozialer Deklassierung. [. . .]

Gleichwohl sind von den Lernenden in Schule und Ausbildung Leistungen zu fordern. Die Erfahrung dieser Herausforderung ist für den Lernenden unentbehrlich, denn die Forderung von Leistungen steht unter dem pädagogischen Prinzip der individuellen Förderung. Das pädagogische Leistungsprinzip gewährleistet zudem, daß der Lernende am Ende seiner Schul- oder Ausbildungszeit den harten gesellschaftlichen Leistungsanforderungen nicht unvorbereitet gegenübersteht.

Wenn auch Leistungen in der Schule oder in der beruflichen Bildung gefordert werden und Leistung als pädagogisches Prinzip anerkannt wird, so darf die Anwendung dieses Prinzips doch keinesfalls zu einer Sozialauslese führen. Jene findet dann statt, wenn die geforderten Leistungen nicht aufgrund der schulischen Lernprozesse, sondern nur oder vornehmlich aufgrund der Herkunft des Lernenden aus einem bestimmten sozialen Milieu erbracht oder nicht erbracht werden können. [. . .]

Die Geltung des pädagogischen Leistungsprinzips in der Schule – das Prinzip der Herausforderung, die keine Angst erzeugt – muß im Zusammenhang mit einem differenzierten Lernangebot gesehen werden. Leistungen in verschiedenen Bereichen (Sprachen, Naturwissenschaften, Mathematik, Sozialwissenschaften, musischer Bereich) müssen gleich geachtet und gleich bewertet werden. Nur die Gleichwertigkeit der Fächer kann Schülern unterschiedlicher Herkunft und mit verschiedener Lerngeschichte die gleiche Chance bieten, ein hohes Leistungsniveau zu erreichen.

Individuelles Lernen

Die Grundsätze der Chancengleichheit und der bestmöglichen Förderung des einzelnen verlangen, daß die unterschiedlichen Interessen, Motivationen und Fähigkeiten der Lernenden von allen Bildungseinrichtungen zu berücksichtigen sind. Deswegen müssen die Lerangebote so vielfältig sein, daß der Lernende seinen Bildungsweg individuell gestalten kann. Das bedeutet, daß Curricula angeboten werden, die auf die unterschiedliche Lerngeschwindigkeit und Motivationslage der Lernenden sowie auf deren verschiedene Interessen und Lernvoraussetzungen abgestimmt sind. Diese Individualisierung ist die vordringliche Aufgabe.

Ein Bildungswesen, das jeden Lernenden entsprechend seinen Fähigkeiten und Interessen bestmöglich fördern will, wird deshalb durch Wahl- und Leistungsdifferenzierung den Anforderungen der Individualisierung gerecht zu werden versuchen. Dennoch wird das Prinzip der Individualisierung des Lernens nicht uneingeschränkt gelten können. Die Individualisierung hat ihre Grenzen darin, daß allen Lernenden in der Schule eine gemeinsame Grundbildung zu vermitteln ist. So bedeutet Individualisierung des Lernens auch nicht, daß keine Lehrpläne mehr aufgestellt werden dürften. Die Lehrpläne müssen jedoch anders angelegt werden, um jene Vielfalt von Lernangeboten und Kombinationsmöglichkeiten aufzuweisen, die eine Individualisierung erlauben.

Soziales Lernen

Die Ziele des Strukturplans können nicht erreicht werden, wenn sich nicht auch das Lehrer-Schüler-Verhältnis ändert. Es wird in den Teilen über die Lehrerbildung und die Verwaltungsreform sowie in den Abschnitten über Curriculum, Differenzierung und Lernzielkontrolle unter verschiedenen Gesichtspunkten betrachtet.

Zwei der notwendigen Veränderungen im Lehrer-Schüler-Verhältnis sind besonders hervorzuheben: Wenn sich nicht nur der Schüler an die Schulart, sondern ebenso die Schule an den Schüler durch Wahl- und Leistungsdifferenzierung anpassen soll, so bedarf der Lehrer größerer pädagogischer und psychologischer Kenntnisse und Einübung, und zwar gerade als Fachlehrer. Die stärkere Wissenschaftsorientierung des Unterrichts muß Hand in Hand gehen mit einer stärkeren Pädagogisierung der Schule.

Wenn es ferner das Ziel der Schule ist, den jungen Menschen auf das Leben in einer offenen Gesellschaft und in einem demokratischen Staat vorzubereiten, müssen die Grundmuster des mündigen Verhaltens in der Schule eingeübt und erprobt werden. Einübung und Erprobung erfolgen im tätigen wechselseitigen Verhalten zwischen den Schülern und zwischen Lehrern und Schülern.

Das Lehrer-Schüler-Verhältnis besteht weniger in einem Gegenüber als in einem Miteinander. [...]

Organisation von Bildung

Durchlässige Bildungsgänge

Kein Bildungsgang darf in einer Sackgasse enden. Das Bildungswesen muß so eingerichtet sein, daß der Lernende früher gefällte Entscheidungen für dieses oder jenes Bildungsziel korrigieren kann. Zwar können Chancen, die angeboten, aber –

aus welchen Gründen auch immer – nicht wahrgenommen wurden, nicht unbegrenzt offengehalten werden. Doch soll es grundsätzlich möglich sein, versäumte Chancen einzuholen.

Das Bildungssystem soll durchlässig sein, auch wenn man von den gegenwärtig bestehenden Institutionen ausgeht. Das gilt zunächst hinsichtlich des Wechsels innerhalb eines Bildungsganges in der allgemeinbildenden Schule (Wechsel der Wahlfächer; Wechsel der Leistungskurse). Es gilt ebenfalls hinsichtlich verschiedener schulischer Bildungsgänge (etwa praxisbezogener und studienbezogener Bildungsgang, Wechsel zwischen Schularten). Es gilt schließlich hinsichtlich der schulischen und der außerschulischen Bildungsgänge.

[...]

Arbeitsaufgaben

1. *Mit welchen Argumenten begründet der Bildungsrat die Notwendigkeit einer umfassenden Reform des zeitgenössischen Bildungssystems?*
2. *Wie läßt sich das Bildungsverständnis, das den nachfolgenden Strukturempfehlungen des Bildungsrats zugrunde liegt, charakterisieren?*
3. *In welcher Weise gewichtet der Bildungsrat das Recht auf individuelle Bildung gegenüber den Anforderungen einer modernen demokratischen Gesellschaft?*
4. *Skizzieren Sie die zentralen Forderungen des Bildungsrats hinsichtlich der Aufgaben und der Organisation des zukünftigen Bildungssystems.*
5. *Vergleichen Sie die programmatischen Überlegungen des Bildungsrats mit den Vorschlägen zur Schulreform aus der Zeit der Aufklärungspädagogik und der Reformpädagogik.*
6. *Diskutieren Sie, ob die Vorschläge des Bildungsrats in den nachfolgenden Jahrzehnten realisiert worden sind. Inwiefern steht das Bildungssystem heute vor neuen Problemen?*

Mollenhauer: Erziehung und Emanzipation

Mollenhauer, K.: Erziehung und Emanzipation. Polemische Skizzen. München 1968. S. 9–21.

Die Jahre nach dem Zweiten Weltkrieg haben gezeigt, daß die »geisteswissenschaftliche Pädagogik« nur begrenzt leistungsfähig ist im Hinblick auf die Aufklärung derjenigen Zusammenhänge, die die Wirklichkeit der Erziehung ausmachen. Die Kritik an einer Pädagogik-Konzeption, die durch verstehendes Auslegen und Deuten pädagogischer Texte und pädagogischer Praxis einen Begriff des »eigentlich Pädagogischen« zu gewinnen suchte, um dann von ihm her die geschehende Erziehung beurteilen zu können, diese Kritik wurde zunächst [...] vornehmlich von erfahrungswissenschaftlichen Positionen her vorgetragen.[1]

Aber während diese Auseinandersetzung noch im Gange ist, melden sich Zweifel, ob die Alternative: hier hermeneutisch verfahrende Pädagogik – dort empirisch verfahrende Erziehungswissenschaft[2] richtig formuliert ist.[3] Verfolgt man nämlich die wissenschaftstheoretischen Diskussionen der letzten Jahre in der Sozialwissenschaft, dann läßt sich mindestens das Problem nicht übersehen, das sich nun für die Erziehungswissenschaft aus der Kritik an einer »positivistisch halbierten Rationalität« ergibt, einer Wissenschafts-Konzeption nämlich, nach der Wert- und Zwecksetzungen nur noch beschrieben, aber nicht mehr wissenschaftlich diskutiert werden können. Eine solche Verkürzung der Erziehungswissenschaft um die Reflexion derjenigen Probleme, die die Orientierung im Handeln betreffen, ist vielleicht das letzte Wort nicht. Aufklärung ist ja nicht nur die Intention der Wissenschaft; sie sollte auch, sofern sie Selbstbestimmung ermöglicht, der Zweck

1. Vgl. dazu u. a. W. Brezinka, Die Pädagogik und die erzieherische Wirklichkeit, in: Zeitschrift für Pädagogik, Jg. 1959, S. 1 ff.; ders., Über den Wissenschaftsbegriff der Erziehungswissenschaft und die Einwände der weltanschaulichen Pädagogik, in: Zeitschrift für Pädagogik, Jg. 1967, S. 135 ff.; R. Lochner, Deutsche Erziehungswissenschaft, Meisenheim/Glan 1963; ferner die Arbeiten von H. Roth, besonders: Die realistische Wendung in der pädagogischen Forschung, in: ders., Erziehungswissenschaft, Erziehungsfeld und Lehrerbildung, hrsgg. von H. Thiersch und H. Tütken, Hannover 1967.
2. Für solche Vereinfachungen vgl. vor allem Brezinka und Lochner, a. a. O.
3. Dazu H. Blankertz, Pädagogische Theorie und empirische Forschung, in: Zur Bedeutung der Empirie für die Pädagogik als Wissenschaft, Neue Folge der Ergänzungshefte zur Vierteljahresschrift für wissenschaftliche Pädagogik, Heft 5, hrsgg. von M. Heitger, Bochum 1966; I. Dahmer, Theorie und Praxis, in: Geisteswissenschaftliche Pädagogik am Ausgang ihrer Epoche – Erich Weniger, hrsgg. von I. Dahmer und W. Klafki, Weinheim 1968; P. M. Roeder, Zur Problematik der historisch-systematischen Methode, in: Die Deutsche Schule, Jg. 1962; H. Thiersch, Hermeneutik und Erfahrungswissenschaft – zum Methodenstreit in der Pädagogik, in: Die deutsche Schule, Jg. 1966.

der Bildungs- und Erziehungspraxis sein. Oder anders formuliert: Für die Erziehungswissenschaft konstitutiv ist das Prinzip, das besagt, daß Erziehung und Bildung ihren Zweck in der Mündigkeit des Subjektes haben; dem korrespondiert, daß das erkenntnisleitende Interesse der Erziehungswissenschaft das Interesse an Emanzipation ist. [...]

Dafür allerdings ist Empirie unerläßlich und ein notwendiges Instrument der Emanzipation. Dafür ist aber ebenso unerläßlich die Interpretation des Verständigungszusammenhanges, in dem die Praxis ihre Zwecke diskutiert. [...]

Diese These, daß der Gegenstand der Erziehungswissenschaft die Erziehung unter dem Anspruch der Emanzipation sei, muß jedem suspekt erscheinen, der als wissenschaftliche Theorie nur gelten läßt, was dem in den Naturwissenschaften entwickelten empirisch-analytischen Wissenschaftsbegriff entspricht. Die zunehmende Verbreitung empirischer Verfahren in der pädagogischen Forschung, die Einsicht in die Unerläßlichkeit solcher Verfahren für Erkenntnis und Planung pädagogischer und bildungspolitischer Vorgänge legt es nahe, mit solchen Verfahren auch zugleich den Wissenschaftsbegriff zu übernehmen, der ihnen in anderen Wissenschaften korrespondiert. Die Verführung ist groß, die Tätigkeit des Erziehungswissenschaftlers für um so wissenschaftlicher zu halten, je ausschließlicher er sich jenem empirisch-analytischen Wissenschaftsbegriff verpflichtet zeigt.

Nachdem die wissenschaftstheoretische Auseinandersetzung in der Erziehungswissenschaft lange Zeit ruhte, hat sie Wolfgang Brezinka wieder neu entfacht, und zwar als Apologet einer Erziehungswissenschaft als Erfahrungswissenschaft:

»Von der Physik bis zur Geschichtswissenschaft, von der Archäologie bis zur Erziehungswissenschaft kann man mit guten Gründen für sie alle die gleiche deduktiv-empirische Methode fordern: Aus einer vorläufig noch unbegründeten Annahme, aus einer Hypothese oder einem theoretischen System werden auf deduktivem Wege Folgerungen abgeleitet, die logisch wie anhand der Tatsachen (empirisch) geprüft werden können. Wer als Erfahrungswissenschaftler anerkannt werden will, muß sich der Übereinkunft über diese allgemeinsten Grundsätze der erfahrungswissenschaftlichen Methode anschließen.«[4]

Brezinka setzt damit allerdings ein wenig außerhalb des Diskussionsrahmens ein, in dem die Kontroversen in der Sozialwissenschaft gegenwärtig geführt werden. Nach ihm scheint es so, als sei die gebräuchliche Unterscheidung von Natur- und Geisteswissenschaften bzw. von empirisch-analytischen und hermeneuti-

4. W. Brezinka, Über den Wissenschaftsbegriff der Erziehungswissenschaft und die Einwände der weltanschaulichen Pädagogik, in: Zeitschrift für Pädagogik, Jg. 1967, S. 156.

schen Wissenschaften für die Pädagogik irrelevant, ja als sei diese Unterscheidung selbst ein überspannter Gedanke und als seien alle Wissenschaften ein und derselben Erkenntnisweise zu unterwerfen. Er läßt keinen Zweifel daran, daß er damit eine Entscheidung für einen bestimmten Wissenschafts- und Theoriebegriff fällt, und nennt dies seine vorwissenschaftliche Basisentscheidung. Er erweckt damit den Anschein, als sei diese Entscheidung nicht mehr sinnvoll diskutierbar. Gerade das aber wird durch die genannte sozialwissenschaftliche Diskussion widerlegt: Die von Brezinka so genannte Basisentscheidung, der für die Wissenschaft angenommene Zweck, *wird* dort diskutiert.

Welcher Zweck läßt sich für die Erziehungswissenschaft angeben? Brezinkas These klingt einleuchtend:

»Stellt man die Frage nach den Beziehungen zwischen Wissenschaft und Werturteilen im allgemeinsten Sinne, so hängt die Antwort natürlich davon ab, was man unter Wissenschaft versteht und welche Aufgaben man ihr zuweist. Wer ihren Zweck darin sieht, die Wirklichkeit zu erforschen und über sie zu informieren, entscheidet sich damit für einen anderen Wissenschaftsbegriff als jemand, der fordert, sie solle auch die moralischen Überzeugungen, die Einstellungen und Handlungen der Menschen beeinflussen. Hier geht es um *vorwissenschaftliche* Entscheidungen.« Es handelt sich »um das Problem der *Wertbasis* der Wissenschaften, also um die Frage, inwieweit den wissenschaftlichen Aussagen Wertungen zugrunde liegen oder vorausgehen müssen.«[5] Brezinka schreibt weiter, er habe diese Basisentscheidung getroffen, da ihm »beim Wissenschaftsbegriff seine Fruchtbarkeit für die Erkenntnisgewinnung wichtiger ist als sein Nutzen für die normativ-emotionale Steuerung des menschlichen Verhaltens«.[6]

Das Einleuchtende verdankt diese Behauptung einer Ungenauigkeit und einer Unterschlagung. Was bedeutet es, daß die Erziehungswissenschaft ihren Zweck darin zu sehen habe, »die Wirklichkeit zu erforschen und über sie zu informieren«? Eine eindeutige Basisentscheidung kann hier nur vorliegen, sofern der Ausdruck »Wirklichkeit« eindeutig ist. Wenn wir Brezinka richtig verstehen, müssen wir diesen Ausdruck so auslegen, daß »Erforschung der Wirklichkeit« eine Verarbeitung sensorischer Daten in erklärenden Sätzen meint: eben das, was die Naturwissenschaft tut. Die Information über die »Wirklichkeit« ist dann also die Weitergabe der so gewonnenen erklärenden Sätze. Der Zweck, zu dem das geschieht, ist die Beherrschung jener Wirklichkeit.

---

5. A. a. O., S. 159.
6. A. a. O., S. 160.

Die Unterschlagung Brezinkas besteht darin, daß er nahelegt, die ernsthafte Alternative zu seinem Wissenschaftsbegriff sei die Auffassung, nach der der wissenschaftliche Nutzen in der »normativ-emotionalen Steuerung des menschlichen Verhaltens« liege. In übertriebener Bescheidenheit nimmt er für den empirisch-analytischen Wissenschaftsbegriff in Anspruch, daß er nur das Interesse an der Erforschung der »Wirklichkeit« und an der Information über diese enthalte. Zu welchem Zweck aber will diese Wissenschaft informieren? Ist in Brezinkas Wissenschaftsentscheidung nicht auch schon über *diesen* Zweck etwas ausgemacht? Wir können mit gutem Grund vermuten, daß dem so ist: Da die Erziehungswissenschaft analog zur Naturwissenschaft verstanden werden soll, dürfen wir annehmen, daß ihr Interesse nicht bei der Information endet, sondern durch die Art der Information auch ihre Verwendung nahegelegt ist; es handelt sich um Informationen über Ursache-Wirkungs-Zusammenhänge, um kausal-erklärende Sätze, die die Beherrschung naturhafter oder quasi-naturhafter Vorgänge ermöglichen – im Falle der Erziehungswissenschaft also um Sätze, die die Beherrschung pädagogischer Prozesse möglich machen, und zwar durch Einsicht in deren Gesetzmäßigkeiten. Die Ironie der Argumentation Brezinkas ist nun aber gerade, daß derjenige Wissenschaftszweck, den er ausschließen will, in seinem eigenen Wissenschaftsbegriff als dessen Folge enthalten ist: Die »normativ-emotionale Steuerung« des pädagogischen Verhaltens wird nämlich gerade durch den empirisch-analytischen Wissenschaftsbegriff wirkungsvoll möglich gemacht; der »Gegenstand« der Erziehungswissenschaft wird unterlaufen, sofern dieser Gegenstand durch die dem Anspruch nach rational miteinander kommunizierenden Erziehungssubjekte bestimmt ist. Erfahrungswissenschaftliche und normative Pädagogik sind sich in diesem Punkte näher als sie glauben. Was diese durch normativen Appell zu erreichen hofft, kann jene dadurch verwirklichen, daß sie ein Kausalitätswissen zur Verfügung stellt, das technologisch zur Beherrschung menschlichen Verhaltens verwendet werden kann. In beiden Fällen ist der Respekt vor der Rationalität der im Erziehungsverhältnis miteinander verbundenen Subjekte nicht geboten. Er kann nur noch nachträglich angefügt werden. Der »vernünftige« Gebrauch der erfahrungswissenschaftlichen Informationen soll – wenn wir Brezinka richtig verstehen – nicht mehr Sache der Erziehungswissenschaft sein.

Man kann deshalb mit Recht fragen, ob die für die Erziehungswissenschaft relevanten Sachverhalte sich wirklich ohne Not einer derart erfahrungswissenschaftlichen Konzeption fügen. Oder vorsichtiger: Erschöpfen sich die erziehungswissenschaftlich relevanten Daten in jenem von Brezinka hervorgehobenen Wissenschaftsbegriff? Sofern die Erziehungswissenschaft zu den Handlungswissenschaften zu zählen ist – und es besteht kein Anlaß, daran zu zweifeln –, können wir für sie in Anspruch nehmen, was Habermas von der Sozialwissenschaft im ganzen behauptet:

»Der Objektbereich der Handlungswissenschaft besteht aus Symbolen und Verhaltensweisen, die nicht unabhängig von Symbolen *als* Handlungen aufgefaßt werden können. Der Zugang zu den Daten wird hier nicht allein durch Beobachtung von Ereignissen, sondern zugleich durch das Verständnis von Sinnzusammenhängen konstituiert. Wir können in diesem Sinne sensorische von kommunikativer Erfahrung unterscheiden. ... Die kommunikative Erfahrung richtet sich nicht, wie Beobachtung, auf Sachverhalte, sondern auf vorinterpretierte Sachverhalte: Nicht die Wahrnehmung von Tatsachen ist symbolisch strukturiert, sondern die Tatsachen als solche.«[7]

Der Objektbereich der Erziehungswissenschaft ist durch »kommunikative Erfahrung« definiert; der Forscher gehört der Kommunikationsgemeinschaft, deren Teil »Erziehung« er erkennen will, selbst an. Jeder Forschungsakt ist deshalb notwendig auch ein sinnkonstituierender Akt, ein verändernder Eingriff in diese Kommunikationsgemeinschaft. Oder anders formuliert: Während naturwissenschaftliche Forschung nicht das »Objekt« Natur verändert, sondern lediglich ihre Beherrschung ermöglicht, verändert jede erziehungswissenschaftliche Forschung das »Objekt« Erziehung, weil dieses »Objekt« gar nicht außerhalb der Sinn-Intentionen einer Kommunikationsgemeinschaft existiert, die sich fortwährend über den »Gegenstand« Erziehung neu verständigt.

Am Beispiel: Daß die Erziehungsforschung sich immer intensiver der Frage nach der Herstellung der Chancengleichheit im Bildungswesen zuwendet, ist nicht ein für ihren Begründungszusammenhang zufälliges, forschungspsychologisches Datum, sondern gehört selbst notwendig zum Objektbereich dieser Wissenschaft und verändert den Interpretationszusammenhang, in dem »Erziehung« sich konstituiert. Die empirisch zu sichernde Feststellung, daß die Chancengleichheit im Bildungswesen nicht verwirklicht ist, ist überhaupt nur bedeutungsvoll in einer Kommunikationsgemeinschaft, in der ein Interesse an Chancengleichheit mindestens vorkommt. Sonst wäre solche Feststellung nicht interessanter als die, daß es Menschen mit blonden und Menschen mit schwarzen Haaren gibt. Die Feststellung der Chancenungleichheit und die damit zugleich erkennbar wer-

---

7. J. Habermas, Zur Logik der Sozialwissenschaften, S. 98. Vgl. dazu auch W. Loch, Empirisches Erkenntnisinteresse und Sprachanalyse in der Erziehungswissenschaft, in: Bildung und Erziehung, Jg. 1967, S. 456 ff.

dende Norm der Chancengleichheit bedeuten, daß der Sinn von Erziehung unter anderm darin besteht, im Heranwachsen Voraussetzungen für eine Beteiligung an gesellschaftlichen Entscheidungsprozessen zu schaffen. Das sind dann allerdings keine normativ-emotionalen Steuerungsvorgänge mehr, sondern allenfalls normativ-rationale. Das durch Untersuchungen zur Chancengleichheit erworbene Wissen *darf* dann kein solches sein, das zur Beherrschung von Menschen verwandt werden kann – so wie das Wissen über die Natur zu ihrer Beherrschung dient –, sondern nur ein Wissen, das die Emanzipation aus den Ungleichheiten fördert. Nicht die erfahrungswissenschaftliche Ermittlung von Daten ist für die Theorie das Primäre, sondern der Kommunikationszusammenhang, in dem Tatsachen sich als bedeutungsvoll konstituieren.

Nun ist gerade am Beispiel der Chancengleichheit leicht zu sehen, daß es sich bei der Wahl des einen oder anderen Wissenschaftsverständnisses – empirisch-analytischer oder hermeneutischer Erkenntnisweisen – nicht um die ausschließliche Entscheidung für eine der beiden Alternativen handeln kann. Würde die Erziehungswissenschaft nach der Empfehlung Brezinkas sich *nur* erfahrungswissenschaftlich verstehen, dann würde sie vermutlich einem Erziehungshandeln Vorschub leisten, das sich am technologischen Erkenntnis-Modell orientiert: Kommunikationsprozesse zwischen Subjekten würden als instrumentelles Handeln des Erzieher-Subjekts am Kind-Objekt interpretiert. Motive des Handelns im Sinne von Intentionen, die dem Bewußtsein des Handelnden verfügbar sind, würden als Ursachen mißverstanden. [...]

Würde dagegen die Erziehungswissenschaft sich ausschließlich hermeneutisch verstehen, sich in der Analyse von »Sprach-Spielen« erschöpfen, in denen das Erziehungshandeln sich orientiert, dann bliebe gerade auch die Abhängigkeit der Sprache von sozialen Gewalten undurchsichtig, ihr ideologischer Charakter ungeklärt, ihre Funktion als Vehikel materieller Interessen verborgen. Die Analyse eines pädagogischen Erfahrungsberichtes, sei er nun von einem der sogenannten pädagogischen Klassiker oder einem Erzieher unserer Tage verfaßt, würde zwar das dort geltende Sprach-Spiel zum Vorschein bringen können, sie würde aber zur Kritik des Textes nur beschränkt fähig sein:

»Sprache als Tradition ist offenbar ihrerseits abhängig von gesellschaftlichen Prozessen, die nicht in normativen Zusammenhängen aufgehen. Sprache ist *auch* ein Medium von Herrschaft und sozialer Macht. Sie dient der Legitimation von Beziehungen organisierter Gewalt. Soweit die Legitimationen das Gewaltverhältnis, dessen Institutionalisierung sie ermöglichen, nicht aussprechen, soweit dieses in den Legitimationen sich nur ausdrückt, ist Sprache *auch* ideologisch. Dabei handelt es sich nicht um Täuschungen in einer Sprache, sondern um Täuschungen mit Sprache als solcher. Die hermeneutische Erfahrung, die auf eine solche Abhängigkeit des symbolischen Zusammenhangs von faktischen Verhältnissen stößt, geht in Ideologiekritik über.«[8]

Das gilt also nur unter der Voraussetzung, daß den Handelnden ihre Motive wie auch die Sprache, in der sie sie auszudrücken versuchen, nicht durchweg durchsichtig und ihnen deshalb rational nicht voll verfügbar sind. Aber gerade hier kommt das Interesse der Erziehungswissenschaft zum Vorschein: Sie will dazu beitragen, die Durchsichtigkeit, Aufgeklärtheit, Rationalität des Erziehungshandelns zu steuern, um damit zugleich zu ermöglichen, daß die heranwachsende Generation solche Rationalität in sich hervorbringt. Man könnte deshalb in vereinfachender Zuspitzung sagen, daß es die Aufgabe der Erziehungswissenschaft sei, undurchsichtig wirkende Motive des pädagogischen Handelns (Ursachen) in rationale Intentionen zu überführen; mit der gleichen Formulierung ließe sich auch die praktische Erziehungsaufgabe benennen.

[...]

Das bedeutet, daß eine empirisch-analytisch verstandene Forschungspraxis unter solchen Voraussetzungen unabdingbar ist. Gerade die Erforschung des »Naturhaften« in den beobachtbaren Erziehungsverhältnissen und -vorgängen ist unerläßlich, wenn das hermeneutische Verfahren selbst nicht zur Ideologie werden will. [...] Die Verwendung von Verfahren, die dem empirisch-analytischen Wissenschaftsbegriff verpflichtet sind, ist deshalb die Bedingung dafür, daß die Erziehungswissenschaft ihren emanzipatorischen Charakter entfalten kann.

[...]

Verarbeitung sensorischer Daten und Diskussion kommunikativer Erfahrung gehören also für die Erziehungswissenschaft untrennbar zusammen. Welche Daten für das Verständnis von Erziehungsphänomenen relevant sind, sagen diese Daten nicht selbst, sondern es ergibt sich aus jener kommunikativen Erfahrung, in der Bedeutungen, das heißt also auch Bedeutsames und Nicht-Bedeutsames, formuliert werden. Nicht das Experiment sollte deshalb als der Prototyp erziehungswissenschaftlicher Forschung gelten, sondern die teilnehmende oder besser: *die beteiligte Beobachtung.* [...]

Aber auch auf das Experiment kann hier nicht verzichtet werden, und zwar sowohl in seiner empirisch-analytischen wie in seiner gesellschaftlich-praktischen

8. J. Habermas, a. a. O., S. 178.

Form. Die »Kommunikationsgemeinschaft« ist nicht nur der Interaktionszusammenhang derer, die sich über vorgängige Orientierungen im Handeln verständigen, sondern der Möglichkeit nach zugleich auch eine Experimentiergemeinschaft, in der neue Sinnzusammenhänge entworfen, neue Handlungsorientierungen erprobt werden. Theorie und Praxis folgen hier dem gleichen Zweck: die Befreiung von unbegriffenen Abhängigkeiten voranzutreiben. Diese praktische Experimentiergemeinschaft versucht gegenwärtig ein Teil der jungen Generation in Schulen, Hochschulen, anderen Institutionen und eigens dafür geschaffenen neuen Kommunikationsfeldern wenigstens teilweise zu realisieren. Das ist der nicht nur pädagogische Sinn der Unruhe. Es wäre eine dem rationalen Zweck der Wissenschaft gewiß nicht entsprechende Haltung, wenn durch die Verweigerung der Mittel oder gar durch die Verweigerung der Kommunikation mit diesen Gruppen solche Experimente mit neuen Formen der Beteiligung, neuen Rollen, neuen Prozessen der Aneignung, des Handelns, des pädagogischen Kommunizierens verhindert würden. Gerade das nämlich würde dann bestätigen, was durch eine der Emanzipation verpflichtete Erziehungswissenschaft aufgehoben werden sollte: die Reproduktion der Entfremdung schon im Erziehungsprozeß.

Arbeitsaufgaben

1. *Skizzieren Sie mit Mollenhauer die beiden in den 60er Jahren konkurrierenden wissenschaftstheoretischen Positionen innerhalb der Pädagogik.*
2. *Worin sieht Mollenhauer das »konstitutive Prinzip« für Erziehung und Bildung, und welche Aufgabenstellung leitet er daraus für die Erziehungswissenschaft ab? An welche ältere Theorietradition knüpft diese grundsätzliche Festlegung an?*
3. *Mit welchen Argumenten begründet Mollenhauer seine Auffassung, daß ein an den Naturwissenschaften orientiertes Wissenschaftsverständnis, wie es Brezinka vertritt, nicht zum Vorbild sozialwissenschaftlicher Forschung gemacht werden solle?*
4. *Trotz der Kritik an Brezinkas Auffassung hält Mollenhauer empirische Forschung auch in der Erziehungswissenschaft für unverzichtbar. An welchen Leitlinien muß sich empirische Forschung im Sinne Mollenhauers allerdings orientieren?*
5. *Veranschaulichen Sie die programmatischen Überlegungen Mollenhauers zu den Aufgaben der Erziehungswissenschaft an folgendem fiktiven Beispiel: Die Konferenz der Kultusminister will angesichts der immer weiter steigenden Abiturientenzahlen und der immer lauteren Klagen über die mangelnde Studierfähigkeit*

vieler Abiturienten den Zustrom zur Universität drosseln. Welche Position würde Mollenhauer wohl in diesem Fall einnehmen? In welcher Weise würde dagegen im vorliegenden fiktiven Beispiel ein Vertreter der empirisch-analytischen Erziehungswissenschaft wie Brezinka argumentieren?

6. *Vergleichen Sie die Konzeption Mollenhauers mit den frühen Aufgabenbeschreibungen der Pädagogik als Wissenschaft von Trapp.*

*Brezinka: Erziehung in einer wertunsicheren Gesellschaft

Brezinka, W.: Erziehung in einer wertunsicheren Gesellschaft. Beiträge zur Praktischen Pädagogik. München/Basel ³1993. S. 12–31.

Jede Krise der Wertorientierung bewirkt auch eine Erziehungskrise. Unsicherheit beim Werten führt auch zur Unsicherheit beim Erziehen. Eine wertunsichere Gesellschaft ist auch eine erziehungsunsichere Gesellschaft. [...]

Daraus folgt, daß sich die Erziehungskrise unserer Zeit nicht überwinden läßt, ohne die Wertungskrise, die weltanschauliche Krise, die moralische Krise zu überwinden, in der viele von uns stecken. Mit Aufrufen, »Mut zur Erziehung« aufzubringen[1], ist wenig geholfen. Es fehlt in unserer Gesellschaft nicht an erzieherischen Tätigkeiten, sondern wir haben eher zuviel davon, jedenfalls zu viel nichtsnutzige Erziehung. Was fehlt, sind Wertungsgemeinschaften, die den Glauben an eine tragfähige Weltdeutung und an uneigennützige gemeinsame Ideale vermitteln und stärken. Es fehlt an der Kraft, sich selbst an solche Glaubensinhalte zu binden und den Nachwuchs für die gleichen Bindungen zu gewinnen. Die Wertungskrise und die Bindungsscheu sind die Wurzel der heutigen Erziehungskrise. [...]

Zur Orientierungs-, Wertungs- und Erziehungskrise unserer Zeit haben vor allem drei Leitgedanken beigetragen: der Rationalismus, verstanden als einseitige Überschätzung der Vernunft; der Individualismus, verstanden als einseitige Überbetonung der Interessen des Einzelmenschen; und der Hedonismus, verstanden als einseitige Überbewertung von Lust, Vergnügen und Genuß als höchsten Gütern. Jeder dieser Leitgedanken der äußeren Kultur hat sich auf die innere Kultur der persönlichen Werteinstellungen ausgewirkt. Jeder hat auch Auswirkungen auf die Erziehungstheorien und Erziehungspraktiken gehabt.

[...]

Realistisches Menschenbild

Jahrzehntelang haben rationalistische, individualistische und hedonistische Illusionen über die Natur des Menschen und die Bedingungen für sein Glück den Zeitgeist bestimmt. Sie sind noch immer weit verbreitet, aber sie herrschen nicht mehr unangefochten. Viele Menschen sind nüchterner geworden, weil sie die

1. Vgl. das Bonner Forum »Mut zur Erziehung« 1978. [Die neuen Thesen des Bonner Forums »Mut zur Erziehung«. Abgedruckt in: Benner, D. u. a. (Hrsg.): Entgegnungen zum Bonner Forum. München, Wien, Baltimore 1978. S. VIII. f.]

schädlichen Folgen der einseitigen Lehren erkannt haben. Sie sind wieder offen für jene Wahrheiten, die bisher vernachlässigt worden sind. Welches sind die wichtigsten, die bei der Erziehung berücksichtigt werden sollten?

1. Der Mensch ist kein rein vernünftiges Wesen. Er hat mächtige organische Antriebe, die zum Guten wie zum Schlechten genutzt werden können. Er ist von Natur aus unfertig und bildsam, gefährdet und lernbedürftig. Deshalb bedarf er der Zucht, der Disziplinierung, um inneren Halt erwerben zu können.

2. Der Mensch ist für seinen inneren Halt auf äußeren Halt angewiesen. Er braucht eine Gemeinschaft mit festen Lebensformen. Er muß guter Sitte begegnen, damit er sittlich gut werden und bleiben kann.

3. Der innere Halt ist davon abhängig, daß der Mensch als Kind dauerhafte Geborgenheit in einer kleinen Gruppe erfährt. Er entsteht aus den Gemütsbindungen[2] an die Mutter und andere geliebte Mitmenschen in der Familie und ihrem nächsten Umkreis. Durch Liebe zu ihnen werden ihre Ideale auch seine Ideale.

4. Innerer Halt kann nur über die Anerkennung von Autorität gewonnen und bewahrt werden. Das ist zunächst die Autorität geliebter Personen, später aber auch die Autorität einer überpersönlichen Institution, einer geltenden Glaubenslehre und Moral, einer ehrwürdigen Tradition.

5. Für die Wertorientierung reichen Vernunft und Wissenschaft allein nicht aus. Glaubenssysteme wie Religionen, Mythen und Weltanschauungen (oder Ideologien) bleiben auch in der modernen Gesellschaft unentbehrlich[3]. Ihnen kommt ein natürliches Bedürfnis entgegen, zu glauben und zu verehren.

6. Wissen über das Gute genügt nicht, um das Gute zu tun. Man muß das Gute wollen. Moralische Lebenstüchtigkeit setzt moralische Anstrengungen voraus. Selbstüberwindung, Verzicht auf Schlechtes und Überflüssiges, Sammlung auf das Wesentliche, Übung im Tun des Guten, Askese.

7. Moralische Anstrengungen werden in der Regel nur geleistet, wenn sie in einer überschaubaren Lebensgemeinschaft von jedermann gefordert und kontrolliert werden. In großen Gruppen mit unpersönlichen Beziehungen bleibt die moralische Anstrengungsbereitschaft gering und die Neigung stark, auf Kosten anderer zu leben und öffentliche Güter auszubeuten[4].

8. Erziehung hat in dem Maße Aussicht auf Erfolg, wie die genannten Bedingun-

2. Vgl. Moor 1951. S. 194 ff.

3. Vgl. Lemberg 1974; Brezinka 1992.

4. Vgl. Wittmann 1980.

gen gesichert sind. Das hängt von weltanschaulichen und moralischen Entscheidungen ab. Grundlegend sind dabei die Entscheidungen über die gemeinsamen Ideale.

Gemeinsame Ideale

[...] Unter der Vorherrschaft des Rationalismus, des Individualismus und des Hedonismus waren gemeinsame *Persönlichkeitsideale* jahrzehntelang kaum gefragt, weil sie zwangsläufig daran erinnern, daß die Freiheit Grenzen haben muß und daß wir an uns selbst arbeiten sollen. Statt dessen sind einseitig nur *Gesellschafts*ideale propagiert worden, die von uns persönlich nicht viel verlangen: Freiheit, Gerechtigkeit, Chancengleichheit, soziale Sicherheit, Demokratisierung, Mitbestimmung, Frieden. Dazu kamen individualistische Leitideen wie »Emanzipation« und »Selbstverwirklichung«, die rein formal sind und zu nichts verpflichten. Was ist in dieser Lage an Neu-Orientierung erforderlich?

1. Die einseitige Idealisierung der intellektuellen Fähigkeiten, des wissenschaftlichen Wissens und des technischen Könnens auf Kosten aller anderen lebensnotwendigen Persönlichkeitseigenschaften muß aufhören. Das gilt auch für informationstechnisches Wissen und Können. Wissenschaftlich-technische Fähigkeiten sind und bleiben wichtig, aber Gemütsbindungen an andere geistige Güter sind und bleiben es auch.

2. Die ungeheure Zunahme des Wissens, der Arbeitsteilung, der Lern- und Handlungsmöglichkeiten macht es für den Einzelmenschen unumgänglich, sich zu spezialisieren. Je stärker jedoch die Spezialisierung, desto größer die Gefahr, daß in den Spezialisten Wesentliches verkümmert und daß der Zusammenhalt der Gesellschaft nachläßt. Dagegen hilft nur ein Persönlichkeitsideal, das zweierlei enthält: die Harmonie der seelischen Kräfte und die Vertrautheit mit den geistigen Grundlagen der eigenen Kultur.

3. In unserer pluralistischen Gesellschaft besteht über wesentliche Züge des Ideals vom guten Menschen und des unverzichtbaren Kerns unserer Kultur keine Einigkeit. Wir müssen verhindern, daß aus dieser Tatsache falsche Konsequenzen gezogen werden. Falsch ist es, die Ideale, die uns trennen, deswegen, weil sie uns trennen, abzuwerten und aufzugeben. Wenn das für den Lebenssinn Wichtigste, weil es umstritten ist, zugunsten des Unwichtigen, über das sich alle einig sind, preisgegeben wird, dann endet das in einer banalen Einheitsgesellschaft, deren entwurzelte Mitglieder leicht verführbar sind.

4. Unsere Verfassungen rechnen mit unterschiedlichen religiösen und weltanschaulichen Bekenntnissen, mit Religionsgemeinschaften und Weltanschauungs-

gemeinschaften[5]. »Ihre Bedeutung für die Bewahrung und Festigung der religiösen und sittlichen Grundlagen des menschlichen Lebens wird anerkannt«[6]. Diese Gemeinschaften *haben* für ihre Mitglieder gemeinsame Persönlichkeitsideale. Sie müssen ermutigt werden, ihre besondere Kultur mit ihren besonderen Anforderungen an die Menschen selbstbewußt zu pflegen, statt sich für sie zu genieren und sie von entwurzelten Intellektuellen zerstören zu lassen. Der Pluralismus der kleinen Gemeinschaften mit ihren überlieferten kulturellen Eigenwelten muß gestärkt werden, weil nur in solchen glaubensgebundenen Eigenwelten seelische Beheimatung möglich ist.

5. Ein pluralistisches Staatswesen, das sich moralisch einzig und allein auf das gruppenspezifische Ethos seiner Teilgruppen verläßt, ist nicht lebensfähig. Die Sonderideale religiöser, weltanschaulicher und regionalkultureller Gemeinschaften können einen Staat sprengen, wenn sie nicht eingebunden werden in ein *gesellschaftliches Grundideal*, das für alle gilt. Es muß auch jene zahllosen Bürger erreichen, welche außerhalb religiöser oder weltanschaulicher Gemeinschaften leben. [...]

6. In einer pluralistischen Gesellschaft kann man die verlorene Sicherheit der Wertorientierung nicht wiedererlangen, ohne sich anzustrengen. Hilfe und Schutz durch Ideale erfährt nur, wer den *Willen zum Ideal* aufbringt und durchhält. Persönlichkeitsideale müssen gegen zwei Versuchungen verteidigt werden: gegen die eigenen Triebansprüche und gegen die Einwände des kritischen Intellekts, der Ideale für unbegründbar und einengend hält. Diesem doppelten Druck kann auf Dauer nur widerstehen, wer sich mit Gleichgesinnten zusammenschließt.

Mut zum Gebrauch der notwendigen Mittel

Die Pflicht, den Nachwuchs gut zu erziehen, schließt unzählige Teilaufgaben ein. Sie müssen an ganz verschiedenen Menschen unter sehr verschiedenen Umständen erfüllt werden. Deshalb kann es keine Universalmittel geben. Wir dürfen uns als Erzieher aber auch nicht einschüchtern lassen von der Fülle der Faktoren, die am Werden der Persönlichkeit beteiligt sind. Je mehr Einzelheiten man darüber weiß, desto größer ist die Gefahr, das Wesentliche aus dem Blick zu verlieren.

---

5. Vgl. die Verfassung des Deutschen Reichs vom 11. 8. 1919. Artikel 135–141, 146–149; Grundgesetz für die Bundesrepublik Deutschland v. 23. 5. 1949, Artikel 4, 7, 140; Österreichisches Staatsgrundgesetz vom 21. 12. 1867, Artikel 14–17; Europäische Menschenrechtskonvention, Zusatzprotokoll vom 20. 3. 1952, Artikel 2.

6. Verfassung des Landes Baden Württemberg vom 11. 11. 1953, Artikel 4.

Welche Gesichtspunkte sind im Bereich der Mittel für die Neu-Orientierung wesentlich?

1. Wir brauchen ein öffentliches Wertklima, das den gemeinsamen Persönlichkeitsidealen günstig ist und die Mitverantwortung aller Bürger für die Erziehung des Nachwuchses bejaht. Eltern und Lehrer dürfen nicht länger allein gelassen werden. Sie müssen sich auf eine öffentliche Meinung stützen können, die weder Tugenden noch Verwahrlosung als Privatsache betrachtet.

2. Das sicherste Mittel, dem Nachwuchs zur Lebenstüchtigkeit zu verhelfen, ist die Förderung guter Familien. Es gibt keinen vollwertigen Ersatz für erziehungstüchtige Eltern. Darum müssen die Familien, in denen die Mütter sich ganz der Erziehung ihrer Kinder widmen, steuer- und sozialrechtlich aus ihrer Benachteiligung gegenüber doppelt verdienenden Ehepaaren und nichtehelichen Lebensgemeinschaften herausgeholt werden. Die »Familienfrauen« müssen aber auch das Ansehen zurückerhalten, das sie verdienen, denn sie leisten für die Erhaltung des Gemeinwesens Wichtigeres als die »Berufsfrauen«[7].

3. Für die Förderung der erziehungstüchtigen Familie eintreten heißt nicht, die Mängel, die es in vielen Familien gibt, verharmlosen. Natürlich muß Kindern, denen das geborgene Elternhaus fehlt, durch öffentliche Einrichtungen geholfen werden. Aber Mißstände in Familien rechtfertigen es nicht, den erzieherischen Einfluß der Eltern generell zu beschneiden, indem Vorschul-Besuchspflicht eingeführt oder Ganztagsschulen propagiert werden. Ein nationales Erziehungswesen darf nicht so organisiert werden, als seien gescheiterte Ehen und pflichtvergessene Eltern der Normalfall. Die bedauerlichen Verfallserscheinungen gehören bei der erziehungspolitischen Planung nicht in das Zentrum der Aufmerksamkeit, sondern zu den wichtigen Nebensachen.

4. Es kommt viel mehr auf indirekte Erziehung an als auf direkte. Indirekt erziehen heißt: den Lebensraum der Kinder und Jugendlichen so gestalten, daß sie dort aus eigenem Antrieb möglichst viel von dem lernen können, was sie lernen sollen. Dazu gehören Gelegenheiten zu bereichernden Erfahrungen mit Natur, Kultur und Mitmenschen, altersgemäße Handlungsmöglichkeiten und Aufgaben, Schutz gegen Reizüberflutung und gegen die Verführung zum passiven Lebensstil. Grundlegend sind überkommene oder neu zu schaffende Ordnungen, an die sich alle zu halten haben: Sitten, Bräuche, Spielregeln und höfliche Umgangsformen. Nur wenn die haltgebende Kraft guter Sitten und guter Gewohnheiten

7. Vgl. Zeidler 1983. S. 597 ff.

wieder begriffen und erzieherisch genutzt wird, ist massenhafte Verwahrlosung zu verhüten[8].

5. Alle Werthaltungen wurzeln im Gemüt, im emotionalen Bereich der Person. Deshalb hängen Qualität und Sicherheit der Wertorientierung davon ab, daß die Gemütsbedürfnisse der Kinder nach Geborgenheit, liebevoller Zuneigung und Autoritätsanerkennung befriedigt werden. Rationale Belehrung über Werte und Normen nützt nichts, wenn emotionale Bindungen an geliebte Personen als Wertträger fehlen und damit auch die Furcht vor ihrem Tadel und die Abneigung gegen das, was sie mißbilligen. Das bedeutet, daß man der Jugend zur Wertorientierung nur verhelfen kann, wenn ihre Erzieher Wertungen, Bindungen und Forderungen nicht scheuen. Bloß Informationen zu geben und keine Führung, ist unverantwortlich. Eltern wie Lehrer müssen sich einen moralischen Standpunkt erarbeiten und ihn entschieden vertreten, zugleich aber auch seine Gründe verständlich machen und helfen, sich damit auseinanderzusetzen.

6. Nach den Familien haben die Schulen den größten Einfluß auf das Wertbewußtsein – sei es im Guten, sei es im Schlechten. Die Schulen sind das wichtigste Mittel, das eine Gesellschaft hat, um ihre gemeinsamen Ideale der nächsten Generation *planmäßig* nahezubringen. »Planmäßig« heißt aber nicht »direkt«. Planmäßig bedeutet hier: für Lehrer sorgen, die sich selbst nach diesen Idealen richten und den Geist der Schule entsprechend prägen; für Lehrinhalte, für menschliche Begegnungen, für Feste und Feiern sorgen, die aufbauende Werterlebnisse ermöglichen; die Wertempfänglichkeit der Schüler fördern, statt sie durch Überfüttern mit Sachwissen und durch verfrühtes oder einseitiges Herausfordern zur Kritik abzustumpfen[9]. Es gibt viele ungenutzte Möglichkeiten und damit große Aufgaben für jene Schulpolitiker und Lehrerbildner, Lehrerkollegien und Lehrerverbände, die die Wertungskrise nicht nur beklagen, sondern überwinden wollen.

*Arbeitsaufgaben

1. *Skizzieren Sie Brezinkas Krisendiagnose hinsichtlich des gegenwärtigen Verhältnisses von Erziehung und Gesellschaft. Worin sieht er die Ursachen der von ihm diagnostizierten Krise der Zeit?*
2. *Erläutern Sie, was Brezinka unter einem »realistischen Menschenbild« versteht, an dem sich Erziehung zu orientieren habe.*

---

8. Vgl. Brezinka 1971. S. 243 ff.
9. Viele Anregungen bei Hentig 1976.

3. *Mit welchen »therapeutischen Mitteln« glaubt Brezinka die von ihm diagnostizierte Krise der pluralistischen Gesellschaft auffangen zu können? Beachten Sie in diesem Zusammenhang den Begriff der Gemeinschaft.*
4. *Welche sozialpolitischen und pädagogischen Konsequenzen ergeben sich aus diesem gesellschaftspolitischen Programm?*
5. *Welche Aufgaben familiärer und schulischer Erziehung treten in dieser Programmatik in den Vordergrund? Welche Aufgaben werden demgegenüber abgewertet?*
6. *Vergleichen Sie diese Position einer Werteerziehung mit den Überlegungen, die Sie in den Texten von Schaller und Mollenhauer kennengelernt haben.*
7. *Erörtern Sie mögliche Gründe für die Popularität einer Werteerziehung im Sinne Brezinkas in der gegenwärtigen öffentlichen Diskussion.*

Klafki: Abschied von der Aufklärung?

Klafki, W.: Abschied von der Aufklärung? Grundzüge eines bildungstheoretischen Gegenentwurfs. In: Krüger, H.-H. (Hrsg): Abschied von der Aufklärung. Perspektiven der Erziehungswissenschaft. Opladen 1990. S. 91–102.

1. Vorbemerkungen

[...] Der folgende Versuch, Grundlinien eines neuen Allgemeinbildungskonzepts zu zeichnen[1], schließt den Widerspruch gegen Deutungen ein, die unsere geschichtliche Epoche und die in ihr sich abzeichnenden zukünftigen Entwicklungen mit Formeln wie »Das Ende der Aufklärung«, »Postmoderne« o. ä. kennzeichnen, und das nicht nur im Sinne einer beschreibenden Feststellung, sondern mit programmatischem Anspruch. Demgegenüber bin ich der Auffassung, daß die Kernideen der Aufklärung in einem radikalen, d. h. an die Wurzeln gehenden Sinne nach wie vor begründbar gültig, jedoch nicht entfernt hinreichend eingelöst worden sind, daß sie also weiter*gedacht* und weiter*verfolgt* werden müssen. Dabei setze ich jenen umfassenden Begriff von Aufklärung, Rationalität und Fortschritt voraus, wie er vor allem von Kant vertreten worden ist, so nämlich, daß die instrumentelle Rationalität, der »Verstand«, eingebunden bleiben muß in eine übergreifende, reflexive theoretische und praktische – »praktisch« meint bei Kant: ethische – Rationalität, die nach den Voraussetzungen und Folgen und damit nach der Verantwortbarkeit instrumenteller Rationalität und ihrer Übersetzung in instrumentell-technisches, administratives oder politisch-strategisches Handeln fragt. Kant bezeichnete diese reflexive Rationalität bekanntlich – im Unterschied zur bloßen Verstandestätigkeit – als »Vernunft«.

In Anknüpfung an den damit angesprochenen gesellschafts- und ideengeschichtlichen Zusammenhang ziehe ich die Linie im Vorgriff auf spätere Ausführungen an dieser Stelle ein erstes Mal bis zur Gegenwart durch, um den Orientierungshorizont anzudeuten, innerhalb dessen die folgenden Überlegungen ihren Ort haben. Es ist der wechselseitige Zusammenhang zwischen den personalen Grundrechten, wie sie etwa die Menschenrechtsdeklarationen der Vereinten Nationen und der Grundrechtskatalog unserer Verfassungen umschreiben, und

1. Grundgedanken dieses Beitrages habe ich in den letzten Jahren in Form von Vorträgen und bereits publizierten Aufsätzen zur Diskussion gestellt (Klafki 1985, 1986, 1988 a, 1989 a); weitere Veröffentlichungen sind in Vorbereitung (1989 bzw. 1990 a, b, c). Zwar unterscheiden sich die Diskussionstexte und die Akzentsetzungen der einzelnen Beiträge, gleichwohl gibt es zwischen diesen Ausführungen und den anderen Veröffentlichungen z. T. inhaltliche Übereinstimmungen und textidentische Passagen.

der Leitvorstellung einer fundamental-demokratisch gestalteten Gesellschaft, einer konsequent freiheitlichen und sozialen Demokratie.

Im folgenden werde ich – ohne Anspruch auf Vollständigkeit – in neun Thesen Bestimmungen eines zeitgemäßen Bildungsverständnisses formulieren. Dabei soll nicht zuletzt gezeigt werden, warum der damit umrissene Bildungsbegriff m. E. ein Begriff von *Allgemeinbildung* sein muß.

[...]

2. Neun Thesen: Grundlinien einer zeitgemäßen Bildungskonzeption

[...]

I. Der Begriff »Allgemeinbildung« ist seit einigen Jahren in der Bundesrepublik wieder ein Kristallisationskern der Diskussion in der Erziehungswissenschaft und in Teilen der bildungspolitisch interessierten Öffentlichkeit. Allerdings verbinden sich mit der Forderung nach »Allgemeinbildung heute« oder »neuer Allgemeinbildung« in dieser Diskussion inhaltlich sehr unterschiedliche Zielsetzungen. In manchen Stellungnahmen, wie different sie im einzelnen auch sein mögen (Haefner 1985, Wilhelm 1985, Maier 1986, Stürmer 1987 u. a.), werden problematische konservative Leitvorstellungen erkennbar. Zum Teil klingen Hoffnungen auf die Wiederbelebung von Formen sogenannter »Elitebildung« und angeblich bewährter nationaler Traditionen und ihrer »Werte« an, oder es werden neue Versuche zur Rechtfertigung gesellschaftlicher Ungleichheit vorgetragen. Die politischen und gesellschaftlichen Implikationen bleiben bisweilen unreflektiert oder unausgesprochen oder undeutlich.

Auch ich bin, wie bereits angedeutet, entschieden der Auffassung, daß wir ein neues Allgemeinbildungskonzept als Orientierungsrahmen für die Weiterentwicklung oder die Reform unseres Bildungswesens – vom Kindergarten bis zur Erwachsenenbildung – brauchen. Aber ein solches Konzept läßt sich m. E. weder traditionalistisch noch in Orientierung an der Vorstellung einer »human computerisierten Gesellschaft« noch in Anlehnung an irgendeine Wissenschaftssystematik begründen, sondern nur als ein umfassender, zugleich pädagogischer und politischer Entwurf im Blick auf Notwendigkeiten, Probleme, Gefahren und Möglichkeiten unserer Gegenwart und der voraussehbaren Zukunft.

II. Die erste These besagt keineswegs, daß ein solcher Entwurf keinerlei Traditionsbezüge haben könnte oder haben sollte. Im Gegenteil: Es gibt [...] mindestens *eine* bedeutsame bildungstheoretische Tradition, an die man bei einem solchen Vorhaben anknüpfen kann. Es ist jener bildungstheoretische Denkzusammenhang, der – aus Impulsen der Aufklärung herauswachsend – etwa zwischen 1770 und 1830/1840 vor allem im deutschsprachigen Raum, aber mit einem weltweiten Horizont entfaltet worden ist: von Lessing, Herder und Kant über Pestalozzi, Goethe, Schiller, Humboldt, Schleiermacher, Fröbel und Diesterweg bis zu Hegel (vgl. Klafki 1986, S. 455 ff.). Sein Grundprinzip ist in Kants großartiger Formel vom möglichen »Ausgang des Menschen aus seiner selbstverschuldeten Unmündigkeit« umschrieben, der mit dem Anbruch der Moderne als individuelle und gesellschaftliche Aufgabe erkennbar geworden sei. – Jener in sich durchaus variantenreiche, im Detail keineswegs völlig homogene Denkzusammenhang ist dann in knappen Ansätzen vom jungen Marx, gesellschaftskritisch transformiert, aufgenommen und später im Rahmen liberaler und demokratisch-sozialistischer pädagogischer Programmatik, auch in einzelnen Richtungen der Reformpädagogik unseres Jahrhunderts, in einigen Elementen fortgeführt worden.

Aber solche Versuche konnten jenen Prozeß nicht aufhalten, der die Geschichte des Bildungsdenkens und der Bildungspraxis im 19. Jahrhundert und weit ins 20. Jahrhundert hinein – gemessen am Niveau der vorher genannten Denker – im großen und ganzen doch als Verfalls-, Vergessens- und Verdrängungsgeschichte charakterisiert, als Moment jener Integration des einstmals progressiven Bürgertums in den restaurierten und bürokratisch perfektionierten Obrigkeitsstaat und der politisch-gesellschaftlichen Abschottung gegen die wachsende Arbeiterklasse.

Heute ist es m. E. eine zentrale Aufgabe der gegenwärtigen Bildungstheorie und der Bildungspraxis, die Denkansätze jener Epoche pädagogisch-philosophisch-politischen Denkens in den letzten Jahrzehnten des 18. und 19. Jahrhunderts wieder aufzunehmen und sie, in kritischer Aneignung, auf die historisch zweifellos tiefgreifend veränderten Verhältnisse der Gegenwart sowie auf Entwicklungsmöglichkeiten in die Zukunft hinein weiterzudenken, wie das führende Vertreter der Frankfurter sozialphilosophischen Schule (Horkheimer 1953, Adorno 1962, 1970, Habermas 1963), Heinz-Joachim Heydorn (1979/80), Klaus Mollenhauer (1968, 1987) oder Herwig Blankertz (1966, 1973) und andere Autoren versucht haben.

Was hier mit »kritischer Aneignung« gemeint ist, möchte ich an zwei Beispielen andeuten:

Erstens: In den klassischen Bildungstheorien ist der Zusammenhang von Bildung und Gesellschaftsstruktur und damit die politische Dimension ihrer eigenen Entwürfe von »Menschenbildung« nur unzulänglich reflektiert worden. Das gilt selbst noch für Schleiermacher, obwohl er in dieser Hinsicht der differenzierteste, am entschiedensten einer kritischen Aufklärung verpflichtete Denker der klassischen Periode gewesen ist.

Zweitens: Die Auslegung des Prinzips allgemeiner Menschenbildung durch die klassischen Bildungstheoretiker sind durch eine unverkennbare Einseitigkeit gekennzeichnet, nämlich die Konzentration auf die eine, die männliche Hälfte der Menschheit. Gewiß war die Geschlechterphilosophie, die im Denkraum der deutschen Klassik entwickelt wurde und die den Grundgedanken der Gleich*wertigkeit* beider Geschlechter entfaltete, ein historischer Fortschritt. Jedoch bliebe sie in der Zuordnung qualitativ unterschiedlicher, vermeintlich geschlechtstypischer »Wesensmerkmale« von Männern und Frauen weithin überkommenen gesellschaftlichen Rollenzuschreibungen und tradiertem gesellschaftlichem Bewußtsein verhaftet. Sie vollzog den Schritt zum Postulat der uneingeschränkten Gleich*berechtigung* der Geschlechter noch nicht; erst die heutige feministische Bewegung zieht diese Konsequenz uneingeschränkt.

In den folgenden Thesen werde ich im Sinne eines Versuchs, jene bedeutsame Tradition kritisch aufzunehmen und weiterzudenken, einige Grundelemente eines neuen Allgemeinbildungskonzepts kennzeichnen.

III. Bildung muß m. E. heute als selbsttätig erarbeitet und personal verantworteter Zusammenhang dreier Grundfähigkeiten verstanden werden.

– als Fähigkeit zur Selbstbestimmung jedes einzelnen über seine individuellen Lebensbeziehungen und Sinndeutungen zwischenmenschlicher, beruflicher, ethischer, religiöser Art;

– als Mitbestimmungsfähigkeit, insofern *jeder* Anspruch, Möglichkeit und Verantwortung für die Gestaltung unserer gemeinsamen kulturellen, gesellschaftlichen und politischen Verhältnisse hat;

– als Solidaritätsfähigkeit, insofern der eigene Anspruch auf Selbst- und Mitbestimmung nur gerechtfertigt werden kann, wenn er nicht nur mit der Anerkennung, sondern mit dem Einsatz *für* diejenigen und dem Zusammenschluß *mit* ihnen verbunden ist, denen eben solche Selbst- und Mitbestimmungsmöglichkeiten aufgrund gesellschaftlicher Verhältnisse, Unterprivilegierung, politischer Einschränkungen oder Unterdrückungen vorenthalten oder begrenzt werden.

Inwiefern ist ein so verstandener Bildungsbegriff nun als *Allgemein*bildung auszulegen? Die vierte These antwortet auf diese Frage.

IV. Als allgemein ist Bildung in dreifachem Sinne zu bestimmen:
– Sie muß – wenn Bildung tatsächlich als demokratisches Bürgerrecht und Bedingung der Selbstbestimmung anerkannt wird – *Bildung für alle sein.*
– Sie muß (zweitens), sofern das Mitbestimmungs- und das Solidaritätsprinzip konkret eingelöst werden soll, einen verbindlichen Kern des Gemeinsamen haben und insofern *Bildung im Medium des Allgemeinen sein.* Anders formuliert: Sie muß verstanden werden als Aneignung der die Menschen gemeinsam angehenden Frage- und Problemstellungen ihrer geschichtlich gewordenen Gegenwart und der sich abzeichnenden Zukunft und als Auseinandersetzung mit diesen gemeinsamen Aufgaben, Problemen, Gefahren. Der Horizont, in dem dieses uns alle angehende Allgemeine bestimmt werden muß, kann heute nicht mehr national, ja nicht einmal nur eurozentrisch begrenzt werden, er muß universal, muß ein Welt-Horizont sein.
– Allgemeinbildung muß, sofern das Grundrecht auf die »freie Entfaltung der Persönlichkeit« gewährleistet werden soll, als Bildung in allen Grunddimensionen menschlicher Fähigkeiten verstanden werden, also als Bildung
– der kognitiven Möglichkeiten,
– der handwerklich-technischen Produktivität,
– der Ausbildung zwischenmenschlicher Beziehungsmöglichkeiten, m. a. W.: der Sozialität des Menschen,
– der ästhetischen Wahrnehmungs-, Gestaltungs- und Urteilsfähigkeit,
– schließlich und nicht zuletzt der ethischen und politischen Entscheidungs- und Handlungsfähigkeit.

Die Thesen V, VI und VII dienen der Erläuterung der eben unterschiedenen drei Dimensionen des Begriffs der Allgemeinbildung.

V. Aus dem Prinzip »Allgemeinbildung als Bildung für alle« folgt, daß weiterhin um die inhaltliche *und* organisatorische Demokratisierung des Bildungswesens gerungen werden muß; denn ein inhaltlich am Demokratieprinzip orientiertes Allgemeinbildungskonzept kann letztlich nicht von seinen organisatorischen Realisierungsbedingungen abgekoppelt werden. Grundforderungen der Bildungsreformbewegung der ausgehenden 60er und der 70er Jahre sind folglich keineswegs überholt:
– Abbau selektiver Faktoren im Bildungswesen bzw. entschiedener Widerspruch gegen den Einbau neuer Selektionselemente.
– Ausdehnung und Intensivierung gemeinsamer Bildungseinrichtungen, etwa der Ausbau der 4jährigen zur 6jährigen Grundschule bzw. zu einer wirklich konse-

quent förderungsorientierten Förder- oder Orientierungsstufe, weiter aber der Einsatz für die Integrierte Gesamtschule auf der Sekundarstufe I bis zum 16. Lebensjahr;
– generelle Verwirklichung einer mindestens 10jährigen Schulpflicht;
– Weiterführung und Ausdehnung der Modellversuche zur Integration von sogenannten allgemeinbildenden und berufsbildenden Schulformen auf der Sekundarstufe II, also vom 11. Schuljahr ab; eine solche Integration müßte auf der Sekundarstufe I durch eine polytechnische Grundbildung für alle vorbereitet werden;
– Ausbau der Erwachsenenbildung einschließlich der Weiterbildung, wiederum durch Verknüpfung beruflich-spezieller *und* allgemeiner – das bedeutet zugleich: politischer – Bildungselemente.

VI. Die sechste These erläutert die Bestimmung, daß Allgemeinbildung als »Bildung im Medium des Allgemeinen« ausgelegt werden muß. Ich werde sie ausführlicher als die anderen Aspekte des Konzepts erörtern.

Allgemeinbildung bedeutet in dieser Hinsicht, ein geschichtlich vermitteltes Bewußtsein von zentralen Problemen der Gegenwart und – soweit voraussehbar – der Zukunft zu gewinnen. Einsicht in die Mitverantwortlichkeit aller angesichts solcher Probleme und Bereitschaft, an ihrer Bewältigung mitzuwirken. Abkürzend kann man von der Konzentration auf *Schlüsselprobleme* unserer Gegenwart und der vermutlichen Zukunft sprechen.
– Als erstes Schlüsselproblem nenne ich die Friedensfrage angesichts der ungeheuren Vernichtungspotentiale der ABC-Waffen. Hier sind in jüngster Zeit weltpolitisch neue Möglichkeiten aufgebrochen, Chancen für den Einstieg in einen Abrüstungsprozeß in großem Stile. Freilich wird zugleich auch bereits die Gefahr deutlich, daß diese noch bis vor wenigen Jahren für die meisten Zeitgenossen als unvorstellbar geltenden Chancen durch ein Festhalten an alten Konfrontationsschablonen und durch den Einfluß ökonomischer und politischer Partialinteressen verspielt werden. In jedem Falle wird Friedenserziehung als kritische Bewußtseinsbildung und als Anbahnung entsprechender Entscheidungs- und Handlungsfähigkeit eine langfristige pädagogische Aufgabe bleiben: Sie muß sich auf die Aufklärung der makrosoziologischen und makropolitischen Ursachen der Friedensgefährdung einerseits und auf die dadurch vermittelten gruppen- und massenpsychologischen Ursachen aktueller oder potentieller Friedlosigkeit in den Subjekten andererseits – kollektive Aggressionen, Feindbilder, Vorurteile, Stereotypen – richten.

– Ein zweites Schlüsselproblem ist die Umweltfrage, d. h. die in globalem Maßstab zu durchdenkende Frage nach Zerstörung oder Erhaltung der natürlichen Grundlagen menschlicher Existenz und damit nach der Verantwortbarkeit und Kontrollierbarkeit der wissenschaftlich-technologischen Entwicklung.

[...]

Gegenwarts- und zukunftsorientierte Bildungsarbeit, das muß angesichts dieses Schlüsselproblems heißen:
Erstens: Schrittweise Entwicklung des Problembewußtseins für die Umweltproblematik in ihrer Spannung zu den bisherigen Leitlinien der industrielltechnischen Entwicklung mit ihren heute erkennbaren beiden Hauptfolgen: zum einen der tendenziellen Erschöpfung der natürlichen Ressourcen und zum anderen der Umweltzerstörung durch die *Folgen* unkontrollierter technologisch-ökonomischer Entwicklung.
Zweitens: Entwicklung der Einsicht in die Notwendigkeit, ressourcen- und energiesparende Techniken und umweltverträgliche Produkte und Produktionsweisen zu entwickeln sowie unseren Konsum teils einzuschränken, teils umweltfreundlich zu praktizieren. Beides ist anhand von Beispielen für bereits heute, wenngleich noch in begrenztem Umfang vorhandene Verfahren wie etwa die Nutzung von Sonnen-, Wind- und Bioenergie bzw. Beispielen für umweltschonendes Konsumverhalten, z. B. durch die Reduktion und das Recycling von Abfall, möglich.
Schließlich drittens: Einsicht in die Notwendigkeit einer permanenten demokratischen Kontrolle der ökonomisch-technologischen und der entsprechenden wissenschaftlichen Entwicklung, einerseits in der Form ständiger und frühzeitiger öffentlicher Information und der allgemeinpolitischen und regionalpolitischen Diskussion, andererseits durch die Institutionalisierung von demokratischen Kontrollinstanzen.

[...]

– Ein weiteres, nach wie vor unbewältigtes Zentralproblem stellt die gesellschaftlich produzierte Ungleichheit dar, und zwar zum einen innerhalb unserer und anderer Gesellschaften als Ungleichheit

- zwischen sozialen Klassen und Schichten,
- zwischen Männern und Frauen,
- zwischen behinderten und nicht-behinderten Menschen,
- zwischen Menschen, die einen Arbeitsplatz haben, und denen, für die das nicht gilt,

– zwischen Ausländern in Gastländern und der einheimischen Bevölkerung, aber auch zwischen verschiedenen Volksgruppen einer Nation, positiv formuliert: die Aufgabe multikultureller Erziehung;

zum anderen geht es um die Ungleichheit in internationaler Perspektive; hier ist das eklatanteste Beispiel bereits vorher genannt worden, das Macht- und Wohlstands-Ungleichgewicht zwischen sogenannten entwickelten und wenig entwickelten Ländern.

– Ein viertes Schlüsselproblem bilden die Gefahren und die Möglichkeiten der neuen technischen Steuerungs-, Informations- und Kommunikationsmedien im Hinblick auf die Weiterentwicklung des Produktionssystems, der Arbeitsteilung oder aber ihrer schrittweisen Zurücknahme, der möglichen Vernichtung von Arbeitsplätzen durch eine ausschließlich ökonomisch-technisch verstandene »Rationalisierung«, der Folgen für veränderte Anforderungen an Basis- und Spezialqualifikationen, für die Veränderung des Freizeitbereichs und der zwischenmenschlichen Kommunikationsbeziehungen.

Wir brauchen in einem zukunftsorientierten Bildungssystem auf allen Schulstufen und in allen Schulformen eine gestufte, kritische informations- und kommunikationstechnologische Grundbildung als Moment einer neuen Allgemeinbildung; »kritisch«, das heißt, daß die Einführung in die Nutzung und in ein elementarisiertes Verständnis der modernen, elektronisch arbeitenden Kommunikations-, Informations- und Steuerungsmedien immer mit der Reflexion über ihre Wirkungen auf die sie benutzenden Menschen, auf die möglichen sozialen Folgen des Einsatzes solcher Medien und auf den möglichen Mißbrauch verbunden werden. [...]

– Schließlich nenne ich ein fünftes Schlüsselproblem, bei dem die Subjektivität des einzelnen und das Phänomen der Ich-Du-Beziehungen ins Zentrum der Betrachtung rücken: die Erfahrung der Liebe, der menschlichen Sexualität, des Verhältnisses zwischen den Geschlechtern oder gleichgeschlechtlicher Beziehungen – jeweils in der Spannung zwischen individuellem Glücksanspruch, zwischenmenschlicher Verantwortung und der Anerkennung des bzw. der jeweils Anderen.

[...]

Die Anzahl solcher Schlüsselprobleme ist keineswegs beliebig erweiterbar, sofern man das Kriterium beachtet, daß es sich um epochaltypische Strukturprobleme von gesamtgesellschaftlicher, meistens sogar übernationaler bzw. weltumspannender Bedeutung handelt, die gleichwohl jeden einzelnen zentral betreffen. Mit dem

Stichwort »epochaltypisch« wird zugleich angedeutet, daß es sich um einen in die Zukunft hinein wandelbaren Problemkanon handelt. [...]

[...]

Bei der Auseinandersetzung mit Schlüsselproblemen an exemplarischen Beispielen geht es [...] nicht nur um die Erarbeitung jeweils problemspezifischer, struktureller Erkenntnisse, sondern auch um die Aneignung von Einstellungen und Fähigkeiten, deren Bedeutung über den Bereich des jeweiligen Schlüsselproblems hinausreicht.

Hier sollen vier grundlegende Einstellungen und Fähigkeiten herausgehoben werden. Sie enthalten jeweils inhaltsbezogene und kommunikationsbezogene Komponenten:
– Kritikbereitschaft und -fähigkeit einschließlich der Bereitschaft und Fähigkeit zur Selbstkritik. Dabei geht es darum, jeweils nach der Überzeugungskraft und den Grenzen fremder und eigener Begründungen für eine Position zu fragen und damit einen akzeptierten oder selbstentwickelten Standpunkt für weitere Prüfung offenzuhalten.
– Argumentationsbereitschaft und -fähigkeit, d. h. das Bemühen, eigene Positionen und eigene Kritik *so* in den Zusammenhang eines Gesprächs bzw. eines Diskurses mit anderen einbringen zu wollen und einbringen zu können, daß den Gesprächspartnern Verstehen und kritische Prüfung ermöglicht wird, so also, daß die Chance zum gemeinsamen Erkenntnisfortschritt gewahrt bleibt, hin zu besser begründeter Erkenntnis, als man sie zunächst besaß.
– Empathie im Sinne der Fähigkeit, eine Situation, ein Problem, eine Handlung aus der Lage des jeweils anderen, von der Sache Betroffenen aus sehen zu können. Das bedeutet einmal mehr, nicht jede beliebige Sichtweise unbesehen als gleichberechtigt anzuerkennen, vielmehr geht es darum, Prozesse der argumentativen Erarbeitung begründeter Konsense in Gang zu setzen oder in Gang zu halten, Konsense, die über die anfängliche Diskrepanz unterschiedlicher Sichtweisen hinausgelangen können.
– Schließlich nenne ich noch eine weitere Bereitschaft und Fähigkeit von übergreifender Bedeutung. Man kann sie als »vernetzendes Denken« oder »Zusammenhangsdenken« bezeichnen.

Die Betonung dieser Fähigkeit ergibt sich heute m. E. zwingend aus neueren Zeit- und Gesellschaftsanalysen, die jene vielfältigen Verflechtungen herausgearbeitet haben, die heute, im Zeitalter hochentwickelter Technik und ihrer möglichen Folgen sowie der damit verbundenen politischen und ökonomischen Wirkungszusammenhänge – zugespitzt formuliert – »alles mit allen« verknüpfen: zum einen *innerhalb* einzelner Gesellschaften, und hier beginnend im Erfahrungs- und Handlungsbereich jedes einzelnen: z. B. hat unser Konsumverhalten etwas mit Umweltzerstörung oder ihrer Begrenzung, beides etwas mit Energieverbrauch und Energiepolitik usw. zu tun. Solche Verflechtungen innerhalb einer Gesellschaft sind darüber hinaus aber bekanntlich in wachsende Verschränkungssysteme verflochten, bis hin zu jenen weltweiten Wechselwirkungszusammenhängen, die mit Stichworten wie »Klimaveränderung« bzw. »drohende Klimakatastrophe«, teilglobale Wirkung moderner Vernichtungswaffen, »weltwirtschaftliche Wechselwirkungen«, »Entwicklungsdiskrepanzen zwischen sogenannter Erster und Dritter Welt« u. ä. angedeutet werden können.

[...]

VII. War die fünfte These auf die Erläuterung des Prinzips »Bildung für alle« und die sechste auf die Dimension »Bildung im Medium des Allgemeinen« bezogen, so geht es in der siebenten These um die Auslegung eines zeitgemäßen Allgemeinbildungskonzepts unter dem Gesichtspunkt *vielseitiger* Bildung. So notwendig nämlich einerseits die Konzentration auf Schlüsselprobleme ist, sie führt andererseits doch *auch* die Gefahr von Fixierungen auf die Gegenwart, der Blickverengung, mangelnder Offenheit mit sich. Überdies ist jene Konzentration auf Schlüsselprobleme mit Anspannungen, Belastungen, Anforderungen intellektueller, emotionaler und moralisch-politischer Art verbunden, die nicht zuletzt auch für junge Menschen zur Überforderung und zur Einschränkung ihrer gegenwärtigen und zukünftigen Möglichkeiten werden *können*, wenn sie die Bildungsprozesse ausschließlich bestimmen würden.

Die Forderung nach Konzentration auf Schlüsselprobleme bedarf also der polaren Ergänzung durch eine Bildungsdimension, deren Inhalte und Lernformen nicht oder nicht primär durch ihren Beitrag zur Auseinandersetzung mit zentralen Zeitproblemen gerechtfertigt sind, sondern die auf die Mehrdimensionalität menschlicher Aktivität und Rezeptivität abzielen, auf die Entwicklung seiner kognitiven, emotionalen, ästhetischen, sozialen, praktisch-technischen Fähigkeiten sowie seiner Möglichkeiten, das eigene Leben an individuell wählbaren ethischen und/oder religiösen Sinndeutungen zu orientieren.

Hier sollen Zugänge zu unterschiedlichen Möglichkeiten menschlichen Selbst- und Weltverständnisses und zu verschiedenen kulturellen Aktivitäten geöffnet werden, von der subjektiven Seite aus gesehen: zur Vielzahl möglicher, relativ frei wählbarer indivdueller Interessenschwerpunkte. Am Ende der Sekundarstufe

I und vor allem von der Sekundarstufe II ab geht es dabei nicht zuletzt auch um die Vorbereitung auf berufliche oder berufsfeld-bezogene Schwerpunktsetzungen, m. a. W. um Berufsgrundbildung als ein Element von Allgemeinbildung.

[...]

VIII. Für die beiden bisher angesprochenen didaktischen Dimensionen des hier vertretenen Allgemeinbildungskonzepts – die Auseinandersetzung mit »Schlüsselproblemen« und die Dimension der vielseitigen Fähigkeitsentwicklung – wird die Grundform des Lehrens und Lernens, in fachlichen und vor allem auch in fächerübergreifenden Zusammenhängen, durch mindestens vier ineinandergreifende didaktische Prinzipien bestimmt sein müssen:

– Exemplarisches Lehren und Lernen, d. h. also Gestaltung eines Unterrichts, in dem Schülerinnen und Schüler sich jeweils an wenigen, in ihrem Erfahrungsbereich liegenden oder in ihn einzuführenden Beispielen das Verständnis mehr oder minder verallgemeinerbarer Prinzipien, Einsichten, Gesetzmäßigkeiten, Zusammenhänge erarbeiten können.

– Methodenorientiertes Lernen, also die Aneignung von übertragbaren Verfahrensweisen des Lernens und Erkennens sowie der Übersetzung von Erkenntnis in praktische Konsequenzen.

– Handlungsorientierter Unterricht, heute oft »praktisches Lernen« genannt. Mit dieser abkürzenden Kennzeichnung ist eigentlich die Verknüpfung zweier Elemente gemeint: des praktischen Tuns und Herstellens, szenischer Gestaltung, des Vollzugs von Erkundungen und Befragungen innerhalb und außerhalb der Schule, des aktiven Einsatzes der Medien Foto, Videoaufnahme, Tonband, Kassette durch die Schüler und der Durchführung von Praktika und von Projekten auf der einen Seite mit der reflexiven Verarbeitung und ersten Schritten der Verallgemeinerung des Erfahrenen sowie dem Entwurf weiterführender Perspektiven auf der anderen. Ein solcher handlungsorientierter Unterricht, der an den Problemen, die junge Menschen hier und heute als für sich selbst bedeutsam erfahren können, anknüpft und Lernen in den Zusammenhang mit sinnlich vermittelten Aktivitätsformen rückt, dürfte auch die pädagogisch aussichtsreichste Weise sein, um auf den vielbeklagten Motivationsschwund in der jungen Generation, ihre Zweifel am Sinn schulischen Lernens zu antworten. Ein solcher Unterricht öffnet, so ist bereits deutlich geworden, den Lernort Schule überdies hin zu anderen, außerschulischen Lernorten und Erfahrungsfeldern und bringt schulisches Lernen mit der gegenständlichen und sozialen Umwelt, dem Gemeinwesen, in Beziehung.

– Handlungsorientiertes Lernen ist mit einem vierten Unterrichtsprinzip verschränkt, nämlich der Verbindung von sachbezogenem und sozialem Lernen, die eine Skala von Aufgaben und Möglichkeiten umfaßt; ich deute einige der wichtigsten an:

- das kooperierende Lernen in Partner- und Kleingruppen;
- die Fähigkeit, anderen sachgemäß bei Schwierigkeiten im Lernprozeß helfen zu können; man muß allerdings zugeben, daß eine praktisch hilfreiche Didaktik für Lehrerinnen und Lehrer, das Helfen zu lehren, weitgehend erst erarbeitet werden muß;
- das Erlernen von rationalen Formen der Konfliktbewältigung;
- die Fähigkeit, sich auch in größere Gruppen mit Anregungen, Kritik, eigenen Argumentationen einbringen zu können.

IX. In der neunten These hebe ich eine Implikation der vorangehenden Ausführungen hervor: Sinnvolles und ertragreiches Lernen unter den Zielperspektiven einer neuen, zukunftsorientierten Allgemeinbildung schließt immer ein erhebliches Maß schlichter, sozusagen handfester Kenntnisse, Fähigkeiten, Fertigkeiten ein – Lesen und Schreiben, sachlich treffendes und kommunikativ verständliches Sprechen, grundlegendes Rechnen, Genauigkeit des Beobachtens, handwerklich-technische Grundfertigkeiten, Beherrschung von Formen der Informationsbeschaffung usw. zugleich aber sogenannte »Tugenden« wie Selbstdisziplin, Konzentrationsfähigkeit, Anstrengungsbereitschaft, Rücksichtnahme usf. Es ist aber entscheidend wichtig, den Stellenwert solcher Momente richtig zu bestimmen: Es handelt sich um instrumentelle, funktionale Kenntnisse, Fähigkeiten, Fertigkeiten und um Sekundärtugenden, die als solche nichts über ihre begründbare, verantwortbare Verwendung sagen und ebensowohl in den Dienst humaner, demokratischer, friedlicher, mitmenschlicher Ziele und Handlungszuzammenhänge gestellt wie zum Konkurrenzkampf, zur Herrschaft über andere Menschen und zu ihrer Ausnutzung, zur Vermehrung von Friedlosigkeit, zur Verhinderung von Aufklärung, Mitbestimmung, Chancengleichheit usw. benutzt werden *können*. Daher ist es verfehlt, und es könnte verhängnisvolle Folgen haben, wenn man sie zu *Voraussetzungen* anspruchsvollerer Bildungsziele und -prozesse erklärt und ihnen im Bildungsgang sachliche und zeitliche Priorität zuspricht, wie das in manchen konservativen Allgemeinbildungskonzepten der Gegenwart geschieht. Demgegenüber benutze ich bewußt die Formulierung, daß sinnvolles und ertragreiches Lehren und Lernen, Allgemeinbildung im hier vertretenen Sinne solche Kenntnisse, Fähigkeiten, Fertigkeiten und Sekundärtugenden *einschließt*. Das will besagen: Sie sollten im Zusammenhang mit legitimierbaren Zielsetzungen und inhaltlich relevanten Problemstellungen erlernt werden, so nämlich, daß sie von den Lernenden als notwendige Instrumentarien eingesehen werden können.

[...]

Arbeitsaufgaben

1. *Auf welche bildungstheoretische Tradition stützt Klafki seine Überlegungen zu einem zeitgemäßen Begriff von Bildung bzw. Allgemeinbildung?*
2. *Welche »Grundfähigkeiten« sind nach Klafki Zielperspektiven eines erneuerten Bildungsbegriffs?*
3. *Klafki fordert, daß »Bildung« als allgemeine Bildung verstanden werden solle. Erläutern Sie, worin das Allgemeine dieses Bildungsbegriffs nach Klafki besteht.*
4. *Welche Konsequenzen leitet Klafki aus dem von ihm favorisierten Bildungsbegriff für die Organisation, die Inhalte und die Methodik schulischen Unterrichts ab?*
5. *Inwiefern unterscheidet sich Klafkis Begriff allgemeiner Bildung von dem Bildungsverständnis, wie es zu Beginn des 19. und des 20. Jahrhunderts formuliert worden ist?*
6. *Wie schätzen Sie diesen Versuch einer Reformulierung des Bildungsbegriffs angesichts der gegenwärtigen gesellschaftlichen Verhältnisse ein?*

*Tenorth: Laute Klage, stiller Sieg

Tenorth, H.-E.: Laute Klage, stiller Sieg. Über die Unaufhaltsamkeit der Pädagogik in der Moderne. In: Zeitschrift für Pädagogik 29. Beiheft (1992): Erziehungswissenschaft zwischen Modernisierung und Modernitätskritik. S. 129–139.

I.

Nach der Mitte des 18. Jahrhunderts, zur Ursprungszeit der Moderne also, [...], wird über Pädagogik und Erziehungswissenschaft in einer Weise gesprochen, die danach selten geworden ist und heute geradezu verwundern muß. Ein schweizerischer Schriftsteller z. B., der zwar als Autor bekannt, im bürgerlichen Leben aber und auch bei seinen pädagogischen Unternehmungen nicht sehr erfolgreich war, *Johann Heinrich Pestalozzi*, pries sein Gewerbe mit den größten Hoffnungen und Versprechen an. Das Verbrechen würde verschwinden, Moral und Sittlichkeit sich ausbreiten, der Mensch zu seiner wahren Bestimmung finden. Vergleichbar erhoffte sich ein bis heute bekannter Theologe 1826, in einer Vorlesung in Berlin, daß die richtige Einrichtung der öffentlichen Erziehung jede Revolution entbehrlich machen werde (*Schleiermacher* 1826, S. 41). Nicht nur *Margot Honecker* hat sich also getäuscht.

Ein wenig früher, 1766, wurde auch über die Erziehungswissenschaft durchaus wohlwollend, nahezu emphatisch geschrieben. Anläßlich der Neuedition einer Zeitschrift, dem »Magazin für Schulen und die Erziehung überhaupt«, schrieben deren Herausgeber in ihrem Editorial zur Information des Publikums u. a.:

»Die Erziehungswissenschaft gehöret mit unter die Lieblinge unserer Zeiten. Wir sehen seit wenigen Jahren mehrern Eifer für ihr Bearbeitung und Anwendung, als vorher vielleicht in verschiedenen Jahrhunderten. Man überlässet nicht mehr weder die Bildung des Herzens dem bloßen Zufall, oder der strengen Miene verdrüßlicher Pedanten, noch die Kultur des Verstandes, den magern Wörterbüchern und gehirnlosen Samlungen barbarischer Namen. [...]«

[...]

Die Zeiten sind anders, und zwar seit langem. Über die Disziplin und über die Erziehung hört man viel Tadel, und die Pädagogen klagen darüber, daß sie in der Öffentlichkeit die Anerkennung nicht finden, die sie für sich erwarten. Gegenwärtig sind es fast nur noch die Pädagogen selbst und gelegentlich einige emphatische Bildungspolitiker des linken und liberalen Lagers, die positiv von der öffentlichen Erziehung sprechen; und nicht einmal die sprechen in der Regel gut von der Erziehungswissenschaft.[1] Aber auch diese Klagen und Kritiken sind alt. Denn die »Krisen«-diagnosen der Pädagogen, die man als basso continuo ihrer Geschichte seit 1800 finden kann, gewinnen aus der leidvoll erfahrenen Differenz zwischen Selbst- und Fremdbild immer neue Nahrung und Kontinuität [...].

[...]

Meine These ist, daß man Pädagogik und Erziehungswissenschaft in der Moderne besser, vielleicht sogar erst dann angemessen versteht, wenn man auch für die Differenzbehauptungen und Krisenerfahrungen eine plausible Erklärung gibt. *»Plausibel«* heißt dabei, daß weder die guten Gründe der Kritik dementiert, noch die immer neue Ambition allein als Illusion entlarvt, sondern die Kontinuität der Differenz als Produkt der spezifischen Arbeit und Funktion von Erziehung in der Moderne selbst verständlich gemacht wird.

Um diese These zu prüfen, will ich mit einer Selbstprüfung der pädagogischen Klage- und Krisenrhetorik beginnen und auf diesem Hintergrund dann die Bedeutung der Differenzbehauptungen diskutieren. Der hier zugestandene Umfang, aber auch das Thema und die beanspruchte Beweislast zwingen zur Eindeutigkeit und Kürze. Ich beschränke deshalb meine Prüfung der pädagogischen Klage auf nur vier Themenfelder, und zwar auf »System« und »Profession« sowie auf »Disziplin« und »Klientel« der Erziehung. In diesen Themenfeldern lassen sich die Probleme der Pädagogik aber besonders deutlich abbilden und für diese Themenfelder gibt es aus der jüngeren Vergangenheit der pädagogischen Historiographie und der empirischen Bildungsforschung zugleich Längsschnittstudien, die sich nutzen lassen, um jenseits des Streits der Meinungen prüfbare Daten in Händen zu haben. Zunächst also, zur Prüfung der Klage-Topik der Pädagogik.

II.

(1) System

Mein erstes Stichwort heißt ›System‹, und mit diesem Thema muß ich schon des Dankes wegen beginnen, den ich den Untersuchungen von *Gerhart Petrat* über die Sozialgeschichte von Unterricht und Erziehung schulde. Ihm habe ich das Adjektiv, also ›still‹, entlehnt, mit dem ich den Sieg qualifiziere, der abschließend in seiner Eigenart ja erst noch zu diskutieren ist.

Petrat gebraucht dieses Adjektiv sogar im Kontext von »Revolution« (*Petrat* 1979, S. 357 ff.), und er bezeichnet mit dieser These – der von ihm behaupteten

1. Das Phänomen gibt es freilich auch in der Disziplin selbst, z. B. bei H. v. Hentig, dem die Pädagogik lieb, die Erziehungswissenschaft ein Ärgernis ist.

»stillen Revolution« – die Tatsache, daß sich im öffentlichen Unterrichtssystem trotz aller politischen und pädagogischen Kontroversen eine eigene, und zwar ›pädagogische‹ Form der Kommunikation durchgesetzt habe, ›Unterricht‹ nämlich, als Mechanismus zur ›Disziplinierung der Imagination‹. *Petrat* behauptet revolutionäre pädagogische Veränderungen also nicht für so manifeste und vielleicht erwartbare Tatsachen, wie sie in der erfolgreich durchgesetzten Beschulung der heranwachsenden Generation gesehen werden könnten, auch nicht für die durchaus beachtliche Tatsache, daß die pädagogisch betreute Lernzeit einen immer größeren Anteil an der Lebenszeit eines jeden Menschen gewonnen hat. [...]

Petrat geht mit seiner Revolutionsdiagnose dagegen in den inneren Bereich der Schule, an einen Ort, an dem nach Meinung anderer Pädagogen jede ›echte‹, jedenfalls jede Reform ausgeblieben sei, die den Namen des Pädagogischen verdient – aber er sieht den Erfolg dort. Unabhängig von den wechselnden Intentionen der Pädagogen, z. T. gegen sie, habe sich latent, aber unaufhaltsam der Mechanismus durchgesetzt, der für öffentliches Lernen in der Moderne charakteristisch sei, eine spezifische Form von Kommunikation, ›Unterricht‹.

Auch in anderen Sozialgeschichten von Schule und Unterricht wird die Tatsache nicht bestritten, daß in diesen Institutionen die Entwicklung einer genuinen Kommunikationsform zu beobachten ist. Hier wird diese Tatsache freilich nicht allein historiographisch notiert oder als das an sich unwahrscheinliche Ereignis bestaunt, das es ja wohl war und ist, sondern zuerst pädagogisch qualifiziert. Die Tatsache der unterrichtlichen ›Disziplinierung der Imagination‹ wird dann aber nur selten als Erfolg der Pädagogik gefeiert, man kann viel häufiger lesen, daß sich damit eine »Zivilisationsform« durchgesetzt habe (*Rauschenberger* 1985), die den Menschen nicht durch Disziplinierung befreie, sondern ihn seiner Kompetenzen und Möglichkeiten enteigne und gegen das Subjektversprechen der Moderne zum Objekt mache.

Die Revolutionsthese dagegen argumentiert anders, nicht intentional, sondern funktional: Aus immer neuen Quellen läßt sich dann aber der Prozeß der Durchsetzung von Unterricht seit dem frühen 19. Jahrhundert ebenso zeigen wie die Entwicklung professionell-pädagogischer Kompetenzen im Umgang mit der neuen Zivilisationsform, die Kompetenz eingeschlossen, daß die Form als eine Realität begriffen wird, die in ihrer eigenen Gesetzlichkeit steigerbar ist. Pädagogik wird daher im Prozeß zur Reformpädagogik (*Luhmann/Schorr* 1988), bleibt aber doch ›pädagogisch‹ (*Oelkers* 1989).

Auch die weitere Diagnose *Petrats,* daß das Schulsystem nicht zu einer Form gerinnen konnte, mit der sich – im Unterschied zum Unterricht – zuverlässig auch die Erzeugung von erwünschten Gesinnungen, ›Erziehung‹ also, habe durchsetzen lassen (*Petrat* 1987), widerspricht dem Klageton der Pädagogen; sehen sie doch gerade in der Konstruktion erwünschter Gesinnungen die häufigste und zugleich, pädagogisch, unerwünschte Leistung der öffentlichen Erziehung (ohne aber z. B. historisch erklären zu können, daß gerade die Schulsysteme scheiterten, denen in Deutschland – vor 1914 oder nach 1950 – die größten Möglichkeiten der Gesinnungsbildung eingeräumt wurden).

In dieser funktionalen Perspektive gewinnt die Geschichte des Bildungssystems also zumindest eine ambivalente Gestalt: Auf der manifesten Ebene, laut und öffentlich, konkurrieren weitgehend erfolglos Erziehungserwartungen, auf der latenten Ebene, still und eher unbemerkt, setzt sich die pädagogische Form der Disziplinierung von Imagination durch. Das ist mithin ein Sieg, der Kontroversen stiftet und uneindeutig bleibt, daß aber das öffentliche Unterrichtssystem eine eigene, gegen Veränderung widerständige und insofern selbständige (oder, wenn man politisch kodieren will, ›konservative‹) Institution geworden ist, das kann man schwerlich bezweifeln. Auch Kritiker der Schule tun das nicht; denn ihr Programm ist ja nicht die Abschaffung pädagogisch betreuten Lernens, sondern seine Funktionalisierung für den vermeintlich besseren Zweck. Sie setzen in aller Stille den Erfolg voraus, wollen ihn nur für sich selbst verwenden.

(2) Profession

Die Profession der Pädagogen, ich komme zu meinem zweiten Stichwort, wird selbstverständlich diese Zuschreibung schon ihrem immensen Bestand an Klagen zuordnen, im besonderen, daß ihren lauteren Motiven erneut niedrige Beweggründe unterstellt würden. Das kann hier auf sich beruhen. Im Blick auf die Profession der Pädagogen hoffe ich einen anderen Mechanismus bewußt machen zu können, der bei der Topik der pädagogischen Klage zu beobachten ist, und der zugleich einer Erklärung der Differenz von Klage und Sieg vorarbeitet. Dieser zweite Aspekt betrifft die Historizität der Kriterien der Klage und zugleich ihre von alltäglichen Erfahrungen und ›objektiven‹ Indikatoren abgelöste Geltung. [...] Meine eigene Prüfung solcher Aussagen bezieht sich aber nur auf einen Teilbereich der Situation des Lehrerberufs, auf die materielle Lage der Lehrer. Ich beschränke mich auf diesen Indikator, weil er sich als Kriterium einer Prüfung einfach behandeln und im Längsschnitt gut verwenden läßt, aber auch, weil er grundlegende Bedingungen der sozialen Lage der pädagogischen Profession erhellt.

Wie steht es denn – historisch, seit dem frühen 19. Jahrhundert – um die Diagnose der Lehrer, daß es ihnen materiell schlecht gehe, schlechter jedenfalls als anderen vergleichbaren Berufen [...]. Viel Arbeit, wenig Lohn, das ist ja die Behauptung.

Bestätigen die historischen Befunde diese Interpretationen? Die Klagen der Lehrer über ihre Besoldung und über die Zurücksetzung innerhalb der Beamtenschaft und der gelehrten Berufe füllen zwar ganze Archive, ein genaueres Studium der Berufs- und Lebenssituation bestätigt die Selbstbeschreibungen der eigenen Lage aber allenfalls für den Beginn der Berufsgeschichte und auch hier nur für die Lehrer an Elementarschulen, dagegen kaum mehr für die weitere Entwicklung, und dann auch nicht mehr für die Elementarlehrer.

[...]

Solche Daten ließen sich weiter bekräftigen, wenn man auch Hinweise auf Konsummöglichkeiten oder den Lebensstandard aufnähme. Dann wird aber auch sichtbar, daß die wahre Ursache der Klage nicht in der absoluten Höhe der Einnahmen, sondern in der relativen Gewichtung der Alimentation zu suchen ist. Es ist dann vor allem die Differenz zwischen der Zuschreibung der eigenen Bedeutung und der faktischen Situation, von der die Klage munitioniert wird. Die Besoldung bleibt hinter dem zurück, was der ›Bedeutung‹ des Amtes nach Meinung der Lehrer entspräche. Aber die damit reklamierte Gleichstellung innerhalb der akademischen Berufe, z. B. mit den Juristen, wird nach 1918 erreicht und der Polizeibeamte, ehemals über dem Lehrer plaziert, kann heute von Lehrereinkünften nur träumen. Die materielle Lage der Lehrer rechtfertigt ihre Klage also nicht.

Die Lehrprofession macht deshalb früh auch die Differenz an einem weiteren Indikator fest, am Status ihres Wissens, und so wird ›Verwissenschaftlichung‹ die zweite Strategie der Berufskonstruktion. Die Berufswissenschaft wird damit zum Hebel, den Status der Ausbildung und die materielle Stellung der Lehrer gleichzeitig zu befördern und, uno actu, auch noch das Siegel einer objektiv zu begründenden Verbesserung der pädagogischen Arbeit zu gewinnen. Ich komme also zu meinem dritten Thema:

(3) Disziplin

Mit Verweis auf die pädagogische Wissenschaft können die Pädagogen während des gesamten 19. Jahrhunderts einen weiteren Aspekt ihrer Klage über die Welt verdeutlichen: Ist es für die Schulmänner doch ein ganz unverständliches und in seiner Eindeutigkeit auch schlagendes Indiz für ihre Mißachtung in der Öffentlichkeit, daß im Lande der weltweit bedeutendsten Theoretiker der Pädagogik –

meist wird eine Liste von *Pestalozzi* über *Fröbel* zu *Diesterweg* genannt – dieses Fach im Wissenschaftssystem nicht anerkannt und an den Universitäten nicht vertreten ist (z. B. *Rein* 1906). Bis 1914, so kann man diese Klage auch bestätigen, wird Pädagogik z. B. im größten deutschen Staat, in Preußen, an Universitäten allenfalls im Nebenamt und von erfahrenen Praktikern gelehrt; sie ist aber auch an anderen Universitäten im deutschsprachigen Bereich (die Schweiz vielleicht ausgenommen) entweder nur marginal vertreten oder, wie in Österreich seit 1869/70, wenig geachtet. Als Berufswissenschaft der Lehrer ist die Erziehungswissenschaft schließlich nicht nur durch den institutionellen Ort ihrer Lehre, das Seminar, sondern auch durch den ihr dort aufgezwungenen doktrinären Status diskreditiert. [...]

Wer auch nur oberflächlich die Wissenschaftsgeschichte des 20. Jahrhunderts kennengelernt hat, der wird wissen, daß es bei dieser Situation seit der Jahrhundertwende nicht geblieben ist. Nahezu exakt den Forderungen entsprechend, die von den organisierten Lehrern und ihren wissenschaftlichen Sprechern bis 1914 vorgetragen wurden, wird die Ausbildung der Lehrer verändert und der Status ihrer Berufswissenschaft verbessert. In zwei Etappen, bis 1933 und nach 1960, wird die Lehrerbildung vereinheitlicht, zunächst nach der Vorbildung, die für alle wissenschaftlichen Studien gefordert wird, also mit der Einführung des Abiturs, dann im Status der Ausbildung. Vor allem in der zweiten Phase, seit 1960, wird in den letzten 30 Jahren die Lehrerbildung insgesamt auf das Niveau wissenschaftlicher Hochschulen gehoben und der Status der wissenschaftlichen Pädagogik endgültig universitär. Durch die Veränderung der Lehrerbildung angestoßen, durch die Einführung eines Diplomstudiengangs forciert, wird dabei aus der relativ betulichen ›Universitätspädagogik‹, die es schon seit etwa 1920 gibt, die gegenwärtige Erziehungswissenschaft.

Beschreibt man heute diese Disziplin mit den Indikatoren, die von der Wissenschaftsforschung bereitgestellt werden, dann erscheint sie auch keineswegs als benachteiligt – obwohl man das immer wieder hören kann – ,sondern eher als eine ganz ›normale‹ Disziplin[2] : Nach der Zahl ihrer Personen und nach dem Tempo ihres disziplinären Ausbaus gehört sie ohne Zweifel zu den Gewinnern der Bildungsexpansion. [...]

System, Profession und Disziplin, das ist mein *erstes Zwischenergebnis* – geben mit ihrer Entwicklung seit dem frühen 19. Jahrhundert also wenig Beglaubigung

2. Das wird jetzt sogar für die Sozialpädagogik eingeräumt; vgl. H. 4, 1992 der Zeitschrift für Pädagogik, v. a. die Übersicht bei Lüders/Winkler 1992.

für die viel zu hörende These, das Bildungssystem, seine Lehrer und ihre Berufswissenschaft lebten im Schatten der Moderne, am Rande der Gesellschaft und ohne politische und institutionelle Anerkennung. Rhetorisch mag das hier und da vielleicht noch überzeugen, in harten Indikatoren bestätigt sich die kontinuierlich zu hörende Klage nicht:

- für das Bildungssystem läßt sich nicht nur eine bis heute ungebrochene Expansion, sondern auch die gelungene Konstruktion einer eigenen Form der Arbeit beobachten,
- die Profession erlebte einen kontinuierlichen Aufstieg und
- die Disziplin einen Prozeß institutioneller Höherstufung und wissenschaftlicher Normalisierung.

Für diesen Themenbereich hat die kontinuierliche Klage deshalb auch einen leicht durchschaubaren und gut zu erklärenden Status: Sie ist selbst Produkt der Pädagogisierung, also der Strategie, zunehmend mehr gesellschaftliche Probleme dem Mechanismus anzuvertrauen, der mit System, Profession und Disziplin der Erziehung bezeichnet wird – dem pädagogischen Mechanismus, der auf Lernen setzt statt auf Rechte, Politik oder Gewalt.

[...]

Systematisch schwieriger zu klären, sind dagegen die Klagen, die sich für den vierten Themenbereich vernehmen lassen, über die Klientel, d. h. angesichts der Adressaten der Erziehung, und wegen des ebenso unstrittigen wie ernüchternden Befundes, daß die Welt trotz der Versprechen der Pädagogen nicht besser geworden ist, während sich die Lage der Pädagogik verbessert hat. Ich komme daher zu meinem vierten und letzten Indikator:

(4) Klientel

Für die Epoche der Aufklärung, ich erinnere an den Anfang meiner Überlegungen, schienen Pädagogik und Erziehungswissenschaft vor allem deswegen so begehrt, weil sie als der geeignete Hebel aufgefaßt wurden, an den Wurzeln des Übels in der Welt mit ihrer Arbeit anzusetzen, bei den ›rohen‹ und ›ungebildeten‹, ohne ›Industriosität‹ und Lerneifer in ihrer Privatheit dahinlebenden Kindern und Erwachsenen. Unterricht wurde entsprechend als Humanisierung des Menschen und als ›Zivilisierung der Welt‹ verstanden (*Diderot*), die Schule als Stätte der ›Politur‹ und ›Bildung‹ des Geistes, das Geschäft der Erziehung als Aufgabe, die »Höherbildung der Menschheit« zu befördern, als Arbeit also, die uns alle zu Moral und Sittlichkeit führen könne.

Davon, wer wollte es behaupten, ist bis heute trotz aller Erfolge von System, Profession und Disziplin allerdings wenig zu spüren – aber warum? Wie muß man diesen unbezweifelbaren Differenzbefund zwischen den Erwartungen des 18. Jahrhunderts und der Wirklichkeit der Folgezeiten lesen und verstehen? Allein als Indiz für die Erfolglosigkeit der Pädagogen und als Ausdruck ihrer kontinuierlichen Niederlage? Muß man den Befund gar zur Kritik der Gesellschaft verlängern, die zu ihrem eigenen Schaden die Pädagogik daran gehindert habe, die Welt zuverlässig zu bessern, so daß der Pädagoge nicht dazu kam, seine schöne Ambition zur Wirklichkeit eines weltumfassenden Unterrichts- und Erziehungsprogramms zu machen?

Im Duktus meiner Fragen kann man schon die Skepsis hören, die ich gegen eine solche Kritik an der Bildungspraxis und gegen eine ihr eingebundene, pädagogisch instrumentierte Kritik an der Gesellschaft mobilisieren würde. Die pädagogische Klage mag zwar den ausbleibenden *Erfolg* der Pädagogik anzeigen – nimmt man ihre Versprechen zum Maßstab; diese Differenzerfahrung dementiert *aber nicht die Unaufhaltsamkeit* der Pädagogik; denn die liegt weniger auf der Ebene der lauten pädagogischen Propaganda als in der *stillen Wirkung* des pädagogischen Mechanismus, in der eher nebenher realisierten, dafür umso wirksameren Konstruktion des modernen *homo paedagogicus.*

Nirgends deutlicher als beim Blick auf den Adressaten der öffentlichen, systemisch organisierten, professionell gestützten und disziplinär betreuten Erziehung kann man diese unaufhaltsame Wirkung von Pädagogik in unserer Gesellschaft erkennen.

Bevor man diesen homo paedagogicus jetzt rasch zum Zerrbild der eigenen Ambitionen deklariert, zum systemisch erzeugten homunculus, sollte sich die Pädagogik noch einmal ihrer Kritik der Welt und ihrer eigenen Ansprüche aus der Ursprungssituation moderner Pädagogik erinnern. Dort war doch der lernunwillige, fatalistisch seinem Schicksal ergebene, kollektiven Mächten vertrauende Mensch als das Erzübel für die Verbesserung der Welt bezeichnet worden; der lerneifrige Heranwachsende und Erwachsene dagegen, der seinen eigenen Kräften vertrauende und sich bildende Individualist, der unternehmerische Akteur war das positiv besetzte Gegenbild.

Exakt diese Differenz wurde aber bearbeitet: Heute ist der lernunwillige Mensch nicht nur gesellschaftlich weitgehend geschwunden, er ist auch öffentlich geächtet. Der *homo paedagogicus* dagegen ist zum Normalbürger geworden, lernbereit und bildungsbeflissen, in der Zuschreibung und bei der Ursachenerklärung von Erfolg und Mißerfolg, sogar für sein eigenes Leben individualitätszentriert, immer auf dem Sprung, sich bietende Chancen der Weiterbildung zu ergreifen [...].

[...]

Kann man als Pädagoge eigentlich mehr erwarten, als daß sich das Muster der Ordnung der Welt kollektiv durchsetzt, das man selbst erfunden hat? Sollten die Pädagogen nicht erhobenen Hauptes durch das Land gehen? Mein zweites Ergebnis heißt deshalb auch: In der Kontinuität der Klage wird nicht nur der Erfolg von Profession, System und Disziplin, sondern auch die ungeheure Wirkung, die Durchschlagskraft des pädagogisch erwünschten Musters der Lebensführung verkannt oder ignoriert – die Pädagogik bezweifelt, m. a. W., ihren Erfolg angesichts der inzwischen unbestreitbar generellen Geltung zentraler Prämissen ihrer eigenen Praxis.

III.

[...]

Die Siege der Pädagogik gehören offenkundig zu jener Art von Erfolgen, die man nicht im Moment des glücklichen Ereignisses und aus der Perspektive der ersten Nutznießer, sondern von den Folgen aus und im Blick auf das weitere Geschehen diskutieren muß. Die Wirkung der Pädagogik ist dann zwar immer noch unbestreitbar, ihre allmähliche und unaufhaltsame, in der Gegenwart sogar beschleunigte Sorge für sich selbst und für die Durchdringung der Welt mit den ihr eigenen Mechanismen des Lernens und der Lernbereitschaft.

Der Einspruch der Pädagogen gegen diesen Sieg ist dann aber ebenfalls nicht grundlos; denn Pädagogen vermissen etwas am Prozeß der Pädagogisierung, z. B. »›Allgemeinbildung‹ im pädagogisch-emphatischen Sinne«, und deshalb werten sie den Prozeß ab. Er habe eine »ideologische Seite« (*Pollak* 1991, S. 633, 632), vor allem, daß alles Lernen kaum mehr sei als die »subjektiv unerkannt bleibende Einübung von Verantwortung für individuell im Prinzip nicht Verantwortbares«.

Hier, in solchen Diagnosen, scheint mir der *systematische und unvermeidliche Grund der pädagogischen Klage* über die pädagogisierte Welt zu liegen, in der Tatsache, daß die Ausbreitung des Lernens ›Bildung‹ nicht befördert hat, so daß die je partikulare, individuelle Rationalität und die Vernünftigkeit der Gattung nicht mehr aneinander gebunden sind. Das ist, analog zu *Georg Simmel* gedacht, ein weiteres Exempel für die »Tragödie der Kultur« (*Simmel* 1911). Die Klage der Pädagogen über die Tragödie der pädagogischen Kultur hat anscheinend ebenfalls in einem Funktionsprinzip der Moderne ihre Ursache und sie gewinnt aus seinem fortdauernden Anspruch die ihr eigene Kontinuität: Gegen alle Erfahrung mit dem Erziehungssystem suchen die Pädagogen im Bildungsbegriff nämlich die Entzweiung der modernen Welt wieder aufzuheben, subjektive und kollektive Vernunft zu versöhnen, nichts anderes also zu tun, als die Moderne selbst pädagogisch zu überwinden – und die Kritik des Verhaltens ihrer Adressaten ist dazu der erste Schritt.

An dieser Stelle liegt mir freilich die Kritik der Pädagogik näher als eine Bekräftigung ihrer Ansprüche. Die Unzufriedenheit mit der ›Pädagogisierung‹ als modernem Muster der Lösung gesellschaftlicher Probleme, wie gerade Pädagogen sie vortragen, ist vielleicht verständlich, aber selbst nicht kritikimmun: Normativ müßte der Pädagoge seinen Adressatentadel mit der gewagten Annahme begründen, daß nur seine Konstruktion der Welt legitim sei – aber wer will das glauben? Gesellschaftstheoretisch wird ignoriert, daß ein jeder, der auf Pädagogisierung setzt (und auf Politisierung ebenso verzichtet wie er – wenigstens partikular – Verrechtlichung stillstellt), auch nicht mehr erwarten kann, als die Funktionsmechanismen der Pädagogik und das, was sie nach aller historischen Erfahrung zu leisten vermögen: Die Beeinflussung von Dispositionen, nicht die Kontrolle des Handelns, die Formierung von Prämissen für Aktionen, nicht die Aktion, die Pädagogisierung der Welt, nicht ihre Moralisierung. Erziehung verleiht, mit anderen Worten, keinen Durchgriff auf die Welt, sondern allenfalls auf Menschen – und es ist eher tröstlich, daß sie dabei in ihrem Anspruch offenkundig immer neu begrenzt wird. Schließlich scheint es fast so, als gehöre es zu den nicht erwarteten Überraschungen der Pädagogen selbst, daß sie den Lernenden tatsächlich zur Selbstbestimmung befähigen, wenn auch nur zur Selbstbestimmung über sein Lernen, daß sie insoweit aber den homo paedagogicus erfolgreich konstruiert haben.

Zu den wiederkehrenden und zugleich wohl unvermeidlichen Enttäuschungen der Profession würde ich es dann rechnen, daß sich die Welt ansonsten, jenseits des Lernens, nicht nach dem Bilde der Pädagogen richten will oder mit deren Mechanismen gestalten läßt. Aber muß man, angesichts derart überspannter Erwartungen und im Blick auf die Geschichte der Pädagogik und die wenigen Versuche mit »Erziehungsstaaten«, auch nicht eher froh sein, daß die Pädagogen die Welt nicht weiter als bis zu Schule, Unterricht und sozialer Arbeit bestimmen können?

***Arbeitsaufgaben**

1. *Nach Tenorth ist der pädagogische Diskurs seit seiner Entstehung durch eine Krisensemantik geprägt. Worauf bezieht sich nach Auffassung des Verfassers die »laute Klage« der Pädagoginnen und Pädagogen?*
2. *Tenorth untersucht diese »Klage« auf ihren empirischen Gehalt und kommt mit Blick auf die Entwicklung des Bildungssystems, die materielle Situation der Lehrkräfte und den Status der Pädagogik als wissenschaftliche Disziplin zu dem Ergebnis eines »stillen Sieges«. Erläutern Sie diesen Argumentationszusammenhang.*
3. *Worauf führt Tenorth letztlich die »laute Klage« der Pädagogik über die mangelnde soziale Anerkennung und die angebliche Erfolglosigkeit zurück?*
4. *Welche Konsequenzen für ein realistisches Selbstverständnis von pädagogischer Theorie und Praxis legt Tenorth aus seiner Analyse der Geschichte der Pädagogik nahe?*

Anhang

Bibliographie

Bibliographische Nachweise
Literaturempfehlungen

Bibliographische Nachweise

Die nachfolgenden Literaturempfehlungen sind nicht als umfassende Bibliographie zum Thema Erziehungs- und Bildungstheorien zu verstehen, sondern enthalten nur diejenigen Titel, die in den Texten dieses Studienbuchs genannt werden.

Adorno, Th. W.: Erziehung zur Mündigkeit. Frankfurt/Main 1970.

Adorno, Th. W.: Theorie der Halbbildung (1962). In: Pleines, J. E. (Hrsg.): Bildungstheorien. Probleme und Positionen. Freiburg/Basel/Wien 1978. S. 80–99.

Baeumler, A.: Rasse als Grundbegriff der Erziehungwissenschaft. In: Internationale Zeitschrift für Erziehung 8 (1939). S. 252–255.

Ballauf, Th.; Plamböck, G.; Schaller, K. (Hrsg.): Pädagogik. Eine Geschichte der Bildung und Erziehung. 3 Bde. München 1969/1970/1973.

Basedow, J. B.: Ausgewählte Pädagogische Schriften (1773). Besorgt von A. Reble. Paderborn 1965.

Basedow, J. B.: Elementarbuch für die Jugend und für ihre Lehrer und Freunde in gesitteten Ständen. Altona/Bremen 1770. Nachdruck: Hildesheim 1972.

Benner, D. u. a. (Hrsg.): Entgegnungen zum Bonner Forum. München/Wien/Balitmore 1978.

Blankertz, H.: Bildungstheorie und Ökonomie. In: Rebel, K. (Hrsg.): Texte zur Schulreform. Weinheim 1966. S. 61–85.

Blankertz, H.: Demokratische Bildungsreform, kapitalistische Systemerhaltung, politische Erziehungswissenschaft. In: Vierteljahreszeitschrift für Pädagogik 49 (1973). S. 314–334.

Blankertz, H.: Pädagogische Theorie und empirische Forschung. In: Zur Bedeutung der Empirie für die Pädagogik. Neue Folge der Ergänzungshefte zur Vierteljahreszeitschrift für wissenschaftliche Pädagogik. Heft 5. Hrsg. v. M. Heitger. Bochum 1966.

Braunmühl, E. u. a. (Hrsg.): Die Gleichberechtigung des Kindes. Frankfurt/Main 1977.

Brezinka, W.: Erziehung in einer wertunsicheren Gesellschaft. Beiträge zur Praktischen Pädagogik. München/Basel ^{3}1993.

Brezinka, W.: Von der Pädagogik zur Erziehungswissenschaft. Weinheim/Berlin/Basel 1971.

Brezinka, W.: Die Pädagogik und die erzieherische Wirklichkeit. In: Zeitschrift für Pädagogik. 1959. S. 1 ff.

Brezinka, W.: Erziehung als Lebenshilfe. Eine Einführung in die pädagogische Situation. Wien/Stuttgart ^{8}1971.

Brezinka, W.: Über den Wissenschaftsbegriff in der Erziehungswissenschaft und die Einwände der weltanschaulichen Pädagogik. In: Zeitschrift für Pädagogik. 1967. S. 135 ff.

Brezinka, W.: Glaube, Moral und Erziehung. München 1992.

Campe, J. H. (Hrsg.): Allgemeine Revision des gesamten Schul- und Erziehungswesens von einer Gesellschaft praktischer Erzieher. 14 Bde. 1785 – 1788.

Campe, J. H.: Väterlicher Rath für meine Tochter. Ein Gegenstück zum Theophron. Wien 1790.

Dahmer, I.; Klafki, W. (Hrsg.): Geisteswissenschaftliche Pädagogik am Ausgang ihrer Epoche – Erich Weniger. Weinheim 1968.

Dahrendorf, R.: Bildung ist Bürgerrecht. Plädoyer für eine aktive Bildungspolitik. Osnabrück 1965.

Deutscher Bildungsrat (Hrsg.): Empfehlungen der Bildungskommission. Strukturplan für das Bildungswesen, verabschiedet auf der 27. Sitzung der Bildungskommission am 13. 2. 1970, Bonn.

Diderot, D.: Plan des gesamten Schulwesens für die russische Regierung oder einer öffentlichen Erziehung in allen Wissenschaften. Teildruck in: Autorenkollektiv (Hrsg.): Quellen zur Geschichte der Erziehung. Berlin (DDR) ^{8}1978. S. 128–131.

Durkheim, É.: Erziehung und Soziologie. Düsseldorf 1972.

Eich, J.: »Hauptsache mehr Akademiker?« In: Frankfurter Allgemeine Zeitung. Nr. 205, 4. 9. 1965.

Freideutsche Jugend. Zur Jahrhundertfeier auf dem Hohen Meißner 1913. Jena 1913.

Gamm, H.-J. (Hrsg.): Führung und Verführung. Pädagogik des Nationalsozialismus. München 1964.

Gamm, H.-J.: Das Elend der spätbürgerlichen Pädagogik. München 1972.

Gamm, H.-J.: Kritische Schule. Eine Streitschrift für die Emanzipation von Lehrern und Schülern. München 1970.

Giesecke, H.: Hitlers Pädagogen. Weinheim/München 1993.

Habermas, J.: Vom sozialen Wandel akademischer Bildung (1963). In: Pleines, J. E. (Hrsg.): Bildungstheorien. Probleme und Positionen. Freiburg/Basel/Wien 1978. S. 100–112.

Habermas, J.: Zur Logik der Sozialwissenschaften. Philosophische Rundschau. Beiheft 5. Tübingen 1965.

Haefner, K.: Die Neue Bildungskrise. Reinbek 1985.

Hansmann, O.; Marotzki, W. (Hrsg.): Diskurs Bildungstheorie. 2 Bde. Weinheim 1988/1989.
Hentig, H. v.: Was ist eine humane Schule? München 1976.
Herrmann, U. (Hrsg.): Geschichte des Erziehungs- und Bildungswesens in Deutschland. Projektiert auf 6 Bde., von denen bisher 4 erschienen sind. Weinheim, Basel 1981 ff.
Herrmann, U.: Aufklärung und Erziehung. Weinheim 1993.
Heydorn, H. J.: Bildungstheoretische Schriften. Bd. 1–3. Frankfurt/Main 1979/1980 (Bd. 2: Über den Widerspruch von Bildung und Herrschaft. 1979).
Horkheimer, M.: Begriff der Bildung (1953). In: Pleines, J. E. (Hrsg.): Bildungstheorien. Probleme und Positionen. Freiburg/Basel/Wien 1978. S. 22–27.
Humboldt, W. v.: Der Litauische Schulplan. In: Schweim, L. (Hrsg.): Schulreform in Preußen 1809–1819. Weinheim 1966. S. 13–28.
Humboldt, W. v.: Der Königsberger Schulplan. In: Schweim, L. (Hrsg.): Schulreform in Preußen 1809–1819. Weinheim 1966. S. 29–35.
Humboldt, W. v.: Werke I, 1785–1795. Hrsg. v. A. Leitzmann. Berlin 1903.
Jachmann, R. B.: Vier Aufsätze aus dem »Archiv deutscher Nationalbildung« (1812). 2.: Die Nationalschule. In: Deutsche Nationalerziehungspläne aus der Zeit des Befreiungskrieges. Eingel. u. erl. v. H. König. Berlin 1954. S. 49–148.
Kant, I.: Beantwortung der Frage: Was ist Aufklärung? In: Ders.: Werke in zehn Bänden. Bd. 9: Schriften zur Anthropologie, Geschichtsphilosophie, Politik und Pädagogik (1784). Erster Teil. Hrsg. v. W. Weischedel. Darmstadt 1983. S. 53–59.
Kant, I.: Über Pädagogik. In: Ders.: Werke in zehn Bänden. Bd. 10: Schriften zur Anthropologie, Geschichtsphilosophie, Politik und Pädagogik (1803). Zweiter Teil. Hrsg. v. W. Weischedel. Darmstadt 1983. S. 697–761.
Kanz, H. (Hrsg.): Der Nationalsozialismus als pädagogisches Problem. Deutsche Erziehungsgeschichte 1933–1945. Frankfurt/Main/Bern/New York 1984.
Kerschensteiner, G.: Die Schule der Zukunft eine Arbeitsschule (1908). In: Ders.: Ausgewählte pädagogische Schriften. Bd. 2: Texte zum pädagogischen Begriff der Arbeit und der Arbeitsschule. Besorgt von. G. Wehle. Paderborn 1968. S. 26–38.
Key, E.: Das Jahrhundert des Kindes. Berlin [8]1905.
Klafki, W.: Abschied von der Aufklärung? Grundzüge eines bildungstheoretischen Gegenentwurfs. In: Krüger, H.-H. (Hrsg): Abschied von der Aufklärung. Perspektiven der Erziehungswissenschaft. Opladen 1990. S. 91–104.

Klafki, W.: Funkkolleg Erziehungswissenschaft. 3 Bde. Weinheim/Berlin/Basel 1970/1971.

Krieck, E.: Nationalsozialistische Erziehung. Berlin 1936.

Langbehn, J.: Rembrandt als Erzieher. Von einem Deutschen. Leipzig [12]1890.

Lemberg, E.: Ideologie und Gesellschaft. Eine Theorie der ideologischen Systeme. Stuttgart [2]1974.

Lietz, H.: Das fünfzehnte Jahr in deutschen Land-Erziehungs-Heimen. Beiträge zur Schulreform. 2. Teil. Leipzig 1913.

Loch, W.: Empirisches Erkenntnisinteresse und Sprachanalyse in der Erziehungswissenschaft. In: Bildung und Erziehung. Jg. 1967. S. 456 ff.

Lochner, R.: Deutsche Erziehungswissenschaft. Meisenheim/Glan 1963.

Lüders, Ch.; Winkler, M.: Sozialpädagogik – Auf dem Weg zu ihrer Normalität. In: Zeitschrift für Pädagogik 38 (1992).

Luhmann, N.; Schorr, K.-E.: Strukturelle Bedingungen von Reformpädagogik. Soziologische Analysen zur Pädagogik der Moderne. In: Zeitschrift für Pädagogik 34 (1988). S. 463–480.

Maier, H.: Allgemeinbildung in der arbeitsteiligen Industriegesellschaft. In: Bundesminister für Bildung und Wissenschaft: Allgemeinbildung im Computerzeitalter. Überlegungen zu einem zeitgemäßen Bildungsverständnis. Bonn 1986. S. 17–33.

Mollenhauer, K.: Erziehung und Emanzipation. Polemische Skizzen. München 1968.

Mollenhauer, K.: Korrekturen am Bildungsbegriff? In: Zeitschrift für Pädagogik 343 (1987). S. 1–20.

Mollenhauer, K.: Pädagogik und Rationalität. In: Mollenhauer, K.: Erziehung und Emanzipation. München 1968. S. 55–74.

Moor, P.: Heilpädagogische Psychologie. Bd. 1. Bern 1951.

Niethammer, F. I.: Philanthropinismus – Humanismus. Texte zur Schulreform. Bearb. v. W. Hillebrecht. Weinheim/Berlin/Basel 1968.

Nohl, H.: Die pädagogische Bewegung in Deutschland und ihre Theorie. Frankfurt/Main [8]1978.

Oelkers, J.: Reformpädagogik. Eine kritische Dogmengeschichte. Weinheim/München 1989.

Oest J.; Campe, J. H.: Vollständiges System zur Verhütung der Selbstschwächung (1787). In: Rutschky, K. (Hrsg.): Schwarze Pädagogik. Quellen zur Naturgeschichte der bürgerlichen Erziehung. Frankfurt/Main 1977. S. 304–315.

Otto, B.: Von der Entwicklung unserer Kinder. In: Kretschmann, J.: Was sagt Berthold Otto? Neu bearb. u. hrsg. v. H. Frommberger. Dortmund 1959. S. 13–20.
Petrat, G.: Schulerziehung. Ihre Sozialgeschichte in Deutschland bis 1945. München 1987.
Petrat, G.: Schulunterricht. Seine Sozialgeschichte in Deutschland 1750 bis 1850. München 1979.
Picht, G.: Die deutsche Bildunsgkatastrophe. Analyse und Dokumentation. Olten 1964.
Pollak, G.: Modernisierung und Pädagogisierung individueller Lebensführung. In: Zeitschrift für Berufs- und Wirtschaftspädagogik 87 (1991). S. 621–636.
Rauschenberger, H. (Hrsg.): Unterricht als Zivilisationsform. Königstein/Wien 1985.
Reichsgesetzblatt Teil I. Ausgegeben zu Berlin, den 7. Juli 1938 Nr. 105, S. 799–801. Abgedruckt in: Kanz, H. (Hrsg.): Der Nationalsozialismus als pädagogisches Problem. Deutsche Erziehungsgeschichte 1933–1945. Frankfurt/Main/Bern/New York 1984. S. 207–214.
Rein, W.: Pädagogisches Universitätsseminar (1906). In: Enzyklopädisches Handbuch der Pädagogik. Bd. 6. ²1907. S. 531–546.
Roeder, P. M.: Zur Problematik der historisch-systematischen Methode. In: Die Deutsche Schule 1962.
Roth, H.: Die realistische Wende in der pädagogischen Forschung. In: Thiersch, H.; Tütken, H. (Hrsg.): Roth, H.: Erziehungswissenschaft, Erziehungsfeld und Lehrerbildung. Hannover 1967.
Schaller, K.: Erziehung zur Rationalität. Sonderdruck o. O. o. J. [1971]. Wiederabgedruckt in: Biermann, R. (Hrsg.): Interaktion, Schule, Unterricht. Darmstadt 1985. S. 83–98.
Schaller, K.: Pädagogik der Kommunikation. Hagen 1977.
Schleiermacher, F. D. E.: Pädagogische Schriften. (Ed. E. Weniger/Th. Schultze). 2. Bde. Bonn 1966.
Schleiermacher, F. D. E.: Die Vorlesungen aus dem Jahre 1826. In: Platz, C. (Hrsg.): Schleiermachers pädagogische Schriften. Langensalza ³1902. S. 160–162.
Simmel, G.: Der Begriff und die Tragödie der Kultur. Leipzig 1911. Neu abgedruckt in: Simmel, G.: Philosophische Kultur. Berlin 1983.
Stürmer, M.: Die Mitte der ›res publica‹. Kann man Mündigkeit erziehen? In: Die Höhere Schule 40 (1987). S. 19–22 und 31–33.

Süvern, J. W.: Zum Verhältnis von Pädagogik und Politik (1808). In: Jeismann, K.-E. (Hrsg.): Staat und Erziehung in der preußischen Reformära 1807–1819. Göttingen 1969. S. 71–73.

Tenorth, H.-E.: Laute Klage, stiller Sieg. Über die Unaufhaltsamkeit der Pädagogik in der Moderne. In: Zeitschrift für Pädagogik 29. Beiheft (1992). Erziehungswissenschaft zwischen Modernisierung und Modernitätskritik. S. 129–139.

Thiersch, H.: Hermeneutik und Erfahrungswissenschaft – zum Methodenstreit in der Pädagogik. In: Die Deutsche Schule 1966.

Trapp, E. C.: Versuch einer Pädagogik. Unveränderter Nachdruck der 1. Ausgabe Berlin 1780. Besorgt von U. Herrmann. Paderborn 1977.

Villaume, P.: Anmerkungen über die Frage: Ob der Staat sich in Erziehung mischen soll (1788)? In: Berg, C. (Hrsg.): Staat und Schule oder Staatsschule? Stellungnahmen von Pädagogen und Schulpolitikern zu einem unerledigten Problem (1787–1889). Königsstein/Taunus 1980. S. 10–16.

Von Zedlitz, K. A.: Vorschläge zur Verbesserung der preußischen Schulen (1787). In: Berg, C. (Hrsg.): Staat und Schule oder Staatsschule? Stellungnahmen von Pädagogen und Schulpolitikern zu einem unerledigten Problem (1787–1889). Königsstein/Taunus 1980. S. 3–9.

Wilhelm, Th.: Die Allgemeinbildung ist tot – Es lebe die Allgemeinbildung! In: Neue Sammlung 25 (1985). S. 120–150.

Wittmann, W.: Die neuen Ausbeuter. Stuttgart 1980.

Zeidler, W.: Ehe und Familie. In: Benda, E. u. a. (Hrsg.): Handbuch des Verfassungsrechts der Bundesrebublik Deutschland. Berlin 1983. S. 555–606.

Literaturempfehlungen

Die Literatur zur Geschichte der Erziehungs- und Bildungstheorien ist selbst für den wissenschaftlichen Experten kaum noch zu übersehen. Zu jeder der in diesem Studienbuch behandelten historischen Epochen gibt es Hunderte von Monographien und Aufsätze. Die nachfolgenden wenigen Hinweise beziehen sich deshalb auf wenige übergreifende relativ neue Standardwerke, die den Zugang zu jedem beliebigen Thema der Bildungsgeschichte erleichtern und das Auffinden weiterer Literatur ermöglichen sollen.

Bei den ersten beiden Empfehlungen handelt es sich um zwei Monographien, die mit unterschiedlicher methodologischer Ausrichtung eine umfassende Darstellung der Erziehungsgeschichte versuchen:

Blankertz, H.: Die Geschichte der Pädagogik. Von der Aufklärung bis zur Gegenwart. Wetzlar 1982.

Tenorth, H.-E.: Geschichte der Erziehung. Einführung in die Grundzüge ihrer neuzeitlichen Entwicklung. Weinheim/München 1988.

Für die Beschäftigung mit einzelnen, auch unbekannten pädagogischen Theoretikern kann die folgende Veröffentlichung eine große Hilfe sein. In mehreren voluminösen Einzelbänden zeichnet dieses Werk die Geschichte pädagogischen Denkens von der Antike bis zur Gegenwart nach:

Ballauff, Th.; Plamböck, G.: Pädagogik. Eine Geschichte der Bildung und Erziehung. Bd. 1: Von der Antike bis zum Humanismus. Freiburg/Br./München 1969.

Ballauff, Th.; Schaller, K.: Pädagogik. Eine Geschichte der Bildung und Erziehung. Bd. 2: Vom 16. bis zum 19. Jahrhundert. Freiburg/Br./München 1970.

Ballauff, Th.; Schaller, K.: Pädagogik. Eine Geschichte der Bildung und Erziehung. Bd. 3: 19. und 20. Jahrhundert. Freiburg/Br./München 1973.

Bei der nachfolgenden Literaturempfehlung handelt es sich um ein neueres Handbuch mit einem anderen methodologischen Zuschnitt. Es versucht, in – qualitativ unterschiedlichen – Einzelbeiträgen die Geschichte der Erziehung, sowohl ihre sich wandelnden Praxisformen als auch ihre Theoriegestalten, im Kontext der gesellschaftlichen Entwicklung zu rekonstruieren:

Berg, Ch. u.a. (Hrsg.): Handbuch der deutschen Bildungsgeschichte. Bd. 1. 15. bis 17. Jahrhundert. Von der Renaissance und der Reformation bis zum Ende der Glaubenskämpfe. Hrsg. v. Notker Hammerstein u. August Buck. München 1996.

Berg, Ch. u. a. (Hrsg.): Handbuch der deutschen Bildungsgeschichte. Bd. 2. 18. Jahrhundert. Vom späten 17. Jahrhundert bis zur Neuordnung Deutschlands um 1800. In Vorbereitung.

Berg, Ch. u. a. (Hrsg.): Handbuch der deutschen Bildungsgeschichte. Bd. 3: 1800–1870. Von der Neuordnung Deutschlands bis zur Gründung des Deutschen Reiches. Hrsg. v. K.-E. Jeismann und P. Lundgreen. München 1987.

Berg, Ch. u. a. (Hrsg.): Handbuch der deutschen Bildungsgeschichte. Bd. 4: 1870–1918. Von der Reichsgründung bis zum Ende des Ersten Weltkriegs. Hrsg. v. Chr. Berg. München 1991.

Berg, Ch. u. a. (Hrsg.): Handbuch der deutschen Bildungsgeschichte. Bd. 5: Die Weimarer Republik und die nationalsozialistische Diktatur. Hrsg. v. D. Langewiesche und H.-E. Tenorth. München 1989.

Berg, Ch. u. a. (Hrsg.): Handbuch der deutschen Bildungsgeschichte. Bd. 6. 1945 bis zur Gegenwart. Bundesrepublik Deutschland und Deutsche Demokratische Republik. In Vorbereitung.

Eine Darstellung der pädagogischen Epochen von der Antike bis zur Gegenwart liefert auch der folgende Sammelband. Er wird an dieser Stelle trotz seiner Schwächen genannt, weil er zwei vorzügliche Einzelbeiträge zur Aufklärungspädagogik sowie zur Reformpädagogik enthält, die geeignet sind, die bereits erarbeiteten Befunde zu vertiefen. Diese Beiträge stammen von Tenorth bzw. Oelkers:

Winkel, R. (Hrsg.): Pädagogische Epochen. Von der Antike bis zur Gegenwart. Düsseldorf 1988.

Ein weiterer Hinweis gilt einem von U. Herrmann herausgegebenen Sammelwerk zur Geschichte der Erziehung seit dem 18. Jahrhundert. Jeder der drei Bände enthält eine – zuweilen disparate – Sammlung wichtiger Aufsätze zu den sozialhistorischen Entwicklungen im jeweiligen Zeitraum, zu Fragen des Bildungssystems und anderer pädagogischer Praxisfelder sowie zu den zeittypischen Formen pädagogischer Reflexion:

Geschichte des Erziehungs- und Bildungswesens in Deutschland. Hrsg. v. Ulrich Herrmann:

Band 1: »Das pädagogische Jahrhundert.« Volksaufklärung und Erziehung zur Armut im 18. Jahrhundert in Deutschland. Weinheim/Basel 1981.

Band 2: »Die Bildung des Bürgers.« Formierung der bürgerlichen Gesellschaft und der Gebildeten im 19. Jahrhundert. Weinheim/Basel 1982.

Band 3: »Schulen der Nation.« Volksschule und Arbeiterbildung im 19. Jahrhundert. In Vorbereitung.

Band 4: »Das Bildungsbürgertum.« Die Höhere Bildung und ihre Krise im 19. Jahrhundert. In Vorbereitung.

Band 5: »Neue Erziehung« – »Neue Menschen«. Erziehung und Bildung zwischen Kaiserreich und Diktatur. Weinheim/Basel 1987.

Band 6: »Die Formung des Volksgenossen.« Der »Erziehungsstaat« des Dritten Reiches. Weinheim/Basel 1985.

Ein letzter Hinweis bezieht sich auf eine zweibändige, von Hansmann und Marotzki herausgegebene Aufsatzsammlung zum gegenwärtigen bildungstheoretischen Diskurs in der Bundesrepublik. Während die Aufsätze des ersten Bandes die Relevanz eines erneuerten Bildungsbegriffs für die Analyse aktueller pädagogischer und gesellschaftlicher Problemlagen diskutieren, enthält der zweite Band problemgeschichtliche Untersuchungen zum Bildungsbegriff, die der Neuformulierung unter gewandelten gesellschaftlichen Verhältnissen dienen:

Hansmann, O.; Marotzki, W. (Hrsg.): Diskurs Bildungstheorie I: Systematische Markierungen. Rekonstruktion der Bildungstheorie unter Bedingungen der gegenwärtigen Gesellschaft. Weinheim 1988.

Hansmann, O.; Marotzki, W. (Hrsg.): Diskurs Bildungstheorie II: Problemgeschichtliche Orientierungen. Rekonstruktion der Bildungstheorie unter Bedingungen der gegenwärtigen Gesellschaft. Weinheim 1989.